Hermann Hobmair, Sophia Altenthan, Werner Dirrigl,
Wilfried Gotthardt, Reiner Höhlein, Wilhelm Ott, Rosemarie Pöll,
Karl-Heinz Schneider

Pädagogik/Psychologie
für die berufliche Oberstufe

Band 2

mit Prüfungstipps und Prüfungsaufgaben

herausgegeben von Hermann Hobmair

Stam 5026.

Inhalt Band 1
1 Pädagogik und Psychologie als Wissenschaft
2 Wahrnehmung und Verhalten
3 Psychische Funktionen und Fähigkeiten
4 Lern- und Studiertechniken
5 Psychische Kräfte
6 Grundlagen der Erziehung
7 Erzieherverhalten und Erziehungsziele
8 Lernen im Erziehungsprozess: Die Konditionierungstheorien
9 Lernen im Erziehungsprozess: Das Lernen am Modell
10 Entwicklung und Erziehung aus psychoanalytischer Sicht
Stichwortverzeichnis

Inhalt Band 2
11 Grundlagen der Entwicklungspsychologie
12 Entwicklung auf verschiedenen Altersstufen
13 Soziale Interaktion und Kommunikation
14 Theorien der Kommunikation
15 Soziale Einstellung und Einstellungsänderung
16 Theorie der Persönlichkeit: Die personenzentrierte Theorie
17 Aufgaben sozialpädagogischer Arbeit
18 Handlungsformen sozialpädagogischer Arbeit
19 Die ökologische soziale Arbeit
20 Erziehung unter besonderen Bedingungen
21 Die Anfertigung von schriftlichen Prüfungsarbeiten
Stichwortverzeichnis

 www.stam.de

Stam Verlag
Fuggerstraße 7 · 51149 Köln

ISBN 3-8237-**5026**-7

© Copyright 1999: Verlag H. Stam GmbH · Köln
Das Werk und seine Teile sind urheberrechtlich geschützt. Jede Verwertung in anderen als den gesetzlich zugelassenen Fällen bedarf deshalb der vorherigen schriftlichen Einwilligung des Verlages.

Inhaltsverzeichnis

Einführung in das Lehrbuch 8

11	**Grundlagen der Entwicklungspsychologie**	**11**
11.1	Der Gegenstand der Entwicklungspsychologie	12
11.1.1	Der Begriff Entwicklung	12
11.1.2	Merkmale der Entwicklung	13
11.2	Die Bedingungen der Entwicklung	14
11.2.1	Die genetischen Faktoren	14
11.2.2	Die Umwelt	15
11.2.3	Die Selbststeuerung des Menschen	16
11.2.4	Die Wechselwirkungen von Entwicklungsbedingungen	16
11.3	Die Theorie der kognitiven Entwicklung	18
11.3.1	Grundlagen der Theorie der kognitiven Entwicklung	19
11.3.2	Die Bedeutung der Theorie Piagets für die Erziehung	23
	Materialien	27
	Aufgaben und Anregungen	31
12	**Entwicklung auf verschiedenen Altersstufen**	**34**
12.1	Die Entwicklung der Motorik	35
12.1.1	Der Verlauf der Entwicklung der Motorik	35
12.1.2	Die Entwicklung der Motorik unter dem Gesichtspunkt der Differenzierung	39
12.1.3	Die Entwicklung der Motorik unter dem Gesichtspunkt der Integration	40
12.2	Die Entwicklung des Denkens	41
12.2.1	Die Stufen des Denkens	42
12.2.2	Die Entwicklung des Denkens unter dem Gesichtspunkt der Differenzierung	46
12.2.3	Die Entwicklung des Denkens unter dem Gesichtspunkt der Integration	47
12.3	Die Entwicklung der Emotionen	48
12.3.1	Der Verlauf der Entwicklung der Emotionen	48
12.3.2	Die Entwicklung der Emotionen unter dem Gesichtspunkt der Differenzierung	50
12.3.3	Die Entwicklung der Emotionen unter dem Gesichtspunkt der Integration	52
	Materialien	54
	Aufgaben und Anregungen	59

Inhaltsverzeichnis

13	**Soziale Interaktion und Kommunikation**	61
13.1	Grundlagen sozialer Interaktion und Kommunikation	62
13.1.1	Die Begriffe soziale Interaktion und Kommunikation	62
13.1.2	Soziale Kommunikation als ein Regelkreis	64
13.1.3	Die Bedeutung sozialer Kommunikation	65
13.2	Störungen in der Kommunikation	66
13.2.1	Erfolgreiche und gestörte Kommunikation	66
13.2.2	Die Art von Botschaften	68
13.3	Erfolgreiches Miteinander-Kommunizieren	70
13.3.1	Vorbeugung und Behebung von Kommunikationsstörungen	70
13.3.2	Möglichkeiten erfolgreicher Kommunikation	72
	Materialien	79
	Aufgaben und Anregungen	83

14	**Theorien der Kommunikation**	91
14.1	Die Grundsätze der Kommunikation nach Paul Watzlawick und seinen Mitarbeitern	92
14.1.1	Soziale Kommunikation und Verhalten	92
14.1.2	Die Informationsebenen einer sozialen Kommunikation	93
14.1.3	Soziale Kommunikation als ein System	95
14.1.4	Die verschiedenen Arten einer Mitteilung	97
14.1.5	Die Beziehungsformen in einer sozialen Kommunikation	99
14.2	Das Kommunikationsmodell nach Friedemann Schulz von Thun	101
14.2.1	Das Modell der zwischenmenschlichen Kommunikation	102
14.2.2	Die Interpretation einer Nachricht	105
14.2.3	Erfolgreiche und gestörte Kommunikation	107
14.2.4	Der einseitige Empfang einer Nachricht	109
14.2.5	Probleme der zwischenmenschlichen Kommunikation	111
	Materialien	117
	Aufgaben und Anregungen	122

15	**Soziale Einstellung und Einstellungsänderung**	126
15.1	Merkmale von sozialen Einstellungen	127
15.1.1	Der Begriff „soziale Einstellung"	127
15.1.2	Der Aufbau von sozialen Einstellungen	128
15.1.3	Das Gefüge von sozialen Einstellungen	129
15.1.4	Die Bedeutsamkeit von sozialen Einstellungen	130
15.2	Soziale Einstellungen und ihre Funktionen	131
15.2.1	Funktionen von sozialen Einstellungen	131
15.2.2	Einstellung und Vorurteil	133
15.3	Der Erwerb von sozialen Einstellungen	135
15.3.1	Die Erklärung des Einstellungserwerbs mit Hilfe der Konditionierungstheorien	135
15.3.2	Die Erklärung des Einstellungserwerbs mit Hilfe der sozial-kognitiven Theorie	138
15.4	Die Änderung von sozialen Einstellungen	140

15.4.1	Einstellungsänderung auf der Grundlage von Erkenntnissen über Kommunikation	140
15.4.2	Die Theorie der kognitiven Dissonanz	147
15.4.3	Einstellungsänderung auf der Grundlage der Theorie der kognitiven Dissonanz	150
	Materialien	153
	Aufgaben und Anregungen	156

16	**Theorie der Persönlichkeit : Die personenzentrierte Theorie**	161
16.1	Persönlichkeit und Persönlichkeitstheorien	162
16.1.1	Der Begriff Persönlichkeit	162
16.1.2	Die Vielzahl von Persönlichkeitstheorien	163
16.2	Die personenzentrierte Theorie	164
16.2.1	Carl Rogers: Seine Person und sein Menschenbild	164
16.2.2	Die Selbstaktualisierung	165
16.2.3	Das Selbstkonzept	167
16.2.4	Die Entstehung des Selbstkonzeptes	169
16.2.5	Aktuelle Erfahrungen und Selbstkonzept	170
16.2.6	Die Bedeutung des Selbstkonzeptes im Alltag	173
16.3	Die Bedeutung der personenzentrierten Theorie für die Erziehung	175
16.3.1	Wertschätzung und seelische Entwicklung	175
16.3.2	Förderliche Haltungen des Erziehers	178
	Materialien	180
	Aufgaben und Anregungen	188

17	**Aufgaben sozialpädagogischer Arbeit**	193
17.1	Grundlagen sozialer Arbeit	194
17.1.1	Das Wesen der Sozialpädagogik/-arbeit	194
17.1.2	Die Sozialpädagogik als Theorie und Praxis der Jugendhilfe	196
17.2	Der Kindergarten als familienergänzende Einrichtung	197
17.2.1	Aufgaben des Kindergartens	198
17.2.2	Die Organisation des Kindergartens	200
17.2.3	Chancen und Probleme der erzieherischen Arbeit im Kindergarten	202
17.3	Die Erziehungsberatung als Einrichtung der Jugendhilfe	205
17.3.1	Ziele der Erziehungsberatung	205
17.3.2	Die Arbeitsweise einer Erziehungsberatungstelle	208
17.3.3	Aufgaben einer Erziehungsberatungstelle	209
17.3.4	Chancen und Probleme der Arbeit einer Erziehungsberatungsstelle	210
	Materialien	213
	Aufgaben und Anregungen	217

18	**Handlungsformen sozialpädagogischer Arbeit**	220
18.1	Methoden sozialer Arbeit	221
18.1.1	Die soziale Einzelhilfe	221

18.1.2	Die soziale Gruppenarbeit	222
18.1.3	Die soziale Gemeinwesenarbeit	224
18.2	Handlungskonzepte der Sozialpädagogik	225
18.2.1	Das verhaltensorientierte Handlungskonzept	226
18.2.2	Das klientenorientierte Beratungskonzept	236
	Materialien	246
	Aufgaben und Anregungen	251

19	**Die ökologische soziale Arbeit**	257
19.1	Der ökologische Ansatz in der Sozialpädagogik/-arbeit	258
19.1.1	Grundlegende Annahmen eines ökologischen Modells: Das „Life Model"	258
19.1.2	Die ökologische Sichtweise der Sozialpädagogik/-arbeit	264
19.1.3	Möglichkeiten und Grenzen ökologisch orientierter Sozialarbeit	267
19.2	Das Unterstützungsmanagement als Beispiel für ökologische Sozialarbeit	269
19.2.1	Aufgaben des Unterstützungsmanagements	269
19.2.2	Die Vorgehensweise des Unterstützungsmanagements	272
	Materialien	278
	Aufgaben und Anregungen	282

20	**Erziehung unter besonderen Bedingungen**	288
20.1	Erschwerungen in der Entwicklung des Menschen	289
20.1.1	Der Begriff Beeinträchtigung	289
20.1.2	Behinderung als schwerste Form der Beeinträchtigung	290
20.1.3	Störungen als weniger schwere Form der Beeinträchtigung	291
20.1.4	Gefährdungen	292
20.2	Beeinträchtigungen als Abweichungen von der Norm	293
20.2.1	Normales und von der Norm abweichendes Verhalten	293
20.2.2	Die Problematik des Beeinträchtigungsbegriffs	294
20.3	Verhaltensstörung	296
20.3.1	Der Begriff Verhaltensstörung	296
20.3.2	Ursachen von Verhaltensstörungen	298
20.4	Die Erklärung der Entstehung einer Verhaltensstörung	298
20.4.1	Die Erklärung von Verhaltensstörungen aus psychoanalytischer Sicht	299
20.4.2	Die Erklärung von Verhaltensstörungen aus der Sicht der Konditionierungstheorien	301
20.4.3	Die Erklärung von Verhaltensstörungen aus der Sicht der sozial-kognitiven Theorie	302
	Materialien	306
	Aufgaben und Anregungen	312

21	**Die Anfertigung von schriftlichen Prüfungsarbeiten**	316
21.1	Der Aufbau einer Prüfungsaufgabe	316
21.2	Leistungsbereiche einer Prüfungsarbeit	317

Inhaltsverzeichnis

21.2.1   Die Beschreibung 317
21.2.2   Die Erklärung 318
21.2.3   Die Anwendung 320
21.3   Leistungskriterien einer Prüfungsarbeit –
         „Worauf es ankommt" 322
21.4   Anfertigung einer Prüfungsarbeit 323
21.4.1   Ausführungen 323
21.4.2   Einleitung und Schlussgedanke 325
21.4.3   „Checkliste" 326
21.5   Prüfungsaufgaben 326

Verwendete Literatur 346
Sachwortverzeichnis 350
Bildquellenverzeichnis 352

Einführung
in das Lehrbuch

Das vorliegende Lehr- und Arbeitsbuch gibt eine Einführung in Pädagogik und Psychologie für die speziellen Anforderungen der **Beruflichen Oberstufe**. Es enthält alle wichtigen Informationen, die hierfür von Bedeutung sind, so dass es für die Unterrichtsvorbereitung und für die Vorbereitung auf Prüfungen eine wertvolle Hilfe sein kann. Zudem kann es vielfältig und nutzbringend im Unterricht eingesetzt werden.

Der Inhalt gliedert sich in **zwei Bänden** mit insgesamt 21 Kapiteln. Da die Lehrpläne dem Lehrer zu einem bestimmten Thema oft Auswahlmöglichkeiten geben, liegt es an der Lehrkraft, welche Abschnitte sie auswählt und welcher Lernstoff damit für die Unterrichtsvorbereitung und für die Vorbereitung auf Prüfungen relevant ist. Darüber hinaus bietet das Buch einige weitere Informationen, um bestimmte Zusammenhänge klarer herauszustellen.

Zudem wurden **Hinweise zur Erstellung von Prüfungsarbeiten** sowie Übungsaufgaben zur Abschlussprüfung angefügt, die eine spezielle Hilfe zur Vorbereitung für die schriftliche und mündliche Abschlussprüfung sein sollen (Kapitel 21).

Aufbau des Buches

Durch offene Fragen, ein Fallbeispiel, die Gegenüberstellung von Meinungen und Ähnliches wird zum Thema des jeweiligen Kapitels **hingeführt.** Am Ende wird durch entsprechende Fragen mitgeteilt, worum es in diesem Kapitel geht, welche **Lernziele** angestrebt werden.

Das Hauptaugenmerk liegt auf dem **Informationsteil**. Hier wird der eigentliche Lerninhalt verständlich dargestellt. Fachtermini wurden bewusst in den Text aufgenommen und hinreichend geklärt. Beispiele, Übersichten, Fotos und Ähnliches machen die Ausführungen anschaulich. Gedichte, Karikaturen und vor allem der Psycho-Wichtel sollen sie etwas auflockern und helfen, den Text besser zu behalten.

Die Informationen sind bewusst sehr ausführlich gehalten, damit sie besser verstanden und angewendet sowie Zusammenhänge klarer erkannt werden können. Zusätzlich zu berücksichtigende Hinweise sind mit dem Symbol ☞ gekennzeichnet.

Am Ende eines jeden Informationsteils folgt eine **Zusammenfassung**, die nochmals den „roten Faden" der wichtigsten Lernergebnisse aufzeigt. Sie ist in einzelne Abschnitte gegliedert, die man sich leicht einprägen kann.

Einführung in das Lehrbuch

Im **Materialteil** finden sich Texte, Experimente, Untersuchungen, Tabellen und dergleichen. Diese können im Unterricht nutzbringend eingesetzt werden und sind zugleich zur Vertiefung des Wissens gedacht.

Die **Aufgaben und Anregungen** gliedern sich in drei Teile:

- Der Teil **Reproduktion von Informationen** dient der Sicherung der Lernergebnisse. Er gibt Hinweise darauf, ob man den Stoff *beherrscht*, um ihn dann auch anwenden zu können.

- Die **Anwendungsaufgaben** bieten die Möglichkeit, das Gelernte verarbeiten und *anwenden* zu können. Sie können auch zur Vorbereitung auf Prüfungsarbeiten dienen. Fragen, wie sie in etwa in einer Abschlussprüfung vorkommen können, sind eingearbeitet. Dadurch ist eine systematische Vorbereitung auf die Abschlussprüfung möglich.
  Die *Hinweise in Klammern* sowohl bei Reproduktion von Informationen als auch bei den Anwendungsaufgaben verweisen auf die entsprechende Stelle im Informationsteil, die zur Beantwortung der Frage notwendig ist.

- In den **Anregungen** wird der Lernstoff *erfahrbar, „erlebbar"* gemacht. Das Gelernte soll hier erfahrungs- und erlebensmäßig nachvollzogen werden können. Die jeweilige Thematik kann so ganzheitlich erfasst werden und der Schüler wird – wie im Fachprofil des Lehrplanes vorgesehen – zu einem eigengesteuerten, kreativen Lernen befähigt.

Ein gut organisiertes **Stichwortverzeichnis** macht das Lehrbuch zu einem Nachschlagewerk, in welchem Informationen und Fachbegriffe schnell aufgefunden werden können.

Herausgeber und Autoren des vorliegenden Buches hoffen, dass Lehrer und Schüler mit diesem Lehr- und Arbeitsbuch viel Freude haben, und vor allem, dass es Ihnen Erfolg bringt. Für Anregungen, Verbesserungsvorschläge und sachliche Kritik wären Herausgeber und Autoren sehr dankbar.

Herausgeber und Autoren

Grundlagen der Entwicklungs- psychologie[1]

Was wird aus dem drei Tage alten Ludwig einmal werden?

Wird er einmal ein reicher Mann oder ein Bettler, ein Arzt oder vielleicht ein Dieb?

Kurz, wie entwickelt sich Ludwig zu dem Menschen, der er in seinem späteren Leben einmal sein wird?

Quelle: Willy Breinholst, 1986

Diese Fragestellung ist zwar sehr umfassend, sie beinhaltet aber viele grundsätzliche Themen der Entwicklungspsychologie:

1. Was versteht man unter dem Begriff Entwicklung?
   Welche Merkmale sind charakteristisch für das Entwicklungsgeschehen?
2. Welche Ursachen lösen die Entwicklung aus und halten sie in Gang?
   Wie sieht das Zusammenspiel dieser Ursachen aus?
3. Wie lassen sich Veränderungen in der Entwicklung erklären?
   Welche Theorien zur Erklärung von Veränderungen kennt die Entwicklungspsychologie?

Als wissenschaftliche Disziplin ist die Entwicklungspsychologie noch relativ jung, sie entstand erst im 19. Jahrhundert. Aber schon lange davor machten sich zahlreiche Philosophen Gedanken über die Entwicklung des Menschen und schrieben über die Eigenarten von Kindern und über die Ursachen, die ihre Entwicklung beeinflussen.

---

[1] Dieses Kapitel ist nicht relevant für die Berufsoberschule, 12. Jahrgangsstufe.

Grundlagen der Entwicklungspsychologie

11.1 Der Gegenstand der Entwicklungspsychologie

Die wissenschaftliche Entwicklungspsychologie nahm ihren Ursprung in erster Linie mit der von *Charles R. Darwin (1809–1882)* begründeten Evolutionstheorie, die auch das Interesse für die psychische Entwicklung eines Menschen anregte. Heute bietet die Entwicklungspsychologie entsprechend den verschiedenen Richtungen und Schulen der Psychologie ein sehr vielfältiges Erscheinungsbild.

11.1.1 Der Begriff Entwicklung

Entwicklung wird in der Psychologie sehr unterschiedlich bestimmt. Übereinstimmung in allen Definitionen besteht jedoch darüber, dass Entwicklung **Veränderung eines Organismus** bedeutet. Diese Veränderungen treten jedoch nicht unabhängig voneinander auf, sonder bilden untereinander einen Zusammenhang.

Ein Beispiel von *Herbert Selg* soll verdeutlichen, was mit „miteinander zusammenhängenden Veränderungen" gemeint ist: „Die Grobmotorik des Kindes entwickelt sich im ersten Jahr unter anderem vom Strampeln zum Kriechen und Gehen. Diese Bewegungsmöglichkeiten treten in der Regel nacheinander auf; sie hängen ‚miteinander zusammen'." *(D. Dörner/H. Selg 1996²)*

Mit Entwicklung ist also eine Reihe von miteinander zusammenhängenden Veränderungen eines Organismus gemeint.

„Ein Mann, der Herrn K. lange nicht gesehen hatte, begrüßte ihn mit den Worten: ‚Sie haben sich gar nicht verändert!' ‚Oh!', sagte Herr K. und erbleichte."

Bertolt Brecht

Charakteristisch für den **Entwicklungsbegriff** ist,

- dass die Veränderungen auf ein **Ziel hin gerichtet** sind (man spricht deshalb von einer gerichteten Reihe von Veränderungen),

  So dienen beispielsweise die Veränderungen im Laufe der Sprachentwicklung dem Ziel, sich mit anderen Menschen verständigen zu können, die Veränderungen im Bereich der Motorik zielen u. a. darauf ab, sich fortbewegen zu können, seine Umwelt zu erobern.

- dass die Veränderungen immer in einer bestimmten **Reihenfolge**, die nicht umkehrbar ist, ablaufen,

  Jedes Kind krabbelt, bevor es gehen kann, spricht ein Wort, bevor es ganze Sätze sagen kann, schreit, bevor es lachen kann, zeichnet Kreise, bevor es ein Rechteck zeichnen kann.

- dass die Veränderungen **einzelnen Altersstufen zugeordnet** werden können.

  Trotz beträchtlicher Unterschiede von Kind zu Kind, lässt sich sagen, dass ein Kind durchschnittlich etwa mit 11 Monaten sich an Gegenständen aufrichtet, etwa ein bis zwei Monate später seine ersten freien Schritte macht. Mit ungefähr einem Jahr werden erste richtige Worte gesprochen, ab Mitte des zweiten Lebensjahres werden zwei Wörter aneinander gereiht ...

Grundlagen der Entwicklungspsychologie

Da sich die Psychologie mit dem Erleben und Verhalten eines Menschen beschäftigt, wird der Begriff „Entwicklung" in der Entwicklungspsychologie auf das *Erleben und Verhalten* eingeschränkt.

Entwicklung ist eine gerichtete, zeitlich geordnete Reihe von miteinander zusammenhängenden Veränderungen des Erlebens und Verhaltens.

11.1.2 Merkmale der Entwicklung

Beim Betrachten von Entwicklungsverläufen in verschiedenen Altersabschnitten lassen sich charakteristische Merkmale feststellen.

So stellt die Entwicklung in allen Bereichen eine Ausgliederung der Details dar: Aus einem ungegliederten Ausgangszustand entstehen immer mehr Einzelteile und Funktionen, aus einem ursprünglich globalen Ganzen wird ein vielgestaltiges Gebilde. Diese Ausgliederung von Details wird in der Entwicklungspsychologie als **Differenzierung** bezeichnet.

Differenzierung meint in der Entwicklungspsychologie den Vorgang einer zunehmenden Ausgliederung psychischer Merkmale aus einem globalen, ungegliederten Anfangszustand.

So treten beispielsweise aus den unkontrollierten, globalen Bewegungen des Säuglings im Laufe der Zeit gezielte und bewusst gesteuerte Bewegungsabfolgen hervor.

Bei der Sprachentwicklung entstehen aus den unklaren Lallmonologen immer feinere Lautgebilde und schließlich Wörter und sauber ausgegliederte Sätze.

Die Entwicklung der Intelligenz geht zunächst von einer Art ‚Globalintelligenz' aus, die sich im Laufe der Zeit immer mehr spezialisiert.

Aus dem Lust-Unlust-Erleben des Säuglings ergibt sich die vielschichtige Gefühlswelt des Erwachsenen, und aus den wenigen beim Säugling vorhandenen Grundbedürfnissen wie Nahrung, Schlaf, Wärme entstehen zahlreiche Bedürfnisse (vgl. Kapitel 12.3.2).

> **Lebensleiter**
>
> Ein Mensch gelangt, mit Müh und Not,
> Vom Nichts zum ersten Stückchen Brot.
> Vom Brot zur Wurst gehts dann schon
>   besser;
> Der Mensch entwickelt sich zum Fresser
> und sitzt nun, scheinbar ohne Kummer,
> Als reicher Mann bei Sekt und Hummer.
> Doch sieh, zu Ende ist die Leiter:
> Vom Hummer aus gehts nicht mehr weiter.
> Beim Brot, so meint er, war das Glück. –
> Doch findet er nicht mehr zurück.
>
> *Eugen Roth*

Zunächst kann das Kind die aus einem ungegliederten Anfangszustand hervorgetretenen Einzelteile und Funktionen nicht zueinander in Beziehung setzen. Das Kind erlebt sie als zusammenhanglose Einzelheiten, ohne Wesentliches zu erfassen und bestimmte Teile anderen über- bzw. unterordnen zu können. Erst im Laufe der Zeit entsteht die Fähigkeit, die vorher isoliert erlebten Einzelteile und Funktionen im Zusammenhang zu sehen, zueinander in Beziehung zu setzen und in komplexen Einheiten zu verstehen. Diesen Vorgang nennen wir **Integration**, er stellt einen gegenläufigen Prozess zur Differenzierung dar.

Grundlagen der Entwicklungspsychologie

Mit Integration bezeichnet man in der Entwicklungspsychologie den Vorgang, vorher isoliert erlebte Einzelteile und Funktionen zueinander in Beziehung zu setzen und im Zusammenhang zu sehen.

Das Kind reiht nicht mehr nur einzelne Lallmonologe ohne Zusammenhang aneinander, sondern setzt Wörter zueinander in Beziehung. Motorische Bewegungen und Sinnesleistungen laufen zunächst getrennt nebeneinander, bewirken aber bald ein sinnvolles Zusammenwirken, was beispielsweise ein gezieltes Greifen ermöglicht (vgl. Kapitel 12.1.3).

Materialien I

11.2 Die Bedingungen der Entwicklung

Eine wichtige Aufgabe der Entwicklungspsychologie besteht darin, jene Bedingungen zu beschreiben, die *Veränderungen des Organismus auslösen und in Gang halten,* und deshalb als die **Ursachen von Entwicklung** gelten. Diese Bedingungen lassen sich in drei Gruppen einteilen:
- die **genetischen Faktoren**,
- die **Umwelt** und
- die **Selbststeuerung** des Menschen.

11.2.1 Die genetischen Faktoren

Ausgangspunkt menschlicher Entwicklung ist das Zusammentreffen einer Samenzelle mit einer Eizelle. Mit der Verschmelzung dieser Zellkerne bei der Befruchtung ist durch die Kombination der Chromosomen die genetische Ausstattung eines Menschen festgelegt. Die genetische Ausstattung eines Lebewesens, die bei der Befruchtung festgelegt wird, bezeichnen wir als **Anlage.** Die Übertragung der Anlagen, die nach bestimmten Erbgesetzen vor sich geht, wird als **Vererbung** bezeichnet; die Grundlagen, Vorgänge und Gesetze der Vererbung werden von der **Genetik,** der *Wissenschaft von der Vererbung*, erforscht.

Mit Anlage bezeichnen wir die genetische Ausstattung eines Lebewesens, die bei der Befruchtung festgelegt wird.
Vererbung bezeichnet die Übertragung von bestimmten Anlagen auf die Nachkommenschaft nach bestimmten Erbgesetzen.

Eine Schädigung oder Störung des genetischen Materials macht Entwicklung unmöglich oder hemmt das Entwicklungsgeschehen schwer; die genetischen Faktoren stellen das **Programm der Entwicklung** dar.

Die genetische Ausstattung verkörpert somit das Wachstums- und Entwicklungspotential eines Lebewesens. Seine Wirkung zeigt sich in vielfältiger Weise. Zum einen setzen sie bestimmte Prozesse des Organismus in Gang, wie zum Beispiel Zell- und Organaufbau, Stoffwechsel, Wachstum, Bewegung, Reizbarkeit oder Fortpflanzung, und bedingen die Entwicklung von Organen, des Nervensystems und der Muskeln. Außerdem bewirken sie, dass

Veränderungen immer in einer bestimmten *Reihenfolge, die nicht umkehrbar ist,* ablaufen.

Jedes Kind beispielsweise sitzt, bevor es gehen kann, und lallt, bevor es einzelne Wörter spricht.

Schließlich sind genetische Faktoren auch für die Existenz bestimmter Zeitspannen verantwortlich, in denen ein Lebewesen gewisse Verhaltensweisen und Persönlichkeitsmerkmale optimal erwerben kann.

Es ist genau zu unterscheiden zwischen **(v)ererbt, angeboren und erworben**: Vererbt bedeutet, dass ein Individuum von seinen Eltern bestimmte Erbanlagen erhalten hat. Angeboren heißt wörtlich: bei der Geburt vorhanden. Damit sind alle vererbten und alle im vorgeburtlichen Leben erworbenen Eigenschaften gemeint, also auch Einflüsse, denen der Embryo bzw. Fötus von der Zeit der Empfängnis bis zur Geburt ausgesetzt ist. Mit erworben meint man, durch Umwelteinflüsse zustande gekommen. Ebenso werden in diesem Zusammenhang oft die beiden Begriffe **endogen** und **exogen** gebraucht. Endogen bedeutet: von innen verursacht, also aus den Anlagen entstanden; exogen dagegen meint: von außen verursacht, aufgrund von Umwelteinflüssen hervorgerufen.

11.2.2 Die Umwelt

Wenn nicht extreme Anlagebedingungen vorliegen und man selbst die Entwicklung nicht hemmt, so gibt die **Umwelt** den Ausschlag für die Entwicklung der Persönlichkeit.

Umwelt meint alle direkten und indirekten Einflüsse, denen ein Lebewesen von der Befruchtung der Eizelle (= Empfängnis) bis zu seinem Tode von außen her ausgesetzt ist.

Oft ist es die Umwelt, die eine gesunde Entwicklung ermöglicht beziehungsweise Entwicklungsstörungen hervorruft. Es handelt sich somit um Bedingungen, die unter anderem dafür sorgen, ob sich Erbanlagen eher gut oder schlecht entfalten können. Umwelteinflüsse stellen daher den **Schrittmacher der Entwicklung** dar.

Bezüglich der Umwelteinflüsse lassen sich vier bedeutsame Bereiche unterscheiden, die sich zum Teil überschneiden: die **natürliche, kulturelle, ökonomische** und **soziale Umwelt**. Diese Bereiche sind in Band 1, Kapitel 6.2.1 dargestellt.

Umwelteinflüsse sind in ihrer Wirkung auf die genetische Ausstattung eines Menschen angewiesen und legen zudem fest, was, wann, in welchem Umfang und auf welche Art und Weise gelernt wird.

Dies kann vor allem am Beispiel der Sprachentwicklung deutlich gemacht werden: Umwelteinflüsse legen fest, welche Sprache erlernt wird, in welchem Alter das Kind etwa mit bestimmten Begriffen konfrontiert wird, ob es eine bestimmte Sprache sehr differenziert lernt oder ob es sich die Sprache durch Nachahmung, mehr durch Lob und Anerkennung oder aufgrund von Tadel und Strafe aneignet.

„Eine Erkenntnis, die aus den Forschungsergebnissen der letzten Jahrzehnte resultiert, bringt eine weitere Verpflichtung für Lehrer und Erzieher: Das Kind entwickelt sich nicht nur, es wird vor allem entwickelt. Alle Bezugspersonen des Kindes [...] werden deshalb ‚Entwicklungshelfer' sein."

(Eduard W. Kleber, 1978[2])

11.2.3 Die Selbststeuerung des Menschen

Das Kind setzt sich von vornherein aktiv mit seiner Umwelt auseinander, es erforscht „von sich aus" die Umwelt. Als nicht nur reaktives, sondern insbesondere als **aktives Wesen** führt der Mensch bestimmte Entwicklungsprozesse herbei und nimmt somit Einfluss auf seine Entwicklung. Man spricht in diesem Zusammenhang von der **Selbststeuerung des Menschen**.

> **Mit Selbststeuerung werden alle Kräfte bezeichnet, mit denen das Individuum als aktives Wesen „von sich aus" Entwicklungsprozesse herbeiführt und seine Entwicklung beeinflusst.**

Die Selbststeuerung dient der Befriedigung von Bedürfnissen, der schöpferischen Expansion – zum Beispiel Neugierdeverhalten – und der Anpassung an vorgegebene Lebensbedingungen.

So treffen Menschen eigenständig eine Reihe von persönlich wichtigen Entscheidungen, wenn es um die Wahl des Berufes, der Freunde oder des Partners geht, sie üben ein bestimmtes Hobby aus, entschließen sich, in ein anderes Land auszuwandern, entscheiden sich bewusst für oder gegen Nachkommen ...

Die Selbststeuerung eines Menschen ist auch verantwortlich für die Herstellung eines Gleichgewichtszustandes. Dieser ist vorhanden, wenn der Mensch mit sich selbst und mit seiner Umwelt stimmig ist und in Harmonie lebt. Gerät das Individuum in ein Ungleichgewicht, so wird es von sich aus aktiv, um dieses zu beseitigen. Die Selbststeuerung kann zudem die Wirkung von Anlage und Umwelteinflüssen verstärken oder aber auch beeinträchtigen, sie kann auch die eigene Entwicklung sowohl fördern als auch hemmen.

In der neueren Psychologie wird immer mehr der Mensch selbst als Gestalter seiner Entwicklung betrachtet. „Er wird als erkennendes und selbstreflektierendes Wesen aufgefasst, das ein Bild von sich und seiner Umwelt hat und beides im Zuge der Auswertung neuer und vorausgehender Erfahrungen modifiziert[1]. Dieser reflexive Mensch reagiert nicht mechanisch auf äußere Reize, seine Entwicklung ist nicht nur biologische Reifung, er handelt ziel- und zukunftsorientiert und gestaltet damit seine eigene Entwicklung mit." (R. Oerter/L. Montada, 1998[4])

11.2.4 Die Wechselwirkungen von Entwicklungsbedingungen

Im individuellen Leben kann die eine oder die andere Gruppe von Bedingungen stärker wirksam werden. Individuell-genetische Anlagen werden dort entscheidend sein, wo beispielsweise eine sehr hohe Intelligenz oder eine

---

[1] modifizieren (lat.) bedeutet ändern, abändern, umgestalten, umändern.

Grundlagen der Entwicklungspsychologie

sehr hohe Musikalität zum Vorschein kommt. Fehlen andererseits in den ersten Lebensjahren emotionale Zuwendung und eine Beziehungsperson, so führt dies zu nicht wieder gutzumachenden Schädigungen, insbesondere in der emotionalen und sozialen Entwicklung eines Menschen. In anderen Fällen machen sich sehr starke Tendenzen der aktiven Selbststeuerung bemerkbar, die es zum Beispiel ermöglichen, gesellschaftliche Barrieren zu durchbrechen, Vorurteile abzustreifen oder neue und originelle Ziele anzustreben *(vgl. Lotte Schenk-Danzinger, 1996[24]).*

Die Auffassungen, dass der Mensch beispielsweise mehr von genetischen Faktoren, von Umweltbedingungen oder von Selbststeuerungstendenzen abhängig ist, sind jedoch aus wissenschaftlicher Sicht nicht bewiesen; über die Wirkanteile von Anlagen und Umweltbedingungen gibt es keine zuverlässigen Aussagen. Ergebnisse der Zwillings- und Adoptionsforschung lassen nur den Schluss zu, dass die Ausbildung der Persönlichkeit von allen drei Komponenten abhängt.

Die meisten Wissenschaftler stellen daher auch nicht die Frage nach den Wirkanteilen von genetischen Faktoren, Umwelt und Selbststeuerung – als ob die menschliche Entwicklung stärker von der einen oder der anderen Komponente abhängig ist –, sondern nach den Wechselwirkungen: **Genetische Faktoren, Umwelt und Selbststeuerung bedingen und beeinflussen sich wechselseitig**; *alle drei sind voneinander abhängig und lassen gleichwertig im Zusammenspiel die Entwicklung des Menschen voranschreiten:*

- Die Auswirkungen von Umwelteinflüssen sind von genetischen Faktoren und der Selbststeuerung abhängig.
- Die Auswirkungen von genetischen Faktoren sind von Umweltbedingungen und Selbststeuerungstendenzen abhängig.
- Auch die Art der Selbststeuerung wird sowohl von der genetischen Ausstattung als auch der Umwelt beeinflusst.
- Gleiche genetische Ausstattungen und gleiche Umweltbedingungen wirken aufgrund der Selbststeuerung in unterschiedlicher Weise.
- Gleiche genetische Ausstattung und gleiche Selbststeuerung haben unter der Einwirkung von Umweltbedingungen unterschiedliche Auswirkungen.
- Gleiche Umwelten und gleiche Selbststeuerung können bei unterschiedlichen genetischen Voraussetzungen verschiedene Wirkungen hervorrufen.

Einige Beispiele für die Wechselwirkung von Anlage, Umwelt und Selbststeuerung:

Eineiige Zwillinge, die bekanntlich die gleichen genetischen Voraussetzungen haben und beide sehr streng erzogen werden, können aufgrund der Selbststeuerung durchaus verschiedene Persönlichkeitsmerkmale entwickeln. Andererseits kann eine stark autoritäre Erziehung ein schwaches Ich erzeugen, während ein partnerschaftliches, wohlwollendes Erzieherverhalten ein starkes Ich zur Folge haben kann mit der Befähigung, „sein Leben selbst in die Hand zu nehmen".

Die Anlage zur Entstehung der Selbstständigkeit kann bei einer sehr autoritären Erziehung mehr zu Gefügigkeitshaltung führen, bei einem partnerschaftlichen Erzieherverhalten eher zu einem gesunden Selbstwertgefühl, Eigenwillen und Durchsetzungsvermögen. Andererseits kann sehr autoritäre Erziehung bei einer Anlage zur Sensibilität Erlebensweisen wie Ängstlichkeit und völlige Gehemmtheit bewirken, sie kann aber auch bei einer Anlage zur Vitalität eher Machtstreben und Herrschsucht hervorrufen.

Bemühungen einer Mutter, das Kind schon vor dem 18. Monat zur Reinlichkeit zu bringen, bleiben erfolglos, weil es von seiner Reifung her noch nicht fähig dazu ist; ebenso wird die Mutter ihr Ziel der Reinlichkeit kaum erreichen, wenn sich das Kind von sich aus dagegen sträubt. Auf der anderen Seite wird ein Kind, das von seinen Eltern wenig gefördert wird und kaum Anregungen erhält, seine Anlage zur Intelligenz kaum entwickeln können, es sei denn, dass es von sich aus versucht, möglichst viele Erfahrungen zu sammeln.

„Was er (der Mensch) im Laufe seines Lebens wird, ist nicht nur ‚Werk der Natur', sondern auch ‚Werk der Gesellschaft' und ‚Werk seiner Selbst'."

(Wolfgang Brezinka, 1990[5])

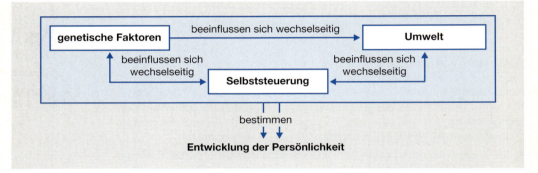

Gerade in der moderneren Psychologie wird der Gedanke, dass Mensch und Umwelt im Austausch stehen und sich gegenseitig beeinflussen, wieder sehr stark betont: Der Mensch und seine Umwelt bilden ein **Gesamtsystem** und sind aktiv und in Veränderung begriffen. Die Aktivitäten und Veränderungen beider Systemteile – Mensch und Umwelt – sind verschränkt, die Veränderungen eines Teils führen zu Veränderungen anderer Teile und/oder des Gesamtsystems *(vgl. R. Oerter/L. Montada, 1998[4])*.

11.3 Die Theorie der kognitiven Entwicklung

Entwicklungsbedingte Veränderungen des Erlebens und Verhaltens können mit Hilfe von verschiedenen Theorien erklärt werden. Von Bedeutung sind dabei – neben einer Reihe anderer Theorien – **Lerntheorien, tiefenpsychologische Theorien**[1] sowie **strukturgenetische Theorien**. Tiefenpsychologische Theorien betonen die Bedeutung des Unbewussten für die Entwicklung. Strukturgenetische Theorien gehen davon aus, dass im Laufe der Entwicklung bei jedem Menschen eine Reihe von Möglichkeiten zum Verarbeiten von Umwelteindrücken entstehen. Solche Verarbeitungsmöglichkeiten werden Strukturen genannt. Der Genese (= Entstehung) solcher Strukturen gilt die Hauptaufmerksamkeit dieser Theorien. Als Beispiel einer solchen strukturgenetischen Theorie sei die Theorie der kognitiven Entwicklung von *Jean Piaget* dargestellt.

---

[1] siehe zum Beispiel Band 1, Kapitel 8, 9 und 10

11.3.1 Grundlagen der Theorie der kognitiven Entwicklung

Jean Piaget hat sich vor allem um die kognitive[1] Entwicklung des Kindes große Verdienste gemacht.

Jean Piaget

wurde 1896 in der französischen Schweiz geboren. Er war zunächst Professor für Psychologie an den Universitäten Genf und Lausanne und an der Sorbonne, später war er Leiter des Internationalen Erziehungsbüros und stellvertretender Direktor am Institut des sciences de l'éducation in Genf. Im Alter von knapp 84 Jahren starb er in Genf. In zahlreichen Arbeiten hat er die kindliche Gedankenwelt untersucht und damit sowohl der Entwicklungspsychologie als auch der Pädagogik wichtige Grundlagen gegeben.

Piaget hat die Theorie der kognitiven Entwicklung entworfen, die im Folgenden dargestellt wird:

- Alle lebenden Organismen haben die angeborene Tendenz, einerseits Umweltgegebenheiten an ihren Organismus und andererseits den Organismus an die Erfordernisse der Umwelt anzugleichen.
  So wird zum Beispiel vom Kleinkind ein Karton als Auto verwendet, was eine Angleichung von Gegebenheiten der Umwelt an die eigenen Handlungsmöglichkeiten bedeutet. Bei der Differenzierung aller Vierbeiner in verschiedene Tierarten – nicht alle Vierbeiner sind „Wau-Wau" – gleicht sich das Kind den Umwelterfordernissen an.
  Diese gegenseitige Anpassung zwischen Organismus und Umwelt bezeichnet *Piaget* als **Adaptation**.

- Ebenso besitzen lebende Organismen die angeborene Tendenz zur **Organisation**, wie beispielsweise die Fähigkeit zu strukturieren, Ganzheiten zu bilden, zu ordnen, zu systematisieren und so Beziehungen zwischen einzelnen Teilen und dem Ganzen herzustellen.

  „Organisation wird definiert als Beziehung zwischen den Teilen und dem Ganzen."
  (Jean Piaget, 1992)

- Eine Form der Organisation ist die Einordnung und Verarbeitung von Umwelteindrücken, die nach Piaget mit Hilfe von **kognitiven Schemata** geschieht.

---

[1] Kognitiv (lat.: erkennen) meint alle psychischen Vorgänge, die der Aufnahme, der Verarbeitung und der Speicherung von Informationen dienen (vgl. Band 1, Kapitel 2).

Grundlagen der Entwicklungspsychologie

Ludwig, zweieinhalb Jahre alt, sieht einen Hund. Die Mutter sagt zu ihm: „Schau, das ist ein Wau-Wau!" Nun kann es möglich sein, dass Ludwig das Schema bildet: „Alle Vierbeiner sind Wau-Wau."

Weitere Beispiele für kognitive Schemata:
„Löffel fallen lassen bedeutet Geräusche erzeugen."
„Auf die heiße Herdplatte greifen erzeugt Schmerz."
„Uniformierte Menschen sind Polizisten."

> **Kognitive Schemata sind Einrichtungen des Organismus, die eine Einordnung von Umwelteindrücken ermöglichen und mit deren Hilfe das Individuum Erfahrungen systematisieren kann *(vgl. Rolf Oerter, 1987[21])*.**

- Das Individuum verbindet verschiedene Schemata miteinander, wodurch ein befriedigender Austausch mit der Umwelt möglich wird.
  So ermöglicht zum Beispiel die Verbindung der Schemata „fragen", „zuhören", „antworten", „mitteilen" usw. eine Konversation.

Organisierte Verbindungen von Schemata bezeichnet *Piaget* als **Strukturen.**

> *„Mit einem einzigen Schema kann ein Individuum nicht viel zustande bringen, und mit einer unverbundenen Menge von einzelnen Schemata ist nur wirre Aktivität möglich. Erst die geordnete Verbindung von verschiedenen Schemata ermöglicht einen befriedigenden Austausch mit der Welt."*
>
> *(August Flammer, 1996[2])*

Piaget sieht einen engen Zusammenhang zwischen Adaptation und Organisation, da sich diese beiden Prozesse gegenseitig ergänzen. Indem sich menschliches Denken den Erfordernissen der Umwelt allmählich anpasst, entstehen Strukturen. Durch diese neuen Strukturen kann sich der Mensch nun wiederum in komplizierteren Umweltbedingungen zurechtfinden.
Das Erlernen des Rechnens beispielsweise stellt einen wichtigen Anpassungsprozess dar, bei dem viele neue Strukturen entstehen. Die damit verbundenen Fähigkeiten helfen nun einem Menschen zum Beispiel zu ermitteln, wie viele Quadratmeter Tapete er zum Tapezieren eines Zimmers benötigt.

- Die gegenseitige Anpassung zwischen Organismus und Umwelt besteht nach *Piaget* in der Herstellung eines **Gleichgewichtszustandes zwischen Individuum und Außenwelt.** Das Individuum möchte sich in Einklang mit der Umwelt empfinden. Dieses **Streben nach Gleichgewicht** ist ein biologisches Prinzip der Entwicklung.

Die Herstellung eines Gleichgewichtszustandes ist dann erforderlich, wenn der Mensch in ein **Ungleichgewicht** gerät. Dies kann grundsätzlich eintreten, wenn sich die Anforderungen und Bedingungen der Außenwelt verändern und die Umwelt mit den vorhandenen kognitiven Schemata nicht mehr bewältigt bzw. eingeordnet werden kann.
Ludwig, der das Schema gebildet hat: „Alle Vierbeiner sind Wau-Wau", kommt nun mit seiner Mutter auf die Wiese hinaus, wo eine Kuh weidet. Aufgrund seines Schemas deutet Ludwig auf die Kuh und sagt: „Wau-Wau!" Die Mutter verneint jedoch.

Das Kind gerät in einen Ungleichgewichtszustand, weil sich die Anforderungen der Außenwelt verändert haben und die Umwelt mit den vorhandenen kognitiven Schemata nicht mehr bewältigt werden kann.

Ein Ungleichgewichtszustand kann auch zwischen verschiedenen Schemata sowie zwischen Schema und Struktur auftreten. Doch auch dieser wird durch Begegnungen und Erfahrungen mit der Außenwelt verursacht. Ein Beispiel für ein Ungleichgewicht zwischen verschiedenen Schemata ist, wenn ein Kind die zwei Schemata gebildet hat „Alle Gegenstände fallen nach unten" und „Eine Feder fliegt nach oben". *August Flammer* (1996[2]) führt als Beispiel für ein Gleichgewicht zwischen Schema und Struktur an, wenn jemand im Zug zurück zum Speisewagen geht und kein Problem darin sieht, dass er sich im fahrenden Zug dennoch insgesamt vorwärts bewegt.

- Die Anpassung an die Veränderungen der Außenwelt geschieht nach *Piaget* mit Hilfe zweier verschiedener gegenläufiger Prozesse, der **Assimilation** und der **Akkommodation**.
Das Kind verarbeitet seine Umwelteindrücke mit Hilfe der schon vorhandenen kognitiven Schemata. Dabei passt es seine Umwelteindrücke seinen schon vorhandenen Schemata an. Diesen Vorgang bezeichnet *Piaget* als *Assimilation*.

Assimilation ist ein Prozess der Anpassung der Umwelt an den Organismus, an bereits bestehende kognitive Schemata.

Dieser Prozess findet immer dann statt, wenn das Kind auf Personen, Objekte oder Sachverhalte aus der Umwelt mit früher gebildeten Schemata reagiert.
Ludwig passt die Umwelt seinem Schema an, indem er auf die Kuh deutet und meint: „Wau-Wau". Er passt alle Vierbeiner seinem Schema an.

Fällt nun das Kind aufgrund neuer Erfahrungen in ein Ungleichgewicht, so ist es gezwungen, vorhandene Schemata zu korrigieren, abzulegen bzw. neue hinzuzunehmen.

Ludwig kann mit seinem Schema „Alle Vierbeiner sind Wau-Wau" seiner Umwelt nicht mehr gerecht werden, er fällt in ein Ungleichgewicht. Um wieder einen Gleichgewichtszustand herzustellen, ändert er sein Schema (zum Beispiel „Alle kleinen Vierbeiner sind Wau-Wau, alle großen Vierbeiner sind Muh-Muh"), er passt sich der Umwelt an.

Diesen Angleichungsprozess des Individuums an die Umweltbedingungen nennt Piaget *Akkommodation*.

Akkommodation ist ein Prozess der Anpassung des Organismus an die Umwelt.

Grundlagen der Entwicklungspsychologie

Dieser Vorgang findet immer dann statt, wenn sich ein Mensch aufgrund neuer Erfahrungen in einem Ungleichgewichtszustand befindet und die Umwelt mit den vorhandenen Schemata nicht mehr eingeordnet werden kann.

- Assimilation und Akkommodation sind zwei gegenläufige Prozesse, die von vornherein zusammenspielen, einander ergänzen und die Entwicklung voranschreiten lassen. Bei Auftauchen einer neuen Situation wird erst versucht, die neuen Informationen an sich, an bereits vorhandene Lösungsmöglichkeiten anzupassen. Da jedoch auf diese Weise die Situation nicht bewältigt werden kann und das Individuum deshalb in einen Ungleichgewichtszustand fällt, werden die Lösungsmöglichkeiten verändert, abgelegt bzw. neue hinzugenommen. Auf diese Weise kann wieder ein Gleichgewicht hergestellt werden. Nun kann ein nächster Assimilationsvorgang unternommen werden, der wiederum einen Akkommodationsprozess erforderlich macht, sobald das Individuum in ein neues Ungleichgewicht fällt *(vgl. Rolf Oerter, 1987[21]).*

Ludwig, zweieinhalb Jahre alt, sieht einen Hund. Die Mutter sagt zu ihm: „Schau, das ist ein Wau-Wau!" Ludwig bildet das Schema: „Alle Vierbeiner sind Wau-Wau." Nach diesem Schema handelt Ludwig in Zukunft, er hat die Information assimiliert. Auf der Weide sagt nun plötzlich die Mutter, als Ludwig eine Kuh sieht, auf sie deutet und „Wau-Wau!" schreit: „Nein, nein, das ist eine Muh!" Ludwig kann nun aufgrund seiner vorhandenen Schemata die Situation nicht mehr bewältigen, er fällt in einen Ungleichgewichtszustand. Um wieder ins Gleichgewicht zu kommen, passt er seine Schemata der Umwelt an: „Alle kleinen Vierbeiner sind Wau-Wau, alle großen Vierbeiner sind Muh-Muh." Damit wurde bereits ein nächster Assimilationsvorgang unternommen, der wiederum einen erneuten Akkommodationsvorgang erforderlich macht.

„Assimilation kann nie in ausschließlicher Weise geschehen, denn indem beispielsweise die Intelligenz die neuen Elemente den vorhandenen Schemata einverleibt, modifiziert sie fortwährend diese Schemata, um sie den neuen Gegebenheiten anzupassen."
(Jean Piaget, 1992)

- Das Wechselspiel von Assimilation und Akkommodation wird so lange fortgesetzt, bis durch ihr Zusammenspiel ein **Gleichgewichtszustand** erreicht werden kann.

Herr Huber hat das Schema gebildet, dass alle Engländer weniger intelligent sind als Franzosen. Macht nun Herr Huber die Erfahrung, dass ein Engländer eine sehr intelligente Leistung vollbringt, so entsteht eine Diskrepanz zwischen seinem bisherigen Schema und seiner konkreten Erfahrung. Er fällt in einen Ungleichgewichtszustand. Um wieder ein Gleichgewicht herzustellen, wird er möglicherweise versuchen, eine Erklärung für das intelligente Verhalten dieses einen Engländer zu finden, beispielsweise: „Mit geringen Ausnahmen sind Engländer unintelligenter als Franzosen." Es kann nun möglich sein, dass Herr Huber häufig Erfahrungen mit Engländern macht und sich deshalb das Wechselspiel von Assimilation und Akkommodation bis zu der logischen Erklärung fortsetzt, dass Nationalität und Intelligenzniveau unabhängig voneinander sind. Da nun Realität und Schemata übereinstimmen, ist hier die höchste Gleichgewichtsform erreicht.

"Aber in allen Fällen ist die Anpassung erst dann vollendet, wenn sie zu einem stabilen System führt, d. h. wenn ein Gleichgewicht existiert zwischen Akkommodation und Assimilation."

(Jean Piaget, 1992)

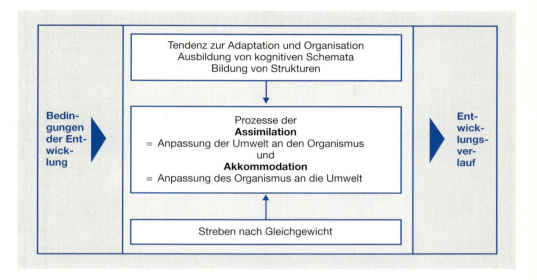

11.3.2 Die Bedeutung der Theorie Piagets für die Erziehung

Da sich die Theorie *Piagets* im Wesentlichen um Adaptation und den Aufbau von kognitiven Strukturen im Laufe der Entwicklung dreht, bleibt ihre erzieherische Relevanz eine recht allgemeine. *Piaget* selbst hat auf eine ausdrückliche Umsetzung seiner Erkenntnisse in der pädagogischen Praxis verzichtet. Möglichkeiten, *Piagets* Gedanken umzusetzen, bieten alle Lebensbereiche, in denen sich Heranwachsende lernend mit ihrer Umwelt auseinander setzen, insbesondere in Familie, Kindergarten und Schule.

- In der Familie kommt den Eltern die Aufgabe zu, Kindern **optische und taktile Reize zu vermitteln** bzw. zugänglich zu machen. Bereits in den ersten Lebensmonaten werden Kinder durch Umweltreize zu Assimilationsprozessen angeregt und bilden einfache kognitive Schemata aus. Dabei sollten den Kindern die nötigen **Freiräume zum Spielen** und damit zum Experimentieren, Wiederholen und Üben gelassen werden.
Das Spielen mit einer Rassel, das Ausräumen von Schubladen und Fallenlassen von Gegenständen bauen kognitive Schemata auf, zum Beispiel über das Erzeugen von Geräuschen, über Gewicht, Oberflächenbeschaffenheit und Form von Gegenständen.

- Indem Eltern schon mit ihren Säuglingen **viel sprechen**, Gegenstände mit Namen und Eigenschaften benennen, machen sie die Heranwachsenden auf Gegenstände aufmerksam, regen somit Assimilationsvorgänge an und helfen den Kindern beim Aufbau kognitiver Schemata.

Grundlagen der Entwicklungspsychologie

- Ein **Korrigieren kindlicher Fehlurteile** erzeugt ein Ungleichgewicht, das durch Akkommodationsprozesse ausgeglichen werden muss.

  Bezeichnet ein Kind ein Motorrad als Auto, so wird das den Widerspruch der Eltern hervorrufen und das Kind zum Verändern seines kognitiven Schemas anregen.

Sowohl in Kindergärten als auch Schulen besteht die wesentliche Aufgabe von Pädagogen im Anregen und Unterstützen von Lernprozessen, die zum Aufbau, Erweitern und Verändern von kognitiven Schemata führen sollen und somit die geistige Entwicklung voranschreiten lassen. Dabei lassen sich eine Reihe von Aspekten beachten:

- Durch **gezielte Beobachtung** können Erzieher und Lehrer allmählich die Erkenntnismöglichkeiten der Heranwachsenden abschätzen und beim Auswählen eines Lernangebots entsprechend berücksichtigen. Die Kenntnisse *Piagets* über den Verlauf der kognitiven Entwicklung dienen dabei als Orientierungshilfen.

  „Wenn Wissen kindgemäß vermittelt werden soll, muss man die Kenntnisse über den kindlichen Geist und seine Entwicklung erwerben, um dann den Lehrplan [...] entsprechend einzurichten."   (Fritz Kubli, 1983)

- Die Auswahl des Lernangebots soll dabei auch die spezifischen Stärken und Schwächen einzelner Kinder berücksichtigen, um **sowohl Über- als auch Unterforderungen** bei den nötigen Assimilations- und Akkommodationsprozessen zu **vermeiden**.

  Eine Mutter, die ihrem dreijährigen Kind ein Puzzle mit 40 Teilen vorlegt, wird es überfordern, während diese Aufgabe für 12-jährige bereits viel an Anreiz verloren hat.

- Lerninhalte können so aufgebaut sein, dass sie beim Heranwachsenden einen **kognitiven Konflikt erzeugen**, da dieser sich der Unzulänglichkeit seines kognitiven Schemas bewusst wird. Seine Vermutungen zu einem Sachverhalt erweisen sich als nicht richtig, ein Ungleichgewicht entsteht, das zum Nachdenken motiviert.

  So haben Kinder beispielsweise Vorstellungen über Vögel entwickelt als kleine, bunt gefiederte Zeitgenossen mit zierlichen Schnäbeln. Wird ihnen nun ein präparierter Adler präsentiert, der sich erheblich von Singvögeln unterscheidet, fällt das kognitive Schema des Kindes bei aufmerksamer Betrachtung ins Ungleichgewicht. Das Kind muss sein jetzt unzureichendes Schema verändern. Es baut jetzt beispielsweise ein erweitertes kognitives Schema, das lautet: „Alle kleinen, bunt gefiederten Vögel mit zierlichen Schnäbeln sind Singvögel, alle großen Vögel mit kräftigen Schnäbeln und scharfen Krallen sind Greifvögel."

- Lernangebote sollen sich durch **Anschaulichkeit** auszeichnen: Kinder sollen den dargebotenen Sachverhalt mit mehreren Sinnen wahrnehmen können. Dabei gilt es, die Aufmerksamkeit durch gezielte Arbeitsaufträge zu steuern und den Kindern Zeit für Assimilations- und Akkommodationsprozesse zu lassen. Sehr wichtig ist es, über die sinnlichen Wahrnehmungen zu sprechen.

Grundlagen der Entwicklungspsychologie

So wird eine Erzieherin bei Anschauen eines Apfels den Kindern Arbeitsaufträge geben wie zum Beispiel: „Fahre mit deiner Hand über den Apfel, rieche am Apfel, drücke den Apfel mit deiner Hand ganz fest zusammen, achte auf die Farben des Apfels ..." Die erkannten Eigenschaften des Apfels werden in einem Gespräch herausgearbeitet und verglichen.

„Damit die einströmenden sinnlichen Informationen zu Erkenntnissen führen, müssen sie interpretiert, klassifiziert werden, es muss im Neuen Bekanntes wahrgenommen werden."
(Fritz Kubli, 1983)

• Reines Reproduzieren von Wissen verhindert Adaptationsvorgänge und ist deshalb aus der Sicht der Theorie der kognitiven Entwicklung wenig sinnvoll.
In vielen Schulen werden Schüler auch heute noch mit guten Noten belohnt, wenn sie auswendig Gelerntes „abspulen". Oft haben sie dessen praktische Bedeutung weder verstanden noch können sie das Wissen anwenden. Bereits nach wenigen Tagen ist das meiste vergessen.

„Piaget will Entwicklung der eigenen Erkenntnismöglichkeiten, nicht Reproduktion fremder Erkenntnisse."
(R. Oerter/L. Montada, 1998⁴)

Zusammenfassung

● Mit Entwicklung ist eine gerichtete, zeitlich geordnete Reihe von miteinander zusammenhängenden Veränderungen des Erlebens und Verhaltens gemeint. Dabei ist für den Begriff charakteristisch, dass diese Veränderungen immer auf ein Ziel ausgerichtet sind, in einer nicht umkehrbaren Reihenfolge stattfinden und einzelnen Zeitabschnitten im Leben des Menschen zugeordnet werden können.

● Betrachtet man die Entwicklung von verschiedenen Persönlichkeitsmerkmalen, so lassen sich zwei typische Merkmale entdecken, die als Differenzierung und Integration bezeichnet werden. Mit Differenzierung ist der Vorgang der zunehmenden Aufgliederung von psychischen Merkmalen aus einem ungegliederten Anfangszustand gemeint, während Integration den Vorgang bezeichnet, vorher isoliert erlebte Einzelteile und Funktionen zueinander in Verbindung zu setzen und im Zusammenhang zu sehen.

● Die Entwicklungspsychologie versucht jene Bedingungen zu beschreiben, die Veränderungen im Erleben und Verhalten auslösen und in Gang halten und daher als Ursachen der Entwicklung gelten. Diese lassen sich unterteilen in genetische Faktoren, Umweltbedingungen und die Selbststeuerung des Menschen. Alle drei bedingen und beeinflussen sich wechselseitig, sind voneinander abhängig und lassen gleichwertig im Zusammenspiel die Entwicklung voranschreiten.

Grundlagen der Entwicklungspsychologie

- Entwicklungspsychologen geben sich aber nicht mit einem Beschreiben der Ursachen für die Entwicklung zufrieden, sondern versuchen mit Hilfe von Theorien zu erklären, weshalb bestimmte Ursachen zu bestimmten Wirkungen führen. Eine solche Theorie stellt – neben anderen – die Theorie der kognitiven Entwicklung von *Piaget* dar.

- Die von *Piaget* entworfene strukturgenetische Theorie sieht in der Entwicklung einen ständigen Prozess der Adaptation, im Sinne einer gegenseitigen Anpassung zwischen Organismus und Umwelt. Solche Anpassungsprozesse sind auf verschiedene Weise möglich. Jeder Organismus besitzt Einrichtungen, mit denen er Umwelteindrücke einordnen kann, die sog. kognitiven Schemata. Organisierte Verbindungen von Schemata heißen Strukturen.

- Verarbeitet ein Mensch Umwelteindrücke mit Hilfe seiner kognitiven Schemata widerspruchsfrei, spricht *Piaget* von Assimilation. Dabei passt der Organismus die Umwelt seinen kognitiven Schemata an. Ist diese Anpassung nicht widerspruchslos möglich, so müssen die Schemata so lange verändert werden, bis sie für den Menschen wieder stimmig sind. Man spricht hier von Akkommodation und meint den Prozess, in dem sich das Individuum an die Umwelt anpasst. Neue, nicht mehr stimmig verarbeitete Umwelteindrücke lassen den Menschen in ein Ungleichgewicht fallen. Durch Akkommodation kann wieder ein Gleichgewichtszustand zwischen Individuum und Umwelt erreicht werden.

- Aus der Theorie *Piagets* lassen sich Erkenntnisse ableiten, mit deren Hilfe man die kognitive Entwicklung von Heranwachsenden positiv beeinflussen kann. Dabei gilt es, den Kindern schon von Geburt an genügend Reize zu vermitteln, ihnen Spiel- und Experimentiermöglichkeiten zu lassen. Bei gezielten Lernangeboten sollte man eine Über- und Unterforderung der Kinder vermeiden und ihnen Gelegenheiten einräumen, Sachverhalte mit möglichst mehreren Sinnen wahrzunehmen. Eine weitere Möglichkeit besteht im absichtlichen Erzeugen kognitiver Konflikte bei den Lernenden. All diese Maßnahmen bieten den Heranwachsenden Gelegenheiten zu Assimilations- und Akkommodationsprozessen und damit zu Aufbau und Veränderung ihrer kognitiven Schemata.

Materialien Kapitel 11

1. Differenzierung und Integration

Als [...] Beispiel für Differenzierungsprozesse können Kinderzeichnungen herangezogen werden, vor allem die Darstellung der menschlichen Figur.

Man kann gut an der Zeichnung verfolgen, wie dem Kind immer mehr Details bewusst werden [...] und wie die zuerst global-symbolische Darstellung immer detailliertere Aussagemöglichkeiten erhält.

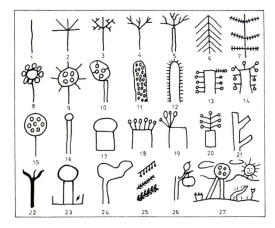

Ein weiteres Beispiel fortschreitender Differenzierung bietet die Baumzeichnung.

Es scheint, dass sich Differenzierung und Integration in der Entwicklung ablösen oder abwechseln.

[...] Im Allgemeinen kann anscheinend plötzlich vorher isoliert und vielfältig Erlebtes im Zusammenhang ja als Eines aufgefasst und verstanden werden.

Nehmen wir als Beispiel ein Bild, wie es in älteren Intelligenztests verwendet wird, an dem sich die Vorgänge veranschaulichen lassen.

27

Grundlagen der Entwicklungspsychologie / Materialien

Bildbetrachtungsaufgabe aus einem Binet-Intelligenztest

Auf einer sehr frühen Stufe wird es dem Kind nicht gelingen, irgendetwas auf dem Bild zu erkennen. Bald erkennt es Personen – Mama –, etwas später Gegenstände. Mit drei Jahren wird erwartet, dass das Kind auf die Frage „Was geschieht da? – Was machen die Leute?" mehrere Einzelheiten nennen kann. Mit fünf, sechs Jahren kann das Kind bereits größere Einheiten in Form von Handlungszusammenhängen angeben, z. B.: Ein Junge zieht an der Tischdecke, da läuft das Mädchen weg – Der Mann schimpft mit dem Jungen u. Ä. – Im neunten Lebensjahr wird eine integrierte Erfassung des Inhaltes verlangt, z. B. „Da wird der Falsche bestraft".

Quelle: Eduard W. Kleber, 1978[2]

2. Gentechnik: Ist uns in die Wiege gelegt, ob wir gut oder böse werden?
Der Streit um die Macht der Gene nimmt eine neue Wendung

„Aggressionen entdeckt" – die Botschaft ging um die Welt. Vor zwei Jahren glaubten Wissenschaftler in den Niederlanden, das brutale Verhalten der Männer einer bestimmten Familie an einem Gen festmachen zu können [...].
Meldungen über solche Funde häufen sich. In den letzten Jahren wurden Dutzende von Genen geortet, die angeblich das menschliche Verhalten beeinflussen. Die in den Chromosomen lokalisierten Erbfaktoren sollen über Krankheiten oder Veranlagungen entscheiden: Manische Depression, hohe Intelligenz und die Neigung zum Alkoholismus hängen angeblich jeweils mit bestimmten Genen zusammen. Anfang April geriet in den USA ein Gen in die Schlagzeilen, das für die Hyperaktivität von Kindern verantwortlich sein soll – das „Attention Deficit Disorder Gene" (ADD).
Die Diskussion über die Rolle der Gene bahnt einen grundlegenden Wandel des Menschenbilds an. Hatten in der Nachkriegszeit Psychologen die wichtigsten Faktoren für das Verhalten eines Menschen vor allem in seiner Umwelt – etwa in der Erziehung – gesucht, schwingt nun das Pendel in Richtung Biologie. *Michael McGuire*, Psychiatrieprofessor an der University of California in Los Angeles, konstatiert, dass „ein immer größerer Teil unseres Verhaltens mit Genetik verbunden wird. Ob wir es mögen oder nicht, der Einfluss der Kultur wird immer kleiner". **Ein Problem** allerdings wird gerne übersehen: Das Thesengebäude steht auf einem wackeligen Fundament. Denn niemand weiß, wie groß der Einfluss der Gene auf menschliches Verhalten ist.
Außerdem lässt sich kaum präzise zwischen Einflüssen des Erbguts und denen der Umwelt unterscheiden. Immerhin ist für die meisten Forscher eines sicher: Die Gene sind nicht allein schuld.
Auch die wissenschaftlichen Beweise sind eher dürftig. So konnten unabhängige Forscher bisher die Existenz von keinem der vermeintlichen „Verhaltensgene" bestätigen. Das „Alkoholismus-Gen" und das „Gen für manische Depression" entpuppten sich als falsche Sensationen.
Mitunter erwies sich ein suspektes Gen gar als Sonderfall, der nicht in der breiten Bevölkerung

28

*Grundlagen der Entwicklungspsychologie / **Materialien***

auftritt. Oder es stellte sich heraus, dass es Teil einer großen Zahl weiterer Erbanlagen ist, die wiederum mit vielen anderen Verhaltensweisen verknüpft sind. Oft werden auch nichtgenetische Einflüsse zu wenig verstanden. Dann macht es kaum Sinn, über die Rolle eines Gens zu sprechen [...].

Die Interpretation der genetischen Ausstattung eines Menschen wirft weitere Probleme auf: Niemand kann sagen, ob eine Mutation in jedem Fall das entsprechende besondere Verhalten auslöst oder wie stark sie es beeinflusst. „In den meisten Fällen", sagt die emeritierte[1] Biologin *Ruth Hubbard*, die an der Harvard-Universität lehrte, „läuft ein großer Teil der Bevölkerung mit demselben Gen herum und weiß nicht, dass sie es hat." Dies gelte auch für den neuesten Fund, das ADD- oder Hyperaktivitäts-Gen. „Angesichts der bisherigen Erfahrungen", erklärt *Hubbard*, „würde ich jede Wette eingehen: Auch dieses Gen wird sich in Luft auflösen."

Der Entdecker des ADD-Gens, *Edwin Cook*, räumt ein, dass sein Ergebnis bisher noch nicht bestätigt wurde. Der Mediziner von der Universität Chicago stimmt *Ruth Hubbard* zu, dass das Gen wohl nicht nur bei Menschen mit ADD vorkommt. „Vielleicht habe ich dieses Gen auch", sagt *Cook*. „Möglicherweise bin ich deshalb handlungsfähig, statt psychisch gelähmt zu sein. Es kann sein, dass nur winzige genetische Differenzen die Krankheit ADD von Tatkraft und Unternehmensgeist unterscheiden."

Es gebe eine weitere Gefahr bei der Auswertung der Forschungsergebnisse über den Anteil von Genen und Umwelt, warnt *Hubert Markl*. Viele meinten, jedes genetisch beeinflusste Merkmal sei „unabänderlich, ein Zwang wie ein Gottesurteil". Umweltbedingte Tendenzen hingegen würden als „veränderlich und beeinflussbar" betrachtet. Dies, so *Markl*, sei jedoch nicht der Fall. „Ein Beispiel: Der Dialekt ist ganz bestimmt umweltbedingt und trotzdem sehr schwer beeinflussbar. Mein bayerisches Deutsch ist mit Sicherheit nicht angeboren, aber es ist kaum flexibel, nachdem es eingeprägt ist. Meine Kurzsichtigkeit dagegen ist genetisch bedingt und dennoch sehr gut zu ändern – durch meine Brille."

Bleibt die Frage, wie mit dem Wissen über den Einfluss der Gene umzugehen ist. Für den ADD-Forscher *Cook* werden Informationen über die genetische Ausstattung zu neuen Formen medizinischer Behandlung führen. Zudem könnten Eltern schon bald nach der Geburt über Therapien für ein ADD-Kind unterrichtet werden. Denn das ist oft schon drei Jahre alt, ehe die Diagnose gesichert ist. „Bis dahin sind die Eltern meist erschöpft und frustriert", sagt *Cook*. „Meiner Meinung nach könnte eine frühere Diagnose diesen Kindern wirklich helfen."

Trotzdem: Für den Umgang mit den neuen Erkenntnissen findet sich keine Patentlösung. Die Gesellschaft muss mehr über die begrenzte Aussagekraft genetischer Informationen lernen: „Es gibt nicht nur Bedarf an ‚Genberatung' für Ärzte", sagt *Markl*. „Es muss auch in der Schule unterrichtet werden, dass Gene keine Zwangsprogramme einleiten."

Andere wegen eines Gens zu diskriminieren, meint der frühere Präsident der Deutschen Forschungsgemeinschaft, sei „das Dümmste, was wir machen können. Unsere unterschiedliche Genetik ist das Reichste, was wir besitzen".

Quelle: Steven Dickman, in: Natur 7/95

3. Die Selbststeuerung des Menschen

Lerner und *Busch-Rossnagel* nennen mehrere Bahnen, auf denen der Mensch Einfluss auf seine eigene Entwicklung nehmen kann. Wir greifen drei heraus.

(1) In jedem Zeitpunkt des Lebens – abgesehen von extremer äußerer Unfreiheit – gibt es *Wahlen* bezüglich der sozialen und materiellen[2] Umwelt, in der man sich befindet. Selbst in der Gefängnissituation ist diese Aussage zutreffend. Man kann diese Wahlen interpretieren als Folge vorausgehender Einflussfaktoren, die das Subjekt passiv erleidet oder als zielorientierte Handlungsweise eines aktiven Subjektes. Im ersten Fall ist die Wahl Folge, im zweiten Fall Antezedens[3] von Veränderungen.

---

[1] emeritiert: sich im Ruhestand befindender Hochschullehrer
[2] Die materielle Umwelt umfasst die natürliche und die kulturelle Welt (siehe Abschnitt 11.2.2).
[3] Antezedens: Voraussetzung

Grundlagen der Entwicklungspsychologie / **Materialien**

15 Jeder Mensch sucht sich passende Umwelten und wählt solche aus. Bevorzugungen von Kontakten zu einzelnen Familienmitgliedern, zu Spielgefährten und Freunden, die Wahl von Lebenspartnern, die Trennung von solchen, das Selbstständigwer-
20 den im Sinne der Lösung von der Elternfamilie, die Wahl von Vereinen nach der eigenen Interessenlage, die Wahl von Fernsehprogrammen und Urlaubsorten, die Wahl von Wohnung und Beruf, alles dieses hat Folgen für die weitere Entwicklung.
25 (2) *Der Mensch trifft seine Wahlen auf der Basis subjektiver Definitionen oder Kodierungen seiner Umwelt.* Er entscheidet dabei, was wichtig ist und was nicht und was es bedeutet. Für ein erstes Kleinkind ist der fremde Mensch, der die Wohnung
30 betritt, eine Bedrohung, für ein anderes eine interessante Abwechslung. Für gute Schüler sind die Lehrer positive Partner, für schlechte eher gefürchtete Kritiker, denen man nach Möglichkeit aus dem Wege geht. Für den einen ist ein Museumsbesuch eine Belohnung, für den anderen eine Strafe, 35 selbstverständlich mit unterschiedlichen Folgen.

(3) *Jeder Mensch modifiziert* von Geburt an *seine Umwelt,* und zwar nicht nur die materielle Umwelt (Zimmer, Wohnung, Arbeitsplatz), sondern auf vielfältige Weise das Selbstbild, die Einstellungen, die 40 Werthaltungen und die Zielsetzungen und das Verhalten seiner Sozialpartner. Letzteres wurde schon des Öfteren zum zentralen Thema erhoben: Das Bild von sich selbst, das Bild von anderen, das Ausfüllen einer Rolle werden gestaltet in der sozia- 45 len Interaktion. Insofern ist dies nie einseitig, sondern hat Auswirkungen auf alle Beteiligten.

Quelle: R. Oerter/L. Montada, 1998[4]

4. Die biologische Anpassung als Wechselspiel von Assimilation und Akkommodation

1 Es ist auf der biologischen Ebene offensichtlich, dass ein Organismus seiner Umwelt nicht passiv ausgeliefert ist, sondern diese seinerseits aktiv gestaltet. Ein wichtiger Aspekt des Lebens liegt in
5 der Fähigkeit, sich im Wechsel der Umwelt als Organismus zu behaupten, die eigene Struktur oder Identität zu bewahren. Der Organismus schafft durch aktives Einwirken auf die Umwelt die Bedingungen, die er zu seiner Weiterexistenz braucht.
10 Daneben gibt es offenbar auch Möglichkeiten, die eigene Organisationsweise zu verändern, um besser an die Umwelt angepasst zu sein.

Auf der Ebene der Verhaltensforschung zeigt es sich indessen, dass das Tier Möglichkeiten der
15 Veränderung, des (Re-)Agierens auf die Umwelt hat, die nicht den Organismus an die Umwelt, sondern die Umwelt an den Organismus anpassen. Beispiele sind das Markieren des Territoriums, das Spinnen von Netzen, bis hin zur Schaffung des ei-
20 genen Biotops, etwa beim Biber.

Während in der herkömmlichen Lernpsychologie die Möglichkeiten der Anpassung des eigenen körperlichen und geistigen Verhaltens an neue Gegebenheiten untersucht und im Begriff des erwor-
25 benen, bedingten Reflexes dargestellt würden, hat uns die Ethologie[1] gezeigt, wie sehr die Umwelt in bereits vorgeformten, „instinktiven" Verhaltensformen des Organismus erfasst und wahrgenommen wird. Beim Menschen wird deutlich, dass Intelli- genz in beiden Grundhaltungen des Organismus 30 beobachtet werden kann, sowohl bei der Anpassung seiner selbst an eine veränderte Umwelt wie auch bei deren Einbezug in die eigenen Ziele. Intelligenz kann – um nochmals zum Tier zurückzukehren – dadurch bestimmt werden, wie rasch das 35 eigene Verhalten einer neuen Situation angepasst werden kann, oder aber ob es gelingt, eine bestehende Absicht auch unter veränderten Bedingungen zu verwirklichen. Dieser Aspekt des Verhaltens und der Intelligenz erscheint etwa beim Affen, 40 der sich eine vor dem Käfig liegende Banane mit einem Stock erangelt, wenn sich die Reichweite der Arme als zu kurz erwiesen hat. In vielen Fällen lassen sich die beiden Tendenzen, Veränderung des eigenen Verhaltens oder geschickter Einbezug 45 der Umwelt in bestehende Verhaltensformen und Ziele, gar nicht voneinander trennen. Derselbe Intelligenzakt schließt oft beides ein, eine Anpassung des eigenen Verhaltens an eine gegebene Situation *und* eine Eingliederung der Umwelt in be- 50 stehende Verhaltensformen.

Den ersten Aspekt, die Anpassung an die Umwelt, bezeichnet Piaget als *Akkommodation,* den Einbezug der Umwelt in bestehende Verhaltensformen als *Assimilation.* Die beiden Grundtendenzen, As- 55 similation und Akkommodation, zeichnen nicht nur biologische Vorgänge aus, sondern ebenso sehr oder gar hauptsächlich intelligentes Verhalten.

Quelle: Fritz Kubli, 1983

---

[1] *Ethologie: Wissenschaft vom Verhalten der Tiere; Verhaltensforschung*

Aufgaben und Anregungen
Kapitel 11

Reproduktion von Informationen

1. Bestimmen Sie den Betriff „Entwicklung".
   (Abschnitt 11.1.1)
2. Beschreiben Sie die beiden Merkmale der Differenzierung und Integration.
   (Abschnitt 11.1.2)
3. Stellen Sie verschiedene Bedingungen der Entwicklung dar.
   (Abschnitt 11.2.1 bis 11.2.3)
4. Zeigen Sie die Wechselwirkungen von Entwicklungsbedingungen auf.
   (Abschnitt 11.2.4)
5. Stellen Sie die Theorie der kognitiven Entwicklung von *Jean Piaget* dar.
   (Abschnitt 11.3.1)
6. Beschreiben Sie auf der Grundlage der Theorie der kognitiven Entwicklung von *Jean Piaget* Möglichkeiten der Förderung einer günstigen Entwicklung.
   (Abschnitt 11.3.2)

Anwendungsaufgaben

7. Bestimmen Sie den Begriff Entwicklung und erläutern Sie an einem Beispiel die beiden Entwicklungsmerkmale der Differenzierung und Integration.
   (Abschnitt 11.1.1 und 11.1.2)
8. Beschreiben Sie verschiedene Entwicklungsbedingungen und stellen Sie anhand von Beispielen aus der Entwicklung eines Menschen die Wechselwirkungen von Entwicklungsbedingungen dar.
   (Abschnitt 11.2)
9. *„Der Apfel fällt nicht weit vom Stamm."*
   „Wie es die Alten sungen, so zwitschern es die Jungen."
   „Wie der Vater, so der Sohn."
   Bestimmen Sie den Sinngehalt dieser Sprichwörter. Beurteilen Sie, inwieweit die Sprichwörter mit den wissenschaftlichen Erkenntnissen über die Bedingungen der Entwicklung übereinstimmen.
   (Abschnitt 11.2)
10. Der Psychologe *James Watson* (1930) behauptete, wenn man ihm ein Dutzend gesunder Kinder zur Verfügung stellen würde und eine speziell gestaltete Umwelt, so könne er blindlings eines dieser Kinder auswählen und es zum Richter, Künstler, Arzt, Dieb oder Bettler erziehen, ohne Rücksicht auf die genetische Ausstattung und Neigungen des Kindes.
    Nehmen Sie zu dieser Behauptung unter dem Aspekt über Erkenntnisse von Entwicklungsbedingungen Stellung.
    (Abschnitt 11.2)

*Grundlagen der Entwicklungspsychologie / **Aufgaben und Anregungen***

11. Erklären Sie mit Hilfe einer Entwicklungstheorie (zum Beispiel der kognitiven Theorie von *Jean Piaget)*, warum sich das Erleben und Verhalten im Sinne der Entwicklung ändert. Stellen Sie dabei die grundlegenden Annahmen und Fachbegriffe der gewählten Theorie dar.
(Abschnitt 11.3.1[1])

12. Fallbeschreibung „Klaus"

1 *Der 7-jährige Klaus hat in der ersten Klasse der Grundschule massive Schul-schwierigkeiten, weshalb seine Mutter zu einem Beratungsgespräch mit der Klassenlehrerin gebeten wird.*
Aussagen der Klassenlehrerin:
5 *Klaus hat kaum Kontakt mit anderen Kindern. Wenn er z. B. in der Pause ange-sprochen wird, schweigt er oder läuft weg. Er beteiligt sich von sich aus nicht am Unterricht, schaut oft zum Fenster hinaus und träumt.*
Leistungen kann er nur mit individueller Zuwendung der Lehrerin erbringen. Ins-gesamt arbeitet er viel zu langsam und bricht, wenn er nicht mitkommt, die ge-
10 *forderte Tätigkeit einfach ab. Wenn er aufgerufen wird, ist er aufgeregt und manchmal so verängstigt, dass er zu weinen anfängt. Neue Anforderungen wehrt er sogleich mit der Äußerung ab: „Ich kann es nicht". Die Klassenkamera-den dulden Klaus, aber es kommt oft vor, dass sie ihn wegen seines unsicheren Verhaltens auslachen oder zum Schnellermachen drängen.*
15 *Aussagen der Mutter:*
Klaus ist Einzelkind. Er war eine Früh- und Risikogeburt und musste in den ersten Lebensjahren aufgrund von Stoffwechselstörungen mehrmals für einige Wochen im Krankenhaus behandelt werden. Dadurch war die Mutter in dieser Zeit sehr belastet und entwickelte eine übertriebene Ängstlichkeit im Umgang
20 *mit dem Kind, die sie auch später beibehielt. So durfte er z. B. nicht alleine zum Spielen nach draußen gehen, weil die Mutter befürchtete, die anderen Kinder würden zu rau mit ihm umgehen. Sie erzog Klaus mit besonderer Liebe und Für-sorge, da er weiterhin ein krankheitsanfälliges und sensibles Kind war, das wenig Aktivität zeigte. Die Mutter ist eine sehr häusliche Frau, sie hatte viel Zeit für*
25 *Klaus, sie spielte ausgiebig mit ihm, vermittelte Sicherheit und Geborgenheit. In dieser Zeit orientierte sich der Junge stark an der Mutter, da der Vater sich bis-her wenig an der Erziehung beteiligte.*
Klaus hat morgens schon Angst vor der Schule. Er behauptet, es sei ihm schlecht, so dass er nicht den Unterricht besuchen könne. Die Mutter versteht
30 *Klaus gut und nimmt ihn gegen den Vater in Schutz, der sich oft über die Wei-nerlichkeit und Ängstlichkeit seines Sohnes lustig macht. Mit den Leistungen von Klaus ist der Vater sehr unzufrieden. Er überwacht Klaus' Hausaufgaben streng und arbeitet jeden Abend mit ihm, was oft mit Tränen bei Klaus endet.*
Klaus erlebt, dass sich die Mutter bei Auseinandersetzungen mit dem Vater wei-
35 *nend zurückzieht, und Klaus reagiert ähnlich, indem er aufgrund der Vorwürfe des Vaters selber meint, er sei zu dumm und müsse auf eine Sonderschule.*
Als die Klassenlehrerin dringend eine Therapie für Klaus empfiehlt, wehrt die Mutter empört ab. Der Vater werde das nie zulassen.

---

[1] *siehe auch Band 1, Kapitel 8.1, 8.2, 9 oder 10*

*Grundlagen der Entwicklungspsychologie / **Aufgaben und Anregungen***

a) Beschreiben Sie verschiedene Entwicklungsbedingungen und erläutern sie die Wechselwirkungen der Bedingungen, welche die Entwicklung von Klaus bestimmen.
(Abschnitt 11.2)

b) Erklären Sie die Entstehung der auffallenden Ängstlichkeit bei Klaus mit Hilfe einer geeigneten Theorie (zum Beispiel der sozial-kognitiven Theorie)[1]. Berücksichtigen Sie dabei die Aussagen und Fachbegriffe dieser Theorie.

13. Stellen sie am Beispiel eines Lebensbereiches (zum Beispiel Familie, Kindergarten, Heim) auf der Grundlage einer Entwicklungstheorie (zum Beispiel der kognitiven Theorie von *Jean Piaget*) Möglichkeiten der Förderung einer günstigen Entwicklung dar.
(Abschnitt 11.3.2)

14. Erläutern Sie auf der Grundlage einer Entwicklungstheorie (zum Beispiel der kognitiven Theorie von *Jean Piaget*), wann eine gesunde Entwicklung zu erwarten ist.
(Abschnitt 11.3.2[2])

Anregungen

15. Erstellen Sie einen persönlichen Lebenslauf, der ihre aktive Selbststeuerung in ihrem bisherigen Leben besonders deutlich werden lässt.

16. *„Der Glaube des Menschen über sich in freier Selbststeuerung bestimmen zu können, ist lediglich eine Illusion. Die Art und Weise der Selbststeuerung ist ihrerseits bereits durch genetische Faktoren und die Umwelt festgelegt."*
Diskutieren Sie diese Aussage unter Berücksichtigung von grundlegenden Erkenntnissen über Entwicklungsbedingungen.

17. Im Volksmund kann man oft die beiden folgenden Sprichwörter hören:
„Im Leben kommt alles, wie es vom Schicksal bestimmt ist."
„Jeder ist seines Glückes Schmied."
Diskutieren Sie diese beiden Sprichwörter unter Berücksichtigung von entwicklungspsychologischen Erkenntnissen.

18. Vor noch nicht allzu langer Zeit wurde Entwicklung vorwiegend als ein Reifungsgeschehen betrachtet, das nach einem in der Genstruktur festgelegten Programm abläuft. In der heutigen Zeit wird in Entwicklung mehr als ein Lernvorgang gesehen.
Nehmen Sie im Rahmen eines Rollenspiels beide Standpunkte ein und diskutieren Sie die Konsequenzen, die sich aus dem jeweiligen Standpunkt für die Förderung eines Kindes im Elternhaus und in der Schule ergeben.

---

[1] *siehe hierzu Band 1, Kapitel 8.1, 8.2, 9 oder 10*
[2] *siehe auch Band 1, Kapitel 8.1, 8.2, 9 oder 10*

12 Entwicklung auf verschiedenen Altersstufen [1]

Was ist das?
Am Morgen läuft es auf vier Beinen,
am Mittag auf zwei,
am Abend auf drei.

In diesem Rätsel wird die Entwicklung eines Menschen angesprochen.

Es stellen sich nun die Fragen:

> 1. Wie verläuft die Entwicklung verschiedener Teilbereiche der Persönlichkeit wie
>   - der Motorik,
>   - des Denkens,
>   - der Emotionen?
> 2. Wie lassen sich diese entwicklungsbedingten Veränderungen unter dem Aspekt der Differenzierung und Integration beschreiben?

---

[1] Dieses Kapitel ist nicht relevant für die Berufsoberschule, 12. Jahrgangsstufe.

Entwicklung auf verschiedenen Altersstufen

12.1   Die Entwicklung der Motorik

Der Begriff **Motorik** bezeichnet die Gesamtheit aller Bewegungsabläufe eines Organismus. Dabei wird unterschieden zwischen **Grobmotorik** und **Feinmotorik**. Unter Grobmotorik versteht man die Bewegungen von Rumpf, Bauch, Becken, Rücken, Schultern, Armen, Beinen und Kopf. Zur Feinmotorik zählen die Bewegungen von Fingern und Zehen sowie des Gesichtes.

12.1.1   Der Verlauf der Entwicklung der Motorik

Bereits als ungeborenes Kind bewegt sich der Mensch im Mutterleib, wie Aufnahmen von Föten zeigen. Das Kind dreht sich, windet sich, streckt sich und tritt oder stößt die Mutter gegen die Gebärmutterwand. Es bewegt sich zum Teil schnell und rhythmisch und zeigt bereits spezifische, gezielt auslösbare Reaktionen. Solche Reaktionen werden als **Reflexe** bezeichnet.

> **Unter einem Reflex versteht man eine direkte und unmittelbare Reaktion auf einen Reiz.**

Das Neugeborene verfügt ebenfalls über eine Reihe von Reflexen und koordinierten Bewegungen, zum Beispiel das Strampeln.

Das Neugeborene besitzt zum Beispiel den Atmungsreflex, den Saugreflex, den Suchreflex (bei Berührung der Wange), den Greifreflex oder den Schreitreflex, der nach ca. acht Wochen wieder verschwindet.

Dabei können wir beobachten, dass der Säugling einerseits biologisch notwendige und lebenserhaltende Reflexe, wie zum Beispiel den Atmungs- oder Saugreflex, besitzt, andererseits Reflexe zeigt, die sich nur aus der Evolutionsgeschichte des Menschen verstehen lassen, aber heute keine Bedeutung mehr besitzen.

Zum Beispiel ballt der Säugling eine Faust, sobald seine Handfläche berührt wird (Palma-Reflex), oder er streckt Arme und Beine aus und zieht sie wieder an, sobald ihm scheinbar die Unterlage, auf der er liegt, entzogen wird (Moro-Klammer-Reflex).

Das *erste Lebensjahr* ist die Zeit der intensivsten Bewegungsreifung. In dieser Zeit lernt das Kind neben anderen Bewegungen das Sitzen, das Stehen und das Gehen.

Materialien I

Etwa im 4. Monat zeigen sich die ersten gesteuerten Bewegungen, es lernt erste Koordinationsbewegungen von Auge und Hand, die sich zum Greifen entwickeln. Hierbei handelt es sich um eine Verbindung von sensorischen und motorischen Leistungen, die unter dem Begriff **Sensomotorik** zusammengefasst werden. Dabei ist entscheidend, dass aufgrund der Sinnesrückmeldungen die Bewegungen gesteuert und kontrolliert werden, wie dies beispielsweise beim Greifen der Fall ist.

> **Sensomotorik bezeichnet die Verbindung von sensorischen und motorischen Leistungen und bedeutet die Steuerung und Kontrolle von Bewegungen aufgrund von Sinnesrückmeldungen.**

In der *frühen Kindheit* (2. bis 6. Lebensjahr) lernt das Kind eine Reihe von wichtigen Bewegungen wie das Laufen, das Treppensteigen, das Hüpfen oder Klettern. Dabei spielt die Erhaltung des Gleichgewichts eine wichtige Rolle. Auch sensomotorische Leistungen differenzieren sich weiter aus: Das Kind lernt, selbstständig zu essen, sich alleine anzuziehen, zu malen oder zu zeichnen.

In der *späten Kindheit* gewinnen die motorischen Leistungen zunehmend an Sicherheit und Reaktionsgeschwindigkeit, die Bewegungskoordination wird verfeinert. Das Kind lernt, seine Bewegungen zu beherrschen. Als bedeutendste motorische Leistung gilt in diesem Alter das Schreiben, eine spezielle sensomotorische Leistung. Bis etwa zum siebten Lebensjahr ist die grundlegende motorische Entwicklung abgeschlossen.

Im *Jugendalter* kann man vor allem eine bemerkenswerte Zunahme der Muskelkraft beobachten. Vor allem aber wird in diesem Alter die Geschlechtsdifferenzierung der Motorik sichtbar. Damit sind einerseits jene Verschiedenheiten gemeint, die durch den unterschiedlichen Körperbau von Mann und Frau und die Unterschiede im Bau der Geschlechtsorgane bedingt sind, andererseits betrifft sie jene unterschiedlichen Bewegungen, welche durch die Rolle der Geschlechter in der jeweiligen Gesellschaft bestimmt sind.

Der *Erwachsene* entwickelt sich nur noch aufgrund von Außenreizen. Sein Berufsleben und seine Einstellung zum Sport bestimmen das Ausmaß seiner Bewegung und Beweglichkeit.

Im Alter beginnt der natürliche Alterswandel des menschlichen Körpers. Die Muskelkraft bildet sich zurück, ebenso die Koordinationsfähigkeit und Stabilität. Veränderungen am Skelettsystem wirken sich auf die Beweglichkeit der Wirbelsäule, der Gelenke und die Elastizität der Knochen aus. Alterskrankheiten, wie zum Beispiel die *Osteoporose*[1], beeinträchtigen zusätzlich die motorische Leistungsfähigkeit.

Das Ausmaß der Rückbildung im Alter ist stark vom Ausmaß der Bewegung in jüngeren Jahren abhängig.

Übersicht über die Entwicklung der Motorik *(Tabelle enthält lediglich Richtwerte)*

nach der Geburt:
— *dreht in Bauchlage von allein Kopf zur Seite (Halsmuskeln reifen zuerst)*
— *bewegt in Rückenlage Arme und Beine gleichmäßig*
— *„schreitet", wenn Füße auf den Boden gestellt werden (Schreitreflex)*
— *Hände und Füße greifen bei Berührung (Greifreflex, Palma-Reflex)*
— *Arme und Beine sind angezogen, Hände und Füße geballt, da die Beugemuskeln besser gereift sind als die Streckmuskeln*

---

[1] Osteoporose ist eine Knochenerkrankung, bei der Knochensubstanz abgebaut wird.

Entwicklung auf verschiedenen Altersstufen

bis Ende des 1. Monats:
- hebt den Kopf in Bauchlage kurz
- kann Kopf für einen Moment aufrecht halten
- führt ergriffenen Finger sofort zum Mund

bis Ende des 2. Monats:
- Kopf kann bis ca. fünf Sekunden aufrecht gehalten werden
- hebt Kopf in Bauchlage um ca. 45 Grad und hält ihn ca. 10 Sekunden
- zieht Knie nicht mehr an Bauch
- streckt sich mehr

bis Ende des 3. Monats:
- stützt sich in Bauchlage auf Unterarme
- hebt Kinn und Schultern von der Unterlage ab
- hält Kopf in Bauchlage ca. eine Minute
- hält Kopf sitzend ca. eine halbe Minute
- rollt sich allein von Seite auf Rücken
- kann besser greifen

bis Ende des 4. Monats:
- stützt sich in Bauchlage sicher auf Unterarme
- zieht den Kopf mit hoch, wenn es an den Händen zum Sitzen hochgezogen wird
- kann sich zur Seite drehen
- greift nach Gegenständen, die es sieht

bis Ende des 5. Monats:
- versucht, sich auf die Beine zu stellen, wenn es zum Sitzen hochgezogen wird, und stemmt sich mit den Zehen gegen die Unterlage
- es „schwimmt" in der Bauchlage
- es stemmt sich mit den Zehen gegen die Unterlage, wenn es hingestellt wird
- greift gezielter nach Spielsachen
- steckt alles in den Mund

bis Ende des 6. Monats:
- „Sphinxstellung": stützt sich in der Bauchlage mit gestreckten Armen ab
- rollt sich in der Rückenlage von einer Seite auf die andere
- bringt den Kopf sofort hoch und hebt die Beine an, wenn es an den Händen hochgezogen wird
- stützt sich im Sitzen mit den Armen seitlich ab, hält Balance
- ergreift mit den Händen die eigenen Füße und steckt sie in den Mund
- hält das Fläschchen selbst

bis Ende des 7. Monats:
- dreht sich von dem Rücken auf den Bauch
- kann mit einer Hand nach Spielzeug greifen und sich gleichzeitig mit der anderen Hand abstützen
- kann angelehnt allein sitzen
- beugt die Knie und stößt sich ab, sobald es hingestellt wird

Entwicklung auf verschiedenen Altersstufen

bis Ende des 8. Monats:
- *„Vierfüßlerstand": stützt sich in Bauchlage mit gestreckten Armen ab und hebt das Gesäß leicht an*
- *beginnt zu „robben"*
- *zieht sich zum Knien hoch*

bis Ende des 9. Monats:
- *kann frei sitzen und sich nach vorne beugen, ohne umzufallen*
- *ergreift Gegenstände mit Daumen und Zeigefinger im „Scherengriff"*
- *steht, an den Händen gehalten, ca. eine halbe Minute*
- *hält die Tasse selber*

bis Ende des 10. Monats:
- *setzt sich aus der Bauchlage allein auf*
- *setzt sich aus der Rückenlage auf, wenn es sich irgendwo festhalten kann*
- *zieht sich vom Sitzen zum Stehen hoch*
- *kann kurzzeitig stehen, wenn es sich festhält*
- *beginnt zu krabbeln*
- *greift im „Pinzettengriff"*

bis Ende des 11. Monats:
- *krabbelt gut*
- *zieht sich an Möbeln hoch*
- *macht mit Hilfestellung die ersten Schritte*

bis Ende des 12. Monats:
- *läuft mit Hilfestellung*
- *versucht die ersten freien Schritte, ohne sich festzuhalten*
- *hält sich mit einer Hand im Stehen fest und hebt mit der anderen Gegenstände auf*

bis Ende des 15. Monats:
- *kann frei stehen*
- *kann ohne Hilfe gehen*
- *fängt an, Ball zu rollen*
- *beginnt, Würfel aufeinander zu setzen*

bis Ende des 18. Monats:
- *steigt Treppen, wenn es sich festhalten kann*
- *setzt sich hin*
- *hüpft mit beiden Beinen*
- *bückt sich, ohne umzufallen*
- *klettert*
- *zieht beim Gehen einen Gegenstand hinter sich her oder schiebt etwas*
- *geht rückwärts*
- *baut Türme*
- *trinkt aus der Tasse*
- *isst mit dem Löffel*

Entwicklung auf verschiedenen Altersstufen

bis Ende des 2. Lebensjahres:
– _steigt Treppen, auch ohne sich festzuhalten, zieht jedoch noch ein Bein nach_
– _kann einen Gegenstand mit dem Fuß anstoßen, ohne umzufallen_
– _kann rasch laufen, hüpfen und sich drehen_

zwischen 3 und 4 Jahren:
– _Treppensteigen ohne Festhalten und ohne Beinnachziehen_
– _kann auf Zehenspitzen gehen_
– _kann Bewegungen abrupt beenden, ohne umzufallen_
– _kann um die Ecke biegen, ohne vorher anhalten zu müssen_
– _kann Dreirad fahren_

5 bis 6 Jahre:
– _kann auf einem Bein stehen und hüpfen_
– _kann Fahrrad fahren_
– _kann Purzelbäume schlagen und einen Kopfstand machen_
– _kann schreiben lernen, da nun die Muskeln des Handgelenkes so weit gereift sind, dass das Kind derartige feinmotorische Leistungen erbringen kann_

Quellen: Bundeszentrale für gesundheitliche Aufklärung, 4/1996
Lotte Schenk-Danzinger, 1996[24]

12.1.2 Die Entwicklung der Motorik unter dem Gesichtspunkt der Differenzierung

In der Entwicklung der Motorik bedeutet Differenzierung eine Entwicklung von unkoordinierten und kontrollierten Bewegungen hin zu bewusst gesteuerten, ganz gezielten Bewegungen.

Im Mutterleib stößt das Ungeborene unkontrolliert, es schlägt mit seinen Beinen aus, trifft – wenn es größer ist – gewollt oder ungewollt die Bauchdecke der Mutter. Auch im Neugeborenenstadium sind die Beinbewegungen noch unkontrolliert. Das Neugeborene schreitet, sobald es Boden unter den Füßen spürt, oder es strampelt unkoordiniert, wenn es auf dem Rücken liegt. Aufgrund des Prinzips der wechselseitigen Vorherrschaft bewegen sich hier beide Beine symmetrisch.

Verfolgt man die weitere **Entwicklung der Beinmotorik**, so sieht man, dass sich aus diesen unkoordinierten und unkontrollierten Bewegungen immer gezieltere und sicherere entwickeln, die schließlich zum sicheren Gehen und gar Laufen führen:

Bis gegen Ende des 2. Lebensmonats beginnt der Säugling, seine Beine zu strecken, dann versucht er, sich auf die Beine zu stellen, wenn er zum Sitzen hochgezogen wird, und stemmt sich mit den Zehen gegen die Unterlage. Gegen Ende des achten Monats zieht sich das Kind zum Knien hoch und beginnt zu robben. Wochen später beginnt es zu krabbeln, zieht sich aus dem Sitzen zum Stehen hoch und kann kurzzeitig stehen, wenn es sich festhält. Es verbessert sein Krabbeln und kann bald mit Hilfestellung auch schon die ersten Schritte machen. Mit einem Jahr kann es gehen, zum Teil bereits ohne Hilfen.

39

Entwicklung auf verschiedenen Altersstufen

Dieses Gehen verfeinert sich immer mehr; das Kind kann bald einen Gegenstand hinter sich herziehen und umsehen, ohne das Gleichgewicht zu verlieren. Es kann einen Gegenstand mit dem Fuß anstoßen, ohne umzufallen, es kann immer schneller gehen, abrupt anhalten, ohne nach vorne zu fallen, es kann um die Ecke gehen, ohne vorher anhalten zu müssen.

Das Kind lernt hüpfen, erst mit beiden Beinen, dann auf einem Bein. Es lernt Treppen steigen, erst mit Festhalten, dann ohne Festhalten, jedoch noch ein Bein nachziehend. Schließlich kann es Treppen steigen ohne Festhalten und ohne Beinnachziehen. Es lernt, mit dem Dreirad zu fahren, dann mit dem Fahrrad mit Stützen, dann mit dem Fahrrad ohne Stützen usw.

All diese Beispiele zeigen, wie sich die Art der Fortbewegung des Menschen *aus einem unkoordinierten und unkontrollierten Stoßen und Strampeln zu immer gezielteren, kontrollierteren und sichereren Bewegungen* ausdifferenziert.

Dies trifft sowohl für alle Bewegungen der Grobmotorik als auch der Feinmotorik zu. In der Entwicklung der Feinmotorik, in der des Greifens zum Beispiel, wird diese Differenzierung auch sichtbar:

Das Kind greift anfangs nach einem Gegenstand, trifft ihn aber nicht, weil seine Arm- und Handbewegungen noch sehr unkontrolliert sind. Erst nach mehrmaligen Versuchen gelingt es dem Kind, den Gegenstand mit der Hand zu berühren. Um den Gegenstand dann zu ergreifen, nimmt ihn das Kind anfangs mit der ganzen Hand, es legt die geöffnete Handfläche darauf und krallt die Finger zusammen. Das Kind macht keinen Unterschied, ob es sich bei dem Gegenstand um eine dünne Nadel oder einen Bauklotz handelt.

Je älter das Kind wird, desto besser funktionieren seine sensomotorischen Leistungen, was im Falle des Greifens bedeutet, dass das Kind immer genauer wahrnehmen und erkennen kann, zum einen, wo der Gegenstand exakt liegt, und entsprechend gezielter, kontrollierter und schneller mit der Hand den Gegenstand berühren bzw. treffen kann; zum anderen, welcher Gegenstand vor ihm liegt und welche Art des Greifens es anwenden muss, die ganze Hand, beide Hände oder den Pinzettengriff, dass heißt Daumen und Zeigefinger, um den Gegenstand zu erhalten. Den Pinzettengriff, den man benötigt, um zum Beispiel eine Nadel aufzuheben, beherrscht das Kind mit etwa einem Jahr.

Alle Bewegungen des Menschen, sowohl die grobmotorischen als auch die feinmotorischen, differenzieren sich aus unkoordinierten und unkontrollierten zu immer gezielteren, kontrollierteren und sichereren Bewegungen.

12.1.3 Die Entwicklung der Motorik unter dem Gesichtspunkt der Integration

Integration bedeutet in der Entwicklung der Motorik, dass die einzelnen Bewegungen immer mehr miteinander verbunden und in Zusammenhang gesetzt werden.

Entwicklung auf verschiedenen Altersstufen

Will ein Kind selber essen, so muss es mehrere Bewegungen miteinander koordinieren: Es muss den Löffel richtig festhalten, es muss mit dem Löffel die Suppe im Teller „treffen", es muss mit dem Löffel die Suppe schöpfen und den Löffel so halten, dass es die Suppe nicht wieder ausschüttet, es muss den Löffel mit der Suppe dann zum Mund führen, den Mund aufmachen und die Suppe in dem Moment schlucken, in dem die Hand mit dem Löffel die Suppe in Mund und Rachen schüttet.

Dabei spielt die *Wahrnehmung* eine große Rolle: Es werden nicht nur die einzelnen Bewegungen miteinander *koordiniert*, sondern auch die Wahrnehmungen mit den Bewegungen.
Wenn das Kind die Suppe essen will, muss es sehen, wo der Teller mit der Suppe steht, um mit der Hand den Löffel an den richtigen Platz zu führen. Es muss wahrnehmen, wie heiß die Suppe ist, damit es sie mit der entsprechenden Geschwindigkeit mit dem Mund aufnehmen kann usw.

Grundsätzlich gilt, je gezielter der Mensch einen Bewegungsablauf durchführen will, desto mehr **integriert** er seine Wahrnehmungen und Bewegungen, sei es beim Greifen, wenn ein Kind lernt, sich selber anzuziehen, beim Schreiben, bei den verschiedenen Sportarten usw.

Integration in der Entwicklung der Motorik bedeutet, dass der Mensch seine Wahrnehmungen und Bewegungen miteinander koordiniert.

Motorik
Ist die Gesamtheit aller Bewegungsabläufe eines Organismus.

Alle Bewegungen des Menschen, sowohl die grobmotorischen als auch die feinmotorischen, **differenzieren** sich aus unkoordinierten und unkontrollierten zu immer gezielteren, kontrollierteren und sichereren Bewegungen.

Integration in der Entwicklung der Motorik bedeutet, dass der Mensch seine Wahrnehmungen und Bewegungen miteinander koordiniert.

12.2 Die Entwicklung des Denkens

Denken bezeichnet einen nicht beobachtbaren psychischen Prozess, in dessen Verlauf Informationen erfasst und verarbeitet werden. Es handelt sich also hierbei um einen geistigen Vorgang, der von außen nicht beobachtbar ist und in welchem der Mensch Informationen wahrnimmt, verarbeitet, bewertet, Probleme löst und dementsprechend sein Verhalten und Handeln steuert[1].

---

[1] *Das Denken und seine Formen sind in Band 1, Kapitel 3.2 dargestellt.*

Entwicklung auf verschiedenen Altersstufen

12.2.1 Die Stufen des Denkens

Jean Piaget hat, wie in Kapitel 11.3.1 ausgeführt, eine sehr umfassende Studie über die geistige Entwicklung des Menschen erstellt. Er teilt die Entwicklung des Denkens in die folgenden fünf Stufen ein:

- Stufe der sensumotorischen Intelligenz,
- Stufe des symbolischen und vorbegrifflichen Denkens,
- Stufe des anschaulichen Denkens,
- Stufe der konkreten Denkoperationen und
- Stufe der formalen Denkoperationen.

1. Die Stufe der sensumotorischen Intelligenz

Diese Stufe erstreckt sich in etwa auf die ersten beiden Lebensjahre. *Piaget* geht davon aus, dass der Mensch in dieser Zeit noch keine Denkleistungen im Sinne von „innerem Handeln" vollziehen kann, sondern dass es sich hier um Denkleistungen im Sinne von Leistungen der Wahrnehmung, der Sinne, gekoppelt mit motorischen Leistungen, handelt.

Unter sensumotorischer Intelligenz versteht *Jean Piaget* die Koordinierung von Wahrnehmungseindrücken mit motorischen Leistungen.

Diese Stufe der sensumotorischen Entwicklung unterteilt *Piaget* wiederum in *sechs Stadien*:

1. Stadium: **Betätigung der Reflexe**
Ausgangspunkt der sensumotorischen Intelligenz bilden die angeborenen Reflexe wie Greif-, Saug- oder Schluckreflex, die durch Übung in ihren Ausführungen gezielter, kräftiger und sicherer werden.

2. Stadium: **Einfache Gewohnheiten**
Der Säugling beginnt, einfache, zunächst rein reflektorische Handlungen zu wiederholen.
So führt er zum Beispiel Saugbewegungen aus, auch wenn er satt ist und ruhig in seinem Bettchen liegt, oder er öffnet und schließt immer wieder seine Hände.

Der Säugling verbindet jedoch mit diesen einfachen Bewegungen noch keinerlei Absichten, sie laufen vielmehr gewohnheitsmäßig ab, gleichsam um ihrer selbst willen.

3. Stadium: **Aktive Wiederholungen**
Der Säugling wiederholt zunehmend solche Tätigkeiten, die zufällig zu einem für ihn interessanten Effekt führen und damit lustbetont sind.
So greift er beispielsweise nach einer Rassel, die – ohne dass er darauf gefasst ist – ein Geräusch verursacht. Überrascht von diesem Effekt seiner Greifhandlung wird dieser unerwartete Effekt lustvoll wiederholt.

Entwicklung auf verschiedenen Altersstufen

4. Stadium: **Verknüpfung von Mittel und Zweck**
Der Säugling verbindet verschiedene Verhaltensmuster miteinander, um ein bestimmtes Ziel zu erreichen; es kommt zu
ersten Verknüpfungen von Mittel und Zweck.
So wirft das Kind das Kissen aus dem Bett, um dahinter nach einem
verborgenen Spielobjekt zu suchen, oder es lässt wiederholt einen
Gegenstand fallen, um ihn dabei zu beobachten.

5. Stadium: **Aktives Experimentieren**
Gegen Ende des ersten Lebensjahres wird das „Neue" interessant. Das Kind beginnt mit einem aktiven Experimentieren in
dem Sinne, dass es zur Erreichung eines bestimmten Zieles im
Gegensatz zu früher völlig neue Verhaltensweisen ausprobiert.
Bringt man außerhalb der Reichweite des Kindes eine Glocke an und
befestigt diese an einer Schnur, die vom Kind erreicht werden kann, so
stellt es verschiedene Versuche an, um die Glocke zu erreichen. Schon
bald erfasst es die Beziehung zwischen sich selbst, der Glocke und der
Schnur.

6. Stadium: **Verinnerlichtes Handeln**
Ab Mitte des zweiten Lebensjahres werden neue Verhaltensweisen nicht mehr nur durch das aktive Probieren mit einem
Gegenstand erworben, sondern das Kind kann sich diese von
nun an geistig vorstellen. Hier beginnt das Denken im Sinne
von „innerem Probehandeln".

Während dieser ersten Stufe des Denkens beginnt bereits das so genannte
Werkzeugdenken des Kindes: Es kann einen Zusammenhang zwischen
verschiedenen Elementen einer Situation herstellen.
Ein ca. zehn Monate altes Kind zieht an der Tischdecke, um das Glas zu erreichen,
das auf der Tischdecke steht.
Später kommt es auf die Idee, einen Stuhl an das Regal zu schieben, um die Tafel
Schokolade zu erreichen, die auf dem oberen Brett des Regals liegt. Hierzu ist bereits
die Fähigkeit des inneren Probehandelns, der inneren Vorstellung, Voraussetzung.

2. Die Stufe des symbolischen und vorbegrifflichen Denkens

Mit dem Aufkommen von Vorstellungen wird das Kind fähig, zwischen realen
und bloß vorgestellten (= symbolischen) Objekten und Situationen zu unterscheiden. Es lernt, dass Personen und Gegenstände auch dann weiterexis-
tieren, wenn sie nicht sichtbar sind.
Versteckt man vor den Augen eines etwa sechs Monate alten Kindes die Puppe, die es
gerade noch ergreifen wollte, zum Beispiel unter dem Tisch, so kümmert sich das Kind
nicht mehr um die Puppe. Es scheint sie vergessen zu haben, die Puppe existiert für
das Kind nicht mehr. Befindet sich das Kind jedoch auf der Stufe des symbolischen
Denkens, so sucht es nach der Puppe, weil es bereits eine Vorstellung von der nicht
mehr sichtbaren Puppe hat und weiß, dass diese noch immer da sein muss.

Durch den Erwerb der Sprache wird es möglich, auch sprachliche Symbole
zu entwickeln: Ein bestimmter Begriff tritt als Symbol an die Stelle von Per-

Entwicklung auf verschiedenen Altersstufen

sonen, Gegenständen oder Handlungen. Dabei geht es nicht um eine Abbildung der realen Wirklichkeit, das Kind benützt den Begriff entsprechend seinen eigenen Vorstellungen.

Das Kind, das ganz alleine „Kaffeeklatsch" spielt, spricht mit nicht vorhandenen Personen oder mit seinen Puppen, die die Rollen der Freundinnen einnehmen. Die kleinen, abgerissenen Stücke einer alten Tapete werden als Kaffeetassen und Teller bezeichnet.

Solche Symbole bezeichnet *Jean Piaget* als **Vorbegriffe:** Ein Begriff wird entsprechend den Vorstellungen des Kindes aktiv gestaltet und umgestaltet. Die Symbole bleiben allerdings auf dieser Stufe an konkrete Gegenstände und unmittelbare Handlungen gebunden.

3. Die Stufe des anschaulichen Denkens

Das Kind entwickelt im Laufe der Zeit zwar komplexere Vorstellungen und echte Begriffe, und es ist auch fähig, mit Hilfe der Sprache zu denken, doch sein Denken ist auf dieser Stufe sehr an die Anschauung gebunden; es kann nur mit solchen Begriffen und Denkvorgängen etwas anfangen, die anschaulich sind.

So ist ein fünfjähriges Kind zum Beispiel noch nicht in der Lage, den Oberbegriff zu „Tasse" zu finden. Statt „Geschirr" wird es etwa sagen: „Eine Tasse ist zum Trinken".

Wegen dieser Eigenart kann das Kind nur dem sichtbaren Verlauf der Ereignisse folgen, das Denken orientiert sich einzig am anschaulichen Ablauf des Geschehnisses. Das Kind ist nicht imstande, mehrere Aspekte gleichzeitig zu erfassen, es berücksichtigt jeweils immer nur einen Aspekt.

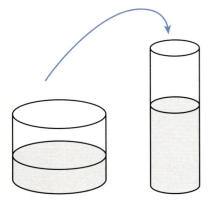

Wird beispielsweise eine Flüssigkeit vor den Augen eines 4-jährigen Kindes von einem breiten in ein schmales Glas umgefüllt, so glaubt es, dass in dem schmalen Glas nun mehr Wasser ist als in dem breiten. Das Kind ist nicht imstande, Höhe und Breite der Flüssigkeit gleichzeitig zu berücksichtigen.

Entwicklung auf verschiedenen Altersstufen

Das Kind orientiert sich an einem einzigen Faktor, an dem der sichtbaren Veränderung. Die Möglichkeit, mehrere Aspekte einer Situation gleichzeitig zu berücksichtigen oder aufeinander zu beziehen, bleibt ihm noch verwehrt.

Materialien 2

„Kinder [...] sind nicht in der Lage, die Perspektive eines anderen Menschen zu übernehmen. [...] Das Kind ist zunächst nicht imstande, sich vorzustellen, dass ein Haus oder eine Landschaft für eine andere Person mit einem anderen Stand- und Blickpunkt anders aussieht als für es selbst. Es nimmt auch ganz selbstverständlich an, dass andere Personen über dasselbe Wissen verfügen. Deshalb sind Kindererzählungen oft schwer verständlich, weil das Kind z. B. davon ausgeht, dass der Gesprächspartner weiß, wer mit ‚er' und was mit ‚das' gemeint ist. Dieser Egozentrismus [...] muss langsam und mühsam überwunden werden." *(Werner Herkner, 1992²)*

Nach Ansicht neuerer Forschungen sind *zwischenmenschliche Beziehungen* dafür verantwortlich, ob und wann ein Kind mehrere Aspekte einer Situation gleichzeitig berücksichtigt bzw. aufeinander bezieht *(vgl. Kevin Durkin, in: Wolfgang Stroebe u. a., 1992²)*.

4. Die Stufe der konkreten Operationen

Auf dieser Stufe kann sich das Kind nun in Gedanken auch wechselseitige Beziehungen von Gegenständen oder Sachverhalten vorstellen. Diese Vorstellung ist unabhängig von seiner Wahrnehmung.
So kann das Kind erkennen, dass die Menge eines kleinen, aber dicken Gefäßes dieselbe ist wie die eines größeren, dafür aber dünneren Gefäßes.

Das Denken wird also unabhängig von der Wahrnehmung des Kindes, ist jedoch immer noch an konkrete Sachverhalte gebunden, obwohl sich das Kind geistig vom momentanen Geschehen distanzieren kann. Das egozentrische Denken verschwindet, historisches und schlussfolgerndes Denken werden möglich, und das Kind wird fähig, Oberbegriffe zu bilden.

Im Hinblick auf rechnerische Fähigkeiten fallen in diese Zeit zuerst die Fähigkeit zu addieren, dann zu multiplizieren (ca. ab dem 7. Lebensjahr). Im Übergang zur Stufe der formalen Operationen erwirbt das Kind schließlich auch die Fähigkeit zu dividieren.

5. Die Stufe der formalen Operationen

Diese Zeit beginnt ca. ab dem 12. Lebensjahr und ermöglicht dem Jugendlichen:
- über vorgegebene Informationen hinauszugehen,
- Hypothesen zu bilden,
- zu abstrahieren,
- theoretische Regeln aus anschaulichen Gegebenheiten abzuleiten (induktives Denken),
- aus einer allgemeinen Regel auf einen konkreten Sachverhalt zu schließen (deduktives Denken),
- über das Denken selbst nachzudenken (Metadenken).

Entwicklung auf verschiedenen Altersstufen

Hier ist nun auch die Fähigkeit zum abstrakten Zählen und damit zum algebraischen Rechnen gegeben.

In früheren Jahren glaubte man, dass die Intelligenzentwicklung beim ca. 20-jährigen ihren Höhepunkt erreichen und danach wieder abnehmen würde. Seit einigen Jahren weiß man jedoch, dass die Entwicklung der verschiedenen Intelligenzfaktoren sehr unterschiedlich verläuft: Hinsichtlich der Faktoren, die auf Erfahrungen beruhen, wie das Allgemeinwissen, das Allgemeinverständnis oder der Sprachgebrauch, erbringen alte Menschen genauso gute, oft sogar bessere Leistungen als junge Erwachsene. In Intelligenztests, in denen es dagegen auf schnelles Erfassen und Reagieren ankommt, weisen ältere Menschen schlechtere Ergebnisse auf. Rückschritte in der geistigen Entwicklung treten im Alter in der Regel krankheitsbedingt auf.

Grundsätzlich gilt, dass ein Mensch auch im Alter geistig umso leistungsfähiger ist, je mehr er sich in seinem Leben geistig beschäftigt und selbst fordert.

12.2.2 Die Entwicklung des Denkens unter dem Gesichtspunkt der Differenzierung

Im Laufe der Zeit werden die Denkprozesse zunehmend umfangreicher, komplizierter, spezieller; die Fähigkeit zu denken wird immer besser. Auf der ersten Stufe der Denkentwicklung kann das kleine Kind nur die Gegenstände und Vorgänge gedanklich erfassen, die einfach sind und die es sieht. Entfernt man einen Gegenstand aus dem Blickfeld des Kindes, so scheint er auch aus der Gedankenwelt des Kindes entfernt. Auf der zweiten Stufe der Denkentwicklung kann das Kind auch dann noch an einen Gegenstand oder an eine Handlung denken, wenn es diesen nicht mehr unmittelbar sieht, weil es bereits den Begriff für den Gegenstand oder für die Handlung kennt. Es kann jedoch nur die Begriffe gedanklich erfassen, die einen ganz konkreten Gegenstand oder eine konkrete Handlung bedeuten, die das Kind bereits kennt.

Ein fünf Monate altes Kind denkt nicht mehr an den Apfel, sobald es ihn nicht mehr sieht. Den Begriff „Apfel" oder die Frage nach dem Apfel versteht es noch nicht. Das zweijährige Kind fängt an, den Apfel zu suchen, wenn es danach gefragt wird, weil es sich unter dem Begriff „Apfel" etwas vorstellen kann. Mit dem Begriff „Obst" kann es jedoch noch nichts anfangen.

Mit zunehmendem Alter wird das Kind fähig, nicht mehr nur einen Aspekt eines Vorganges zu berücksichtigen, wie das auf der Stufe des anschaulichen Denkens der Fall ist, sondern ebenso einen zweiten, einen dritten und schließlich mehrere. Und es kann immer mehr abstrakte Vorgänge nachvollziehen und verstehen.

Im Laufe der Entwicklung wird das Kind auch zunehmend fähig, sich in eine andere Person oder gar in mehrere andere Personen hineinzuversetzen und zu erkennen, dass es neben seinem noch viele andere Blickwinkel gibt.

Differenzierung in der Entwicklung des Denkens bedeutet, dass der Mensch
– immer mehr
– immer komplexere
– immer abstraktere
Gegenstände, Handlungen und Vorgänge geistig erfassen und verarbeiten
kann.

12.2.3 Die Entwicklung des Denkens unter dem Gesichtspunkt der Integration

Die Integration in der Entwicklung des Denkens zeigt sich bereits in der Stufe der sensumotorischen Intelligenz (vgl. Abschnitt 12.2.1). Hier fängt das Kleinkind an, eine Bewegung mit einem bestimmten Zweck zu verbinden und einen Zusammenhang zwischen einer wahrgenommenen Situation und einer erforderlichen Handlung zu sehen.

Bereits das einjährige Kind weiß, dass es sich auf die Zehenspitzen stellen muss, um an die Gabel zu kommen, die oben auf der Tischplatte liegt.

Auf der Stufe der konkreten Denkoperationen lernt das Kind, mehrere Aspekte einer Situation miteinander zu verbinden und gleichzeitig zu berücksichtigen.

Bei dem Versuch, eine Flüssigkeit von einem breiten, niedrigen Glas in ein schmales, hohes Glas zu schütten und die Menge abzuschätzen, setzen Schulkinder die Höhe und die Breite der Gläser in Beziehung zueinander, während Kindergartenkinder nur einen der beiden Aspekte berücksichtigen.

Je älter der Mensch wird, desto mehr lernt er, einzelnes Wissen bzw. einzelne Wissensbereiche miteinander zu verbinden, um so letztendlich fundiertes und umfangreiches Wissen zu erwerben.

Schüler höherer Klassen erkennen zunehmend, dass es wichtig ist, die Erkenntnisse aus einzelnen Fächern (zum Beispiel Sozialkunde, Geschichte, Soziologie, Psychologie) nicht isoliert zu betrachten, sondern in Beziehung zu setzen, um etwa gesellschaftliche Gegebenheiten besser verstehen und einschätzen zu können.

Deutlich wird das Phänomen der Integration in der Entwicklung des Denkens auch, wenn man die verschiedenen Denkprozesse betrachtet. Beim Prozess der Informationsverarbeitung werden neue Informationen dadurch entschlüsselt und erkannt, dass die neuen Informationen mit den bereits gespeicherten Gedächtnisinhalten verbunden werden. Bei der Problemlösung schafft der Mensch die Umstrukturierung und damit Lösung des Problems dadurch, dass er zunächst zusammenhanglose Elemente einer Situation zueinander in Beziehung setzt[1]. Auch beim Wissenserwerb verknüpft das Kind die zu lernenden Informationen mit denen, die es bereits in seinem Gedächtnis gespeichert hat, um die neue Information speichern zu können.

Sophia konnte sich im Physikunterricht nie merken, ob mit zunehmender Höhe über dem Meeresspiegel der Luftdruck zu- oder abnimmt. Beim Bergwandern machte sie

---

[1] *vgl. hierzu Band 1, Kapitel 3.2.1 und 3.2.2*

Entwicklung auf verschiedenen Altersstufen

eines Tages die Erfahrung, dass sich – auf dem Gipfel des Berges – der Deckel der Brotzeitschüssel nach außen gewölbt hatte. Seither weiß sie, dass der Luftdruck mit zunehmender Höhe über dem Meeresspiegel abnimmt. Sie hat diese wissenschaftliche Erkenntnis geistig erfasst und verarbeitet, indem sie sie mit ihrer eigenen Erfahrung beim Bergwandern verknüpft hat.

Beim Spracherwerb muss das Kind ständig einen Gegenstand oder eine Handlung mit dem jeweiligen Begriff in Zusammenhang bringen, um die Bedeutung eines Wortes zu erlernen.
Immer wenn der kleine Niklas mit einem Ball spielt, sagen ihm die Eltern das Wort „Ball" vor, damit der Kleine den Gegenstand mit dem Begriff verbindet und so die Bedeutung des Wortes „Ball" lernt.

Integration in der Entwicklung des Denkens bedeutet, dass der Mensch mehrere Aspekte geistig miteinander verbindet – etwa einen Gegenstand und die entsprechende Bezeichnung, eine wahrgenommene Situation und die erforderliche Handlung, eine Bewegung und einen bestimmten Zweck.

12.3 Die Entwicklung der Emotionen

Der Begriff Emotion wird gleichbedeutend mit dem Wort „Gefühl" verwendet. Gefühle sind Befindlichkeiten, Ich-Zustände, die den Körper, das Erleben und das Verhalten umfassen[1].

12.3.1 Der Verlauf der Entwicklung der Emotionen

Der amerikanische Psychologe *Carroll E. Izard (1994[2])* hat die Gefühle von Kleinkindern an ihren Gesichtsausdrücken erforscht und in eine Reihenfolge gebracht, in der Annahme, dass Kleinkinder zeigen, was sie fühlen, da sie noch nicht gelernt haben, wie Erwachsene ihre Gefühle zu kontrollieren und zu verbergen:

Die Emotionen des Kleinkindes und wann sie auftreten

Ausdruck der Grundemotionen	Ungefähre Zeit des Auftretens
Interesse	bei der Geburt vorhanden
*Neugeborenen-Lächeln (ein „halbes" Lächeln, das spontan und ohne ersichtlichen Grund auftritt)	
*Erschrecken	
*Leid (als Reaktion auf Schmerzen)	
Widerwillen	

*Das Neugeborenen-Lächeln, das Erschrecken und das Leid als Reaktion auf Schmerzen sind Vorläufer des sozialen Lächelns und der Gefühle von Überraschung und Trauer, die später auftreten. Izard hat keine Beweise dafür, dass sie in den ersten Wochen des Lebens mit inneren Empfindungen verknüpft sind.

---

[1] *vgl. hierzu Band 1, Kapitel 5.1.1*

Entwicklung auf verschiedenen Altersstufen

Soziales Lächeln	mit 4–6 Wochen
Zorn	mit 3–4 Monaten
Überraschung	
Traurigkeit	
Furcht	mit 5–7 Monaten
Scham / Scheu / Selbstbewusstsein	mit 6–8 Monaten
Verachtung	im 2. Lebensjahr
Schuldgefühle	

Quelle: R. J. Trotter, in: Psychologie Heute 10/1984

Die Psychologen *Katherine M. Bridges* und *René Spitz* kamen nach ihren Beobachtungen zu folgenden Ergebnissen: Beim Neugeborenen ist lediglich eine allgemeine Störbarkeit bzw. **Erregbarkeit,** die sehr diffus und ungerichtet ist, zu beobachten.

Aus diesem anfänglichen Erregungszustand entwickeln sich in den ersten Wochen zwei Grundtendenzen emotionalen Verhaltens heraus: **Unlust und Lust.** Die unlustbetonte Tendenz tritt etwas früher hervor und lässt auch zuerst eine Differenzierung in spezifischere Gefühlsreaktionen erkennen wie **Angst, Ekel, Wut, Zorn.** Ein deutliches Zeichen der Erkennbarkeit von positiven Gefühlsäußerungen nennen Entwicklungspsychologen **das soziale Lächeln,** das durch bestimmte Reize wie Anschauen oder Ansprechen des Säuglings hervorgerufen wird.

Zwar kann das Kind vermutlich schon sehr früh **Angst und Furcht** empfinden, doch am deutlichsten erkennbar treten sie auf, wenn das Kind gelernt hat, zwischen vertrauten und fremden Personen zu unterscheiden. Im Laufe der Entwicklung eröffnen sich dem Kind immer wieder neue Ereignisse und Situationen, die neue Ängste entstehen lassen. In diesen Veränderungen spiegelt sich der Einfluss der Umwelt, insbesondere seiner Bezugspersonen, auf das Erleben des Kindes wider.

Ärger und Wut lassen sich, ähnlich wie die Furcht, schon sehr früh erkennen, und zwar als Reaktion auf Bedrohungen oder bei Versagung von Wünschen und Bedürfnissen.

Liebe und emotionale Zuwendung werden in den ersten Lebensjahren in der engen Beziehung zu (einer) festen Bezugsperson(en) grundgelegt. Die meisten Entwicklungstheorien betonen die Wichtigkeit von intensiven emotionalen Kommunikationsprozessen nicht nur für die Entwicklung von Liebe und Zuwendung, sondern für die weitere Entwicklung aller psychischen Funktionen, Fähigkeiten und Kräfte.

Vor allem im ersten Lebensjahr wird der Grundstein für die Fähigkeit zu Liebe und emotionaler Zuwendung gelegt, je nachdem, ob der Säugling bzw. das Kleinkind intensive emotionale Zuwendung erhält oder nicht.

Bereits bis zum 2. Lebensjahr zeigt das Kleinkind alle **Grundemotionen** wie *Interesse, Leid, Widerwillen, Freude, Zorn, Überraschung, Scham, Furcht, Verachtung und Schuldgefühl.*

In den folgenden Jahren setzt sich die Differenzierung der Gefühle fort. Dabei ändert sich sowohl der Bereich der die Emotionen auslösenden Reize und Situationen als auch die Form des Ausdrucks dieser Emotionen und die Art des Reagierens auf diese Gefühle.

Während zum Beispiel der Säugling auf Angst auslösende Reize mit Schreien reagiert, sucht der Zweijährige Schutz bei der Mutter oder er läuft davon.

Das Kind lernt, welche Gefühle und Arten des Gefühlsausdrucks von der Gesellschaft akzeptiert werden, und es lernt dadurch, welche Gefühle es zeigen darf und welche nicht. Mit derartigen Verhaltensnormen, die dem Menschen sagen, welches Gefühl er wie und mit welcher Intensität äußern darf, ist der Mensch auch als Jugendlicher, Erwachsener und alter Mensch konfrontiert.

Mitmenschen reagieren oft empört, wenn ein älteres Paar sein Gefühl der Liebe durch Küssen in der Öffentlichkeit demonstriert.

Die Entwicklung der Gefühle wird in den ersten Lebensjahren grundgelegt, im Laufe der Jahre vollzieht sich eine Differenzierung sowohl der Gefühle als auch der auslösenden Reize und Reaktionen. Die Entwicklung von Emotionen verläuft in jeder Gesellschaft unterschiedlich. Das Gefühl als solches wird nicht erlernt, sondern die Art und Weise, es zu äußern, und der Zeitpunkt, es zu zeigen.

12.3.2 Die Entwicklung der Emotionen unter dem Gesichtspunkt der Differenzierung

Differenzierung in der Entwicklung der Gefühle bedeutet zum einen, dass sich aus einem globalen Gefühl immer feinere und speziellere Gefühle entwickeln, zum anderen, dass auch die Reize, die ein Gefühl auslösen, sowie die Reaktionen, die auf ein Gefühl folgen bzw. ein Gefühl zum Ausdruck bringen, immer vielfältiger werden.

Aus dem Gefühl der globalen Erregung entwickeln sich zunächst die beiden Gefühle Unlust und Lust. Die Unlust differenziert sich weiter zu den negativen Gefühlen Ärger, Abscheu, Furcht, Angst, Ekel, Wut, Zorn, später Eifersucht, Neid, Scham, Verachtung, Schuldgefühl usw. Aus der Lust entstehen die positiven Gefühle wie Fröhlichkeit, Liebe, Freude, Neugierde, Interesse usw.

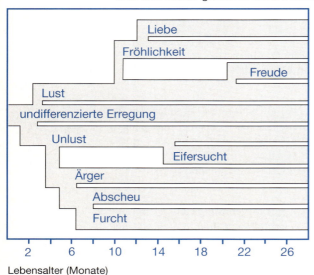

Quelle: in Anlehnung an H. Legewie/ W. Ehlers, 1994

Entwicklung auf verschiedenen Altersstufen

Je mehr der Mensch von seiner Umwelt kennen lernt und je mehr Erfahrungen er macht, desto vielfältiger werden die Reize, die ein Gefühl bei ihm auslösen.

Hannes Aussage „Ich ruf' dich morgen an" macht die 16-jährige Katharina glücklich. Im Alter von 30 Jahren fühlt Katharina stattdessen vor allem Misstrauen, weil sie von vielen Männern, die ihr dasselbe versprochen hatten, bereits enttäuscht worden ist, und sie wird sogar ein bisschen wütend, weil in ihr die Erinnerungen an diese Enttäuschungen hochkommen. Sie fühlt sich aber auch ein bisschen geschmeichelt, weil Hannes ausgerechnet sie „ausgewählt" hat.

Je mehr der Mensch gesellschaftliche Normen und Werte vermittelt bekommt, je mehr Erfahrungen er macht und je besser er sich ausdrücken kann, desto gezielter, feiner, eindeutiger oder umgekehrt verhaltener werden auch seine Reaktionen auf seine Gefühle bzw. die Ausdrucksformen seiner Gefühle.

Vor ihrer Reise nach Thailand haben Anna und Joshua gelesen, dass es bei den Thais verpönt ist, als Mann und Frau Arm in Arm zu gehen, und dass man gar ein Tabu bricht, wenn man sich in der Öffentlichkeit küsst. Folglich unterlassen Anna und Joshua während ihres Thailand-Aufenthaltes derartige Gefühlsäußerungen.

Differenzierung in der Entwicklung der Gefühle/Emotionen bedeutet:
- *Entwicklung eines globalen Gefühls zu immer feineren und spezielleren Gefühlen,*
- *ein Vielfältiger-Werden der Reize, die ein Gefühl auslösen,*
- *ein Vielfältiger-Werden der Reaktionen, die auf ein Gefühl folgen bzw. ein Gefühl zum Ausdruck bringen.*

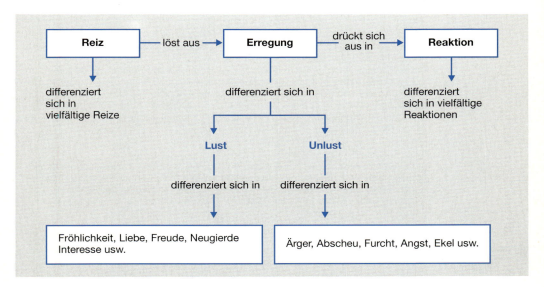

12.3.3 Die Entwicklung der Emotionen unter dem Gesichtspunkt der Integration

Bei der Integration in der Entwicklung der Gefühle bringt der Mensch die einzelnen Gefühle sowie die Reize, Gefühle und Reaktionen immer mehr in Zusammenhang. Je reifer der Mensch wird, desto mehr kann er die Zusammenhänge zwischen einzelnen Gefühlen, die ein Kind noch isoliert erlebt, erkennen und verstehen.

Der 25-jährige Jochen weiß, dass ihn die Bemerkung seines Nachbarn über seine zurückgehenden sportlichen Leistungen eigentlich nur deshalb so wütend gemacht hat, weil er im Grunde genommen eifersüchtig ist auf seinen Nachbarn, der von Jochens Freundin in letzter Zeit so umschwärmt wird. Jochen ist sich der Tatsache bewusst, dass er über eine derartige Bemerkung gelächelt hätte, wenn er in seinem Nachbarn keinen Konkurrenten sehen würde. Jochen weiß auch, dass er infolge seiner Wut bzw. Eifersucht rot im Gesicht wurde und lauter als normal sprach.

Der Dreijährige, den die überschwänglichen Bewunderungen seiner gerade erst zur Welt gekommenen Schwester seitens der Verwandten ebenso wütend machen, kann diesen Zusammenhang zwischen seiner Eifersucht, seiner Wut und seinen Reaktionen noch nicht herstellen.

Durch das In-Beziehung-Setzen mehrerer Gefühle hat der Mensch die Möglichkeit, seine Gefühle und seine Reaktionen nicht nur zu verstehen, sondern auch zu kontrollieren.

So kann Jochen im obigen Fall seine Wut und seine Reaktion auf den Nachbarn zügeln, da er weiß, dass seine Wut auf seine Eifersucht zurückzuführen und eigentlich übertrieben ist.

Integration in der Entwicklung der Gefühle bedeutet, dass der Mensch vorher isoliert erlebte Gefühle sowie deren auslösende Reize und folgende Reaktionen immer mehr im Zusammenhang sieht.

Gefühle

sind Ich-Zustände, „Befindlichkeiten und Erlebnisse, die den Körper, die Psyche und das Verhalten des Menschen umfassen".

Die Entwicklung der Gefühle wird in den ersten Lebensjahren grundgelegt, im Laufe der Jahre vollzieht sich eine Erweiterung und Veränderung sowohl der Gefühle als auch der auslösenden Reize und Reaktionen. Die Entwicklung von Emotionen verläuft in jeder Gesellschaft unterschiedlich. Das Gefühl als solches wird nicht erlernt, sondern die Art und Weise, es zu äußern, und der Zeitpunkt, es zu zeigen.

Differenzierung in der Entwicklung der Gefühle bedeutet Entwicklung eines globalen Gefühls zu immer feineren und spezielleren Gefühlen, ein Vielfältiger-Werden der Reize, die ein Gefühl auslösen, und ein Vielfältiger-Werden der Reaktionen, die auf ein Gefühl folgen bzw. ein Gefühl zum Ausdruck bringen.

Integration in der Entwicklung der Gefühle bedeutet, dass der Mensch vorher isoliert erlebte Gefühle sowie deren auslösende Reize und folgende Reaktionen immer mehr im Zusammenhang sieht.

Entwicklung auf verschiedenen Altersstufen

Zusammenfassung

- Die Entwicklung der Motorik verläuft nach bestimmten Prinzipien. Aus anfänglichen Reflexen reifen vor allem im ersten Lebensjahr grundlegende Bewegungen, bis zum 7. Lebensjahr ist die motorische Entwicklung grundgelegt. Ab dem Jugendalter entwickelt sich vor allem die geschlechtsspezifische Motorik und im Alter nimmt die motorische Leistungsfähigkeit allmählich ab. Differenzierung bedeutet in der Entwicklung der Motorik, dass sich aus den unkontrollierten Bewegungen des Neugeborenen immer exaktere und bewusst gesteuerte Bewegungen entwickeln. Integration heißt, dass der Mensch seine Wahrnehmungen und Bewegungen immer mehr miteinander verbindet und koordiniert.

- Die Entwicklung des Denkens verläuft nach *Jean Piaget* in fünf Stufen: die Stufe der sensumotorischen Intelligenz, die Stufe des symbolischen und vorbegrifflichen Denkens, die Stufe des anschaulichen Denkens, die Stufe der konkreten Denkoperationen und die Stufe der formalen Denkoperationen. Differenzierung in der Entwicklung des Denkens bedeutet, dass der Mensch immer mehr, immer komplexere und immer abstraktere Gegenstände, Handlungen, Vorgänge geistig erfassen und verarbeiten kann. Integration in der Entwicklung des Denkens bedeutet, dass der Mensch mehrere Aspekte geistig miteinander verbindet.

- Die Entwicklung der Gefühle verläuft von recht globalen und diffusen Erregungen des Neugeborenen über die Auseinandersetzung mit der Umwelt hin zu immer mehr und konkreteren Gefühlen. Dabei verändern sich sowohl die gefühlsauslösenden Reize als auch die Ausdrucksformen der Gefühle und die Reaktionsformen auf die Gefühle. Die Entwicklung von immer feineren und spezielleren Gefühlen aus einem globalen Gefühl zum einen und das immer Vielfältiger-Werden der Reize, die ein Gefühl auslösen, sowie der Reaktionen, die auf ein Gefühl folgen bzw. es zum Ausdruck bringen, zum anderen stellen die Differenzierung in der Entwicklung der Gefühle dar. Integration bedeutet hierbei, dass der Mensch vorher isoliert erlebte Gefühle sowie deren Reize und folgende Reaktionen immer mehr im Zusammenhang sieht.

Materialien   Kapitel 12

1. Die Entwicklung des Greifens

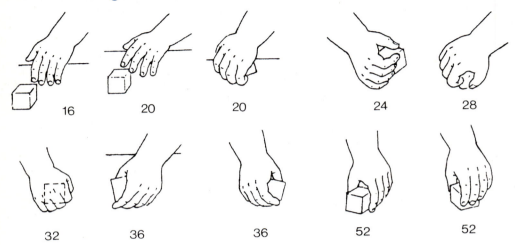

Zehn Stationen in der Entwicklung des Greifverhaltens zwischen der 16. und 52. Lebenswoche (die Ziffern geben das jeweilige Lebensalter des Kindes in Wochen an).

Quelle: Gerd Mietzel, 1997[3]

Zur Erläuterung der obigen Abbildung:

- mit 16 Wochen: das Kind greift daneben, da seine sensomotorischen Leistungen erst grob funktionieren. Die Koordination zwischen der Wahrnehmung, wo genau der Bauklotz liegt, und der Arm- und Handbewegung nach dem Bauklotz funktioniert noch nicht richtig.
- mit 20 bis 32 Wochen: das Kind greift mit der ganzen Hand. (Es würde dies auch bei einer Stecknadel tun.)
- mit 52 Wochen: das Kind greift im Pinzettengriff, das heißt, es nimmt den Bauklotz mit Daumen und Zeigefinger (eventuell auch noch Mittelfinger).

2. Das egozentrische prälogische Denken des Kleinkindes

a)

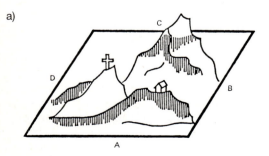

Über den Weg des Kindes zur Bewältigung des euklidischen[1] Raumes hat Piaget interessante Versuche angestellt. Die Kinder mussten 3 verschiedene Modellberge, die auf einer Platte aufgebaut waren und durch verschiedene Markierungspunkte (Haus, Kreuz) gekennzeichnet waren, aus Position A betrachten. Die Aufgabe bestand darin, an Hand von entsprechenden Abbildungen anzugeben, wie man diese Berge sehen würde, wenn man sich in den Positionen

[1] euklidischer Raum: dreifache Ausdehnung, die als Länge, Breite und Höhe erfasst wird

B, C und D befände. Es zeigte sich, dass eine solche Aufgabe für ein Kind unter 7 Jahren in der Regel unlösbar ist. Während das Kind ohne Schwierigkeiten Gegenstände in verschiedensten Positionen identifiziert, ist es nicht in der Lage, sich *vorzustellen*, wie man einen Gegenstand aus einer anderen Stellung als der, die man eben einnimmt, sehen könnte.

Piaget ist der Meinung, dass das *egozentrische prälogische Denken* dem Aufbau des euklidischen Raumes im Wege steht. Das Kind ist nicht in der Lage, sich vorzustellen, dass Objekte auch einen anderen Aspekt haben könnten als den, der ihm als dem Beschauer zugekehrt ist. Es bezieht alle Wahrnehmungsgegenstände auf sich selbst.

b)

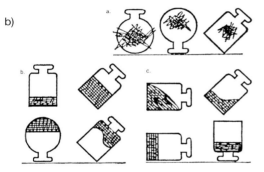

Kinder zwischen 4 und 7 Jahren sollen Flüssigkeit in die Schemata verschieden gelagerter Flaschen zeichnen. 4-jährige zeichnen überhaupt nur die Kategorie des *Eingeschlossenseins der Flüssigkeit* (a). Aber auch ältere Kinder haben, wie wir in b und c sehen, bei dieser Aufgabe noch beträchtliche Schwierigkeiten.

Auch das Verständnis für Zeit, *Geschwindigkeit, Alter und Menge* unterliegt der *prälogischen Struktur* des Denkens, die es dem Kind vorerst unmöglich macht, mehr als eine Dimension der Wirklichkeit zu beachten. Seine Dimensionsbeobachtungsbereichaft erstreckt sich (...) einzig und allein auf die sichtbare Veränderung.

c) *Piaget* hat sich in einer großen Untersuchung mit dem Problem der Zeitanschauung und der Entwicklung des Zeitbegriffes beschäftigt und dabei festgestellt, dass der *Zeitablauf* für das vorschulpflichtige Kind durch anschauliche, vor allem durch *räumliche Gegebenheiten* repräsentiert wird.

Vor den Augen des Kindes werden 2 Spielzeugautos gleichzeitig von einer Linie aus in Gang gesetzt und gleichzeitig zum Stehen gebracht. Eines wird jedoch rascher bewegt als das andere und hat daher in der gleichen Zeit einen längeren Weg zurückgelegt. Unbeschadet der Tatsache, dass die Bewegung vor dem Kind durchgeführt wurde und es beobachten konnte, wie beide Autos gleichzeitig stehen blieben, behauptet es, das Auto, das *den längeren Weg* zurückgelegt hat, sei *länger gefahren*.

Die *Länge der Zeit* wird nach dem *sichtbaren Effekt* beurteilt, in diesem Fall nach dem zurückgelegten Weg.

Bei einem anderen Versuch ließ man die kleinen Versuchspersonen 15 Sekunden lang Striche auf ein Papier zeichnen. Danach wurden die Kinder aufgefordert, nochmals Striche zu zeichnen, aber diesmal viel, viel schneller. Wieder nach 15 Sekunden wurde der Versuch abgebrochen und wurden die Kinder gefragt, ob sie beim ersten- oder beim zweitenmal länger gearbeitet hätten. Immer wurde die Zeit des *schnelleren Arbeitens* als die *längere* angegeben, weil ja mehr Striche gezeichnet wurden.

AEBLI hat die Versuche von *Piaget* ergänzt. Er hielt 2 Reagenzgläser mit sich rasch verfärbenden Flüssigkeiten gleich lang über 2 Kerzen. Dabei wurde die Flüssigkeit in einem der Gläser dunkler. Die Kinder waren der Meinung, dass dieses Reagenzglas länger über die Kerze gehalten worden war. Bei einem anderen Versuch wurden ein Kupfer- und ein Aluminiumstab gleich lang erwärmt. Die Kinder mussten sie berühren und spürten die stärkere Erwärmung des Kupferstabes. Dies verführte zu der Behauptung, dieser sei länger erwärmt worden. *Nicht nur räumliche Gegebenheiten können somit die abstrakte Zeit für das Kind repräsentieren, sondern auch andere wahrnehmbare Veränderungen wie Farbe und Wärme*.

Was das *Alter* betrifft, so wird es mit Körpergröße gleichgesetzt. Wer größer ist, ist älter.

*Entwicklung auf verschiedenen Altersstufen / **Materialien***

Man wird älter, bis man groß genug ist, dann bleibt man gleich alt. Die Reihenfolge der Geburt wird noch nicht zu den Altersunterschieden der Geschwister in Beziehung gebracht. Die Altersunterschiede können sich ändern. Wenn man größer ist, ist man älter. Als Beispiel sei ein Gespräch mit einem $4^3/_4$-jährigen Knaben (aus Piaget 1955) angeführt.

„Wie alt bist du?" „$4^1/_2$." „Hast du Geschwister?" „Einen großen Bruder, er geht in die Schule." „Ist er vor dir oder nach dir gebo-

ren?" „Vorher." „Wer ist älter?" „Mein Bruder, weil er größer geboren wurde." „Wie viel war dein Bruder älter, als er kleiner war?" „2 Jahre." „Und jetzt?" „4 Jahre." „Kann sich der Unterschied ändern?" „Nein ... doch, wenn ich viel Suppe esse, überhole ich ihn."

„Woher weiß man, ob jemand älter ist?" „Weil man größer ist." „Wer ist älter, dein Vater oder dein Großvater?" „Beide gleich." „Warum?" „Weil sie gleich groß sind."

Quelle: Lotte Schenk-Danzinger, 1996[24]

3. Die Bedeutung von Liebe und emotionaler Zuwendung in den ersten Lebensjahren

1 Die Wichtigkeit der mütterlichen Liebe für die normale Entwicklung des Menschen geht noch deutlicher hervor aus Untersuchungen, die von *René A. Spitz* durchgeführt wurden. *Spitz* beobachtete 5 die Auswirkungen von „Liebesentzug" an mehreren hundert Kindern, die in Waisenhäusern und auf einer Säuglingsstation eines Frauengefängnisses in den USA aufgezogen wurden. Die bis zu zwei Jahre alten Kinder in den Pflegeheimen 10 waren ärztlich gut versorgt, allein die mütterliche „affektive Zuwendung" an die Kinder war ungenügend oder fehlte vollkommen. Unter diesen Bedingungen waren insbesondere zwei Arten der Entwicklungsstörung zu beobachten, die haupt-15 sächlich durch die Dauer des „Liebesentzugs" bestimmt wurden:

Die anaklitische Depression[1] entwickelt sich bei partiellem Liebesentzug, der sich etwa über drei Monate erstreckt. Die Entwicklung dieser Kinder 20 zeichnet sich durch einen typischen Verlauf aus. Im ersten Monat werden die Kinder weinerlich und anspruchsvoll. Sie klammern sich gern an den Beobachter, sobald es ihm gelungen ist, den Kontakt zu ihnen herzustellen. Im zweiten Monat 25 geht das Weinen oft in Schreien über, und es kommt zu Gewichtsverlusten. Im dritten Monat verweigern die Kinder den Kontakt und liegen fast den ganzen Tag bewegungslos in ihrem Bettchen. Der Gesichtsausdruck beginnt zu erstarren. 30 Schlaflosigkeit und Gewichtsverlust verschlech-

tern den Gesundheitszustand. Nach dem dritten Monat wird der starre Gesichtsausdruck zur Dauererscheinung. Die motorische Verlangsamung nimmt zu und mündet in Lethargie. Der Entwicklungsquotient, ein Maß für die gesamte 35 psychische Entwicklung, nimmt stetig ab [...].

Findet sich nach dieser Zeit eine Ersatzmutter, so kann sich die Störung weitgehend zurückbilden. Dauert die Trennung von der Mutter jedoch länger als sechs Monate, so entwickelt sich ein Krank-40 heitsbild, das *Spitz* als „Hospitalismus oder Marasmus"[2] bezeichnet.

Der *Hospitalismus* kann auf den nahezu totalen Entzug von mütterlicher Liebe zurückgeführt werden. Wie bei der anaklitischen Depression treten 45 zuerst Entwicklungsstörungen auf, die zunehmend die Aktivität des Kindes hemmen und schließlich zu extremen körperlichen Veränderungen führen, die sich auch in dem erstarrten, maskenhaften Gesichtsausdruck widerspiegeln. Er-50 streckt sich der Liebesentzug bis zum zweiten Lebensjahr, so steigt die Infektionsanfälligkeit dieser Kinder stark an. Die körperliche Beeinträchtigung kann bis zum Tod des Kindes führen, denn die Sterblichkeitsquote bei den beobachte-55 ten Säuglingen war extrem hoch.

Diese negativen Auswirkungen des „Liebesentzugs" können uns die Bedeutung der Liebeszuwendungen in den ersten Lebensjahren veranschaulichen [...]. 60

---

[1] *anaklitische Depression: extreme Form des Hospitalismus bei Säuglingen und Kleinkindern*
[2] *Marasmus: geistig-körperlicher Kräfteverfall*

*Entwicklung auf verschiedenen Altersstufen / **Materialien***

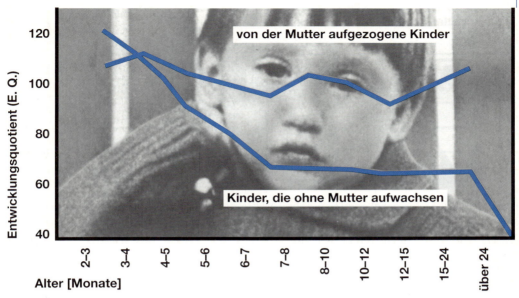

Testuntersuchungen von René A. Spitz haben ergeben, dass Kinder, die ohne entsprechende mütterliche Zuwendung aufwachsen, in ihrer Entwicklung zurückbleiben. Nach zwei Jahren ist der Entwicklungsstand kaum aufzuholen.

Harry F. Harlow untersuchte über mehrere Jahre hinweg den Einfluss unterschiedlicher Reizqualitäten auf die emotionale Entwicklung von Affenkindern.
65 Die Neugeborenen wurden sechs bis zwölf Stunden nach der Geburt von den Affenmüttern getrennt. Die weitere Aufzucht übernahmen „künstliche Affenmütter", die sich vor allem durch ihre taktilen Reizqualitäten unterschieden.
70 Die eine Affenmutter bestand aus einem Holzklotz, der mit flauschigem Plüsch bespannt war. Die andere Ersatzmutter hatte ein Drahtkleid, das wenig Möglichkeiten zum Anschmiegen und Umklammern bot, dafür war sie jedoch mit
75 einem Halter für die Flaschennahrung ausgerüstet. Die Affenbabys konnten jeweils zwischen den beiden Müttern wählen. Nach Auffassung verschiedener lernpsychologischer Theorien über die Entstehung der Liebe zur Mutter
80 müssten die Affensäuglinge die nahrungsspendende „Drahtmutter" bevorzugen, weil die andauernde Spannungsreduktion bei der Befriedigung des Hungerbedürfnisses die liebevolle Bindung des Säuglings an die Mutter aus-
85 machen soll.

Harlows Affenkinder entschieden sich jedoch anders: Zwischen 15 und 18 Stunden am Tag umklammerten sie die „Plüschmutter" und „kuschelten" sich in ihren flauschigen Überzug, während die nahrungsspendende „Drahtmutter" 90 kaum mehr als zwei Stunden am Tag aufgesucht wurde. Offensichtlich ist es nicht die Spannungsreduktion bei der Nahrungsaufnahme, die eine Bindung zur Mutter herstellt, sondern vielmehr ein angeborenes Bedürfnis nach taktiler Reizzu- 95 fuhr. In weiteren Experimenten konnte *Harlow* feststellen, dass rhythmische Bewegungen einen weiteren wichtigen Faktor für den engen Kontakt zur Mutter darstellen.
Die bevorzugte Wahl der „Plüschmutter" ließ eine 100 starke „affektive Bindung" an die künstliche Ersatzmutter entstehen, beim Auftauchen von Angstreizen „gewährte" sie Schutz und „stärkte" das Selbstvertrauen der Kleinkinder, die nach anfänglichem Verkriechen im flauschigen Plüsch 105 wieder mutig von der „Mutter" heruntersiegen und nach dem Eindringling Ausschau hielten.
Säuglinge, die ohne jegliche Reizzufuhr in sozialer Isolation heranwuchsen und ohne Kontakte zu Ersatzmüttern ernährt wurden, zeigten extreme 110

*Entwicklung auf verschiedenen Altersstufen / **Materialien***

Tendenzen zur Selbstzerstörung (Autoaggression [1]). Sie lagen bewegungslos am Boden und bissen sich hin und wieder in Arme und Beine. Wenn sie später mit Artgenossen zusammengebracht wurden, waren sie nicht mehr zu sozialen Kontakten befähigt. Diese Tiere verhielten sich ähnlich wie menschliche Säuglinge, die bis zu zwei Jahren ohne „Liebeszuwendungen" aufwachsen mussten. Man könnte also die Liebesbeziehung zwischen Mutter und Kind als notwendige Bedingung zur Befriedigung des „Reizhungers" von Säuglingen beschreiben. Treten Störungen in der notwendigen Stimulation in früher Kindheit auf, so führt das zu Entwicklungsstörungen, die sich in gestörtem Sozialverhalten und Selbstvernichtung (Autoaggression) äußern.

Quelle: H. Legewie/W. Ehlers, 1994

4. Die Entwicklung der Leistungsmotivation

Leistungsmotivation ist offensichtlich bereits im jungen Kind vorhanden und kommt schon früh in bestimmten Verhaltensweisen und Handlungen zum Ausdruck. Gründliche Studien über das Entstehen diese Motivs stammen von *Heckhausen* und *Roelofsen* (1962). In seinem Film „Anfänge der Leistungsmotivation im Wetteifer des Kleinkindes" lässt Heckhausen deutlich sehen, dass bestimmte Komponenten beim Entstehen der Leistungsmotivation nachweisbar sind. Bereits Kleinkinder wollen „selbstständig sein": Sie wollen ohne Hilfe essen, sich allein anziehen und selber ihre Schnürsenkel zubinden. Dieser Drang nach Selbstständigkeit muss als Vorläufer der eigentlichen Leistungsmotivation betrachtet werden.

Im Alter zwischen drei und vier Jahren entwickelt das Kind ein deutlich auf Leistung ausgerichtetes Verhalten. Untersuchungen von *Heckhausen (1980)* zeigten, dass gesunde Kinder mit 3 1/2 Jahren alle Merkmale des Wetteiferverhaltens aufwiesen. Dies wurde anhand eines Turmbaus untersucht. Das Kind wurde aufgefordert, mit dem Versuchsleiter im Wettstreit einen Turm zu bauen, wobei jeweils ein Ring auf einen vertikal aufgestellten Stock geschoben werden musste: Das Kind musste versuchen, die Aufgabe so schnell wie möglich zu erfüllen. Es zeigte sich, dass Kinder im Alter von 3 1/2 Jahren imstande waren, ihre Leistungen mit der des Versuchsleiters ständig zu vergleichen. Die fortdauernde Bewertung der Leistung des anderen führt dann dazu, dass das Kind versucht, eine Aufgabe etwas schneller und besser zu erledigen als der andere. Dies sind Merkmale der Leistungsmotivation: Das Kind will eine Handlung im Vergleich mit einem Gütemaßstab anders oder besser verrichten. Zur Bestimmung des Gütemaßstabes können die eigenen Leistungen oder die der anderen dienen. Im Alter von 3 1/2 Jahren können Kinder nun auch in zunehmendem Maße einen Erfolg oder Misserfolg ihrer eigenen Person zuschreiben. Vor dieser Zeit sind sie dagegen kaum dazu imstande, ihr Scheitern als Folge des eigenen Verhaltens wahrzunehmen; anders ausgedrückt, sie können nicht einschätzen, wozu sie imstande bzw. außerstande sind.

Quelle: F. J. Mönks/A. M. P. Knoers 1996

---

[1] *Autoaggression: Aggressive Verhaltensweisen sind auf die eigene Person bezogen.*

Aufgaben und Anregungen
Kapitel 12

Reproduktion von Informationen

1. Zeigen Sie den Verlauf der Entwicklung der Motorik auf.
   (Abschnitt 12.1.1)
2. Beschreiben Sie die Entwicklung der Motorik unter dem Gesichtspunkt der Differenzierung und der Integration.
   (Abschnitt 12.1.2 und 12.1.3)
3. Stellen Sie die Entwicklung des Denkens dar.
   (Abschnitt 12.2.1)
4. Beschreiben Sie die Entwicklung des Denkens unter dem Gesichtspunkt der Differenzierung und der Integration.
   (Abschnitt 12.2.2 und 12.2.3)
5. Bestimmen Sie den Begriff „Emotion" und beschreiben Sie den Verlauf der Entwicklung der Emotionen.
   (Abschnitt 12.3.1)
6. Beschreiben Sie die Entwicklung der Emotionen unter dem Gesichtspunkt der Differenzierung und der Integration.
   (Abschnitt 12.3.2 und 12.3.3)

Anwendungsaufgaben

7. Zeigen Sie die Leistungen eines Kindergartenkindes in der (Senso-) Motorik auf.
   (Abschnitt 12.1.1)
8. Beschreiben Sie mit Hilfe von Beispielen die Entwicklung der Motorik unter dem Gesichtspunkt der Differenzierung und der Integration.
   (Abschnitt 12.1.2 und 12.1.3)
9. Verdeutlichen Sie anhand konkreter Beispiele, wie sich die Motorik des Kindes im Kindergartenalter immer mehr ausdifferenziert.
   (Abschnitt 12.1.2)
10. Lesen Sie die Materialien 1 und zeigen Sie an diesem Beispiel die geistige Entwicklung des Kindes auf.
    (Abschnitt 12.2.1 und Materialien 1)
11. Beschreiben Sie mit Hilfe von geeigneten Beispielen die Entwicklung des Denkens unter dem Gesichtspunkt der Differenzierung und der Integration.
    (Abschnitt 12.2.2 und 12.2.3)
12. Lesen Sie die Materialien 3 und erläutern Sie an diesen Untersuchungen die Entwicklung von Liebe und Zuneigung.
    (Abschnitt 12.3.1 und Materialien 4)
13. Beschreiben Sie mit Hilfe von Beispielen die Entwicklung der Emotionen unter dem Gesichtspunkt der Differenzierung und der Integration.
    (Abschnitt 12.3.2 und 12.3.3)

*Entwicklung auf verschiedenen Altersstufen / **Aufgaben und Anregungen***

14. Stellen Sie die Gefühle dar, die ein Kind von Geburt an bis zum Alter von ca. 3 Jahren äußert, und zeigen Sie an Beispielen auf, wie sich die Gefühle eines Kindes in diesem Alter immer mehr ausdifferenzieren.
(Abschnitt 12.3.1 und 12.3.2)

15. Beschreiben Sie die Entwicklung eines Persönlichkeitsmerkmales (zum Beispiel der Motorik, des Denkens, der Emotionen) unter dem Gesichtspunkt der Differenzierung.
(Abschnitt 12.1.2 oder 12.2.2 oder 12.3.2 oder 12.4.2)

16. Beschreiben Sie die Entwicklung eines Persönlichkeitsmerkmales (zum Beispiel der Motorik, des Denkens, der Emotionen) unter dem Gesichtspunkt der Integration.
(Abschnitt 12.1.3 oder 12.2.3 oder 12.3.3 oder 12.4.3)

Anregungen

17. Fragen Sie Ihre Eltern, wie bei Ihnen die Entwicklung der verschiedenen Teilbereiche Ihrer Persönlichkeit verlaufen ist. Notieren Sie Ihren Entwicklungsverlauf und vergleichen Sie ihn mit denen Ihrer Mitschüler/innen.

18. Beobachten Sie ein Kind in Ihrem Praktikum oder aus Ihrer Verwandtschaft bzw. Bekanntschaft und beschreiben sie seinen Entwicklungsstand in den Bereichen Motorik, Denken, Emotionen und Bedürfnisse. Diskutieren Sie in der Klasse darüber, ob sich das Kind „normal" entwickelt hat.

Soziale Interaktion und Kommunikation

13

Ein Gespräch zwischen Robert und Ursel

Ursel, 18 Jahre alt, und Robert, 19, sind seit etwa einem Jahr befreundet. In der letzten Zeit ist es zwischen ihnen immer häufiger zum Streit gekommen.

Ursel hat an Robert auszusetzen, dass er wenig Gefühle zeigt und sich ihr gegenüber sehr distanziert verhält. Nie würde er etwas „Positives" zu ihr sagen oder ihr Komplimente machen. Robert hingegen fühlt sich von den emotionalen Ansprüchen Ursels überfordert. Er möchte sich, wenn sie zusammen sind, entspannen und bei Bedarf auch zurückziehen können, was aber Ursel nicht akzeptiert. Auf ihn wirkt sie manchmal aufdringlich, was ihn dann nervt.

Eines Tages spielt sich folgendes Gespräch zwischen den beiden ab:

Robert: Ich werde am Wochenende mit Freunden zum Campen an den Kolarsee fahren. Das wird sicher schön.

Ursel: Was? Und das erzählst du mir erst jetzt? Wir hatten doch eigentlich ausgemacht, dass wir miteinander ins Kino gehen wollen!

Robert: Was heißt hier „ausgemacht"? Du hast mal irgendwann so nebenbei geäußert, dass wir mal wieder ins Kino gehen könnten. Aber von einem „Ausmachen" konnte gar keine Rede sein.

Ursel: Siehst du, jetzt haben wir wieder einmal den Beweis: Du gehst einfach auf mich gar nicht ein, ich bin dir egal!

Robert: So, egal bist du mir?

Ursel: Ja, egal bin ich dir! Du kümmerst dich überhaupt nicht um mich! Und das Schönste ist, dass ich gar nicht mehr erfahre, was du so über meinen Kopf hinweg mit deinen Freunden ausmachst!

Robert: Wenn du dich so aufführst, hat das sowieso keinen Sinn, mit dir zu reden. Ich will auch jetzt gar nicht streiten mit dir.

Ursel: Ja, ja, das kennen wir schon! Wenn ich dir mal sage, was ich meine, dann passt es dir wohl nicht! Du machst es dir sehr einfach: Ich soll geduldig deine Gemeinheiten über mich ergehen lassen! Nein, mein Lieber, den Gefallen tue ich dir nicht, ich möchte jetzt eine Antwort von dir haben!

Robert: Lass mich jetzt in Ruhe! Deine Tour kenn ich schon, die zieht nicht mehr!

Ursel: Ich möchte jetzt sofort von dir eine Antwort, sonst hat das Konsequenzen für uns!

Robert: Jetzt reicht es mir! (Er steht auf und knallt die Wohnungstür hinter sich zu)

Dieses Gespräch hat wohl seinen Sinn verfehlt, oder wie die Psychologen sagen würden: Es handelt sich hier um eine gestörte Interaktion und Kommunikation. Dieses Beispiel wirft einige Fragen auf:

1. Was versteht man unter sozialer Interaktion und Kommunikation? Welche Bedeutung haben sie?
   Zu welchem Zweck, mit welchem Ziel interagieren und kommunizieren Menschen miteinander?

2. Wann ist eine Kommunikation erfolgreich verlaufen, wann spricht man von einer misslungenen bzw. gestörten Kommunikation?
   Was können mögliche Folgen einer solchen Störung sein?

3. Wie kann man Störungen in der Kommunikation vorbeugen bzw. beheben?
   Welche Möglichkeiten gibt es, um erfolgreich miteinander kommunizieren zu können?

Soziale Interaktion und Kommunikation

Der Mensch als ein soziales Wesen ist auf Beziehungen mit seinen Mitmenschen angewiesen, ohne sie könnte er kaum leben oder überleben. Ohne Kontakte mit anderen Menschen könnte er viele Bedürfnisse nicht befriedigen, er wäre nicht imstande, ein für ihn lebensnotwendiges Selbstwertgefühl aufzubauen.

Beziehungen zu Mitmenschen können aber auch Quelle echten Unglücks und psychischer Störungen sein. Vielfach sind gestörte, erfolglose Beziehungen zu beobachten, sei es in der Ehe und Familie, bei Freunden oder Nachbarn oder auch zwischen ganzen Völkern und Gesellschaften.

13.1 Grundlagen sozialer Interaktion und Kommunikation

Für das Verständnis des menschlichen Lebens haben die beiden Begriffe *soziale Interaktion* und *soziale Kommunikation* eine zentrale Bedeutung; sie sind Grundlage eines jeden menschlichen Zusammenlebens. Ohne Interaktion und Kommunikation ist ein geregeltes Zusammenleben nicht möglich.

13.1.1 Die Begriffe soziale Interaktion und Kommunikation

Soziale Interaktion bezieht sich auf alle Vorgänge, die zwischen Menschen ablaufen. Dieser Begriff meint das wechselseitig aufeinander bezogene Verhalten zwischen zwei oder mehreren Personen *(vgl. Dieter Ulich, 1992[2])*.
Am Beispiel eines Gespräches zwischen zwei Personen kann man diesen Begriff veranschaulichen: Die beiden Gesprächspartner gehen aufeinander ein, sie beziehen sich aufeinander und orientieren sich aneinander; jeder reagiert auf den anderen, die Äußerungen und Handlungen des einen sind oft zugleich Ergebnis und Ursache für die Äußerungen und Handlungen des anderen.

In dem Moment, in welchem Menschen miteinander in Beziehung treten, **beeinflussen und steuern** sie sich gegenseitig. Damit bedeutet Interaktion auch ein Geschehen zwischen Menschen, die *wechselseitig aufeinander reagieren, sich gegenseitig beeinflussen und steuern*.

„Soziale Interaktionen sind – vereinfacht formuliert – dadurch gekennzeichnet, dass das Handeln eines jeden beteiligten Individuums wesentlich durch das Handeln der jeweils anderen Individuen beeinflusst wird."

(Theo Herrmann, in: Hans Spada, 1998[2])

Soziale Interaktion gilt als Bezeichnung für das wechselseitig aufeinander bezogene Verhalten zwischen Menschen, für das Geschehen zwischen Personen, die wechselseitig aufeinander reagieren, sich gegenseitig beeinflussen und steuern.

Soziale Interaktion und Kommunikation

Wer den anderen beeinflusst und steuert, teilt ihm auch zugleich etwas mit, das heißt, bei jeder sozialen Interaktion werden Informationen ausgetauscht. Diesen Teil der sozialen Interaktion bezeichnen wir als *soziale Kommunikation*.

Unter sozialer Kommunikation versteht man den Austausch, die Vermittlung und Aufnahme von Informationen zwischen Menschen.

Der Begriff Information umfasst nicht nur sachliche Inhalte, wie zum Beispiel Nachrichten, sondern auch Gefühle, Empfindungen, Wünsche, Bedürfnisse.

Kommunikation bezeichnet auch eine einzelne Mitteilung an eine oder mehrere Personen, doch von **sozialer Kommunikation** spricht man nur, wenn es sich um einen *wechselseitigen Ablauf von Mitteilungen zwischen zwei oder mehreren Personen* handelt *(vgl. P. Watzlawick/J. H. Beavin/D. D. Jackson, 1996[9]).* Von der sozialen Kommunikation, die sich immer in einer sozialen Situation abspielt, sind denn auch das Selbstgespräch und das Denken zu unterscheiden, die als **intrapersonale Kommunikation** aufgefasst werden. Auch von der sozialen Kommunikation ist die **Massenkommunikation** zu trennen, bei der der *gegenseitige* Informationsaustausch und die *wechselseitige* Beeinflussung und Steuerung fehlen.

Soziale Kommunikation ist ohne soziale Interaktion nicht denkbar: Wer dem anderen Informationen mitteilt, beeinflusst und steuert ihn zugleich. Ebenso ist soziale Interaktion ohne soziale Kommunikation unmöglich: Wer mit dem anderen in Beziehung tritt, übermittelt ihm zugleich Informationen.

Wer interagiert, kommuniziert gleichzeitig. Wer kommuniziert, interagiert gleichzeitig.

In dem Moment, in welchem eine oder mehrere Personen anwesend sind, ist *alles Verhalten kommunikativ.* Jede Verhaltensweise teilt dem bzw. den anderen eine bestimmte Information mit – selbst wenn man keine Lust zum Sprechen hat, sagt man dem anderen, dass man keine Kommunikation will (vgl. Kapitel 14.1.1).

„Ja, es lässt sich allgemein sagen, dass alles Verhalten, nicht bloß der Gebrauch von Wörtern, Kommunikation ist [...], und da es so etwas wie Nichtverhalten nicht gibt, ist es unmöglich, nicht zu kommunizieren. [...] Alles Verhalten ist Kommunikation [...]. Alles Verhalten hat eine Wirkung als Kommunikation, manchmal eine sehr starke."

(P. Watzlawick/J. Beavin, in: P. Watzlawick/J. H. Weakland [Hg.], 1990)

Soziale Kommunikation ist also *Verhalten im weitesten Sinne des Wortes:* „Worte und ihre nichtverbalen Begleiterscheinungen, Körperhaltung, Gesichtsausdruck, sogar Schweigen. All dies übermittelt anderen Personen eine Nachricht und wird in unserem Terminus ‚Kommunikation' zusammengefasst." *(P. Watzlawick/J. Beavin, in: P. Watzlawick/J. H. Weakland [Hg.], 1990)*

Soziale Interaktion und Kommunikation

Somit sind soziale Interaktion und Kommunikation **Grundlage eines jeden Zusammenlebens:** Nur durch den Austausch von Informationen und die wechselseitige Beeinflussung erfährt der Einzelne, was von ihm erwartet wird, und er weiß dadurch, wie er sich verhalten muss, um ein geordnetes Zusammenleben zu ermöglichen; nur durch soziale Interaktion und Kommunikation können Beziehungen hergestellt und aufrechterhalten werden; nur durch den Informationsaustausch und die gegenseitige Steuerung ist es möglich, bestimmte, zum Teil lebensnotwendige Bedürfnisse zu befriedigen. Ohne soziale Interaktion und Kommunikation wäre der Mensch nicht lebens- und überlebensfähig, es gäbe keine Kultur und es wäre kein gesellschaftliches Zusammenleben möglich. So gesehen sind **Interaktion und Kommunikation ein Wesensmerkmal des Menschseins**.

13.1.2 Soziale Kommunikation als ein Regelkreis

Zu jeder sozialen Kommunikation gehören eine **Information,** ein **Sender,** der mit einer bestimmten **Absicht** diese Information gibt, und ein **Empfänger,** der diese Information aufnimmt.

So fragt zum Beispiel Kurt (= Sender) seinen Freund Paul (= Empfänger), ob er mit ihm weggehen will (= Information), weil Kurt heute Abend nicht alleine sein will (= Absicht).

Der Sender **kodiert** (= verschlüsselt) seine Information in bestimmte Zeichen – beispielsweise in Wörter, Sätze, Mimik, Gestik, Töne –, die nach ganz bestimmten Regeln miteinander verbunden werden.

Bei der Sprache zum Beispiel erfolgt diese Verbindung nach grammatikalischen Regeln.

Der Sender schickt nun die Information über ein **Medium** und einen **Kanal** dem Empfänger zu. Medium bezeichnet den Kode, mit dem eine bestimmte Information gegeben wird – zum Beispiel die Sprache, die Musik, die Mimik oder Gestik, das Berühren, das Gemälde, den Blick. Kanal meint, über welches Sinnesorgan die Übermittlung der Information geschieht: über das Hören, das Sehen, das Fühlen. Oft geschieht die Übermittlung mit Hilfe eines **Kommunikationsmittels,** wie beispielsweise eines Telefones, eines Briefes oder eines Tageslichtprojektors.

Die gesendeten Informationen werden vom Empfänger **dekodiert,** das heißt entschlüsselt. Sender und Empfänger müssen jedoch die gleichen Zeichen und die gleiche Art, wie diese Zeichen miteinander verbunden werden, beherrschen, damit der Empfänger die vom Sender übermittelte Botschaft auch verstehen kann.

So werden sich zwei Personen nur sehr schwer verständigen können, wenn jede der beiden eine andere Sprache spricht oder wenn für sie bestimmte nonverbale Botschaften, wie etwa Mimik, Gestik, Blick- oder Hautkontakt, unterschiedliche Bedeutung haben. Auch wenn eine Lehrkraft beispielsweise einen Satz in griechischen Buchstaben an die Tafel schreibt, die Schüler/innen diese Schreibweise aber nicht kennen, so werden sie die griechisch geschriebene Information nicht entschlüsseln können.

Jede Botschaft löst nun beim Empfänger eine bestimmte Reaktion aus, die dem Sender zu verstehen gibt, ob und wie diese bei ihm angekommen ist. Der Empfänger wird damit zum Sender und der Sender zum Empfänger. Auch der Empfänger wird wiederum reagieren, und so findet in einem Kommunikationsablauf ein *ständiger Wechsel der Rollen statt*.
Das eingangs in diesem Kapitel geschilderte Gespräch zwischen Robert und Ursel zeigt den Rollenwechsel deutlich auf.

Soziale Kommunikation bildet also immer ein System und stellt einen Regelkreis dar. Diese Sichtweise lässt zwischenmenschliche Verhaltensweisen nicht mehr in erster Linie aus den Eigenarten des einzelnen Individuums erklären, sondern aus dem *Wechselspiel zwischen den an der Kommunikation beteiligten Personen.*

Kommunikation als Regelkreis:

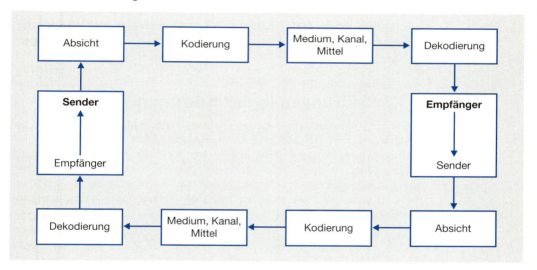

13.1.3 Die Bedeutung sozialer Kommunikation

Wenn Menschen mit anderen in Beziehung treten, so tun sie das – wie in Abschnitt 13.1.2 schon erwähnt – immer mit einer bestimmten Absicht, **sie verfolgen ein Ziel**. Und um dieses Ziel zu erreichen, tauschen sie miteinander Informationen aus und beeinflussen und steuern sich gegenseitig.
So zum Beispiel belehrt die Mutter ihr Kind mit der Absicht, dass es nicht mehr auf die Straße läuft; Person A diskutiert mit B über Politik, um ihn zum Eintritt in eine bestimmte Partei zu bewegen; zwei Menschen kuscheln sich aneinander, weil sie Wärme und Geborgenheit haben möchten; eine Gruppe junger Leute singt miteinander Lieder, weil sie Geselligkeit haben wollen.

Menschen interagieren und kommunizieren miteinander, um eine bestimmte Absicht, ein bestimmtes Ziel zu erreichen.

Soziale Interaktion und Kommunikation

Vorrangiges Ziel jeder Interaktion und Kommunikation ist das **Erfüllen von bestimmten Erwartungen,** die ein Partner an den anderen stellt, sowie die **Befriedigung der eigenen Bedürfnisse und der des (der) anderen.**

Ein Lehrer beispielsweise erwischt einen Schüler beim Abschreiben. Nach der Prüfungsarbeit versucht der Schüler, mit dem Lehrer zu sprechen. Dabei verspricht sich der Schüler von dieser Unterredung, dass er keine Sechs für die Prüfungsarbeit erhält. Wenn sich zwei Menschen aneinander kuscheln, so möchten sie ihre Bedürfnisse nach Wärme und Geborgenheit befriedigen.

Interaktion und Kommunikation ermöglichen erst die Befriedigung der Interaktions- und Kommunikationspartner. Ohne entsprechende Bedürfnisse würde sich der Mensch nicht genötigt sehen, mit anderen Menschen in Beziehung zu treten. Wir beeinflussen Menschen, um bestimmte, zum Teil lebensnotwendige Bedürfnisse zu befriedigen.

Solche Bedürfnisse, zu deren Zweck wir mit anderen Menschen in Beziehung treten und sie zu beeinflussen versuchen, können zum Beispiel das Bedürfnis nach Sicherheit, Wärme, Geborgenheit, Zuwendung, Liebe, Anerkennung oder Selbsteinschätzung sein.

13.2 Störungen in der Kommunikation

Kommunikationsstörungen begegnen uns in allen Lebensbereichen: in der Ehe, wenn zum Beispiel das Zärtlichkeitsbedürfnis eines Partners nicht befriedigt wird; in der Familie, wenn beim Kind die Reinlichkeitserziehung nicht gelingt; in der Schule, wenn der Durchschnitt einer Prüfungsarbeit äußerst schlecht ist; im Betrieb, wenn der Angestellte seine Gehaltserhöhung nicht durchsetzen kann; zwischen Nationen, wenn alle Friedensbemühungen fehlschlagen.

13.2.1 Erfolgreiche und gestörte Kommunikation

Menschen treten mit anderen Menschen in Beziehung, um ein bestimmtes Ziel zu verwirklichen. Erreichen nun die an der Kommunikation beteiligten Personen ihr Ziel, tritt durch Interaktion und Kommunikation die gewünschte und beabsichtigte Wirkung ein und können in einer Kommunikation die Erwartungen der Beteiligten erfüllt und ihre Bedürfnisse befriedigt werden, so ist die Kommunikation mit Erfolg verlaufen. Man spricht in einem solchen Fall von einer **erfolgreichen bzw. gelungenen Kommunikation.**

Kann zum Beispiel ein Liebespaar durch Interaktion und Kommunikation seine Ziele der Sicherheit, Wärme, Geborgenheit oder Zuwendung realisieren, so hat es mit Erfolg kommuniziert.

Von einer erfolgreichen bzw. gelungenen Kommunikation spricht man, wenn die an einer Kommunikation beteiligten Personen durch diese ihr Ziel erreichen und die gewünschte und beabsichtigte Wirkung eintritt.

Soziale Interaktion und Kommunikation

In vielen Fällen jedoch wird das Ziel der sozialen Kommunikation nicht erreicht und die gewünschte bzw. beabsichtigte Wirkung bleibt aus; die in einer Kommunikation gesteckten Erwartungen können oft nicht erfüllt und die Bedürfnisse der an der Kommunikation beteiligten Personen nicht befriedigt werden. Es handelt sich hier um eine **gestörte Kommunikation**.

So beginnen zwei Menschen miteinander ein Gespräch, weil sie eine in der Luft liegende Spannung lösen wollen. Doch das Gespräch endet in einem bösen Streit; die beiden gehen auseinander, ohne ihre Absicht realisiert haben zu können.

In dem eingangs in diesem Kapitel geschilderten Gespräch zwischen Robert und Ursel handelt es sich ebenfalls um eine gestörte Kommunikation: Die beiden erreichen ihr Ziel nicht, die gewünschte und beabsichtigte Wirkung bleibt aus.

Von einer gestörten Kommunikation spricht man, wenn die an einer Kommunikation beteiligten Personen ihr Ziel nicht erreichen und die gewünschte und beabsichtigte Wirkung ausbleibt.

Folgen einer gestörten Interaktion und Kommunikation können **individuelle und soziale Probleme** sein, wie zum Beispiel Schwierigkeiten im Umgang mit anderen, Konflikte, Streit, Auseinanderbrechen von Beziehungen, Erziehungsschwierigkeiten, Ärger, Zorn, Aggression, Feindseligkeit, Unzufriedenheit, Schulversagen, Unglücklichsein, Einsamkeit, Depressionen, psychische Störungen, Krankheit, Selbstmord.

Die Beziehungen zu anderen Menschen können „eine Quelle tiefster Befriedigung und schwärzesten Elends sein. [...] Viele Menschen sind einsam und unglücklich, manche sind psychisch krank, weil sie nicht fähig sind, soziale Beziehungen zu anderen aufrechtzuerhalten. Viele Alltagsbegegnungen sind unangenehm, peinlich und fruchtlos, weil Menschen sich unpassend verhalten."

(Michael Argyle, 1972)

Erfolgreiche Kommunikation	Gestörte Kommunikation
▼	▼
Das Ziel der Kommunikation wird erreicht und die gewünschte bzw. beabsichtigte Wirkung tritt ein: • die Erwartungen können durch sie erfüllt werden, • die eigenen Bedürfnisse und die der (des) Partner(s) können durch sie befriedigt werden.	Das Ziel der Kommunikation wird nicht erreicht und die gewünschte bzw. beabsichtigte Wirkung bleibt aus: • die Erwartungen können durch sie nicht erfüllt werden, • die eigenen Bedürfnisse und/oder die der (des) Partner(s) können durch sie nur unzureichend bzw. nicht befriedigt werden.

▼

Folgen: individuelle und soziale Probleme

Soziale Interaktion und Kommunikation

13.2.2 Die Art von Botschaften

Die Art und Weise, wie man bestimmte Botschaften codiert, trägt sehr viel zu einem erfolgreichen bzw. erfolglosen Verlauf einer Kommunikation bei. Dabei kommt es darauf an, wie klar und eindeutig bzw. wie mehrdeutig Botschaften verschlüsselt werden.

Die Art und Weise, wie Kommunikationspartner miteinander sprechen, ist eine Folge der Persönlichkeitsmerkmale und vor allem der Art der Beziehung zwischen Sender und Empfänger. Doch können Botschaften selbst verheerende Folgen für den Verlauf einer sozialen Kommunikation haben.

Bedürfnisse, Wünsche, Gefühle und dergleichen kommen häufig nur *verschleiert, verborgen* oder *geleugnet* zum Ausdruck.
Ein Kind beispielsweise boxt andere Kinder an, weil es Kontakt haben möchte. Ein junger Mann sagt zu seiner Freundin: „Was ich dazu meine, weißt du ja, aber du kannst ja tun, was du willst!" Eltern sagen zu ihrem Kind: „Du brauchst nicht zu lernen, aber deinen nächsten Urlaub kannst du vergessen."

Solche Äußerungen werden als **versteckte Botschaften** bezeichnet.

> **Äußerungen, in denen eigene Bedürfnisse, Wünsche, Gefühle und dergleichen eher maskiert, verschleiert oder verborgen zum Ausdruck kommen oder gar geleugnet werden, bezeichnen wir als versteckte Botschaften.**

Einladungen

Ein Mensch, der einem, den er kennt,
Gerade in die Arme rennt,
Fragt: „Wann besuchen Sie uns endlich?!"
Der andre: „Gerne, selbstverständlich!"
„Wie wär es", fragt der Mensch, „gleich morgen?"
„Unmöglich, Wichtiges zu besorgen!"
„Und wie wärs Mittwoch in acht Tagen?"
„Da müßt ich meine Frau erst fragen!"
„Und nächsten Sonntag?" „Ach wie schade,
Da hab ich selbst schon Gäste grade!"
Nun schlägt der andre einen Flor
Von hübschen Möglichkeiten vor.
Jedoch der Mensch muß drauf verzichten,
Just da hat er halt andre Pflichten.
Die Menschen haben nun, ganz klar,
Getan, was menschenmöglich war
Und sagen drum: „Auf Wiedersehn,
Ein andermal wirds dann schon gehen!"
Der eine denkt, in Glück zerschwommen:
„Dem Trottel wär ich ausgekommen!"
Der andre, auch in siebten Himmeln:
„So gilts, die Wanzen abzuwimmeln!"

Eugen Roth

Durch **versteckte Botschaften** bleiben die wahren Gefühle, Bedürfnisse und Beeinflussungstendenzen unklar, das Ziel der sozialen Kommunikation kann somit nur sehr schwer oder gar nicht erreicht werden.

Auch in der **indirekten Ausdrucksweise** finden wir meist versteckte Botschaften.
So sagt zum Beispiel der junge Mann zu seiner Freundin: „Findest du es gut, dass du dich heute so aufgeführt hast?" Durch eine solche Äußerung werden die eigenen Empfindungen nicht bewusst, der Partner kann sie nur sehr schwer erkennen und wird in eine Verteidigungsposition gebracht. Offen gesprochen müsste der junge Mann sagen: „Ich hatte heute mit dir große Schwierigkeiten."

Auch bei Äußerungen wie „Man tut das nicht!" oder „Eine Frau geht abends nicht alleine fort!" handelt es sich um versteckte Botschaften: Der Partner versteckt sich hinter einer Verhaltensnorm, um sich nicht dazu bekennen zu müssen, dass er es ist, den etwas stört.

Soziale Interaktion und Kommunikation

„Der indirekte Ausdruck von negativen Gefühlen neigt dazu, den anderen anzuklagen, und dieser wird versucht sein, sich zu rechtfertigen und zu verteidigen. Auf diese Weise wird häufig vom eigentlichen Problem abgelenkt, und das Gespräch gleitet auf Ebenen ab, die für das eigentliche Problem unwichtig sind."

(L. Schwäbisch/M. Siems, 1974)

Das Ziel sozialer Kommunikation kann auch nur sehr schwer oder gar nicht erreicht werden, wenn Kommunikationspartner in einer Sprache sprechen, in der sie über den anderen eine Mitteilung machen, und nicht ihre eigenen Empfindungen, Gefühle, Bedürfnisse und dergleichen ausdrücken.
Beispiele hierfür sind Sätze wie: „Du bist schuld", „Du bist völlig unfähig!" „Du hörst mir ja nie zu!".

Äußerungen, in denen über den anderen eine Mitteilung gemacht wird, nennen wir Du-Botschaften; Äußerungen, die persönliche Empfindungen, Gefühle, Bedürfnisse und dergleichen ausdrücken, bezeichnen wir als Ich-Botschaften.

Zu den **Du-Botschaften** gehören Mitteilungen, die *urteilen, verurteilen, werten, nörgeln, beschimpfen, verhöhnen, beschämen, herabsetzen, demütigen, polemisieren, beschuldigen, warnen, ermahnen, drohen, predigen, moralisieren* usw. – sie alle verbergen die eigenen Bedürfnisse und drängen den anderen in eine Verteidigungshaltung.

Du-Botschaft:
„Du redest vielleicht einen Unsinn daher!"
„Du redest zu viel, du Egoist, sei einmal still!"
„Du bist einfach gemein und rücksichtslos!"
„So etwas Gefühlloses wie Du gibt es auf der ganzen Welt nicht mehr!"
„Du drehst mir immer das Wort im Mund um!"

Ich-Botschaft:
„Ich kann nicht verstehen, was du meinst."
„Ich würde dir auch gerne etwas sagen wollen."
„Was du jetzt gesagt hast, hat mich sehr getroffen."
„Ich brauche mehr Einfühlungsvermögen von dir."
„Ich fühle mich von dir nicht verstanden."

Du-Botschaften werden vom anderen meist als Bewertung seiner selbst aufgefasst, während Ich-Botschaften einfach als Mitteilung über sich selbst verstanden werden. Ein Beispiel soll dies verdeutlichen:

„Du-Botschaften können eine katastrophale Wirkung auf die Vorstellung von sich selbst haben: Sie ziehen den Charakter des anderen in Zweifel, lehnen ihn als Mensch ab, betonen seine Unzulänglichkeiten, fällen ein Urteil über seine Persönlichkeit. Auf diese Weise wird Tag für Tag zur Zerstörung des Ichs und der Selbstachtung beigetragen."

(Thomas Gordon, 1997).

Soziale Interaktion und Kommunikation

Zudem sind folgende Botschaften für eine erfolgreiche Kommunikation wenig geeignet:

- **Lösungsbotschaften,** die sagen, was zu tun ist und was nicht;
  Beispiele: „Hör auf, die Zeitung zu zerknittern!", „Wenn du weiterhin nichts tust, wird es krachen!", „Das wird dir noch Leid tun!"

- **Interpretationen und Unterstellungen,** die dem anderen Motive und Absichten zuschieben, ohne zu überprüfen, ob sie wirklich wahr sind;
  Beispiel: „Das machst du nur, um mich zu ärgern!"

- **Killerphrasen,** das sind Äußerungen, die eine Unmöglichkeit dessen, was der Sender will, vorspiegeln.
  Beispiele: „Das geht nicht!", „Ist doch schon alles versucht worden!", „Das ist doch ein Unsinn!", „Das brauchen wir gar nicht zu probieren!"

Musikalisches

Ein Mensch, will er auf etwas pfeifen,

Darf sich im Tone nicht vergreifen.

Eugen Roth

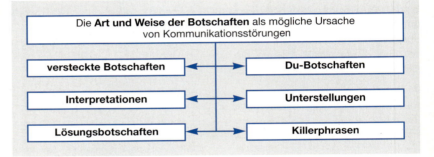

13.3 Erfolgreiches Miteinander-Kommunikation

Allzu häufig passiert es, dass einiges „schief geht", wenn wir miteinander sprechen. Eine erfolgreiche Kommunikation hängt nicht nur vom „guten Willen" der an einer Kommunikation beteiligten Personen ab, sondern auch von der Fähigkeit, den komplizierten Vorgang einer Kommunikation zu durchschauen und das „Miteinander-Sprechen" zu beherrschen.

13.3.1 Vorbeugung und Behebung von Kommunikationsstörungen

Um Kommunikationsstörungen erfolgreich vorbeugen und beheben zu können, gehört einmal der Erwerb von **kommunikativen Grundfähigkeiten** wie zum Beispiel zu sich selbst zu stehen und sich selbst nichts vorzumachen, sich selbst und seine eigenen Gedanken, Gefühle, Wünsche, Bedürfnisse, Erwartungen, Befürchtungen und dergleichen zu akzeptieren und offen anzusprechen, zu äußern, was einem nicht gefällt und passt, zuhören und auf das Gesagte eingehen können, sich verständlich ausdrücken und vieles andere mehr. Solche kommunikativen Grundfähigkeiten sind im nächsten Abschnitt (Abschnitt 13.3.2) näher ausgeführt.

Soziale Interaktion und Kommunikation

Zum anderen ist für eine befriedigende Kommunikation die Fähigkeit erforderlich, Störungen in der Kommunikation zu erkennen, ihre Ursachen zu durchschauen und mit Hilfe von kommunikationspsychologischen Erkenntnissen zu analysieren, um diese Störungen beseitigen zu können.

Kommunikationsforscher wie zum Beispiel *Paul Watzlawick* oder *Friedemann Schulz von Thun* halten es für das Wichtigste, dass man *laufend über die Beziehung spricht*, nicht nur, um Klarheit über diese zu bekommen, sondern um Kommunikationsstörungen vorzubeugen bzw. diese zu beheben. Nahezu alle Störungen liegen in der Unfähigkeit begründet, über die jeweilige Art und Weise der Beziehung zu sprechen.

Neben dem Sprechen über die eigene Beziehung ist es zudem sehr förderlich, *über die abgelaufene Kommunikation zu sprechen*. Diese beiden Aspekte – die Kommunikation über die Beziehung zwischen Kommunikationspartnern und die Verständigung über die Kommunikation selbst – werden mit dem Begriff **Metakommunikation** zusammengefasst.

Paul Watzlawick und seine Mitarbeiter verstehen Metakommunikation – neben der Verständigung über die Kommunikation und über die Beziehung zwischen den Kommunikationspartnern – als dritten Aspekt die *Verdeutlichung einer Information, wie diese verstanden werden möchte* (vgl. Kapitel 14.1.2 und 14.2.2).

> Metakommunikation bedeutet einmal die Kommunikation über die Kommunikation, zum anderen die Kommunikation über die Beziehung zwischen Kommunikationspartnern, und letztlich auch die Verdeutlichung einer Information, wie diese verstanden werden möchte.

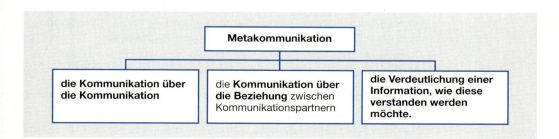

71

Soziale Interaktion und Kommunikation

13.3.2 Möglichkeiten erfolgreicher Kommunikation

Erfolgreiche Kommunikation in verschiedenen Lebensbereichen, wie zum Beispiel in der Ehe oder Familie, in der Schule, im Betrieb oder in der Freundesgruppe, ist lebenswichtig. Aus den in den vorigen Abschnitten dargestellten Erkenntnissen über soziale Kommunikation lassen sich wichtige Möglichkeiten zur Vorbeugung und Behebung von Kommunikationsstörungen ableiten:

- **Sich selbst und die eigenen Gefühle akzeptieren**

  Das Ja-Sagen zu sich selbst bildet die entscheidende Voraussetzung für eine erfolgreiche Interaktion und Kommunikation. Erst dann, wenn ein Mensch sich selbst, so wie er ist, annimmt und akzeptiert, kann er den Forderungen, die eine Beziehung an ihn stellt, gerecht werden. Sich selbst akzeptieren bedeutet auch, zu seinen Verhaltensweisen, Gedanken, Gefühlen und Bedürfnissen – auch zu den „negativen" – zu stehen. Nur so ist es möglich, eindeutig und unmissverständlich zu kommunizieren und auftretende Probleme in den Griff zu bekommen.

  „Damit der Mensch aber dieses Große vermöge, muss er erst von all dem Drum und Dran seines Lebens zu seinem Selbst gelangen, er muss sich selber finden, nicht das selbstverständliche Ich des egozentrischen Individuums, sondern das tiefe Selbst der mit der Welt lebenden Person."

  (Martin Buber[1])

- **Die Existenz von Konflikten akzeptieren**

  Es geht darum, die Realität nicht zu verdrängen, sondern wahrzunehmen. Dazu gehört auch – im Gegensatz zu dem weitverbreiteten, aber realitätsfremden „Harmoniemodell", nach dem Konflikte als nicht „normal", als etwas, was nicht sein darf, betrachtet werden – die Existenz von Problemen und Konflikten zu akzeptieren, einschließlich der damit verbundenen, als unangenehm empfundenen Spannungen. Problemen und Konflikten darf also nicht ausgewichen, sie dürfen nicht umgangen, bagatellisiert oder verschleiert werden.

- **Sich der eigenen Ängste bewusst werden**

  Bewusste oder unbewusste Ängste, wie zum Beispiel die Angst zu verletzen oder verletzt zu werden, die Angst mit unangenehmen Konflikten und Spannungen konfrontiert zu werden, die Angst vor Entzug der Anerkennung, davor, den Partner zu verlieren oder aus der Gruppe ausgeschlossen zu werden und deshalb zu vereinsamen, oder die Angst, sein Gesicht zu verlieren und sich zu blamieren, behindern einen befriedigenden Gesprächsaustausch. Ängste lösen Abwehr, ein „Mauern", Widerstand und dergleichen aus. Es ist daher wichtig, sich der eigenen Ängste und deren Folgen für die Beziehung zum anderen bewusst zu werden und sie abzubauen.

---

[1] *Martin Buber (1878–1965) war jüdischer Religionsphilosoph.*

Soziale Interaktion und Kommunikation

- **Über die Beziehung und die Kommunikation in der Beziehung sprechen (Metakommunikation)**

  Bedeutende Kommunikationsforscher halten es für das Wichtigste, dass man ständig über die Art und Weise, wie man miteinander kommuniziert, und über die Beziehung spricht, nicht nur um Klarheit über diese zu bekommen, sondern um überhaupt fast allen Kommunikationsstörungen vorzubeugen bzw. diese zu beheben. Nahezu alle Störungen liegen vermutlich in der Unfähigkeit begründet, über die jeweilige Art und Weise der Beziehung zu sprechen. [1]

  Es ist einer Kommunikation immer wieder förderlich, den **Mut** zur Metakommunikation aufzubringen und sich beispielsweise zu fragen:

  – Wie stehen wir zueinander?
  – Was bewegt mich, dem anderen immer gleich zu widersprechen?
  – Warum habe ich Angst, meinen wirklichen Standpunkt zu sagen?
  – Wie fühle ich mich?

  „Störungen haben den Vorrang, [...] Störungen fragen nicht nach Erlaubnis, sie sind da: als Schmerz, als Freude, als Angst, als Zerstreutheit; [...] Verstörtheiten können den Einzelnen versteinern [...]; unausgesprochen und unterdrückt bestimmen sie Vorgänge in Schulklassen, in Vorständen, in Regierungen. [...] Die Resultate sind dementsprechend geist- und sinnlos und oft destruktiv [...] Das Postulat, dass Störungen [...] den Vorrang haben, bedeutet, dass wir die Wirklichkeit des Menschen anerkennen."

  (Ruth Cohn, 1988)

- **Eine positive Atmosphäre ermöglichen**

  Voraussetzung für den Abbau von Ängsten und eine erfolgreiche Interaktion und Kommunikation ist eine positive Atmosphäre, die durch den Verzicht darauf begünstigt werden kann, den Partner zu bedrängen oder gar Zwang auszuüben. Offenheit darf nicht erzwungen, sondern muss ermöglicht werden; es sind Bedingungen notwendig, unter denen Masken des Partners nicht mehr nötig sind.

- **Den anderen akzeptieren und verstehen**

  Eine erfolgreiche Interaktion und Kommunikation sind auf Dauer nur möglich, wenn der andere in seiner Art und Weise, so wie er ist – mit all seinen Gefühlen, Empfindungen und Befürchtungen, mit all seinen Schwächen und Problemen – akzeptiert und angenommen wird. Das bedeutet, dass man „Ja" zum Partner sagt, auch wenn er anders reagiert, wie man selbst meint, auch wenn ein Konflikt oder eine Spannung eine harmonische Beziehung im Moment stört.

  „Du bist anders als ich, in deinem Verhalten, Denken und Fühlen. Durch die Begegnung mit dir kann mein Horizont weiter werden. Ich brauche den anderen, um ‚ich selbst' sein zu können. Ich brauche dein Anderssein, um so sein und werden zu können, wie ich gemeint bin."

  (aus: Peter Rohner, o. J.)

---

[1] *Vgl. hierzu den Begriff „Metakommunikation" in Abschnitt 13.3.1.*

Soziale Interaktion und Kommunikation

Die Bereitschaft, den anderen zu akzeptieren, hängt sehr eng mit der Bereitschaft zusammen, auf den anderen einzugehen und ihn zu verstehen. Seinen Partner verstehen heißt, die Art und den Inhalt seiner bewussten Erlebnisse (Empfindungen, Gefühle, Wahrnehmungen usw.) wahrzunehmen, sich diese vorzustellen, zu vergegenwärtigen und nachzuvollziehen. Dies bedeutet ein Sich-Hineinversetzen in die Rolle des anderen und die Angelegenheit aus seinem Blickwinkel zu betrachten.

„Wenn Konflikte sich zu einem endlosen Streit hinziehen, so hat dies meist seinen Grund darin, dass diese Menschen niemals gelernt haben, mit den Augen des anderen zu sehen, mit den Ohren des anderen zu hören und mit dem Herz des anderen zu fühlen."

(Alfred Adler; zitiert nach H. Hobmair/G. Treffer, 1979)

- **Signalisieren der Kommunikationsbereitschaft**

Wer seinen Partner nicht ausreden lässt – auch wenn man zu wissen glaubt, was er sagen will –, wer ständig selbst spricht und zu Monologen neigt, wer ständig auf die Uhr schaut, sich mit anderen Dingen beschäftigt und den Blickkontakt zu häufig abbricht, gibt ihm das Gefühl, dass man an seinen Aussagen bzw. am Gespräch nicht interessiert ist. Auch wenn man momentan nicht in der Stimmung ist, mit dem anderen zu kommunizieren, so sollte man die Kommunikation nicht einfach abbrechen oder gar ignorieren, sondern dem Partner mitteilen, dass man im Moment nicht in der Lage ist, mit ihm zu sprechen. Vielleicht ist es möglich, einen anderen Zeitpunkt für das Gespräch festzulegen.

- **Aktiv und hilfreich zuhören**

In einem Gespräch, vor allem wenn es sich um ein Konfliktgespräch handelt, ist es nicht nur wichtig, passiv zuzuhören im Sinne von Schweigen und Konzentriertsein auf das, was der Partner sagt, sondern man sollte sich als Zuhörer aktiv am Gespräch beteiligen, ohne das Gespräch an sich zu reißen. Eine solche Möglichkeit ist einmal dadurch gegeben, dass der Zuhörende die Aussage seines Gesprächspartners mit seinen eigenen Worten wiederholt, um sicherzugehen, dass er dessen Aussagen auch richtig verstanden hat.

Beispielsweise könnte ein Schüler zu seinem Lehrer sagen: „Ich kann das einfach nicht, ich bin dazu zu unbegabt. Mein Bruder war in Mathematik genauso schlecht." Der Lehrer könnte sagen: „Sie glauben, dass Sie in Mathematik unbegabt sind."

Das Wiederholen der Aussagen des Gesprächspartners mit eigenen Worten wird in der Psychologie als **Paraphrasieren** bezeichnet.

Eine weitere Möglichkeit ist die Technik des **Verbalisierens emotionaler Erlebnisinhalte.** Anders als beim Paraphrasieren wird hier nicht der Inhalt wiederholt, sondern es werden die Gefühle, die der Kommunikationspartner nur *indirekt* ausdrückt, *direkt* angesprochen.

Dies ist zum Beispiel der Fall, wenn das Kind zur Mutter kommt und sagt: „Anton hat mir das Spielzeug weggenommen!", und die Mutter darauf antwortet: „Das hat dich aber geärgert!"

Auf diese Weise wird dem Sender gezeigt, welche Gefühle man bei ihm wahrnimmt; er fühlt sich besser verstanden und weiß, dass seine Gefühle akzeptiert werden.

„Hören – Hinhören – Zuhören – ohne hörig zu werden!"
(aus: Peter Rohner, o. J.)

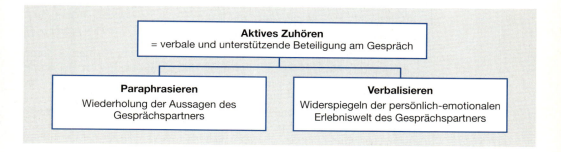

- **Die eigene Zielsetzung überprüfen**
  Oft geht es Interaktions- und Kommunikationspartnern nicht um eine wirkliche Lösung eines Problems, sondern darum, beispielsweise Aggressionen abzureagieren, dem anderen „eins auszuwischen", etwas „heimzuzahlen" oder selbst gut dazustehen, sein eigenes Gesicht zu wahren und keine Niederlage einstecken zu müssen, oder einfach nur darum, sich selbst von möglichen Schuldgefühlen zu entlasten. Vor jedem Konfliktgespräch empfiehlt es sich deshalb, die eigenen Zielsetzungen zu überprüfen, wie zum Beispiel: Worum geht es mir? Was will ich eigentlich? Geht es mir wirklich um die Beziehung oder nur um mich selbst? Welche Ziele, welche Absichten will ich unbedingt erreichen, was ist mir wichtig, und wo sehe ich Möglichkeiten, dem Partner entgegenzukommen?

  „Vielleicht kann ich mich trotz der heute üblichen Rivalitätskämpfe dazu durchringen, mehr das WIR – die Beziehung – im Auge zu haben als das eigene ICH:
  DIE TREUE ZUM WIR MUSS STÄRKER SEIN ALS DIE TREUE ZUM ICH."
  (Fritz Künkel)

- **Sich so geben, wie einem zumute ist**
  Voraussetzung für eine effektive Kommunikation ist, dass man dem anderen nichts vormacht, sondern sich nach außen hin so gibt, wie einem innerlich zumute ist. Man muss nicht alles sagen, doch was man sagt, soll stimmig sein mit dem eigenen Erleben, Denken, Fühlen und dem, was man anderen mitteilt und nach außen hin sichtbar werden lässt. Je stimmiger der Sender kommuniziert, desto klarer und eindeutiger ist die Nachricht für den Empfänger zu verstehen – der Empfänger weiß, „woran er ist".

- **Gefühle, Bedürfnisse, Erwartungen und dergleichen offen mitteilen, Ich-Botschaften verwenden**

  Gefühle, Empfindungen, Gedanken, Bedürfnisse, Erwartungen, Wünsche, Befürchtungen und dergleichen sollten dem Partner *klar, offen und verständlich* mitgeteilt werden. Nur so nämlich kann der Partner erkennen, was in dem anderen vorgeht und was der andere will, nur so kann er sich angemessen verhalten und auf den anderen eingehen.

  „Klar sagen, was ich empfinde und was ich brauche – und auch dem Partner Gelegenheit geben, dies zu tun!" (aus: Peter Rohner, o. J.)

  Man sollte sich sowohl die positiven Gefühle mitteilen, die den anderen erfreuen und ihn ermutigen, aber auch die negativen, die an Belastung verlieren, wenn sie erst einmal offen zur Sprache gekommen sind. Ich-Botschaften, in welchen die eigenen Bedürfnisse, Gefühle, Wünsche und dergleichen mitgeteilt werden, sind für den Verlauf einer Kommunikation am erfolgreichsten.

  Vorteile von Ich-Botschaften:
  – Man wird sich selbst seiner eigenen Gefühle, Wünsche, Befürchtungen, Bedürfnisse und dergleichen bewusst.
  – Der Partner erkennt genau, was in einem vorgeht, was man will und braucht, und er kann deshalb angemessen reagieren.
  – Ich-Botschaften rufen keine Verteidigungshaltung oder Abwehr, kein „Mauern" oder Widerstand, keine Schuldgefühle, Feindseligkeit, keinen Rückzug oder Flucht hervor.
  – Die Partner können sich Klarheit über ihre Beziehung verschaffen.
  – Uneinigkeit auf der Inhaltsebene wird nicht so leicht auf die Beziehung übertragen.

  „Sprich für dich und nicht für andere!" (aus: Peter Rohner, o. J.)

- **Sich auf das Wahrnehmbare konzentrieren**

  Statt Unterstellungs-, Verallgemeinerungs- und eigenwilligen subjektiven Interpretationsversuchen von Äußerungen des Kommunikationspartners ist es nützlicher, sich auf das wirklich Wahrnehmbare zu konzentrieren. Durch die Vergewisserung, ob man das Gesagte richtig verstanden hat, und durch die Mitteilung, wie das soeben Geäußerte auf einen gewirkt hat, wären viele Missverständnisse von vornherein ausgeschlossen.

  „Mich interessiert nicht, was du aus den Äußerungen anderer ‚heraushörst' und was du anderen unterstellst, sondern mich interessiert, was du selber erlebst, fühlst oder denkst." (aus: Peter Rohner, o. J.)

- **Konflikte selbst lösen**

  Für eine erfolgreiche Interaktion und Kommunikation ist es wenig sinnvoll zu versuchen, den anderen zu ändern, sondern mit der Änderung sollte man bei sich selber anfangen: *„Was mache ich mit mir, damit ich dich so ertragen und leben lassen kann, wie du bist."* (Peter Rohner, o. J.)

Soziale Interaktion und Kommunikation

Bei sich selber anfangen heißt auch, nicht auf den anderen zu warten und darauf, was der sich einfallen lässt und tut, und selber nur zu reagieren, sondern sich zu überlegen, **was und wie man selbst zur Lösung des Problems oder des Konfliktes beitragen kann.** Dies erfordert vom Einzelnen Kreativität und Phantasie und ein Aufgeben der rein egoistischen Interessen.

> „Wir brauchen den Mut,
> das zu ändern, was wir ändern können.
> Wir brauchen die Gelassenheit,
> das hinzunehmen und zu ertragen,
> was wir nicht ändern können.
> Und wir brauchen die Weisheit,
> das eine vom anderen unterscheiden zu
>   können."
>
> *(aus einem Gebet unbekannter Herkunft)*

Materialien 4

Möglichkeiten erfolgreicher Kommunikation zur Vorbeugung und Behebung von Kommunikationsstörungen

- Sich selbst akzeptieren und die eigenen Gefühle akzeptieren
- Sich der eigenen Ängste bewusst werden
- Eine positive Atmosphäre ermöglichen
- Signalisieren der Kommunikationsbereitschaft
- Die eigene Zielsetzung überprüfen
- Gefühle, Bedürfnisse, Erwartungen und dergleichen offen mitteilen
- Sich auf das Wahrnehmbare konzentrieren

- Die Existenz von Konflikten akzeptieren
- Über die Beziehung und die Kommunikation in der Beziehung sprechen (Metakommunikation)
- Den anderen akzeptieren und verstehen
- Aktiv und hilfreich zuhören
- Sich so geben, wie einem zumute ist
- Ich-Botschaften verwenden
- Konflikte selbst lösen

Zusammenfassung

- Soziale Interaktion gilt als Bezeichnung für das wechselseitig aufeinander bezogene Verhalten zwischen Menschen; für das Geschehen zwischen Personen, die wechselseitig aufeinander reagieren, sich gegenseitig beeinflussen und steuern. Unter sozialer Kommunikation versteht man den Austausch, die Vermittlung und Aufnahme von Informationen zwischen zwei oder mehreren Personen. Von sozialer Kommunikation spricht man nur, wenn es sich um einen wechselseitigen Ablauf von Mitteilungen zwischen zwei oder mehreren Personen handelt. Von der sozialen Kommunikation sind denn auch das Selbstgespräch und das Denken sowie die Massenkommunikation zu unterscheiden.

Soziale Interaktion und Kommunikation

- Interaktion ist ohne Kommunikation nicht denkbar, ebenso ist Kommunikation ohne Interaktion unmöglich. In dem Moment, in welchem eine oder mehrere Personen anwesend sind, ist alles Verhalten kommunikativ. Soziale Kommunikation ist also Verhalten im weitesten Sinne des Wortes. Soziale Interaktion und Kommunikation sind Grundlage eines jeden Zusammenlebens; ohne soziale Interaktion und Kommunikation wäre der Mensch nicht lebens- und überlebensfähig, es gäbe keine Kultur und es wäre kein gesellschaftliches Zusammenleben möglich. So gesehen sind Interaktion und Kommunikation ein Wesensmerkmal des Menschseins.

- In einem Kommunikationsablauf findet ein ständiger Wechsel der Rollen statt. Soziale Kommunikation bildet also immer ein System und stellt einen Regelkreis dar, in welchem es keinen Anfang und kein Ende gibt. Das Ziel sozialer Interaktion und Kommunikation ist die Befriedigung eigener Bedürfnisse und die Befriedigung der Bedürfnisse des (der) anderen.

- Von einer erfolgreichen Kommunikation spricht man, wenn die an einer Kommunikation beteiligten Personen ihr Ziel erreichen und die gewünschte und beabsichtigte Wirkung eintritt. Von einer gestörten Kommunikation spricht man, wenn die an einer Kommunikation beteiligten Personen ihr Ziel nicht erreichen und die gewünschte und beabsichtigte Wirkung ausbleibt. Folgen einer gestörten Interaktion und Kommunikation können individuelle und soziale Probleme sein.

- Zur Vorbeugung und Behebung von Kommunikationsstörungen sind einmal bestimmte kommunikative Grundfähigkeiten erforderlich, zum anderen die Fähigkeit, Störungen in der Kommunikation zu erkennen, ihre Ursachen zu durchschauen und mit Hilfe von kommunikationspsychologischen Erkenntnissen zu analysieren, um diese Störungen beseitigen zu können. Möglichkeiten erfolgreicher Kommunikation zur Vorbeugung und Behebung von Kommunikationsstörungen sind:
  - sich selbst und die eigenen Gefühle akzeptieren,
  - die Existenz von Konflikten akzeptieren,
  - sich der eigenen Ängste bewusst werden,
  - über die Beziehung und über die Kommunikation in der Beziehung sprechen (Metakommunikation),
  - eine positive Atmosphäre ermöglichen,
  - den anderen akzeptieren und verstehen,
  - Kommunikationsbereitschaft signalisieren,
  - aktiv und hilfreich zuhören,
  - die eigene Zielsetzung überprüfen,
  - sich so geben, wie einem zumute ist,
  - Gefühle, Bedürfnisse und dergleichen offen mitteilen,
  - Ich-Botschaften verwenden,
  - sich auf das Wahrnehmbare konzentrieren,
  - Konflikte selbst lösen.

Soziale Interaktion und Kommunikation

Materialien   Kapitel 13

1. Du-Botschaften und versteckte Botschaften

a) Beispiele für Lösungsbotschaften:

1. *Anordnen, Befehlen, Kommandieren*
   „Geh und such dir etwas zum Spielen."
   „Hör auf, die Zeitung zu zerknittern."
   „Räum die Töpfe und Pfannen wieder fort."
2. *Warnen, Ermahnen, Drohen*
   „Wenn du nicht aufhörst, schreie ich."
   „Mutter wird böse, wenn du nicht aus dem Weg gehst."
   „Wenn du nicht machst, dass du rauskommst, und die Küche wieder in ihren alten Zustand versetzt, wird es dir Leid tun."
3. *Zureden, Predigen, Moralisieren*
   „Stör niemals jemanden beim Lesen."
   „Spiel bitte anderswo."
   „Du musst nicht herumspielen, wenn Mutter es eilig hat."
   „Räum immer auf, wenn du fertig bist."
4. *Raten, Vorschläge machen oder Lösungen geben*
   „Warum gehst du nicht nach draußen und spielst?"
   „Lass mich mal etwas anderes vorschlagen, was du tun könntest."
   „Kannst du die Sachen denn nicht wegräumen, nachdem du sie gebraucht hast?"

Diese Arten von verbalen Erwiderungen teilen dem Kind die Lösung mit, die Sie für es haben – genau das, was es *Ihrer* Meinung nach tun sollte. Sie sind der Schiedsrichter; Sie haben die Kontrolle; Sie nehmen die Sache in die Hand; Sie knallen mit der Peitsche. Sie schließen es aus. Die erste Art von Botschaft befiehlt ihm, Ihre Lösung anzuwenden; die zweite droht ihm; die dritte redet ihm zu; die vierte rät ihm.

Die Eltern fragen: „Was ist daran so falsch, die eigene Lösung zu senden – ist es denn nicht schließlich das Kind, das mir ein Problem verursacht?" Gewiss ist es das. Ihm aber die Lösung für Ihr Problem zu geben, kann diese Auswirkungen haben:

1. Kinder wehren sich dagegen, gesagt zu bekommen, was sie tun sollen. Ihre Lösung mag ihnen auch nicht zusagen. Jedenfalls wehren Kinder sich dagegen, ihr Verhalten modifizieren zu müssen, wenn ihnen genau gesagt wird, wie sie sich ändern „müssten", „sollten" oder „besser daran täten", sich zu ändern.
2. Das Senden der Lösung übermittelt auch noch eine andere Botschaft: „Ich traue dir nicht zu, dich für eine Lösung zu entscheiden" oder „Ich halte dich nicht für einfühlig genug, einen Weg zu finden, um mir bei meinem Problem zu helfen".
3. Das Senden der Lösung sagt dem Kind, dass Ihre Bedürfnisse wichtiger als seine sind, dass es genau das tun muss, was es, ungeachtet seiner Bedürfnisse, Ihrer Meinung nach tun sollte („Du tust etwas für mich Unannehmbares, darum ist die einzige Lösung das, was ich sage".)

b) Beispiele für herabsetzende Botschaften

Jedermann weiß, wie es ist, durch eine Botschaft „herabgesetzt" zu werden, die Schuld, Urteil, Hohn, Kritik oder Schande übermittelt. Bei der Konfrontation mit Kindern verlassen sich Eltern weitgehend auf derartige Botschaften. „Herabsetzende" Botschaften können in eine der folgenden Kategorien fallen:

1. *Urteilen, Kritisieren, Beschuldigen*
   „Du müsstest es besser wissen."
   „Du bist sehr gedankenlos."
   „Du bis sehr ungezogen."
   „Du bist das rücksichtsloseste Kind, das ich kenne."
   „Du wirst noch einmal der Nagel zu meinem Sarg sein."

2. *Beschimpfen, Verhöhnen, Beschämen*
   „Du bist ein verzogenes Gör."
   „Schon gut, Herr Naseweis."
   „Gefällt es dir, hier zu Hause ein selbstsüchtiger Nassauer zu sein?"
   „Schäm dich."

*Soziale Interaktion und Kommunikation / **Materialien***

3. *Interpretieren, Diagnostizieren, Psychoanaly-sieren*

„Du willst nur Aufmerksamkeit erregen."

25 „Du willst mich nur auf die Palme bringen."

„Du siehst nur zu gern, wie weit du es treiben kannst, bevor ich wütend werde."

„Du willst immer da spielen, wo ich arbeite."

4. *Belehren, Anleiten*

30 „Es gehört sich nicht, jemanden zu unterbre-chen."

„Artige Kinder tun das nicht."

„Was würdest du sagen, wenn ich dir das antäte?"

35 „Warum bist du zur Abwechslung nicht einmal artig?"

„Was du nicht willst, das man dir tu … usw."

Das sind alles Herabsetzungen – sie ziehen den Charakter des Kindes in Zweifel, lehnen es als
40 Mensch ab, zerstören seine Selbstachtung, be-tonen seine Unzulänglichkeiten, fällen ein Urteil über seine Persönlichkeit. Sie geben dem Kind die Schuld.

Welche Wirkungen rufen diese Botschaften wahr-
45 scheinlich hervor?

1. Kinder fühlen sich oft schuldbewusst und voll Reue, wenn sie verurteilt oder beschuldigt werden.

2. Kinder haben das Gefühl, dass der Elternteil nicht fair ist – sie empfinden Ungerechtigkeit: 50 „Ich habe nichts Böses getan" oder „Ich wollte nicht unartig sein".

3. Kinder fühlen sich oft ungeliebt, zurückge-stoßen: „Sie mag mich nicht, weil ich etwas Böses getan habe." 55

4. Kinder reagieren oft sehr widerspenstig auf derartige Botschaften – sie stellen sich auf die Hinterbeine. Das die Eltern störende Verhalten aufzugeben würde ein Eingeständnis der Stichhaltigkeit des elterlichen Vorwurfs oder 60 Urteils sein. Die typische Reaktion eines Kin-des würde sein: „Ich störe dich nicht" oder „Die Teller sind niemandem im Weg".

5. Kinder zahlen oft mit gleicher Münze heim: „Du bist auch nicht immer so ordentlich" oder 65 „Du bist ständig müde", „Du bist ein schreckli-cher Miesepeter, wenn Besuch kommt" oder „Warum kann das Haus nicht so sein, dass wir darin leben können?"

6. Herabsetzungen geben dem Kind das Gefühl 70 der Unzulänglichkeit. Sie reduzieren seine Selbstachtung.

Quelle: Thomas Gordon, 1997

2. Warum Ich-Botschaften wirksamer sind

1 „Ich-Botschaften" sind wirksamer, um ein Kind zu beeinflussen, ein Verhalten zu modifizieren, das für den Elternteil unannehmbar ist, und dessen Modifizierung für das Kind und die Eltern-Kind-
5 Beziehung gesünder ist. Die „Ich-Botschaft" ist viel weniger geeignet, Widerstand und Rebellion zu provozieren. Es ist weitaus weniger bedroh-lich, einem Kind aufrichtig die Wirkung seines Verhaltens auf *Sie* zu übermitteln, als anzudeu-
10 ten, dass irgendetwas an *ihm* böse ist, weil es sich diesem Verhalten nicht hingibt. Denken Sie an den signifikanten Unterschied in der kindli-chen Reaktion auf diese zwei Botschaften, die ein Elternteil sendete, nachdem ihn ein Kind vor das
15 Schienbein tritt:

„Au! Das hat mir wirklich weh getan – ich mag nicht, wenn man mich tritt."

„Du bist ein sehr unartiger Junge. Untersteh dich, jemanden so zu treten."

Die erste Botschaft sagt dem Kind nur, was Sie 20 durch seinen Tritt fühlten, eine Tatsache, die es kaum bestreiten kann. Die zweite sagt ihm, dass es „unartig" war, und warnt es davor, das wieder zu tun; gegen beides kann es Einwände erheben und sich wahrscheinlich heftig sträuben. 25

„Ich-Botschaften" sind auch unendlich viel wirk-samer, weil sie die Verantwortung für die Modifi-zierung seines Verhaltens in die Hände des Kin-des legen. „Au! Das hat mir wirklich weh getan" und „Ich mag nicht, wenn man mich tritt" sagen 30 dem Kind, wie Sie fühlen, überlassen es jedoch ihm, etwas zu tun.

Folglich helfen „Ich-Botschaften" dem Kind, vor-anzukommen, helfen ihm, Verantwortung für sein

*Soziale Interaktion und Kommunikation / **Materialien***

35 eigenes Verhalten zu übernehmen. Eine „Ich-Botschaft" sagt dem Kind, dass Sie ihm die Verantwortung überlassen, ihm zutrauen, auf konstruktive Weise mit der Situation fertig zu werden, ihm zutrauen, dass es Ihre Bedürfnisse respektiert,
40 ihm eine Chance geben, damit zu beginnen, sich konstruktiv zu verhalten.

Weil „Ich-Botschaften" aufrichtig sind, neigen sie dazu, das Kind zu beeinflussen, ähnlich aufrichti-ge Botschaften zu senden, wann immer es eine Empfindung hat. „Ich-Botschaften" des einen 45 Menschen in einer Beziehung fördern „Ich-Botschaften" des anderen. Das ist der Grund, warum in sich verschlechternden Beziehungen Konflikte häufig in gegenseitige Beschimpfungen und wechselseitige Beschuldigungen ausarten. 50

Quelle: Thomas Gordon, 1997

3. Wie man andere dazu bringt, sich schuldig zu fühlen

1 *„Gehst du heute Abend noch einmal weg?", fragt die Ehefrau ihren Mann.*
„Ja, um halb sieben. Ich habe noch eine Besprechung."
5 *„Ich kann es nicht glauben, dass du noch etwas vorhast", erwidert sie pikiert.*
„Willst du dich denn überhaupt nicht um deinen Sohn kümmern?"
„Natürlich will ich das. Doch diese Besprechung
10 *ist wichtig, ich muss dorthin."*
Daraufhin wendet sich die Frau an den Sohn: „Schau dir deinen Vater gut an, sonst vergisst du doch noch irgendwann, wie er aussieht!"

Wie glauben Sie, wird sich dieser Ehemann füh-
15 len, wenn er das Haus verlässt, um zu seinem wichtigen Treffen zu gehen? Natürlich: schuldig. Durch ihre spitzen Bemerkungen hat seine Frau es geschafft, dass er nicht mehr unbefangen seinen Verpflichtungen nachkommen kann. Dies ist
20 eine ganz alltägliche Szene, meinen *Anita L. Vangelisti* und *John A. Daly* von der University of Texas, Austin, sowie ihre Kollegin *Janine Rae Rudnick* von der University of Texas, El Paso. Das Forscherteam hat in einer Reihe von Unter-
25 suchungen herausgefunden, dass sich die von ihnen Befragten ohne Schwierigkeiten an Gespräche erinnern konnten, nach denen sie sich schuldig fühlten oder glaubten, dem anderen Schuldgefühle bereitet zu haben. Auch konnten
30 sie Techniken identifizieren, die Menschen im Gespräch benutzen, wenn sie im anderen das Gefühl der Schuld hervorrufen wollen. Schuldig fühlen sich Menschen danach vor allem nach Äußerungen, die
35 – sie an eine Verpflichtung innerhalb der Beziehung erinnern:
   A: *„Passt du morgen auf das Baby auf?"*
   B: *„Nein, ich wollte fischen gehen."*
   A: *„Gut. Wenn das Kind groß ist, werde ich ihm sagen, dass sein Vater nie Zeit dafür hatte."* 40
– klarmachen, dass der andere ein Opfer bringen muss:
   A: *„Ich kann morgen nicht zur Arbeit kommen."*
   B: *„Geht in Ordnung. Wenn ich keinen Ersatz* 45 *für dich finde, verzichte ich eben auf meine Mittagspause."*
– Vergleiche anstellen:
   A: *„Wann bist du heute aufgestanden?"*
   B: *„Etwa gegen Mittag."* 50
   A: *„Zu der Zeit hatte ich schon vier Stunden gearbeitet."*
– Widersprüche aufdecken:
   A: *„Willst du wirklich das Eis essen?"*
   B: *„Ja."* 55
   A: *„Ich dachte, du willst abnehmen?"*

Diese Techniken (die häufigsten von insgesamt 12 in den verschiedenen Studien identifizierten) funktionieren allerdings nur, wenn zwischen den Gesprächspartnern eine enge Beziehung be- 60 steht. Unter Fremden führen derartige Bemerkungen kaum zu Schuldgefühlen, wie *Vangelisti, Daly* und *Rudnick* feststellten.
Warum aber, so fragten die Wissenschaftler weiter, setzen Freunde oder gar Liebespartner derar- 65 tige manipulative Techniken überhaupt ein, warum wollen sie im anderen Schuldgefühle hervorrufen? In den meisten Fällen, so gaben die Untersuchungsteilnehmer zu Protokoll, weil sie den anderen überzeugen wollen („Um ihn dazu zu 70 bringen, etwas zu tun, was er sonst nicht tun würde"). Aber auch Aggression („Um den anderen zu verletzen") und Rache („Um ihm etwas zurückzuzahlen") spielen eine Rolle.

*Soziale Interaktion und Kommunikation / **Materialien***

75 Grundsätzlich aber stellen sich die meisten Befragten häufiger als passive Opfer denn als aktive
Täter dar: Es sind eher die anderen, die Schuldgefühle bei ihnen hervorrufen. Sie selbst greifen
laut eigenen Aussagen seltener zu diesem Mittel
80 der Manipulation.

Die Forscher bezweifeln aber, dass ihre Stichpro-
be moralischer als der Durchschnitt ist; sie glauben eher, dass es als verwerflich angesehen wird,
im anderen Schuldgefühle hervorzurufen und sich
deshalb nur wenige freiwillig dazu bekennen. 85

Quelle: Psychologie Heute 3/1992

4. Fördernde und hemmende Reaktionen in einer sozialen Kommunikation

1 Mit welchen konkreten Verhaltensweisen können
sie einem Gesprächspartner helfen, sein Problem
zu klären und eventuell eine Lösung zu finden?
Und durch welche Verhaltensweisen kann Ihr
5 Gesprächspartner gehemmt werden, seine Gefühle und Gedanken auszudrücken, um sie in
einen neuen Zusammenhang stellen zu können?
Diese Verhaltensweisen, die als Anwendung der
in den vorangegangenen Kapiteln dargestellten
10 Einstellungen aufzufassen sind, sollen hier noch
einmal zusammenfassend dargestellt werden.

1. Fördernde Reaktionsweisen
sind alle Reaktionen, die dem Gesprächspartner
vermitteln,
15 • dass seine Gefühle und Gedanken verstanden,
akzeptiert und nicht-wertend gehört und aufgenommen werden;
• dass man aktiv engagiert und beteiligt am
Gespräch ist;
20 • dass man sich selbst offen mit seinen eigenen
Gedanken und Gefühlen in das Gespräch ein-
bringt.
Solche fördernden Reaktionsweisen sind zum
Beispiel:
25 *Aktives aufmerksames und akzeptierendes Zuhören. Gemeint ist hier kein passives Schweigen,
sondern ein engagiertes Zuhören*
[…].

Paraphrasieren. Sie wiederholen den Inhalt der
Aussage Ihres Gesprächspartners noch einmal in
30 Ihren Worten, um sicherzugehen, ob Sie ihn auch
richtig verstanden haben.
*Verbalisierung der gefühlsmäßigen Erlebnisinhal-
te.* Sie teilen Ihrem Gesprächspartner mit, welche
Gefühle Sie aus seiner Äußerung herausgehört
35 haben. Sie paraphrasieren also den gefühlsmäßigen Inhalt seiner Aussage und nicht die Darstellung äußerer Sachverhalte (siehe Stufe III des
partnerzentrierten Gesprächs).

Wahrnehmungsüberprüfung. Sie sagen Ihrem
Gesprächspartner, wie Sie sein Verhalten hier und 40
jetzt wahrnehmen, und fragen, ob Ihre darauf
beruhenden Vermutungen zutreffen. Beispiel: „Ich
habe den Eindruck, dass du jetzt aufgeregt bist,
stimmt das?"
Informationssuche. Gemeint sind hier Fragen, die 45
sich genau auf das beziehen, was Ihr Gesprächspartner geäußert hat. Fragen, die neue Themen-
bereiche anschneiden, würden den Gesprächspartner in seinem Gedankenfluss hemmen.
Mitteilung der eigenen Gefühle. Sie äußern, wie 50
Sie selbst dem besprochenen Problem gegenüber fühlen. Sie machen damit transparent, wie
Sie darüber denken und fühlen. Der Versuch aber,
den Gesprächspartner zu überzeugen, dass er
diese Gedanken und Gefühle übernehmen sollte, 55
wird ihn in seinem Gefühlsausdruck hemmen.
Hilfreich kann auch die Mitteilung der eigenen
Gefühle dem Gesprächspartner gegenüber sein
(Feed-back).

2. Hindernde Reaktionsweisen 60
sind alle Reaktionsweisen, die
• dem Gesprächspartner seine Gefühle ‚nehmen', das heißt ihm vermitteln, dass er diese
Gefühle gar nicht haben und äußern dürfe;
• dem Gesprächspartner Gefühle der Unterle- 65
genheit und Bedeutungslosigkeit vermitteln;
• dem Gesprächspartner vermitteln, dass man
ihm nicht zutraut, dass er mit Hilfe unserer
partnerzentrierten Reaktion allein eine Lösung
für sein Problem finden wird. 70

Solche Reaktionsweisen sind zum Beispiel:
Wechsel des Themas ohne Erklärung. Damit vermitteln Sie, dass Sie an seinen Äußerungen nicht
interessiert sind.
Beenden des Blickkontaktes. Gemeint ist hier die 75
optische Beschäftigung mit anderen Menschen

*Soziale Interaktion und Kommunikation / **Aufgaben und Anregungen***

oder Dingen und nicht das Wegschauen, damit Ihr Gesprächspartner sich beim Nachdenken besser konzentrieren kann.

80 *Interpretationen.* Wenn Sie Ihren Gesprächspartner belehren, welche Motive hinter seinem Handeln stehen („Das tust du, weil ..."), dann spielen Sie sich damit zu einem ‚Guru' auf, der schon weiß, was mit dem anderen los ist.

85 *Ratschläge und Überredung.* Ihr Gesprächspartner will zunächst verstanden werden und nicht mit Rezepten überschüttet werden. Alle Befehle und Aufforderungen („Sei doch mal ...", „Tu doch mal ...") bringen ihn dazu, seine Gefühle dem Problem gegenüber nicht mehr zu äußern, und ver-90 mitteln ihm ein Gefühl der Unterlegenheit und des Versagens. Außerdem entmündigen Sie Ihren Gesprächspartner mit diesen Verhaltensweisen und schwingen sich zu seinem Vormund auf. Hilf-95 reich kann es aber sein, wenn Sie im Verlauf des Gesprächs äußern, wie Sie selbst solch ein Problem einmal gelöst haben oder lösen würden, und es dem Gesprächspartner überlassen, zu entscheiden, ob Ihre Lösungen für seine Situation 100 nützlich sind.

Verneinung der Gefühle. Hemmend wirken sich Äußerungen aus, wie beispielsweise: „Du hast gar keinen Grund, diese Gefühle zu haben!" oder auch das gut gemeinte: „Du brauchst gar keine Angst zu haben!" Ihr Gesprächspartner wird das 105 Gefühl erhalten, dass er keine Berechtigung zu seinen Gefühlen hat. Er wird seine Gefühle dann unterdrücken oder Scheingründe suchen, damit diese Gefühle eine ‚Berechtigung' erhalten. Er muss dann seine Zeit und Kraft dafür einsetzen, 110 seine Gefühle zu rechtfertigen, anstatt diese Kraft für die Klärung und Lösung des Problems einzusetzen.

Emotionale Verpflichtungen. Äußerungen wie: „Wie kannst du nur so schlecht über ... denken, 115 wo er doch immer so nett zu dir war?" erzeugen beim Gesprächspartner Scham- und Minderwertigkeitsgefühle, und er wird vor Ihnen nicht mehr offen äußern mögen, was er denkt und fühlt.

Die Benutzung der offenen Äußerungen als 120 *Kampfmittel.* Wenn Sie die Information, die Ihnen Ihr Gesprächspartner in einem offenen Gespräch anvertraut, später gegen ihn verwenden (z. B.: „Aber damals hast du mir doch gesagt ...", „Wie kannst du jetzt nur ..."), dann erschüttern Sie das 125 Vertrauen Ihres Gesprächspartners, und er wird sich vor Ihnen nicht mehr offen äußern können.

Quelle: Lutz Schwäbisch/Martin Siems, 1974

Aufgaben und Anregungen
Kapitel 13

Reproduktion von Informationen

1.   Bestimmen Sie die Begriffe „soziale Interaktion" und „soziale Kommunikation".
     (Abschnitt 13.1.1)
2.   Beschreiben Sie soziale Kommunikation als Regelkreis.
     (Abschnitt 13.1.2)
3.   Stellen Sie die Bedeutung und das Ziel sozialer Interaktion und Kommunikation dar.
     (Abschnitt 13.1.3)
4.   Zeigen Sie auf, wann man von einer erfolgreichen Kommunikation sprechen kann.
     (Abschnitt 13.2.1)
5.   Bestimmen Sie, was man unter einer gestörten Kommunikation versteht, und stellen Sie mögliche Folgen einer Kommunikationsstörung dar.
     (Abschnitt 13.2.1)

*Soziale Interaktion und Kommunikation / **Aufgaben und Anregungen***

6. Zeigen Sie auf, wie die Art und Weise von Botschaften zu einer erfolglosen Kommunikation führen kann.
(Abschnitt 13.2.2)

7. Beschreiben Sie, wie man Störungen in der Kommunikation vorbeugen
bzw. beheben kann.
(Abschnitt 13.3.1)

8. Bestimmen Sie den Begriff „Metakommunikation".
(Abschnitt 13.3.1)

9. Zeigen Sie Möglichkeiten erfolgreicher Kommunikation auf.
(Abschnitt 13.3.2)

Anwendungsaufgaben

10. Bestimmen Sie die Begriffe „soziale Interaktion" und „soziale Kommunikation" und erläutern Sie an Beispielen, dass alles Verhalten im weitesten Sinne des Wortes soziale Kommunikation ist.
(Abschnitt 13.1.1)

11. Zeigen Sie an einem geeigneten Beispiel auf, dass soziale Interaktion
und Kommunikation Grundlage eines jeden Zusammenlebens sind.
(Abschnitt 13.1.1)

12. Beschreiben Sie am Beispiel eines Gespräches, dass soziale Kommunikation einen Regelkreis darstellt.
(Abschnitt 13.1.2)

13. Formulieren Sie in folgenden Beispielen die mögliche Absicht der
Kommunikation:
 - ein Kind belehren
 - über Politik diskutieren
 - einen Menschen streicheln
 - miteinander singen
 - auf den Boden starren
 - jemanden in den Arm nehmen
(Abschnitt 13.1.3)

14. Stellen Sie die Bedeutung sozialer Interaktion und Kommunikation am
Beispiel eines Lebensbereiches (zum Beispiel Familie, Kindergarten,
Schule) dar.
(Abschnitt 13.1.3)

15. Beschreiben Sie am Beispiel
a) einer Partnerschaft
b) der Reinlichkeitserziehung
c) einer typischen Erziehungssituation
die Bedeutung sozialer Interaktion und Kommunikation.
(Abschnitt 13.1.3)

16. Zeigen Sie am Beispiel der Familie oder der Schule eine erfolgreiche
Kommunikation auf.
(Abschnitt 13.2.1)

*Soziale Interaktion und Kommunikation / **Aufgaben und Anregungen***

17. Beschreiben Sie am Beispiel einer Freundschaft eine gestörte Kommunikation und zeigen Sie an diesem Beispiel mögliche Folgen einer Kommunikationsstörung auf.
(Abschnitt 13.2.1)

18. Beschreiben Sie anhand einer typischen Erziehungssituation eine Kommunikationsstörung und zeigen Sie an dieser mögliche Folgen einer Kommunikationsstörung auf.
(Abschnitt 13.2.1)

19. Erläutern Sie anhand eines selbstgewählten Beispiels die Entstehung und den wahrscheinlichen Ablauf gestörter Kommunikationsprozesse und zeigen Sie mögliche Folgen dieser Prozesse auf.
(Abschnitt 13.2.1)

20. Zeigen Sie am Beispiel eines Lebensbereiches (zum Beispiel der Familie, der Schule) auf, wie die Art und Weise von Botschaften zu einer erfolglosen Kommunikation führen kann.
(Abschnitt 13.2.2)

21. Beispiele für versteckte Botschaften:
    - *Die Mutter sagt zu ihrem Kind: „Du brauchst nicht zu sparen, aber mit dem Fahrrad wird es dann wohl auch nichts!"*
    - *Der Lehrer sagt zum Schüler: „Ich wollte Ihnen nur Bescheid sagen. Ob Sie es tun wollen, ist Ihre Sache!"*
    - *Der Ehemann sagt zu seiner Frau: „Meine Meinung kennst du ja, mach' was du willst!"*
    - *Die Freundin sagt zu Ihrem Freund: „Du kannst es ja ruhig probieren, aber beschwere dich dann nicht!"*

    a) Finden Sie die eigentlichen Wünsche, Bedürfnisse, Befürchtungen und dergleichen heraus.

    b) Formulieren Sie die Beispiele in „offene" Botschaften um.
    (Abschnitt 13.2.2)

22. Fallbeschreibung „Anita und Walter"

    Anita und Walter sind seit etwa einem halben Jahr miteinander enger befreundet. Seit einigen Wochen „kriselt" es in ihrer Beziehung. Am Sonntagnachmittag, als Walter Anita aufsucht, kommt es zwischen den beiden zu folgendem Dialog:

Walter:	*Warum warst du eigentlich gestern Abend auf der Party so aggressiv zu mir?*
3 Anita:	*Ich war gar nicht aggressiv!*
Walter:	*So? (lacht etwas)*
Anita:	*Ich habe jetzt keine Lust mit dir zu streiten!*
6 Walter:	*Aha, Du machst es dir aber leicht!*
Anita:	*Lass' mich doch in Ruhe! (Geht aus dem Zimmer. Nach ca. 15 Minuten kommt sie wieder zurück.)*
9 Walter	*(nach einer Pause): Na, hast du dich wieder gefangen?*

*Soziale Interaktion und Kommunikation / **Aufgaben und Anregungen***

	Anita:	Vielleicht wollte ich gestern Abend etwas, ... etwas, das mir fehlte – Zärtlichkeit. Ja, vielleicht war es Hunger nach Zärtlichkeit.
12	Walter:	Du willst doch nichts damit zu tun haben. Du sagst doch immer, das sei sentimental.
	Anita:	Wann warst du je zärtlich zu mir?
15	Walter:	Wenn ich dich zum Beispiel küssen will, dann sagst du: ‚Sei nicht sentimental!‘
	Anita:	Aber wann hast du mich jemals küssen wollen?
18	Walter:	Früher schon, aber jetzt ...
	Anita:	Ach, lass‘ mich in Frieden und verschwinde! (Rennt weinend aus dem Zimmer)
21	Walter	(bleibt noch kurze Zeit sitzen und sagt dann vor sich hin): Damit ist ja wohl der Nachmittag wieder gelaufen! (steht dann auch auf und geht)

(nach P. Watzlawick/J. H. Beavin/D. D. Jackson, 1996[9])

a) Bestimmen Sie die Begriffe ‚soziale Interaktion und Kommunikation‘ und zeigen Sie am vorliegenden Dialog die Bedeutung sozialer Kommunikation auf.
(Abschnitt 13.1.1 und 13.1.3)

b) Beschreiben Sie am vorliegenden Dialog soziale Kommunikation als einen Regelkreis.
(Abschnitt 13.1.2)

c) Bestimmen Sie, was man unter einer gestörten Kommunikation versteht, und weisen Sie nach, dass es sich im vorliegenden Dialog um eine gestörte Kommunikation handelt.
(Abschnitt 13.2.1)

23. Stellen Sie eine Kommunikation zwischen zwei Freunden dar und beschreiben Sie an dieser Kommunikation den Begriff „Metakommunikation".
(Abschnitt 13.3.1)

24. Stellen Sie diejenigen Erkenntnisse über erfolgreiche Kommunikation dar, die dem Sozialpädagogen bei der Anwendung einer Methode der Sozialarbeit/-pädagogik hilfreich sein können.
(Abschnitt 13.3.2)

25. Fallbeschreibung „Christine"

Christine, 15 Jahre alt, besucht das Watzlawick-Gymnasium in Kommunistadt. In der Schule ist sie nicht besonders gut, und deshalb kommt es zu Hause des
3 *Öfteren zu Konflikten. Vor allem die Mutter will nämlich, dass Christine in der Schule gut abschneidet, doch Christine hat zu viele andere Interessen, wie zum Beispiel Fortgehen.*
6 *Nach einem erneuten Streit wendet sich Christine an ihre Freundin und erzählt ihr Folgendes: „Zu Hause fühle ich mich überhaupt nicht mehr wohl, immer Streit! Na gut, ich muss ehrlich sein: ein jeder bietet mir zwar seine Hilfe an –*
9 *mein Vater, meine Mutter und auch mein großer Bruder –, aber sie geben mir dann nur blöde Ratschläge. Das macht mich eher wütend, und ich denke mir, wenn die nur mit dem Gequatsche aufhören würden! Sie wollen mich einfach*

*Soziale Interaktion und Kommunikation / **Aufgaben und Anregungen***

12 *dazu bringen, dass ich nicht mehr so viel ausgehe. Diskutieren kann man mit meinen Eltern sowieso nicht.: Wenn ich irgendetwas sage, werden sie immer gleich persönlich und machen mir Vorwürfe. Furchtbar ist das! ..."*

15 *Die Freundin unterbricht: „Wie reagierst du eigentlich, wenn deine Mutter von dir etwas will?" Christine fährt fort: „0 Gott! Letztes Mal wollte sie, dass ich zu Hause bleibe und meine Hausaufgaben mache! Ich weiß, dass sie's mit mir gut*

18 *meint mit dem Schularbeiten-Erledigen, doch wenn sie damit anfängt – ich hasse sie dann! Ich werde dann ausfällig und dann kommt es immer zum Streit. Und wenn sie auf 180 ist, dann gehe ich immer.*

21 *Mein Vater kommt meistens so gegen 17 Uhr heim, und was tut er? Er drängt mich jeden Tag dazu, dass ich mich hinsetze und lerne. Doch je mehr er mich drängt, desto weniger mache ich. Das ist dann wie ein Teufelskreis, er gibt mir*

24 *dann Ausgehverbot. Naja, du kannst dir vorstellen, dass ich dann Zoff mache. Ich sage dir einfach: Furchtbar ist das! ...*

a) Bestimmen Sie die Begriffe „soziale Interaktion" und „soziale Kommunikation" und beschreiben Sie am Fall „Christine", dass soziale Kommunikation einen Regelkreis darstellt.
(Abschnitt 13.1.1 und 13.1.2)

b) Erläutern Sie am vorliegenden Fall die Bedeutung sozialer Kommunikation.
(Abschnitt 13.1.3)

c) Weisen Sie nach, dass es sich bei der Fallbeschreibung „Christine" um eine Kommunikationsstörung handelt.
(Abschnitt 13.2.1)

d) Zeigen Sie Möglichkeiten auf, wie Christine und Mutter effektiv miteinander kommunizieren könnten.
(Abschnitt 13.3.2)

26. Fragen zu dem eingangs geschilderten Gespräch zwischen Robert und Ursel[1]:

a) Erläutern Sie am Beispiel dieses Dialogs, dass soziale Kommunikation als ein Regelkreis zu verstehen ist.
(Abschnitt 13.1.2)

b) Beschreiben Sie am Beispiel dieses Gespräches die Bedeutung sozialer Interaktion.
(Abschnitt 13.1.3)

c) Belegen Sie, dass es sich in diesem Dialog von Ursel und Robert um eine Kommunikationsstörung handelt, und zeigen Sie auf, welche möglichen Folgen diese gestörte Kommunikation für die beteiligten Personen haben könnte.
(Abschnitt 13.2.1)

d) Analysieren Sie dieses Gespräch hinsichtlich der Art der Botschaften als mögliche Ursache für die vorliegende Kommunikationsstörung.
(Abschnitt 13.2.2)

---

[1] *Weitere Fallbeschreibungen zu diesem Thema befinden sich in Kapitel 21.5.*

*Soziale Interaktion und Kommunikation / **Aufgaben und Anregungen***

e) Stellen Sie Möglichkeiten dar, wie die beiden Partner ihre Kommunikationsstörung beheben könnten.
(Abschnitt 13.3.1 und 13.3.2)

Anregungen

27. Übung: Unwirksame Botschaften erkennen

Anleitung: Lesen Sie jede der unten aufgeführten Situationen und die
vom Elternteil gesendete Botschaft. Auf ein Blatt Papier schreiben Sie
die Gründe dafür auf, warum die Botschaft des Elternteils als Sendung
nicht wirksam war, indem Sie die folgende Liste von „Sendefehlern"
verwenden:

- Untertreiben
- Beschuldigen, verurteilen
- Indirekte Botschaft, Sarkasmus[1]
- Lösungen, Befehle senden
- Beschimpfungen
- Antippen und weglaufen

Beispiel:

Situation und Botschaft	Mangelhaftes Senden, weil
Zehnjähriger lässt offenes Fahrtenmesser auf dem Boden des Kinderzimmers liegen. „Das war so dumm, das Baby hätte sich schneiden können."	*Beschuldigen, verurteilen*

1. *Die Kinder streiten sich darüber, welches Fernsehprogramm sie sehen. „Hört mit dem Streiten auf, und stellt augenblicklich den Apparat ab."*

2. *Tochter kommt um 1.30 Uhr nachts nach Hause, nachdem sie zuge-stimmt hat, um 24 Uhr zurück zu sein. Der Elternteil ist sehr besorgt ge-wesen, dass ihr etwas geschehen sein könnte. Elternteil erleichtert, als sie schließlich kommt. „Man kann dir also nicht vertrauen, das sehe ich. Ich bin so böse auf dich. Du wirst einen Monat lang Hausarrest haben."*

3. *Zwölfjähriger ließ die Tür zum Schwimmbecken offen stehen und brachte damit Zweijährigen in Gefahr. „Was wolltest du? Deinen kleinen Bruder er-trinken lassen? Ich bin wütend mit dir."*

4. *Lehrer schickt den Eltern einen Brief, in dem er erklärt, der Elfjährige füh-re zu viele laute und „schmutzige" Reden in der Klasse. „Komm mal her und erkläre mir, warum du deine Eltern mit deinem ungewaschenen Mundwerk in Verlegenheit bringen willst?"*

5. *Mutter ist böse und sehr frustriert, weil das Kind trödelt und sie zu einer Verabredung zu spät kommen lässt. „Mutter wäre es lieb, wenn du ihr ge-genüber rücksichtsvoller wärst."*

6. *Mutter kommt nach Hause und findet das Wohnzimmer in großer Unordnung vor, nachdem sie die Kinder gebeten hatte, es in Anbetracht zu erwartenden Besuchs sauber zu halten. „Ich hoffe, ihr beiden hattet auf meine Kosten viel Spaß heute Nachmittag."*

---

[1] *Sarkasmus: beißender Spott*

*Soziale Interaktion und Kommunikation / **Aufgaben und Anregungen***

7. *Vater fühlt sich vom Anblick und Geruch der schmutzigen Füße seiner Tochter abgestoßen. „Wäschst du dir denn niemals wie andere Leute die Füße? Marsch, unter die Dusche."*

8. *Das Kind stört Sie, weil es durch Purzelbaumschlagen die Aufmerksamkeit Ihres Besuchs auf sich lenkt. Mutter sagt: „Du kleiner Angeber".*

9. *Mutter ist ärgerlich mit dem Kind, weil es das Geschirr nach dem Abwaschen nicht fortgeräumt hat. Als das Kind zum Schulbus rennt, ruft die Mutter: „Weißt du auch, dass ich heute Morgen sehr ärgerlich mit dir bin?"*

Vergleichen Sie Ihre Antworten mit diesen:

1. *Lösungen senden.*
2. *Beschuldigen, verurteilen, sekundären Empfindungen Luft machen. Lösungen senden.*
3. *Beschuldigen, verurteilen, sekundären Empfindungen Luft machen.*
4. *Beschuldigen, verurteilen.*
5. *Beschuldigen, verurteilen, untertreiben.*
6. *Indirekte Botschaft.*
7. *Indirekte Botschaft, Lösung senden, beschuldigen, verurteilen.*
8. *Beschimpfen.*
9. *Antippen und weglaufen.*

Quelle: Thomas Gordon, 1997

Schreiben Sie unter Vermeidung aller „Sendefehler" für jede der oben angeführten Situationen passende „Ich-Botschaften".

28. Lesen Sie bitte die in Materialien 1 genannten Du-Botschaften und versteckten Botschaften. „Übersetzen" Sie diese Botschaften in Ich-Botschaften bzw. in offene Botschaften.

29. Übung: Sprechen und Zuhören

Nachfolgend wird eine Methode beschrieben, mit der die Wahrnehmung für Vorgänge in der „Kommunikation" geschafft und eingeübt wird:

Die Übung bezieht sich wesentlich darauf, an der Realität zu lernen, wie man einerseits sich präzise ausdrückt, andererseits aber auch genau zuhört.

Zweck dieser Übung:

– Die Teilnehmer sollen einüben, anderen genau zuzuhören, um an dem Gehörten ihre eigene Zusammenfassung kontrollieren zu können.
– Die Teilnehmer sollen einüben, sich selbst genau auszudrücken.
– Das Verständnis für die Komplexität und die Schwierigkeiten, die mit jeder Kommunikation schlechthin verbunden sind, soll erweitert werden.

Material und Aufbau:

– Tafel und Kreide.
– Bequeme Sitzmöglichkeiten in einem ausreichend großen Raum, der es ermöglicht, durch Verschiebung der Stühle Dreiergruppen zu bilden.

Praktisches Vorgehen:

Der Leiter beginnt eine Diskussion über die Probleme des Verstehens anderer und des Verstandenwerdens durch andere. Es empfiehlt sich, hierzu ein lebensnahes, dringliches Alltagsthema zu wählen. Zwei Mitglieder der Gesamtgruppe werden zunächst zur Demonstration aufgrund ihrer freiwilligen Meldung ausgewählt. Sie sollen sich in eine offene Diskussion über das

*Soziale Interaktion und Kommunikation / **Aufgaben und Anregungen***

Thema begeben. Die Bedingung der Übung ist jedoch, dass jeder eine den anderen jeweils befriedigende Zusammenfassung des Gehörten gibt, bevor er antwortet. Nach einer kurzen Analyse dieser Demonstration wird die restliche Gruppe in Untergruppen von je drei Mitgliedern aufgeteilt. In jeder Gruppe dient ein Mitglied als Beobachter, während die beiden anderen die Übung durchführen. Diese Rollen werden so lange gewechselt, bis jedes Mitglied in der Beobachterrolle war. Nach Beendigung der Übung beginnt eine allgemeine Diskussion und Auswertung der Beobachtungen.

Quelle: Tobias Brocher, 1980[15]

30. Feed-back: „Heißer Sitz"

Die Gruppenmitglieder sitzen im Kreis. In ihrer Mitte steht ein leerer Stuhl. Ein Gruppenmitglied setzt sich auf diesen „heißen Sitz" und bittet nacheinander vier Gruppenmitglieder um Feed-back. Er soll die Gruppenmitglieder auswählen, von denen ihm im Augenblick das Feed-back am wichtigsten ist. Die Gruppenmitglieder fangen ihr Feed-back mit den stereotypen Einleitungen an: „Mir gefällt an dir ..." und „Mir mißfällt an dir ...". Beide Aspekte sollten in dem Feed-back enthalten sein, und es sollte alle Gefühle und Gedanken einschließen, die ein Gruppenmitglied dem Mitglied auf dem heißen Sitz gegenüber hat. Oft klären sich diese Gefühle erst beim Aussprechen, und der Feed-back-Geber wird sich dabei seiner Gefühle bewusster.

Ist auf diese Weise viermal Feed-back gegeben worden, berichtet das Gruppenmitglied in der Mitte von seinen augenblicklichen Gefühlen und entscheidet, ob es von den restlichen Gruppenmitgliedern noch Zusätze oder Ausführungen zu den verschiedenen Rückmeldungen erhalten will. Auch die Mitglieder im Außenkreis können von sich aus jetzt noch Zusätze machen, müssen das Gruppenmitglied aber zunächst fragen, ob es dieses Feed-back hören will.

Wenn das geschehen ist, setzt sich das Gruppenmitglied wieder auf seinen alten Platz, berichtet noch einmal kurz von seinem momentanen Gefühl, und das nächste Gruppenmitglied setzt sich in die Mitte auf den heißen Sitz. Jedes Gruppenmitglied hat ungefähr 12 Minuten Zeit und eine Zeitüberschreitung kann andere Gruppenmitglieder daran hindern, später ihr Feed-back zu erhalten.

Regeln

Diese Regeln sind für das Gelingen der Übung sehr wichtig. Sie sind unbedingt einzuhalten.

1. Das Gruppenmitglied in der Mitte darf auf das Feed-back nicht inhaltlich antworten. Es soll den Feed-back-Geber nur anschauen und zuhören. Am Schluss des Feed-back soll das Gruppenmitglied zum Feed-back-Geber einzig und allein sagen: „Ich danke dir und will darüber nachdenken und prüfen, was davon für mich wichtig ist."

2. Nach dem gesamten Feed-back darf das Gruppenmitglied auf dem heißen Stuhl nur von seinen momentanen Gefühlen sprechen (Betroffenheit, Freude, Erleichterung, Verwunderung, Nachdenklichkeit usw.). Es darf nicht inhaltlich Stellung nehmen. Der Gruppenteilnehmer soll das Feed-back erst einmal „sacken" lassen und in sich aufnehmen. Das Nachdenken und Verarbeiten des Feed-back wird durch eine inhaltliche Diskussion nur behindert.

3. Es sollte akzeptiert werden, wenn ein Gruppenmitglied im Moment kein Feed-back geben kann, besonders wenn es vorher auf dem heißen Sitz war. Dieser Gruppenteilnehmer kann dann als vierter Feed-back geben oder es zu einem späteren Zeitpunkt nachholen.

Quelle: Lutz Schwäbisch/Martin Siems, 1974

Theorien der Kommunikation

14

Wir wird das Kind diese Nachricht wohl entschlüsseln?

Es kann diesen Satz unterschiedlich verstehen bzw. interpretieren:
- „Ich bin unerwünscht, Mutter will mich nicht haben."
- „Ich bin der Mutter lästig."
- „Mutter will wohl ihre Ruhe haben."
- „Mutter ist heute nicht gut drauf, sie ist offensichtlich sehr gestresst."
- „Mutter will sich mit mir nicht auseinander setzen."
- „Ich habe Mutter offenbar gekränkt."
- „Das darf ich wohl nicht mehr machen."
- „Ich muss mich wirklich anders verhalten."

Kommunikationsforscher haben sich intensiv mit den Vorgängen zwischen Sender und Empfänger beschäftigt und analysieren die Art und Weise, wie Menschen sich verständigen und miteinander umgehen; sie versuchen auch „Rüstzeug und Wegweiser für eine Verbesserung der zwischenmenschlichen Kommunikation bereitzustellen". *(Friedemann Schulz von Thun, 1992)*

> 1. Welche Theorien über Kommunikation kennt die Psychologie?
> 2. Welche Kommunikationstheorien können erfolgreiche (gelungene) bzw. gestörte Kommunikation analysieren und erklären?
>   Welche „Hinweise" können sie uns bezüglich einer erfolgreichen (gelungenen) bzw. gestörten Kommunikation geben?
> 3. Wie können uns Kommunikationstheorien helfen, zwischenmenschliche Kommunikation zu verbessern?
>   Wie können sie uns zu einer effektiven Beziehung verhelfen?

Die Kommunikationsforschung hat grundlegende Erkenntnisse darüber gewonnen, warum eine Kommunikation erfolgreich oder auch erfolglos verlaufen kann. Die beiden bekanntesten Kommunikationstheorien sind die **Axiome der Kommunikation** von *Paul Watzlawick* und seinen Mitarbeitern und das **Kommunikationsmodell** von *Friedemann Schulz von Thun*. Sie werden im Folgenden ausführlich dargestellt.

14.1 Die Grundsätze der Kommunikation nach Paul Watzlawick und seinen Mitarbeitern

Paul Watzlawick und seine Mitarbeiter haben zwar keine vollständige Theorie, sondern bestimmte Annahmen zur Kommunikation vorgelegt, die „sehr einfach und selbstverständlich erscheinen, die aber nichtsdestoweniger, wenn sie bis zu den notwendigen Folgerungen durchdacht werden, einen fundamental neuen und sehr produktiven Ausblick ergeben" *(P. Watzlawick/J. Beavin, in: P. Watzlawick/J. H. Weakland [Hg.], 1990).* Seine wichtigsten Annahmen sind in den von ihnen formulierten **Axiomen**[1] **der Kommunikation** dargestellt. Diese Erkenntnisse werden in diesem Abschnitt ausgeführt.

Paul Watzlawick

geboren 1921 in Villach (Kärnten), studierte Philosophie, Philologie und Psychologie und promovierte 1949. Von 1957 bis 1960 war er Professor für Psychologie in El Salvador; seit 1960 ist er Forschungsbeauftragter am Mental Research Institute in Palo Alto (Kalifornien). Seit 1976 hat er zudem auch einen Lehrstuhl an der Stanford University inne.
Seine Veröffentlichungen u. a.: Menschliche Kommunikation (1969), Lösungen (1974), Wie wirklich ist die Wirklichkeit? (1976), Die Möglichkeit des Andersseins (1977), Die erfundene Wirklichkeit (1981), Anleitung zum Unglücklichsein (1983), Vom Schlechten des Guten (1986), Interaktion (1990).

14.1.1 Soziale Kommunikation und Verhalten

1. Axiom:
In einer sozialen Situation kann man nicht nicht kommunizieren.

In Gegenwart eines oder mehrerer anderen ist alles Verhalten kommunikativ, jedes Verhalten in einer sozialen Situation hat Mitteilungscharakter. Auch wenn man sich von jemandem abwendet oder im Wartezimmer des Arztes auf den Boden starrt, teilt man dem anderen etwas mit.

---

[1] *Ein Axiom ist ein Grundsatz, der keines Beweises bedarf und aus dem sich andere Aussagen ableiten lassen.*
Die ursprünglich fünf formulierten Axiome verringerten Watzlawick und seine Mitarbeiter später auf drei wesentliche Annahmen, doch sollen in diesem Zusammenhang alle fünf Axiome dargestellt werden, da sie sehr nützlich sind für eine erfolgreiche Kommunikation im Alltag und für die Therapie.

Theorien der Kommunikation

„Man kann sich nicht nicht verhalten. Wenn man also akzeptiert, dass alles Verhalten in einer zwischenpersönlichen Situation Mitteilungscharakter hat, d. h. Kommunikation ist, so folgt daraus, dass man, wie immer man es auch versuchen mag, nicht nicht kommunizieren kann."

(P. Watzlawick/J. H. Beavin/D. D. Jackson, 1996⁹)

Wird dieser Grundsatz des Nicht-nicht-Kommunizieren-Könnens in sozialen Situationen beachtet, so ist eine erfolgreiche Kommunikation zu erwarten; wer dagegen gegen diesen Grundsatz verstößt und glaubt, nicht kommunizieren zu können, der ruft Störungen in der Kommunikation hervor.

Störungen, die sich aus diesem Axiom ableiten lassen:

- Ein Ignorieren der Kommunikation – etwa durch das Nicht-Antworten oder Nicht-Eingehen auf das, was der Partner gesagt hat – kann einen negativen Kommunikationsablauf zur Folge haben.

- Eine widerwillige Annahme der Kommunikation kann sich auf die Kommunikation problematisch auswirken.

- Eine Abweisung wie „Mit dir will ich nichts zu tun haben!" ist in sich widersprüchlich.

- Einseitige Beendigung einer Kommunikation durch Aussagen wie „Ich will jetzt meine Ruhe haben!", „Ich will davon nichts hören!", „Mir reicht es jetzt!" kann Störungen hervorrufen.

- Eine Entwertung der Aussagen des Partners, wie zum Beispiel häufiger Themenwechsel, Nicht-bei-der-Sache-Sein, Bagatellisierung durch Ratschläge („Das wird schon wieder!"), verstößt ebenfalls gegen dieses Axiom.

- Das Bestreben, eine stattgefundene Kommunikation ungeschehen zu machen, wie dies beispielsweise in Aussagen „Ich habe nur gemeint!" oder „Das war nicht so wichtig!" der Fall ist, kann Probleme aufwerfen.

- Flucht in Symptome wie Müdigkeit, Kopfschmerzen, Magenverstimmung, Flucht in eine Krankheit wollen eine Kommunikation einseitig beenden.

> **Billiger Rat**
>
> Ein Mensch nimmt alles viel zu schwer.
> Ein Unmensch naht mit weiser Lehr
> Und rät dem Menschen: „Nimms doch leichter!"
> Doch grad das Gegenteil erreicht er:
> Der Mensch ist obendrein verstimmt,
> Wie leicht man seine Sorgen nimmt.
>
> *Eugen Roth*

Materialien I

14.1.2 Die Informationsebenen einer sozialen Kommunikation

2. Axiom
*Jede Kommunikation hat einen **Inhalts-** und einen **Beziehungsaspekt**.*

In einem Gespräch kommt es nicht nur darauf an, **was** man sagt, sondern auch, **wie** man etwas sagt. Das Was einer Mitteilung nennen *Paul Watzlawick* und seine Mitarbeiter den Inhaltsaspekt und das Wie bezeichnet er als den Beziehungsaspekt.

93

Theorien der Kommunikation

Ein Vater zum Beispiel, der zu seinem Sohn sagt: „Hast du das gemacht?" (= Inhalts-aspekt), tut mit seinem Verhalten kund, ob er dem Sohn Bewunderung, Ärger oder Misstrauen kundtun will (= Beziehungsaspekt).

Der Inhaltsaspekt stellt das Was einer Mitteilung dar, der Beziehungsaspekt sagt darüber etwas aus, wie der Sender diese Mitteilung vom Empfänger verstanden haben möchte.

Dabei charakterisiert der Beziehungsaspekt die **emotionale Beziehung**, die zwischen den Kommunikationspartnern herrscht.

Ein Lehrer beispielsweise, der einen Schüler fragt, ob er diese Arbeit selber angefertigt habe, signalisiert in seiner Art, wie er fragt – in seinem Tonfall, in der Stärke seiner Stimme, in seiner Mimik, Gestik, Haltung –, Freundschaft, Anerkennung, Bewunderung, Argwohn oder Ironie. Dieser Hinweis klärt, wie der Lehrer die Beziehung zwischen sich und dem Schüler verstanden wissen will.

Jede Information teilt also dem anderen etwas über die Beziehung der Kommunikationspartner mit.

„Es gibt in jeder Kommunikation viele Informationsebenen, und eine davon betrifft stets die Beziehung, innerhalb der die Kommunikation stattfindet."

(P. Watzlawick/J. Beavin, in: P. Watzlawick/J. H. Weakland [Hrg.], 1990)

Für eine erfolgreiche Kommunikation bedeutet es den Idealfall, wenn sich die Kommunikationspartner sowohl über den Inhalt ihrer Kommunikation als auch über ihre Beziehung einig sind. Eine erfolgreiche Kommunikation ist jedoch auch dann zu erwarten, wenn sich die Partner zwar auf der Inhalts-ebene uneins sind, doch diese Meinungsverschiedenheit ihre Beziehung nicht beeinträchtigt, also auf der Beziehungsebene Einigkeit vorherrscht. Sind sich dagegen die Partner auf der Beziehungsebene oder auf beiden Ebenen – Inhalts- und Beziehungsebene – uneins, so treten in der Regel Störungen auf. Kommunikationsstörungen sind vor allem auch dann zu erwarten, wenn die beiden Ebenen miteinander verwechselt werden.

Störungen, die sich aus diesem Axiom ableiten lassen:

- Die Tatsache, dass eine negative Beziehung auf der Inhaltsebene ausgetragen wird, kann eine gestörte Kommunikation zur Folge haben.
  Kurt zum Beispiel wertet in einer Gruppendiskussion die Argumente von Karin ab, weil er sie nicht leiden kann.

- Auch der umgekehrte Vorgang, dass Uneinigkeit auf der Inhaltsebene auf die Beziehungsebene übertragen wird, kann sich auf die Kommunikation problematisch auswirken.
  Weil beispielsweise ein Freund eine andere Meinung vertritt, findet man ihn „blöd", unsympathisch, oder man meidet ihn.

- Eine negative Beziehung oder eine Beziehung, in der Unklarheit über diese herrscht, verursacht Spannungen.
  Wenn zum Beispiel ein Partner den anderen liebt, dieser aber das gar nicht weiß, werden Störungen auftreten; unbewusste Ablehnung führt ebenfalls zu Spannungen.

- Eine Beziehung, die durch ungleiche Emotionen bestimmt ist, führt zu Problemen.
  Es könnte zum Beispiel sein, dass das Mädchen den Jungen sehr liebt, der Junge aber für das Mädchen lediglich Sympathie empfindet.

- Der Versuch, den Beziehungsaspekt aus der Kommunikation herauszuhalten, kann Kommunikation fehlschlagen lassen.
  Dies ist zum Beispiel der Fall, wenn ein Lehrer eine Diskussion mit seinen Schülern hat und dann fordert: „Solche Diskussionen bringen nichts, wir werden in Zukunft nur noch Mathematik machen!"

- Eine Vernachlässigung des Beziehungsaspektes kann zu einer gestörten Kommunikation führen.
  Eltern könnten beispielsweise bei ihrem Kind sehr großen Wert auf die inhaltliche Ebene legen – etwa dass das Kind immer ordentlich und höflich ist, in der Schule fleißig lernt –, dabei aber kaum die emotionale Seite berücksichtigen.

Sehr viele Freundschaften, Partnerschaften oder Ehen fallen erst dann auseinander, wenn Uneinigkeiten auf der Inhaltsebene überwunden sind, weil dabei der Beziehungsaspekt vernachlässigt wurde.

14.1.3 Soziale Kommunikation als ein System

3. Axiom
In einem Kommunikationsablauf ist das Verhalten des einzelnen Teilnehmers sowohl Reaktion auf das Verhalten des anderen, gleichzeitig aber auch Reiz und Verstärkung für das Verhalten des anderen.

In einer sozialen Situation löst das Verhalten eines Einzelnen eine bestimmte Reaktion bei dem (den) anderen aus. Diese Reaktion ist aber zugleich wiederum Ursache für das Verhalten des (der) anderen, ja sie kann dieses Verhalten sogar verstärken.

Dies wird am Beispiel einer Auseinandersetzung sehr deutlich: Hannah stürmt etwas ärgerlich ins Arbeitszimmer von Norbert, der konzentriert vor einer Aufgabe sitzt, und sagt: „Wann kommst du denn jetzt endlich?" Norbert reagiert darauf und antwortet: „Pssst!" Dieses „Pssst" ist zugleich Ursache für das Verhalten von Hannah, ja es wird sogar verstärkt, indem sie jetzt etwas noch ärgerlicher fragt: „Ja, wie lange soll ich denn jetzt noch warten?" Diese Äußerung von Hannah ist Ursache und Verstärkung für Norberts Reaktion: „Kannst du denn jetzt nicht still sein?" Und auch diese Reaktion löst bei Hannah wieder ein bestimmtes Verhalten aus und verstärkt es, indem sie laut brüllt und die Tür hinter sich zuschlägt.

Auf diese Art und Weise bildet – wie in Kapitel 13.1.2 bereits erwähnt – soziale Kommunikation immer ein **System** und stellt einen **Regelkreis** dar.

Theorien der Kommunikation

In einer Kommunikation neigen jedoch die Teilnehmer dazu, deren Ablauf eindeutig zu gliedern und genau zu bestimmen, welche Information bzw. welches Verhalten welche Reaktion auslöst. Dabei legt jeder Kommunikationsteilnehmer die Ursache-Wirkungs-Folge auf seine Art und Weise fest, Ursache und Wirkung werden meist unterschiedlich gesehen.

Die Freundin sagt zum Beispiel zu ihrem Freund: „Du hast mich beschimpft, dann war ich beleidigt, dann wurdest du ausfällig!" Der Freund kann das ganz anders sehen: „Du hast beleidigt gespielt, dann habe ich geschimpft, dann warst du noch mehr eingeschnappt." Jeder von beiden nimmt sein eigenes Verhalten nur als Reaktion auf das Verhalten des anderen wahr („Du hast ja angefangen!", „Du bist schuld!", „Ich habe das nur deshalb gemacht, weil du ...!").

Vorangegangene Verhaltensweisen bzw. Mitteilungen des Partners werden also oft als Ursache für die Art und Weise der eigenen Kommunikation interpretiert. Diese Gliederung eines Kommunikationsablaufes bezeichnen *Paul Watzlawick* und seine Mitarbeiter als **Interpunktion.**

Mit Interpunktion wird in der Kommunikationspsychologie die Interpretation vorangegangener Verhaltensweisen bzw. Mitteilungen als Ursache für die Art und Weise der eigenen Kommunikation verstanden.

„Von außen gesehen, ist weder der eine noch der andere Standpunkt stichhaltig, da die Interaktion der Partner nicht linear, sondern kreisförmig ist. In dieser Beziehungsform ist kein Verhalten Ursache des anderen; jedes Verhalten ist vielmehr sowohl Ursache als auch Wirkung."

(P. Watzlawick/J. H. Beavin/D. D. Jackson, 1996[9]).

Eine erfolgreiche Kommunikation ist dann zu erwarten, wenn Kommunikation als Regelkreis begriffen wird und/oder wenn die einzelnen Partner in einem Kommunikationsablauf als Ursache und Wirkung die gleichen Sachverhalte festlegen. Eine Störung kann sich dann ergeben, wenn die einzelnen Teilnehmer subjektiv an irgendeinem Punkt der kreisförmigen Kommunikation einen Einschnitt vornehmen und sagen: Hier hat es angefangen, das ist die Ursache.

Störungen, die sich aus diesem Axiom ableiten lassen:

- Eine erfolglose Kommunikation ist sehr wahrscheinlich, wenn Ursache und Wirkung von einem oder den Kommunikationspartner(n) subjektiv bzw. unterschiedlich festgelegt werden. Die Kommunikation wird umso erfolgloser sein, je mehr der Einzelne in unerschütterlicher Weise seine Interpunktion für die einzig richtige hält.

  Internationale Beziehungen verlaufen nur zu oft nach derselben Struktur, wie dies zum Beispiel beim Wettrüsten zwischen den Großmächten der Fall ist: „... wenn, wie behauptet wird, die Vorbereitung auf den Krieg das beste Mittel zur Erhaltung des Friedens ist, so ist es keineswegs klar, weshalb dann alle Nationen im Rüsten anderer Nationen eine Bedrohung des Friedens sehen. Aber eben dies sehen sie darin, und infolgedessen fühlen sie sich veranlasst, durch eigene Aufrüstung jene Rüstungen zu übertreffen, durch die sie sich bedroht fühlen. Diese Aufrüstung bedeutet umgekehrt eine Bedrohung für Nation A, deren angeblich defensive

Theorien der Kommunikation

Rüstungen sie ursprünglich auslösen, und dient nun Nation A zum Vorwand, sich zum Schutz gegen diese Bedrohung noch stärker zu bewaffnen. Diese zusätzlichen Aufrüstungen aber werden von den Nachbarstaaten ihrerseits als Bedrohung aufgefasst usw." *(P. Watzlawick/J. H. Beavin/D. D. Jackson, 1996[9])*

- Das eigene Verhalten wird entschuldigt oder gerechtfertigt mit dem Verhalten des anderen.

- Auch **selbsterfüllende Prophezeiungen** *(self-fulfilling-prophecy)* verstoßen nach *Paul Watzlawick* und seinen Mitarbeitern gegen dieses Axiom. Es handelt sich dabei um Behauptungen,
  - die von einer oder mehreren Personen über eine andere getroffen werden,
  - die nicht der Wahrheit entsprechen (müssen),
  - die aber dazu geeignet sind, ein Verhalten bei diesem Menschen zu erzeugen, das diesen Behauptungen entspricht.

  Solche selbsterfüllende Prophezeiungen sind zum Beispiel „Du wirst es in deinem Leben zu nichts bringen!", „Du wirst einmal im Gefängnis landen!", „Du wirst sicher mal ein schwieriger Mensch werden!". Alle diese Behauptungen sind dazu geeignet, dass sie Wahrheit werden.

  > **Eine selbsterfüllende Prophezeiung – oft auch „self-fulfilling-prophecy" genannt – ist eine Behauptung von einer oder mehreren Personen über einen anderen Menschen, die nicht unbedingt der Wahrheit entspricht, die aber bei diesem ein Verhalten erzeugt, das dieser Behauptung entspricht.**

  Dabei haben wir es mit einer Kommunikation zu tun, in der tatsächlich ein Anfangspunkt gesetzt wird, indem ein Mensch einem anderen ein gewisses Verhalten mehr oder weniger aufzwingt.

- Auch das Ausüben von Zwang und Druck ruft insofern Kommunikationsstörungen hervor, als auch hier ein Anfangspunkt in der Kommunikation gesetzt wird.

14.1.4 Die verschiedenen Arten einer Mitteilung

4. Axiom
*Menschliche Kommunikation bedient sich **digitaler** und **analoger** Modalitäten.*

Es gibt zwei verschiedene Weisen, in denen etwas mitgeteilt werden kann: entweder durch ein Wort, das dem Objekt zugeordnet ist – *Paul Watzlawick* und seine Mitarbeiter sprechen hier von **digitaler Modalität**[1] –, oder durch Entsprechung, zum Beispiel in der Form einer Zeichnung, im Ausdrucksverhalten. Die zweite Mitteilungsmöglichkeit nennen sie **analoge Modalität.**
Möchte man zum Beispiel jemandem seine Zuneigung ausdrücken, so kann dies digital in einem Satz – „Ich mag dich sehr!" – und analog in Form eines Geschenkes, eines Blumenstraußes oder eines Kusses geschehen.

---

[1] *Modalität bedeutet so viel wie „Ausführungsart".*

Theorien der Kommunikation

> „Der Unterschied zwischen digitaler und analoger Kommunikation wird vielleicht etwas klarer, wenn man sich vor Augen hält, dass bloßes Hören einer unbekannten Sprache, z. B. im Radio, niemals zum Verstehen dieser Sprache führen kann, während sich oft recht weitgehende Informationen relativ leicht aus der Beobachtung von Zeichensprachen und allgemeinen Ausdrucksgebärden ableiten lassen, selbst wenn die sie verwendende Person einer fremden Kultur angehört."
> (P. Watzlawick/J. H. Beavin/D. D. Jackson, 1996⁹)

Digitales Mitteilungsmaterial ist sehr komplex und auch vielseitig, so dass in der Regel mit ihm eindeutiger und klarer kommuniziert werden kann als mit analogem – vorausgesetzt, man beherrscht es. Dafür aber besitzt die digitale Kommunikation ihrerseits kein ausreichendes Vokabular zur klaren Definition von Beziehungen. Deshalb bedienen wir uns auf dem Gebiet der Beziehungen dagegen oft analoger Kommunikation.

Liebe oder Zuneigung beispielsweise kann man nur sehr schwer allein mit Worten ausdrücken.

Vermutlich wird der Inhaltsaspekt in einer Kommunikation digital übermittelt, während der Beziehungsaspekt vorwiegend analoger Natur ist.

Eine erfolgreiche Kommunikation ist aus der Sicht dieses Axioms dann gegeben, wenn sowohl digitale als auch analoge Kommunikation eindeutig sind und diese beiden Modalitäten auch übereinstimmen. Als günstig hat sich auch eine Ausgeglichenheit zwischen diesen beiden Modalitäten in einer Kommunikation erwiesen. Störungen treten auf bei Unklarheit einer der beiden Codierungsarten, bei Nichtübereinstimmung dieser beiden oder bei der „Übersetzung" digitaler in analoge bzw. analoger in digitale Codierung.

Störungen, die sich aus diesem Axiom ableiten lassen:

- Analoge Kommunikation ist – wie bereits ausgeführt – mehrdeutig und kann unterschiedlich entschlüsselt werden.
  Ein Küsschen beispielsweise, das das Kind von den Eltern auf die Wange bekommt, kann heißen „Wir mögen dich sehr gerne!", aber auch „Lass uns bitte jetzt in Ruhe!".

- Auch digitales Mitteilungsmaterial ist nicht immer klar und eindeutig zu codieren, so dass es zu Störungen kommen kann.
  Dies ist beispielsweise bei mangelnder Codierungsfähigkeit des Senders der Fall, wenn dieser die Sprache nur unzureichend beherrscht oder seine Ausdrucksfähigkeit eingeschränkt ist. Viele Begriffe, wie zum Beispiel „Freiheit", sind vieldeutig und können verschieden interpretiert werden.

Oft werden bestimmte Informationen lediglich maskiert, verschleiert, indirekt oder verborgen zum Ausdruck gebracht, so dass die Botschaft für den Empfänger oft nicht klar und eindeutig ist. Auf diese Art von Botschaften wird in Kapitel 13.2.2 eingegangen.

- Wenn in einer Beziehung entweder digitale oder analoge Kommunikation überwiegt, so kann dies zu Störungen führen. Digitale Kommunikation zum Beispiel besitzt kein ausreichendes Vokabular zur klaren Definition von Beziehungen, andererseits ist die analoge Kommunikation zu mehrdeutig.

- Eine Störung kann sich auch ergeben, wenn digitale und analoge Kommunikation nicht übereinstimmen.

  Wenn zum Beispiel ein Mann zu seiner Freundin sagt: „Ich freue mich, bei dir zu sein!", aber nebenbei unruhig auf die Uhr und im Zimmer herumschaut, so wird die Freundin diesen Satz nicht annehmen können.

- Problematisch auf den Kommunikationsablauf kann sich auch auswirken, wenn sich ein Partner seiner analogen Kommunikation nicht bewusst ist.

„Ich mache meine Hausaufgaben wirklich gerne!"

14.1.5 Die Beziehungsformen in einer sozialen Kommunikation

5. Axiom:
Zwischenmenschliche Kommunikationsabläufe können **symmetrisch** und/oder **komplementär** sein.

Eine Beziehung kann einmal durch die Tendenz gekennzeichnet sein, gleiche, sozusagen spiegelbildliche Beziehungen zu erreichen oder zu erhalten bzw. Ungleichheiten zu vermindern oder zu beseitigen. *Paul Watzlawick* und seine Mitarbeiter sprechen hier von einer **symmetrischen Beziehungsform**.

So zum Beispiel bemühen sich zwei Eheleute, in Stärke wie Schwäche, Härte wie Güte und in jedem anderen Verhalten ebenbürtig zu sein.

Eine Beziehung kann sich aber auch durch Beziehungsformen auszeichnen, deren Grundlage die Unterschiedlichkeit der beteiligten Kommunikationspartner darstellt, die auf Ergänzung hin ausgerichtet sind. Hierbei handelt es sich um eine **komplementäre Beziehungsform**.

Partner A beispielsweise ist sehr aufbrausend, während Partner B „die Ruhe selbst" ist.

„Symmetrische Beziehungen zeichnen sich also durch Streben nach Gleichheit und Verminderung von Unterschieden zwischen den Partnern aus, während komplementäre Interaktionen auf sich gegenseitig ergänzenden Unterschiedlichkeiten basieren." (P. Watzlawick/J. H. Beavin/D. D. Jackson, 1996[9])

Eine gesunde Kommunikation ist dann zu erwarten, wenn in einer Beziehung beide Kommunikationsabläufe – die symmetrischen und die komplementären – vorhanden sind. Störungen ergeben sich dann, wenn eine Beziehung entweder nur symmetrisch oder nur komplementär verläuft.

Theorien der Kommunikation

Störungen, die sich aus diesem Axiom ableiten lassen:

- In einer symmetrischen Beziehung besteht die Gefahr, dass ein Kommunikationspartner „etwas gleicher" als der andere sein will. Dadurch entstehen bei den „Ungleichen" Bestrebungen, die vorherige Symmetrie wiederherzustellen. Dies kann zu einer so genannten **symmetrischen Eskalation** führen, das heißt, die Partner schaukeln sich in dem Kampf „Jeder will etwas gleicher sein als der andere" hoch.

  Dies kann beispielsweise in einer Freundschaft der Fall sein, wenn ein Freund den anderen abwerten will und der darauf ebenfalls mit Abwertung antwortet. So kann sich daraus ein „Wettstreit" entwickeln, in dem Abwertung zu mehr Abwertung führt und so fort.

- Bei einer starren Komplementarität besteht die Gefahr, dass eine Abhängigkeit vom anderen beibehalten bleibt oder auch Unselbstständigkeit, Unmündigkeit und Fremdbestimmung entstehen.

  Eine Mutter zum Beispiel, die ihr Kind nicht „loslassen" und deshalb die ungleiche Beziehung nicht aufgeben will, macht das Kind von sich abhängig und verhindert beim Kind die Selbstbestimmung.

Suum cuique – Jedem das Gleiche? Nein, **Jedem das Seine!**

Zusammenfassung der Axiome der Kommunikation nach Paul Watzlawick und seinen Mitarbeitern

Axiom	erfolgreiche Kommunikation	gestörte Kommunikation
1. In einer sozialen Situation kann man nicht nicht kommunizieren.	Bewusstsein, dass in jeder sozialen Situation kommuniziert wird, dass alles Verhalten Mitteilungscharakter hat. Annahme der Kommunikation	Ignorieren, Abweisung oder einseitige Beendigung einer Kommunikation Widerwillige Annahme einer Kommunikation Entwertung der Aussagen des Partners Ungeschehenmachen einer stattgefundenen Kommunikation Flucht in Symptome oder Krankheit
2. Jede Kommunikation hat einen Inhalts- und einen Beziehungsaspekt.	Einigkeit auf der Inhalts- und Beziehungsebene bzw. auf der Beziehungsebene allein Positive emotionale Beziehung, in der Klarheit herrscht	Eine negative Beziehung wird auf der Inhaltsebene ausgetragen. Uneinigkeit auf der Inhaltsebene wird auf die Beziehungsebene übertragen. Eine negative Beziehung oder eine Beziehung, in der Unklarheit besteht Heraushalten bzw. Vernachlässigung des Beziehungsaspektes

Theorien der Kommunikation

3. *In einem Kommuni-kationsab-lauf ist das Verhalten des Einzel-nen sowohl Reaktion auf das Verhalten des ande-ren, gleich-zeitig aber auch Reiz und Ver-stärkung für das Verhalten des ande-ren.*	Begreifen eines Kommunikati-onsablaufes als Regelkreis Gleiche Interpunktion der Kom-munikationspartner	Ursache und Wirkung werden subjektiv bzw. unterschiedlich festgelegt. Eigenes Verhalten wird als Ent-schuldigung und Rechtfertigung für das Verhalten des anderen gesehen. Selbsterfüllende Prophezeiungen Ausüben von Druck und Zwang in der Kommunikation
4. *Mensch-liche Kommuni-kation bedient sich digi-taler und analoger Modalitä-ten.*	Eindeutige digitale und analoge Kodierung Übereinstimmung der digitalen und analogen Modalität in einer Kommunikation Ausgeglichenheit in den beiden Modalitäten bei einer Kommuni-kation	Analoge Kommunikation ist mehrdeutig. Keine eindeutige Kodierung von digitalem Mitteilungsmaterial; es überwiegt analoge oder digitale Kommunikation. Analoge und digitale Kommuni-kation stimmen nicht überein. Der Partner ist sich seiner analo-gen Kommunikation nicht be-wusst.
5. *Zwischen-menschli-che Kom-munikati-onsabläu-fe können symme-trisch und/oder komple-mentär sein.*	Vorhandensein von symmetri-schen und komplementären Kommunikationsabläufen in einer Beziehung	Symmetrische Eskalation: Jeder will etwas gleicher sein als der andere. Starre Komplementarität: Es ent-stehen Abhängigkeit, Unselbst-ständigkeit und Fremdbestim-mung.

14.2 Das Kommunikationsmodell nach Friedemann Schulz von Thun

Friedemann Schulz von Thun hat eigentlich keine vollständige, in sich geschlossene Kommunikationstheorie entwickelt, sondern Annahmen for-muliert, um typische Kommunikationsstörungen analysieren sowie Möglich-keiten erfolgreicher Kommunikation aufbauen zu können. Voraussetzung hierzu ist die genaue Kenntnis über die Beschaffenheit einer Nachricht, die die Grundlage seiner Aussagen bildet. Dabei beruft er sich auf Erkenntnisse

Theorien der Kommunikation

von *Alfred Adler, Carl Rogers, Ruth Cohen, Friedrich Perls* und *Paul Watzlawick*[1]. Erkenntnisse der Kommunikationspsychologie gehören seiner Meinung nach nicht „in die Geheimfächer der Psychologie eingeschlossen, sondern in die Hand von jedermann" *(Friedemann Schulz von Thun, 1992)*.

Friedemann Schulz von Thun

Individualpsychologe, wurde 1944 geboren und ist heute Professor im Fachbereich Psychologie an der Universität Hamburg. Zugleich ist er Leiter des Arbeitskreises „Kommunikation und Klärungshilfe im beruflichen Bereich", der eine Verbindung von Forschung, Lehre und Praxis sucht. Einer seiner Arbeitsschwerpunkte ist die verständliche Informationsvermittlung und die Weiterentwicklung von Methoden des Verhaltenstrainings. Zudem ist er Autor und Moderator von zahlreichen Fernsehsendungen zu Themen der Kommunikationspsychologie.

Bekannt wurde *Friedemann Schulz von Thun* durch das zusammen mit *Christoph Thomann* herausgegebene Sachbuch *Klärungshilfe – Handbuch für Therapeuten, Gesprächshelfer und Moderatoren in schwierigen Gesprächen* sowie durch sein Werk *Miteinander reden*. Im 1. Band geht es dabei um allgemeine Erkenntnisse der Kommunikationspsychologie, der 2. Band stellt unterschiedliche Kommunikationsstile samt den aus ihnen folgenden Verhaltensweisen dar und der 3. Band zeigt ein Modell des „Inneren Teams" auf, das Sprechen, Handeln und den Aufbau der Persönlichkeit bestimmt.

14.2.1 Das Modell der zwischenmenschlichen Kommunikation

Friedemann Schulz von Thun hat sich in erster Linie auf die **Beschaffenheit einer Nachricht** konzentriert. Dabei bezeichnet er als **Nachricht** das, was ein Sender von sich gibt, also die vom Sender verschlüsselte Information, die an einen Empfänger gerichtet ist. Die Nachricht muss jedoch nicht immer sprachlich – also *verbal* – gesendet werden, sie kann auch auf nichtsprachlichem – **nonverbalem** – Wege übermittelt werden. Er hat erkannt, dass **ein und dieselbe Nachricht immer viele Botschaften gleichzeitig enthält.**

„Dies ist eine Grundtatsache des Lebens, um die wir nicht herumkommen. Dass jede Nachricht ein ganzes Paket mit vielen Botschaften ist, macht den Vorgang der zwischenmenschlichen Kommunikation so kompliziert und störanfällig, aber auch so aufregend und spannend."

(Friedemann Schulz von Thun, Band 1, 1992)

---

[1] Alfred Adler (1870–1937) ist der Begründer der Individualpsychologie, eine tiefenpsychologische Richtung; Carl Rogers (* 1902) begründete die personenzentrierte Theorie (vgl. Kapitel 16.2) und die Gesprächspsychotherapie; Ruth Cohen (* 1912) ist die „Mutter" der Themenzentrierten Interaktion, eine gruppendynamische Methode, die darauf abzielt, zwischen dem Einzelnen, der Gruppe und dem gemeinsamen Sachthema ein dynamisches Gleichgewicht zu erhalten; Friedrich Perls (1893–1970) ist der Vater der Gestalttherapie; und Paul Watzlawick ist einer der bekanntesten Kommunikationstheoretiker. Seine wichtigsten Aussagen sind im vorhergehenden Abschnitt 14.1 dargestellt.

Theorien der Kommunikation

Um die Vielfalt der Botschaften, die eine Nachricht enthält, ordnen zu können, unterscheidet *Friedemann Schulz von Thun* **vier Seiten einer Nachricht,** die

- **Sachinhaltsseite,**
- **Selbstoffenbarungsseite,**
- **Beziehungsseite,**
- **Appellseite.**

Der Sachinhalt

Hier wird die Frage geklärt, worüber berichtet wird; es geht um die *Sachinformation.* Der Sachinhalt enthält Informationen über die mitzuteilenden Geschehnisse und Dinge.

Die Selbstoffenbarung

Nachrichten enthalten nicht nur Sachinformationen, sondern auch *Informationen über die Person des Senders.* Die Frage, was der Sender von sich selbst kundgibt, steht hierbei im Vordergrund.

„In jeder Nachricht steckt ein Stück Selbstoffenbarung des Senders. Ich wähle den Begriff der Selbstoffenbarung, um damit sowohl die gewollte Selbstdarstellung als auch die unfreiwillige Selbstenthüllung einzuschließen."

(Friedemann Schulz von Thun, Band 1, 1992)

Die Beziehung

Aus einer Nachricht kann man ferner entnehmen, *wie der Sender zum Empfänger steht und was der Sender vom Empfänger hält.* Die Beziehungsseite der Nachricht klärt also einmal, wie der Sender den Empfänger sieht, und zum anderen, wie der Sender die Beziehung zwischen sich und dem Empfänger betrachtet. Jede Information teilt dem anderen etwas über ihn und über die Beziehung der Kommunikationspartner mit.

„Eine Nachricht senden heißt auch immer, zu dem Angesprochenen eine bestimmte Art von Beziehung auszudrücken. Genau genommen sind auf der Beziehungsseite der Nachricht zwei Arten von Botschaften versammelt. Zum einen solche, aus denen hervorgeht, was der Sender vom Empfänger hält, wie er ihn sieht. [...] Zum anderen enthält die Beziehungsseite aber auch eine Botschaft darüber, wie der Sender die Beziehung zwischen sich und dem Empfänger sieht (‚so stehen wir zueinander')."

(Friedemann Schulz von Thun, Band 1, 1992)

Der Appell

Jede Nachricht will auf den Empfänger *Einfluss nehmen.* Hier handelt es sich um den Aspekt, wozu der Sender den Empfänger veranlassen will.

„Die Nachricht dient also (auch) dazu, den Empfänger zu veranlassen, bestimmte Dinge zu tun oder zu unterlassen, zu denken oder zu fühlen. Dieser Versuch, Einfluss zu nehmen, kann mehr oder minder offen oder versteckt sein – im letzteren Falle sprechen wir von Manipulation."

(Friedemann Schulz von Thun, Band 1, 1992)

103

Theorien der Kommunikation

Ein Beispiel von *Friedemann Schulz von Thun* soll diese vier Seiten der Nachricht verdeutlichen: Der Mann (= Sender) sagt zu seiner am Steuer sitzenden Frau (= Empfänger): „Du, da vorne ist grün!"
Die Nachricht enthält eine Sachinformation über den Zustand der Ampel, dass sie auf Grün steht (= Sachinhaltsseite). Außerdem gibt die Nachricht Auskunft über den Sender – etwa dass er deutschsprachig ist, dass er aufpasst und in Gedanken mitfährt, dass er es vielleicht eilig hat (= Selbstoffenbarungsseite). Aus der Nachricht geht ferner hervor, wie der Sender zum Empfänger steht: Der Mann traut möglicherweise seiner Frau nicht zu, den Wagen alleine optimal zu fahren, er hält sie für reaktionslangsam oder auch für hilfsbedürftig (= Beziehungsseite). Und schließlich fordert der Mann die Frau zum Losfahren auf, um bei Grün über die Ampelanlage zu kommen (= Appellseite).

Der Sender „teilt Sachinformationen mit; stellt sich dabei gleichzeitig selbst dar; drückt aus, wie er zum Empfänger steht, so dass sich dieser in der einen oder anderen Weise behandelt fühlt; und versucht Einfluss auf das Denken, Fühlen und Handeln des anderen zu nehmen".

(Friedemann Schulz von Thun, Band 1, 1992)

Die vier Seiten einer Nachricht nach Friedemann Schulz von Thun[1]:

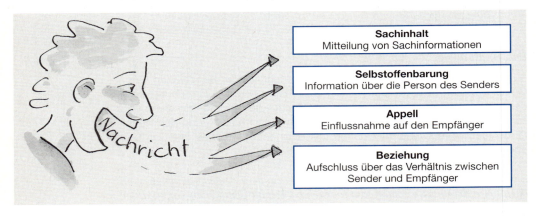

Nach *Schulz von Thun* sendet der Sender – ob er will oder nicht – immer gleichzeitig auf allen vier Seiten. Selbst wenn er nur eine Sachinformation mitteilen oder sich lediglich offenbaren will, so muss er sich bewusst sein, dass bei seiner Nachricht grundsätzlich alle vier Seiten mit im Spiele sind.

Je nach Aspekt verfolgt der Sender **unterschiedliche Ziele**: Er beabsichtigt Sachinformationen zu liefern, Informationen über sich zu geben und das Ver-

---

[1] *Diese Modell ist angeregt durch Karl Bühler und Paul Watzlawick: Bühler unterscheidet drei Aspekte der Sprache: Die Darstellung, die dem Sachinhalt entspricht, der Ausdruck, der die Selbstoffenbarung verkörpert, und den Appell. Watzlawick unterscheidet zwischen dem Inhalts- und dem Beziehungsaspekt (siehe Abschnitt 14.1.2), wobei ersterer dem Sachinhalt entspricht, der Beziehungsaspekt jedoch Selbstoffenbarung, Beziehung und Appell beinhaltet. Den Vorteil seines Modells sieht Schulz von Thun in der besseren Einordnung der Vielfalt von Kommunikationsstörungen.*

hältnis zwischen sich selbst und dem Empfänger zu beschreiben sowie Einfluss auf den Empfänger zu nehmen.

Bisher wurde die Kommunikation überwiegend aus der Sicht des Senders betrachtet. Von **sozialer Kommunikation** spricht man jedoch nur, wenn die gesendete Nachricht beim Empfänger eine bestimmte Reaktion auslöst. Dabei besitzt natürlich auch die Rückmeldung eine Nachricht mit allen vier Botschaften: Der Empfänger teilt eine bestimmte Sachinformation mit; dabei gibt er von sich selbst etwas kund, nämlich wie *er* auf die Nachricht des Senders reagiert, was *er* hineinlegt und was sie bei *ihm* auslöst; zudem drückt er aus, wie *er* zum Sender steht; und nicht zuletzt beinhaltet seine Reaktion einen Appell.

Das Modell der zwischenmenschlichen Kommunikation nach *Friedemann Schulz von Thun*:

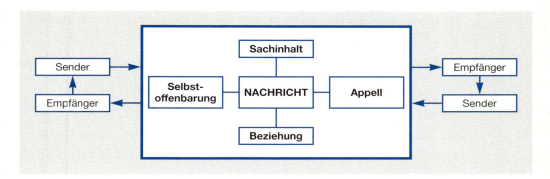

14.2.2 Die Interpretation einer Nachricht

Es ist nicht unerheblich, wie der Empfänger eine Nachricht aufnimmt. *Schulz von Thun* geht von der Annahme aus, dass die Nachricht, wie sie beim Empfänger ankommt, zu einem guten Teil sein „eigenes Werk" – oder wie er es selbst bezeichnet, sein **Machwerk** – ist. Wenn also die Nachricht anders ankommt, als sie gemeint war, so muss das nicht unbedingt an der Unfähigkeit des Senders liegen, dies kann auch durch den Empfänger verursacht sein.

„In die ankommende Nachricht investiert der Empfänger gleichsam seine ganze Person – sie ist zu einem gut Teil ‚sein eigenes Werk'. [...] Das, was die Nachricht ‚anrichtet', richtet der Empfänger also teilweise selbst an."

(Friedemann Schulz von Thun, Band 1, 1992)

Friedemann Schulz von Thun unterscheidet **drei verschiedene Empfangsvorgänge**, aus denen sich die Reaktion des Empfängers aufbaut: die **Wahrnehmung** einer Nachricht, ihre **Interpretation** und das **Fühlen**.

Theorien der Kommunikation

Ein Beispiel soll diese Empfangsvorgänge veranschaulichen:
Petra erzählt ihrem Freund, dass sie ihn gerne begleiten möchte; er verzieht nur seinen Mund, worauf sie sagt: „Willst du nicht, dass ich mitgehe?"

Da die Reaktion des Empfängers zu einem guten Teil sein eigenes Werk ist, ist es angebracht, wenn er die Verantwortung für seine Gefühle und Reaktionen selbst übernimmt und sie nicht dem Sender zuschiebt. Diese **Übernahme der Verantwortung** erleichtert eine erfolgreiche Kommunikation.

Schulz von Thun meint, dass man oft nicht auf die Menschen reagiert, wie sie sind, sondern auf die **Phantasien,** die man sich von ihnen macht. Sie treten bei der Interpretation eines Empfangsvorganges auf.
Beispiele für Phantasien:
„Gerd schaut müde aus, ich kann ihn nicht mit meinen Problemen belasten." Vielleicht aber ist Gerd gar nicht müde, sondern man denkt es nur von ihm. Dieses Phantasieren bestimmt dann wiederum die Reaktion: „Ich werde ihn nicht mit meinen Problemen belasten."
Ein Schüler schreibt schlechte Noten. Der Lehrer meint (phantasiert): „Der Schüler ist faul, er ist an der Schule gar nicht interessiert." Vielleicht ist der Schüler gar nicht faul, vielleicht hat er im Moment ein Problem, dass ihn am Mitlernen hindert.

„Ich spreche von ‚Phantasien' an Stelle von ‚Interpretationen', wenn meiner Vermutung über Gedanken und Gefühle des anderen keine klar angebbare Wahrnehmung zugrunde liegt." (Friedemann Schulz von Thun, Band 1, 1992)

Es geht in der Kommunikation nicht darum, Phantasien so gut als möglich auszuschalten – sie können sowohl zu Erfolgen als auch zu Störungen in der Kommunikation führen. Indem der Empfänger seine Phantasien als zutreffend und wahr annimmt und für sich behält, unterbricht er den Kontakt und bleibt isoliert von seinen Mitmenschen. Wenn der Empfänger jedoch begreift, dass Phantasien etwas von ihm selbst sind, dem anderen mitteilt und auf die Realität hin überprüft, so kann dies zu intensiven Kontakt mit ihnen führen.
So könnte es möglich sein, dass der Lehrer, der den Schüler für faul hält, mit dem Schüler darüber spricht. Daraus kann sich eine erfolgreiche Kommunikation ergeben, die sowohl dem Lehrer als auch dem Schüler nützt. Hält dagegen der Lehrer seine Phantasie als zutreffend und spricht er sie nicht an, so wird sich möglicherweise noch zusätzlich die Beziehung zwischen dem Lehrer und dem Schüler verschlechtern. Der Lehrer hat den Schüler „abgeschrieben".

„Es ist wundersam, wie grundverschieden wir mit unseren Phantasien umgehen können, einem Baumaterial, dass sich gleichermaßen zur Herstellung von Käfigen wie von Kontaktbrücken verwenden lässt."

(Friedemann Schulz von Thun, Band 1, 1992)

Folgende **Aussagen über „Phantasien"** können gemacht werden:

- Phantasien über andere Personen sind grundsätzlich von einem selbst und können richtig oder falsch sein.
- Unausgesprochene Phantasien belasten die zwischenmenschliche Kommunikation.
- Phantasien kann man für sich behalten und sein Verhalten danach ausrichten; dies kann zu Isolation von Mitmenschen führen.

- Phantasien können anderen mitgeteilt und auf die Realität hin überprüft werden; dies kann zu einem intensiven Kontakt zu Mitmenschen führen.
- Nur der Empfänger kann entscheiden, ob die Phantasien zutreffend sind oder nicht.

„Ob meine Phantasien zutreffen, kann nur der andere entscheiden. Ich bin nicht Fachmann für seine Innenwelt, kann nicht wissen, was er wirklich fühlt und wirklich möchte. Jede Botschaft von der Art ‚Ich weiß besser als du, was mit dir los ist' schadet der Kommunikation ..."

(Friedemann Schulz von Thun, Band 1, 1992)

Eine erfolgreiche Kommunikation ist demnach dann zu erwarten, wenn man Phantasien anspricht, sie auf die Realität hin überprüft und gegebenenfalls auch bereit ist, sie zu korrigieren; Kommunikationsstörungen treten in der Regel dann auf, wenn Phantasien für sich behalten, nicht auf die Realität hin überprüft werden und man sein Verhalten danach ausrichtet.

14.2.3 Erfolgreiche und gestörte Kommunikation

Nach Schulz von Thun sendet der Sender immer gleichzeitig auf allen vier Seiten – auf der Sachinhalts-, Selbstoffenbarungs-, Beziehungs- und Appellseite. Demnach ist eine erfolgreiche Kommunikation nur dann gewährleistet, wenn er alle diese Seiten beherrscht. Selbst wenn er nur eine sachliche Information geben oder sich nur offenbaren will, muss er sich bewusst sein, dass bei seiner Nachricht grundsätzlich alle vier Seiten mit im Spiel sind. Eine Beherrschung nur einer dieser Seiten führt zwangsläufig zu Kommunikationsstörungen.

Theorien der Kommunikation

So zum Beispiel treten Störungen auf, wenn man zwar von der Sache her recht hat und gut argumentiert, auf der Beziehungsseite aber Unheil stiftet; man kann auch auf der Selbstoffenbarungsseite eine gute Figur machen, es werden aber vermutlich Störungen auftreten, wenn man unverständlich in der Sachbotschaft bleibt, indem man geistreich und kompliziert spricht *(vgl. Friedemann Schulz von Thun, Band 1, 1992).*

Entsprechend muss natürlich auch der Empfänger imstande sein, alle vier Seiten der Nachricht aufzunehmen. Doch das ist in der Regel nicht der Fall, der Empfänger nimmt meist nur eine Seite der Nachricht wahr und reagiert auf diese.

„Der Empfänger ist mit seinen zwei Ohren biologisch schlecht ausgerüstet: Im Grunde braucht er ‚vier Ohren' – ein Ohr für jede Seite. [...] Je nachdem, welches seiner vier Ohren der Empfänger gerade vorrangig auf Empfang geschaltet hat, nimmt das Gespräch einen sehr unterschiedlichen Verlauf. Oft ist es dem Empfänger gar nicht bewusst, dass er einige seiner Ohren abgeschaltet hat und dadurch die Weichen für das zwischenmenschliche Geschehen stellt."

(Friedemann Schulz von Thun, Band 1, 1992)

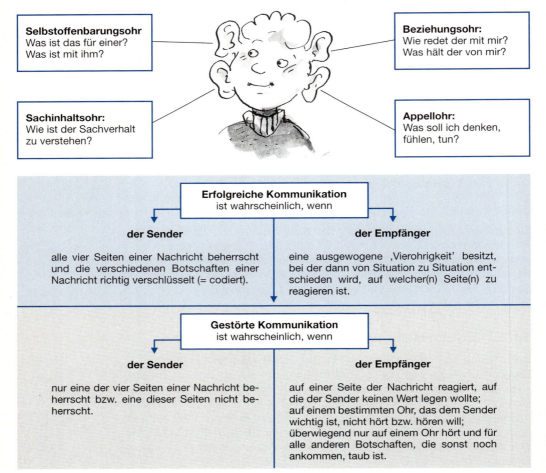

Selbstoffenbarungsohr
Was ist das für einer?
Was ist mit ihm?

Beziehungsohr:
Wie redet der mit mir?
Was hält der von mir?

Sachinhaltsohr:
Wie ist der Sachverhalt zu verstehen?

Appellohr:
Was soll ich denken, fühlen, tun?

Erfolgreiche Kommunikation
ist wahrscheinlich, wenn

der Sender
alle vier Seiten einer Nachricht beherrscht und die verschiedenen Botschaften einer Nachricht richtig verschlüsselt (= codiert).

der Empfänger
eine ausgewogene ‚Vierohrigkeit' besitzt, bei der dann von Situation zu Situation entschieden wird, auf welcher(n) Seite(n) zu reagieren ist.

Gestörte Kommunikation
ist wahrscheinlich, wenn

der Sender
nur eine der vier Seiten einer Nachricht beherrscht bzw. eine dieser Seiten nicht beherrscht.

der Empfänger
auf einer Seite der Nachricht reagiert, auf die der Sender keinen Wert legen wollte; auf einem bestimmten Ohr, das dem Sender wichtig ist, nicht hört bzw. hören will; überwiegend nur auf einem Ohr hört und für alle anderen Botschaften, die sonst noch ankommen, taub ist.

14.2.4 Der einseitige Empfang einer Nachricht

Was nun nach *Schulz von Thun* die soziale Kommunikation so kompliziert macht, ist die prinzipielle **freie Auswahl** des Empfängers, auf welche Seite der Nachricht er reagieren will – ob er auf die Sachinhalts-, auf die Selbstoffenbarungs-, die Beziehungs- oder auf die Appellseite eingehen will.

Im Kindergarten bringt der vierjährige Oliver ein Puzzle durcheinander. Ein anderes Kind der Gruppe geht zum Fachoberschulpraktikanten und sagt zu ihm: „Du, Dieter, der Oliver hat das Puzzle zerstört!"

Je nachdem, mit welchem Ohr der Fachoberschulpraktikant hört, wird er unterschiedlich reagieren:

- Wenn er mit dem Sachinhaltsohr hört: „Hat Oliver das Puzzle absichtlich kaputt gemacht?"
- Wenn er mit dem Selbstoffenbarungsohr hört: „Nun bist du von Oliver enttäuscht!"
- Wenn er mit dem Beziehungsohr hört: „Warum erzählst du mir das und nicht Oliver?"
- Wenn er mit dem Appellohr hört: „Ich komme gleich und werde sehen, was los ist!"

Diese freie Auswahl des Empfängers kann zu Störungen in der Kommunikation führen – je nachdem, auf welche Seite der Nachricht der Empfänger reagiert:

- **Empfang auf dem Sachinhaltsohr**

    Oft nimmt der Empfänger lediglich die Sachinhaltsseite einer Nachricht wahr; Störungen entstehen dann, wenn das eigentliche Problem auf einer ganz anderen Seite der Nachricht liegt, es aber auf der Sachebene ausgetragen wird. *Schulz von Thun* hebt dabei insbesondere die Beziehungsseite hervor: *Probleme werden auf der Sachinhaltsseite diskutiert, obwohl sie die zwischenmenschliche Ebene betreffen.*

    Sachinhaltsohr: Wie ist der Sachverhalt zu verstehen?

    Hierzu ein Beispiel von *Schulz von Thun (1992)*:

    Die Tochter, 16 Jahre alt, will weggehen, um sich mit Freunden zu treffen. Dabei ergibt sich zwischen Mutter und Tochter folgendes Gespräch:

    Mutter: „Und zieh' dir'ne Jacke über, ja! – Es ist kalt draußen."

    Tochter: (in etwas „patzigem" Tonfall) „Warum denn? Ist doch gar nicht kalt!"

    Die Mutter ist nun ein bisschen ärgerlich; nicht nur über den patzigen Ton, sondern auch über so viel Unvernunft der Tochter, und ist mehr denn je davon überzeugt, dass sie dafür sorgen muss, dass sich die Tochter vernünftig verhält.

    Mutter: „Aber Moni, wir haben nicht einmal 10 Grad und windig ist es auch."

    Tochter: (heftig) „Wenn du mal aufs Thermometer geguckt hättest, dann wüsstest du, dass es sehr wohl 10 Grad sind – es sind sogar 11 $\frac{1}{2}$!"

    Neben der sachlichen Korrektur steckt in dieser Nachricht auf der Beziehungsseite ein Gegenangriff. Die Mutter ist denn auch sehr verärgert über den „unverschämten" Ton und über den „Trotz" und über die kleinliche Rechthaberei der Tochter. Sie beschließt, der „unfruchtbaren Diskussion" ein Ende zu setzen:

    Mutter: „Du hörst ja, was ich dir sage: Du ziehst jetzt die Jacke an!"

Theorien der Kommunikation

Die Tochter ist stark empört über einen derartigen Befehlston und verlässt in hochgradigem Zorn die Wohnung – natürlich ohne die Jacke.

Diese Kommunikation ist deshalb gescheitert, weil der Konflikt auf der Sachinhaltsseite und nicht auf der Beziehungsseite ausgetragen wurde. Die Ablehnung der Tochter richtet sich eigentlich gegen die Botschaft auf der Beziehungsseite (Tochter fühlt sich wie ein kleines Kind behandelt), sie reagiert jedoch auf den Sachinhalt („Ist doch gar nicht kalt"). Der Konflikt wurde dort ausgetragen, wo er überhaupt nicht vorhanden war, nämlich auf der Sachinhaltsseite.

Erfolgreiche Kommunikation ist dann zu erwarten, wenn „mehrseitig" kommuniziert wird.

So hätte die Tochter in einer ersten Reaktion beispielsweise antworten können: „Ich finde deinen Vorschlag zwar richtig, doch ich fühle mich wie ein kleines Kind behandelt."

Selbstoffenbarungsohr
Was ist das für einer?
Was ist mit ihm?

- **Empfang auf dem Selbstoffenbarungsohr**

  Wer Nachrichten lediglich unter dem Aspekt der Selbstoffenbarung aufnimmt, betrachtet den Gesprächspartner lediglich als ein Objekt, das es zu analysieren gilt.

Der Vater sagt zum Beispiel zu seiner Tochter: „Räum' endlich dein Zimmer auf!" Die Tochter „hört" nur, dass ihr Vater schlecht gelaunt ist und möglicherweise einen anstrengenden Tag auf der Arbeit hatte.

Hierher gehört auch das **Psychologisieren**: Eine Nachricht wird nur danach untersucht, welcher „psychische Motor" hinter dieser steckt, ohne auf das Gesagte sachlich zu reagieren.

So sagt beispielsweise Anita zu Christian, der in einem Gespräch das kapitalistische Gesellschaftssystem kritisiert hat: „Weil du persönlich mit deinem Leben nicht klarkommst, suchst du die Schuld jetzt in unserem Gesellschaftssystem!"

Erfolg in der Kommunikation kann dann erwartet werden, wenn man sich bemüht, sich nichtwertend in die Gedanken- und Gefühlswelt des anderen hineinzuversetzen.

Beziehungsohr:
Wie redet der mit mir?
Was hält der von mir?

- **Empfang auf dem Beziehungsohr**

  Häufig nimmt der Empfänger alles „persönlich". Er bezieht alles auf sich, fühlt sich leicht angegriffen und beleidigt. Oft wird auf die Beziehungsseite gewechselt, um einer anderen Seite der Nachricht – etwa der Sachinhaltsseite – auszuweichen.

So zum Beispiel sagt ein Schüler zum Lehrer: „Ich finde den Stoff nicht interessant!" Der Lehrer wechselt in seiner Reaktion auf die Beziehungsebene und sagt: „Sie werden nächstes Schuljahr dann schon einen anderen Lehrer bekommen!"

Erfolgreich wird eine Kommunikation dann verlaufen, wenn man sich der Auseinandersetzung auf der „zuständigen" Seite der Nachricht – zum Beispiel der Sachauseinandersetzung – stellt.

Theorien der Kommunikation

- **Empfang auf dem Appellohr**
  Werden Nachrichten lediglich auf den Appellcharakter hin untersucht, reagiert man, *ohne seine eigene Person einzubringen*. Es besteht die Gefahr, dass der Empfänger selbst nicht weiß, was er will und fühlt.

Appellohr: Was soll ich denken, fühlen, tun?

Ein Gast beispielsweise guckt sich im Zimmer um und der Gastgeber reagiert sofort: „Suchst du einen Aschenbecher? Warte, ich hole einen!"

„*Von dem Wunsch beseelt, es allen recht zu machen und auch den unausgesprochenen Erwartungen der Mitmenschen zu entsprechen, ist manchem Empfänger ein übergroßes Appell-Ohr gewachsen. Sie hören auf der Appellseite gerade ‚das Gras wachsen', sind dauernd auf dem ‚Appell-Sprung'.*" (Friedemann Schulz von Thun, Band 1, 1992)

Eine erfolgreiche Kommunikation wird dann zu erwarten sein, wenn man sich von „Schnellreaktionen" befreien kann und statt dessen zu Reaktionen kommt, „die nicht nur außengeleitet, sondern auch innengeleitet und gleichsam mit dem ganzen Gewicht der eigenen Persönlichkeit versehen sind" (Friedemann Schulz von Thun, Band 1, 1992).

Materialien 4

Empfangsohr	erfolgreiche Kommunikation	gestörte Kommunikation
Sachinhaltsohr	„mehrseitiges" Kommunizieren	Austragen von nicht sachbezogenen Problemen auf der Sachebene
Selbstoffenbarungsohr	Nichtwertendes Hineinversetzen in die Gedanken- und Gefühlswelt des anderen	Betrachtung des anderen als Objekt, das es zu analysieren gilt
Beziehungsohr	Kein Ausweichen vor Auseinandersetzungen auf den anderen Ebenen	Verlagerung beziehungsneutraler Probleme auf die Beziehungsebene
Appellohr	Innengeleitete Reaktionen, in denen die eigene Person eingebracht wird	Versuch, ständig den Erwartungen der Mitmenschen zu entsprechen

14.2.5 Probleme der zwischenmenschlichen Kommunikation

Auf jeder Seite einer Nachricht können sich psychologische Probleme ergeben, die Störungen in der Kommunikation nach sich ziehen.

Die Sachinhaltsseite der Nachricht

Zwei Probleme treten vornehmlich auf der Sachinhaltsseite auf, die **Unsachlichkeit** und die **Schwerverständlichkeit** der Information.

Mit Sachlichkeit meint *Schulz von Thun* den auf ein Sachziel bezogenen Austausch von Informationen und Argumenten, das Abwägen und Entscheiden, frei von menschlichen Gefühlen und Strebungen. Doch Gespräche und Auseinandersetzungen verlaufen oft „unsachlich" und den Kommunikationspartner fällt es schwer, „ganz bei der Sache" zu bleiben.
So geht es in einer Diskussion Menschen oft nicht um eine sachliche Auseinandersetzung, sondern darum, das Gesicht zu wahren und Recht zu behalten, sich selbst darzustellen, sich zu rächen oder es dem anderen zu zeigen, sich lieb Kind zu machen usw.

111

Theorien der Kommunikation

„*Tatsächlich gehört es hierzulande zu den ungeübtesten Fähigkeiten, eine Sachkontroverse ohne Feindseligkeiten und Herabsetzungen auf der Beziehungsseite zu führen: Der Meinungsgegner wird als Feind und lästiges Übel erlebt und entsprechend behandelt.*" (Friedemann Schulz von Thun, Band 1, 1992)

Die Schwerverständlichkeit von Büchern, Texten und Verordnungen, in Diskussionen und politischen Kommentaren sowie die komplizierte Ausdrucksweise mancher Menschen, die oft gespickt ist mit überflüssigen Fremdwörtern für ganz banale Sachverhalte, können ebenfalls zu Kommunikationsstörungen führen. Sehr häufig geht es dabei nicht um die Sache, sondern um ein Stück Imponiergehabe, das auf die Ehrfurcht des Empfängers abzielt.

Sehr häufig können wir auch in wissenschaftlichen Diskussionen und Büchern einen unangemessenen Fachjargon feststellen, der weniger der Klarheit und Eindeutigkeit dient, sondern dem Ganzen mehr „Wissenschaftlichkeit" verleihen will.

„*Es trifft tatsächlich zu, dass das schaumschlägerisch sprachliche Imponiergehabe Minderwertigkeitsgefühle erzeugt und bereit macht, sich den vermeintlich Überlegenen anzupassen.*" (Rudolf Kausen, 1977)

Sachlichkeit und damit erfolgreiche Kommunikation kann dann erreicht werden, wenn die Information klar, eindeutig und verständlich verschlüsselt wird und die Verständigung auf der Sachinhaltsseite weiterkommt, ohne dass die Botschaften auf den anderen drei Seiten der Nachricht störend die Oberhand gewinnen.

Die Selbstoffenbarungsseite der Nachricht

Der Sender weiß, dass alle seine Nachrichten auch unter dem Aspekt der Selbstoffenbarung empfangen und vor allem vom Empfänger gewertet werden. Dies löst in der Regel beim Sender Ängste aus. Diese Angst, sich selbst zu öffnen, bezeichnet *Friedemann Schulz von Thun* als **Selbstoffenbarungsangst.**

Der Sender lässt deshalb immer einen Teil seiner Energien in die Gestaltung der Selbstoffenbarungsseite fließen. Die Vielzahl der Techniken, die ihm dabei zur Verfügung stehen, lassen sich nach *Schulz von Thun* in drei Gruppen einteilen:

- **Imponiertechniken,** die darauf abzielen, sich von seiner besten Seite zu zeigen und beim Empfänger einen guten Eindruck zu machen.
- **Fassadentechniken,** die darauf abzielen, negativ empfundene Anteile der eigenen Person zu verbergen bzw. zu tarnen. Hierher gehören auch die so genannten *„Man-Sätze"* und *„Wir-Sätze"*. Sowohl hinter dem „man" als auch hinter dem „wir" kann man sein eigenes Ich verbergen

und man braucht sich nicht persönlich zu offenbaren. Auch *Fragen* haben oft die Funktion, mit der eigenen Meinung hinter dem Berg zu halten. Die häufigste sprachliche Technik, um eine gefühlsmäßige Aussage zu vermeiden, besteht in den *„Du-Botschaften",* die ausführlich in Kapitel 13.2.2 dargestellt sind.

- **Selbstverkleinerungstechniken,** die darauf abzielen, sich selbst als klein, ohnmächtig und hilflos darzustellen.

Eine erfolgreiche Kommunikation auf der Selbstoffenbarungsseite ist am ehesten möglich, wenn man sich selbst akzeptiert und zu sich selbst steht sowie sich nach außen hin so gibt, wie einem innerlich zumute ist.

„Um mich nach außen hin so geben zu können, wie mir innerlich zumute ist, bedarf es [...] der Fähigkeit, dieses inneren Zumuteseins überhaupt gewärtig zu sein, zu wissen, ‚was mit mir los ist'. [...] Selbstoffenbarung in diesem Sinne [...] bedeutet, sich selbst nichts vormachen und hellhörig zu werden für die eigene Innenwelt."
(Friedemann Schulz von Thun, Band 1, 1992)

Die Beziehungsseite der Nachricht

Beziehungsbotschaften machen grundsätzlich *persönlich betroffen.* Doch die Bedeutung von Botschaften auf der Beziehungsseite liegt nicht nur in der gefühlsmäßigen Betroffenheit, sondern vor allem darin, dass sie langfristig weitgehend das **Selbstkonzept** des Empfängers bestimmen: *„So einer bin ich also!"*[1]

Hört beispielsweise ein Kind ständig von seinen Eltern bzw. Lehrern: „Aus dir wird einmal bestimmt nichts", so kann es möglich sein, dass das Kind diese Meinung in sein Selbstkonzept aufnimmt und davon überzeugt ist, dass aus ihm nichts wird.

„Das Selbstkonzept bildet sich als Folge von definierenden Erfahrungen. Bei diesen definierenden Erfahrungen handelt es sich überwiegend um Du-Botschaften, die von wichtigen Bezugspersonen oder von Institutionen und gesellschaftlichen Einrichtungen ausgesendet werden. Da das Kind dazu tendiert, sich in Übereinstimmung mit seinem Selbstkonzept zu verhalten, haben die definierenden Akte somit eine Realität erst geschaffen."
(Friedemann Schulz von Thun, Band 1, 1992)

Auf der Beziehungsseite einer Nachricht kommt auch immer zum Ausdruck, was der Sender vom Empfänger hält. Was man jedoch vom anderen hält, hängt im starken Maße davon ab, *welches Bild* man sich von ihm gemacht hat. Hält zum Beispiel ein Lehrer von einem bestimmten Schüler nicht viel, so wird er ihn anders behandeln, als wenn er sehr viel von ihm hält.

---

[1] *Das Selbstkonzept und seine Entstehung ist in Kapitel 16.2.3 und 16.2.4 näher dargestellt.*

Theorien der Kommunikation

Es ist nun für den Sender wichtig zu wissen, dass das Bild, das er sich vom anderen macht, von ihm selbst stammt. Beziehungsstörungen können sich nun ergeben, wenn der Sender den Empfänger ganz anders wahrnimmt als der Empfänger sich selbst.

Die Appellseite der Nachricht

Die Wirksamkeit von Appellen hängt sehr stark mit der Beziehung zwischen dem Sender und dem Empfänger zusammen: Die Zurückweisung eines Appells kann eine „Ehrenrettung" des Empfängers auf der Beziehungsseite bedeuten.

So kommt zum Beispiel die Tochter, die die Wohnung verlassen möchte, um Freunde zu besuchen, der Aufforderung der Mutter „Und zieh dir 'ne Jacke über, ja!" (= Appell) nicht nach, weil sie sich nicht wie ein kleines Kind behandelt fühlen möchte (= Beziehungsseite).

In vielen Fällen bleiben Appelle auch deshalb erfolglos, weil sie sich nicht zur Lösung des Problems eignen.

So wird die Aufforderung eines Lehrers „Ihr braucht vor der Klassenarbeit keine Angst zu haben" wenig nützen, weil sie das Problem der Prüfungsangst nicht lösen kann.

Ebenso wird der Appell „Du darfst nicht so misstrauisch und eifersüchtig sein!" für einen Menschen, der sehr eifersüchtig ist und seinen Lebenspartner auf Schritt und Tritt überwacht, erfolglos bleiben.

„Wenn jemand Probleme mit sich selbst hat, wenn er aufgrund gefühlsmäßiger innerer Vorgänge sich ungünstig verhält, dann nützen keine Ratschläge, Empfehlungen und Ermahnungen. Sie nützen nicht nur nichts, sondern schaden sogar." (Friedemann Schulz von Thun, Band 1, 1992)

Ein Appell kann auch eine bestimmte Handlung, die man ausführen will, entwerten und dazu führen, dass man sie nicht macht.

So zum Beispiel will ein 16-jähriger Junge seinen Eltern eine Freude machen und die Wohnung säubern, während diese das Wochenende auswärts verbringen. Der Appell des Vaters bei seinem Abschied „Und wenn du Langeweile hast, kannst du ja vielleicht einmal die Wohnung sauber machen!" entwertet jedoch die Handlung, und der Junge will die Wohnung nicht mehr säubern.

Schulz von Thun bezeichnet solche Appelle als **Diebstahl eines Urhebererlebnisses** und folgert weiter: Wenn durch ein lückenloses System von Regeln und Geboten die „guten Taten" vorgeschrieben sind, werden sie auf diese Weise eher gehindert als gefördert – die „Heldentat" erträgt keine Weisung.

Nicht zuletzt machen **Appelle spontanes Verhalten unmöglich.**

So erzählt *Schulz von Thun* von einem Mann, der seiner Frau nur selten Blumen mitbrachte – und wenn, dann nur, wenn sie ihn ausdrücklich darum gebeten hatte. Nun sagt sie: „Ich würde gerne wollen, dass du mir auch mal freiwillig, von dir aus, Blumen mitbringst!" Ein appellgemäßes Verhalten ist dem Mann gerade durch den Appell unmöglich gemacht worden.

Theorien der Kommunikation

In einem Appell wird also oft etwas gefordert, was aber in der gegebenen Situation nicht gezeigt werden darf, weil es dann nicht mehr das ist, was gefordert wurde[1]. Appelle verhallen auch deshalb oft erfolglos, weil ihr Befolgen den Seelenfrieden des Empfängers stören und ihn in ein Ungleichgewicht – in einen **dissonanten Zustand** – bringen würde.

Carina liegt gerne lange in der prallen Sonne, um braun zu werden. Nun liest sie: „Stundenlang in der Sonne liegen erzeugt Hautkrebs!". Carina kann den in dieser Nachricht enthaltenen Appell („Du sollst dich nicht lange in die pralle Sonne legen!") nur sehr schwer oder gar nicht akzeptieren, weil sie in einen dissonanten Zustand gerät. Sie wird vielleicht eine Ausrede finden und sagen: „Ach, nach den Gesundheitsaposteln dürfte man ja gar nichts mehr machen!"

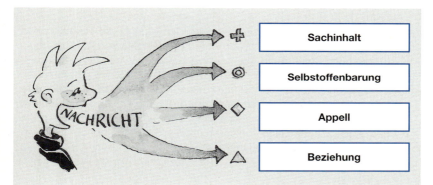

---

[1] Paul Watzlawick und seine Mitarbeiter sprechen in diesem Zusammenhang von einer **Paradoxie**.

Theorien der Kommunikation

Zusammenfassung der Kommunikationstheorie nach Friedemann Schulz von Thun

- Grundannahme der Kommunikationstheorie ist, dass jede Nachricht eine Sachinhalts-, Selbstoffenbarungs-, Beziehungs- und Appellseite hat. Der Sender sendet immer gleichzeitig auf allen vier Seiten. Je nach Aspekt verfolgt er unterschiedliche Ziele: Er beabsichtigt, Sachinformationen zu liefern, Informationen über sich zu geben und das Verhältnis zwischen sich selbst und dem Empfänger zu beschreiben sowie Einfluss auf den Empfänger zu nehmen. Auch die Rückmeldung seitens des Empfängers besitzt eine Nachricht mit Botschaften auf allen vier Seiten.

- Drei Empfangsvorgänge sind es, aus denen sich die Reaktion des Empfängers aufbaut: die Wahrnehmung einer Nachricht, ihre Interpretation und das Fühlen. Wahrnehmen meint, etwas mit den Sinnesorganen aufnehmen, Interpretieren bedeutet, dem Wahrgenommenen eine Bedeutung zuschreiben, und Fühlen heißt, auf das Wahrgenommene und Interpretierte mit bestimmten Gefühlen zu reagieren. Oft reagiert man nicht auf die Menschen, wie sie sind, sondern auf die Phantasien, die man sich von ihnen macht. Sie treten bei der Interpretation eines Empfangsvorganges auf. Phantasien können sowohl zu einer erfolgreichen als auch zu einer gestörten Kommunikation beitragen.

- Eine erfolgreiche Kommunikation ist dann gegeben, wenn der Sender alle vier Seiten einer Nachricht beherrscht und die verschiedenen Botschaften einer Nachricht richtig verschlüsselt und wenn der Empfänger eine ausgewogene ‚Vierohrigkeit‘ besitzt, bei der dann von Situation zu Situation entscheiden kann, auf welcher/welchen(n) Seite(n) zu reagieren ist.

- Erfolglos wird eine Kommunikation dann verlaufen, wenn der Sender nur eine der vier Seiten beherrscht bzw. eine nicht beherrscht und wenn der Empfänger auf einer Seite der Nachricht reagiert, auf die der Sender keinen Wert legen wollte, oder wenn der Empfänger auf einem bestimmten Ohr, das dem Sender wichtig ist, nicht hört bzw. hören will, oder wenn der Empfänger überwiegend nur auf einem Ohr hört und für alle anderen Botschaften, die sonst noch ankommen, taub ist. Was die soziale Kommunikation so kompliziert macht, ist die prinzipielle freie Auswahl des Empfängers, auf welche Seite der Nachricht er reagieren will. Bei einseitigem Empfang sind Störungen in der Kommunikation zu erwarten.

- Auf jeder Seite einer Nachricht können Probleme auftreten, die zu Störungen in der Kommunikation führen. Ihre Beachtung lässt Kommunikation erfolgreicher verlaufen.

Materialien   Kapitel 14

1. Paradoxien und Doppelbindungen

Bei **Paradoxien** handelt es sich um Botschaften, die widersprüchlich sind und den Kommunikationspartner deshalb in eine Situation bringen, die für ihn nicht lösbar ist. Innerhalb einer Beziehung wird eine Handlungsaufforderung gegeben, die „befolgt werden muss, aber nicht befolgt werden darf, um befolgt zu werden" *(P. Watzlawick/J. H. Beavin/D. D. Jackson, 1996⁹).*

Die Eltern sagen zum Beispiel zu ihrem Kind: „Du brauchst nicht alles befolgen, was andere Menschen dir sagen!" Kommt das Kind dieser Aufforderung nach, so befolgt es ja doch, was ihm andere sagen, was aber der Aufforderung widerspricht.

In einer paradoxen Botschaft wird also etwas gefordert, was aber in der gegebenen Situation nicht gezeigt werden darf, weil es dann nicht mehr das ist, was gefordert wurde.

Die logische Sinnlosigkeit wird auch in Äußerungen deutlich wie „Sei spontan!", „Sei nicht so verkrampft!".

„Der Prototyp dieser Aufforderung ist daher: ‚Sei spontan!'. Diese Art von Aufforderung versetzt den Empfänger in eine unhaltbare Situation, da er, um ihr nachzukommen, spontan in einem Kontext von Gehorsam, von Befolgung, also von Nichtspontanität, sein müsste." *(P. Watzlawick/ J. H. Beavin/D. D. Jackson, 1996⁹)*

Paradoxien treten im menschlichen Leben sehr häufig auf; eine Störung in der Kommunikation rufen sie jedoch nur dann hervor, wenn folgende Voraussetzungen erfüllt sind – *Paul Watzlawick* und seine Mitarbeiter nennen sie die wesentlichen **Bestandteile einer Paradoxie**:

- Eine bindende Beziehung, in der ein Abhängigkeitsverhältnis herrscht – die also komplementär ist – und die nicht ohne weiteres verlassen werden kann.
  Eine solche Beziehung kann zum Beispiel in der Schule, im Beruf, bei der Bundeswehr, in einer engen Freundschaft bzw. Partnerschaft oder die Ehe und die Familie sein.

- Es wird eine Botschaft gegeben – in der Regel handelt es sich um eine Handlungsaufforderung –, die befolgt werden muss, aber nicht befolgt werden darf, um befolgt zu werden.
  Beispiele *(aus P. Watzlawick/J. H. Beavin/D. D. Jackson, 1996⁹):*
  - Die Frau sagt zu ihrem recht passiven Mann: „Ich möchte, dass du mich mehr beherrschst!"
  - „Es sollte dir ein Vergnügen machen, mit den Kindern zu spielen, wie anderen Vätern auch!"
  - „Du weißt, dass es dir freisteht zu gehen; kümmere dich nicht, wenn ich sehr traurig bin."

- Diese widersprüchliche Situation kann nicht durch eine Kommunikation gelöst werden.
  Dies ist beispielsweise der Fall, wenn man mit demjenigen, der die Botschaft gibt, überhaupt nicht sprechen kann, wenn dieser das Gespräch verweigert bzw. nicht mit sich reden lässt oder wenn ein Hinweis auf den Widerspruch negative Konsequenzen nach sich ziehen würde – etwa eine (Schul-) Strafe, ein Disziplinarverfahren oder eine Kündigung.

Paul Watzlawick und seine Mitarbeiter geben ein treffendes Beispiel für eine Paradoxie: Einem Soldat, der Barbier ist, wird von seinem Hauptmann befohlen, alle Soldaten der Kompanie zu rasieren, die sich nicht selbst rasieren, aber keine anderen. Der Soldat kommt folgerichtig zu dem Schluss, dass es den Kompaniebarbier im definierten Sinn nicht geben kann und darf: Der Befehl definiert den Barbier als Selbstrasierer, wenn und nur wenn er sich nicht selbst rasiert, und umgekehrt.

Um **Doppelbindungen** im engeren Sinne handelt es sich, wenn eine Information gegeben wird, die etwas Bestimmtes aussagt – etwa ein gesprochener Satz – und die zusätzlich etwas über diese Aussage aussagt – zum Beispiel die Haltung, die zu dieser Aussage eingenommen wird –, sich

*Theorien derKommunikation / **Materialien***

aber diese beiden Aussagen nicht miteinander vereinbaren lassen *(P. Watzlawick/J. H. Beavin/ D. D. Jackson, 1996⁹).*

Beispielsweise kommt ein großer starker Junge auf einen kleinen schmächtigen Jungen zu, pöbelt ihn an, stellt sich in voller Größe mit angespannten Muskeln vor den kleinen Jungen und sagt: „Du brauchst dich nur zu wehren!"

Im weiteren Sinne spricht man aber auch von einer Doppelbindung, wenn ein Sender in einer Kommunikation einem Empfänger gegenüber zwei Aussagen tätigt, die sich miteinander nicht vereinbaren lassen.

Eltern zum Beispiel wollen erreichen, dass ihr Kind selbstständig wird; doch andererseits geben die Eltern dem Kind in verschiedenster Weise in ihrem Verhalten zu verstehen, dass es unfähig zu selbstständigen Entscheidungen sei, dass es Eltern brauche, ohne die es nicht zurechtkomme. Auch Doppelbindungen treten im menschlichen Leben häufig auf. Zu Störungen in der Kommunikation kommt es jedoch nur dann, wenn – wie bei der Paradoxie – eine bindende und komplementäre Beziehung, die nicht ohne weiteres verlassen werden kann, vorliegt und die Situation durch Kommunikation nicht beseitigt werden kann.

Auch zu den Doppelbindungen gibt es ein beeindruckendes Beispiel aus der Therapie: Ein junger Mann, der in einer Psychiatrie untergebracht war, sich dort aber schon recht gut erholt hatte, erhielt Besuch von seiner Mutter. Er freute sich sehr, sie zu sehen, und legte ihr spontan seinen Arm um ihre Schulter. Als er das tat, erstarrt sie. Daraufhin zog er seinen Arm wieder zurück, doch die Mutter fragte dann: „Liebst du mich nicht mehr?" Er wurde rot und verlegen, und die Mutter sagte dann: „Junge, du musst nicht so leicht verlegen werden und Angst vor deinen Gefühlen haben." Der junge Mann war daraufhin nicht in der Lage, noch länger als ein paar Minuten mit seiner Mutter zu verbringen, und nachdem sie weggegangen war, zeigte er wieder akute schizophrene[1] Schübe *(vgl. G. Bateson u. a., 1969).*

Besondere Formen einer Kommunikationsstörung	
Paradoxie	**Doppelbindung**
• ist eine Handlungsaufforderung, die befolgt werden muss, aber nicht befolgt werden darf, um befolgt zu werden;	• die Aussagen, die ein Sender in einer bestimmten Information bzw. in einer Kommunikation gibt, lassen sich nicht miteinander vereinbaren;
• sie wird in einer bindenden Beziehung gegeben, in der ein Abhängigkeitsverhältnis herrscht (komplementäre Beziehung) und die nicht ohne weiteres verlassen werden kann;	• diese Information wird in einer bindenden Beziehung gegeben, in der ein Abhängigkeitsverhältnis herrscht (komplementäre Beziehung) und die nicht ohne weiteres verlassen werden kann;
• die widersprüchliche Situation kann nicht durch eine Kommunikation beseitigt werden.	• die unhaltbare Situation kann nicht durch eine Kommunikation beseitigt werden.

Quelle: Hermann Hobmair (Hg.), 1997²

2. Die Geschichte mit dem Hammer

Ein Mann will ein Bild aufhängen. Den Nagel hat er, nicht aber den Hammer. Der Nachbar hat einen. Also beschließt unser Mann, hinüberzugehen und ihn auszuborgen. Doch da kommt ihm ein Zweifel: Was, wenn der Nachbar mir den Hammer nicht leihen will? Gestern schon grüßte er mich nur so flüchtig. Vielleicht war er in Eile. Aber vielleicht war die Eile nur vorgeschützt, und er hat etwas gegen mich. Und was? Ich habe ihm nichts angetan; der bildet sich da etwas ein. Wenn jemand von mir ein Werkzeug borgen wollte, *ich* gäbe es ihm sofort. Und warum er nicht? Wie kann man einem Mitmenschen einen so einfachen Gefallen abschlagen? Leute wie dieser Kerl vergiften das Leben. Und dann bildet er sich noch ein, ich sei auf ihn angewiesen. Bloß weil er

---

[1] *Schizophrenie ist eine Erscheinungsform der Psychose, die sich in Denk- und Wahrnehmungsstörungen (Wahnvorstellungen, Halluzinationen) sowie in einer „Affektverflachung" zeigt: Es werden wenig Gefühle geäußert, es entsteht Willenlosigkeit, Teilnahmslosigkeit (Apathie) und sozialer Rückzug.*

einen Hammer hat. Jetzt reicht's mir wirklich. – Und so stürmt er hinüber, läutet, der Nachbar öffnet, doch noch bevor er „Guten Tag" sagen kann, schreit ihn unser Mann an: „Behalten Sie Ihren Hammer, Sie Rüpel!"
Die Wirkung ist großartig, die Technik verhältnismäßig einfach, wenn auch keineswegs neu.

Schon Ovid beschrieb sie in seiner *Liebeskunst* – wenn auch leider nur im positiven Sinne: „Rede dir ein, du liebst, wo du flüchtig begehrest. Glaub es dann selbst. ... Aufrichtig liebt, wem's gelang, sich selbst in Feuer zu sprechen."

Quelle: Paul Watzlawick, 1983

3. Zwei Beispiele für die vielfältigen Botschaften einer Nachricht
a) Das Weinen

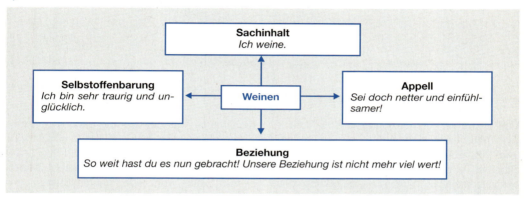

b) Das Schweigen

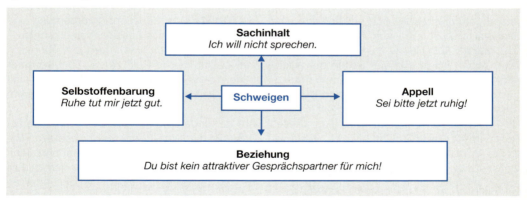

Quelle: Friedemann Schulz von Thun, Band 1, 1992 (abgeändert)

4. Metakommunikation – die Gewohnheit der nächsten Generation?

Es gibt kaum ein Heilmittel, das für „kranke", gestörte Kommunikation von den Fachleuten so empfohlen wird wie Metakommunikation. Gemeint ist eine Kommunikation über die Kommunikation, also eine Auseinandersetzung über die Art, wie wir miteinander umgehen, und über die Art, wie wir die gesendeten Nachrichten gemeint und die empfangenen Nachrichten entschlüsselt und darauf reagiert haben. Zur Metakommunikation begeben sich die Partner gleichsam auf einen „Feldherrenhügel", um Abstand zu nehmen von dem „Getümmel", in das sie sich verstrickt haben und in dem sie nicht mehr (oder nur zäh und schwierig) weiterkommen.

*Theorien der Kommunikation / **Materialien***

Die „Feldherrenhügel" der Metakommunikation: Sender und Empfänger machen die Art, wie sie miteinander umgehen, zum Gegenstand des Gespräches.

Das Bild des Feldherrenhügels soll nicht zu dem Missverständnis verführen, dass Sender und Empfänger hier wissenschaftlich-distanziert von einer hohen Warte das Geschehen analysieren, etwa in der Art: „Ich glaube, dass ich eher auf den nonverbalen Anteil deiner etwas inkongruenten Nachrichten reagiere und das Geschenen auf der Beziehungsebene anders interpretiere als du." – Dies wäre eine akademische Spielart von Metakommunikation, aus der kein Heil zu erwarten ist.

Zwar haben wir in den vier Seiten der Nachricht, in der Unterscheidung der Empfangsvorgänge und in der systemorientierten Betrachtungsweise ein hervorragendes Rüstzeug für die Fähigkeit zur Metakommunikation. Dieses Rüstzeug ist aber nur dann hilfreich, wenn wir es als Wahrnehmungshilfe benutzen, um bewusster mitzukriegen, was sich in mir und zwischen uns abspielt; nicht hingegen, wenn wir eine neue Imponiersprache der Eingeweihten daraus entwickeln. Gute Metakommunikation verlangt in erster Linie einen vertieften Einblick in die eigene Innenwelt und den Mut zur Selbstoffenbarung. Mut insofern, als das Thema „Was geht – hier und jetzt – in mir vor – wie erlebe ich dich und was spielt sich zwischen uns ab?" eine meist vermiedene direkte Konfrontation mit der oft als peinlich erlebten Realität darstellt. Als Preis winkt allerdings eine Befreiung von unausgedrückter Spannung und die Chance, aus der Störung dadurch herauszukommen, dass man wirklich „hindurchgegangen" ist.

Den Enthusiasmus, der aus diesen Zitaten spricht, kann wohl jeder nachvollziehen, der einmal erlebt hat, dass er durch das Aussprechen einer Störung (mit bangem Herzen! Wird man mich nicht auslachen oder „zerfetzen"?) die „Wahrheit der Situation" gefördert und eine befreiende, intensive Auseinandersetzung ausgelöst hat – anstatt, wie früher, die kommunikative „Unbehaglichkeit" stumm oder mit guter Mine zum bösen Spiel zu erleiden. Meist ging es ja allen so, nur wusste dies keiner vom anderen.

Auf der anderen Seite gibt es keine Garantie, dass auf der Meta-Ebene nicht dieselben Fehler gemacht werden. Die Störung erfährt dann nur eine Ebenen-Verlagerung. In diesem Fall ist es angebracht, einen außenstehenden Kommunikationshelfer hinzuzuziehen. Dieser versteht sich als Hebamme klarer „quadratischer" Nachrichten und als einfühlsamer Anwalt förderlicher Interaktionsregeln.

Zum Schluss ein Beispiel für eine Metakommunikation in einem Arbeitsteam. Ausgangspunkt ist ein „Funktionalitätsverdacht":
In dem Team hatte es sich so eingebürgert, dass unangenehme Aufgaben durch „Ausgucken" verteilt wurden, und in einer Mischung aus Ernst und Flachs wurde der

120

„Dumme" mit viel Lob über seine „besonderen Fähigkeiten für gerade diese Aufgabe" entschädigt:

80 Kollege A: „Ich weiß nicht recht, ob ich mich über Ihr Lob freuen kann. Ich habe den Verdacht, dass wir jemanden immer dann hochloben, wenn wir einen Dummen gefunden haben."

85 B (lacht): „Ob Sie da wohl von sich auf andere schließen?"
A: „Sie erleben das anders?"
B: „Ach, ich sehe das alles nicht so verbissen. Klar, wenn wir zu jemandem sagen: ‚Sie sind für diese Aufgabe doch besonders gut geeignet', dann weiß jeder, dass das vor allem gesagt wird, um jemanden zu motivieren. Das Auge zwinkert sozusagen dabei – aber ist so 'ne Art Spiel, finde ich."
A: „Vielleicht nehme ich das zu ernst – aber irgendetwas ärgert mich doch daran."
C (zu A): „Ich bin froh, dass Sie das mal angesprochen haben. Ich finde, wir haben oft so eine Art zu witzeln, wenn es heikel wird. Ich mache da dann oft mit, obwohl ich ein ungutes Gefühl habe. Zum Beispiel neulich ..."
usw.

Dies ist Meta.
Sie soll uns ...

... in verfahrenen Situationen ...

... und angespannten Lagen daran erinnern, ...

... uns selbst einmal über die Schulter zu schauen und darüber zu reden, wie wir miteinander umgehen: Metakommunikation

Quelle: Friedemann Schulz von Thun, 1992

Aufgaben und Anregungen
Kapitel 14

Reproduktion von Informationen

1. Erläutern Sie, was *Paul Watzlawick* und seine Mitarbeiter meinen, wenn sie davon sprechen, dass alles Verhalten kommunikativ ist. Stellen Sie auch mögliche Störungen dar, die sich aus diesem Axiom ergeben können.
(Abschnitt 14.1.1)

2. Stellen Sie die Informationsebenen einer sozialen Kommunikation dar und zeigen Sie mögliche Störungen auf, die sich aus diesem Axiom ergeben können.
(Abschnitt 14.1.2)

3. Beschreiben Sie soziale Kommunikation als ein System im Sinne von *Paul Watzlawick* und seinen Mitarbeitern. Gehen Sie dabei auch auf mögliche Störungen ein, die sich aus diesem Axiom ergeben können.
(Abschnitt 14.1.3)

4. Zeigen Sie die verschiedenen Arten einer Mitteilung auf und beschreiben Sie mögliche Störungen, die sich aus diesem Axiom ergeben können.
(Abschnitt 14.1.4)

5. Beschreiben Sie die verschiedenen Beziehungsformen einer sozialen Kommunikation. Berücksichtigen Sie dabei mögliche Störungen, die sich aus diesem Axiom ergeben können.

6. Erläutern Sie die Axiome der Kommunikation von *Paul Watzlawick* und seinen Mitarbeitern.
(Abschnitt 14.1)

7. Beschreiben Sie mit Hilfe der Axiome der Kommunikation von *Paul Watzlawick* und seinen Mitarbeitern, wann eine Kommunikation erfolgreich verläuft.
(Abschnitt 14.1)

8. Erläutern Sie mit Hilfe der Axiome der Kommunikation von *Paul Watzlawick* und seinen Mitarbeitern, wie es möglicherweise zu Kommunikationsstörungen kommen kann.
(Abschnitt 14.1)

9. Zeigen Sie aus der Sicht der Axiome der Kommunikation von *Paul Watzlawick* und seinen Mitarbeitern erfolgreiche (gelungene) und gestörte Kommunikation auf.
(Abschnitt 14.1)

10. Stellen Sie die vier Seiten einer Nachricht nach *Friedemann Schulz von Thun* dar.
(Abschnitt 14.2.1)

11. Erläutern Sie das Modell der zwischenmenschlichen Kommunikation nach *Friedemann Schulz von Thun*.
(Abschnitt 14.2.1)

12. Zeigen Sie die Empfangsvorgänge auf, aus denen sich die Reaktion des Empfängers aufbaut.
(Abschnitt 14.2.2)

*Theorien der Kommunikation / **Aufgaben und Anregungen***

13. Beschreiben Sie die Aussagen, die nach *Friedemann Schulz von Thun* über Phantasien des Empfängers gemacht werden können.
(Abschnitt 14.2.2)

14. Beschreiben Sie mit Hilfe des Modells zwischenmenschlicher Kommunikation von *Friedemann Schulz von Thun*, wann eine Kommunikation erfolgreich verläuft.
(Abschnitt 14.2.3 und 14.2.4)

15. Erläutern Sie mit Hilfe des Modells zwischenmenschlicher Kommunikation von *Friedemann Schulz von Thun*, wie es möglicherweise zu Kommunikationsstörungen kommen kann.
(Abschnitt 14.2.3 und 14.2.4)

16. Stellen Sie dar, wie es auf Seiten des Empfängers zu möglichen Störungen in der Kommunikation kommen kann.
(Abschnitt 14.2.4)

17. Zeigen Sie psychologische Probleme auf der Sachinhaltsseite auf, die Störungen in der Kommunikation nach sich ziehen.
(Abschnitt 14.2.5)

18. Erläutern Sie psychologische Probleme auf der Selbstoffenbarungsseite, die Störungen in der Kommunikation nach sich ziehen.
(Abschnitt 14.2.5)

19. Beschreiben Sie psychologische Probleme auf der Beziehungsseite, die Störungen in der Kommunikation nach sich ziehen.
(Abschnitt 14.2.5)

20. Stellen Sie psychologische Probleme auf der Appellseite dar, die Störungen in der Kommunikation nach sich ziehen.
(Abschnitt 14.2.5)

Anwendungsaufgaben

21. Ordnen Sie folgende Beispiele dem jeweiligen Axiom zu, gegen das sie verstoßen:
    a) *Der Vater sagt zu seinem Sohn: „Ich werde dir schon zeigen, wer hier der Herr im Hause ist!"*
    b) *Die Lehrerin sagt zu einer ihrer Schülerinnen: „Wenn du den Mund aufmachst, dann weiß ich, dass lauter Unsinn herauskommt!"*
    c) *„Ich will jetzt nicht mit dir darüber reden!"*
    d) *„Hättest du mich nicht so blöd angeredet, wäre ich nicht gegangen."*
    e) *Klaus wird im Internat abgeliefert. Der Vater zieht DM 100,00 aus der Tasche und will Klaus damit eine Freude machen. Klaus ist beleidigt und geht.*
    f) *„Da brauchen wir doch gar nicht darüber reden, das ist doch sonnenklar!"*
    g) *„Aug' um Aug', Zahn um Zahn!"*
    h) *„Das bisschen Haushalt ist doch kein Problem", sagt mein Mann.*
    (Abschnitt 14.1)

22. Erläutern Sie an geeigneten Beispielen die Axiome der Kommunikation von *Paul Watzlawick* und seinen Mitarbeitern. Beschreiben Sie an diesen Beispielen auch mögliche Störungen, die sich aus dem jeweiligen Axiom ergeben können.
(Abschnitt 14.1)

*Theorien der Kommunikation / **Aufgaben und Anregungen***

23. Stellen Sie an einer sozialen Situation (zum Beispiel Unterricht in der Schule, Abendessen in der Familie) auf der Grundlage der Kommunikationstheorie von *Paul Watzlawick* u. a. erfolgreiche (gelungene) und gestörte Kommunikation dar.
(Abschnitt 14.1)

24. a) Beschreiben Sie anhand einer Situation im Kindergarten die Axiome der Kommunikation und leiten Sie aus diesen Erkenntnissen Möglichkeiten zur Vorbeugung und Behebung von Kommunikationsstörungen ab.
(Abschnitt 14.1)

   b) Beschreiben Sie anhand einer Situation in der Schule die Axiome der Kommunikation und leiten Sie aus diesen Erkenntnissen Möglichkeiten zur Vorbeugung und Behebung von Kommunikationsstörungen ab.
(Abschnitt 14.1)

25. Erläutern Sie an einem selbst gewählten Beispiel aus ihrem Erfahrungsbereich die vier Seiten einer Nachricht nach *Friedemann Schulz von Thun*.
(Abschnitt 14.2.1)

26. Stellen Sie an einem geeigneten Beispiel das Modell der zwischenmenschlichen Kommunikation nach *Friedemann Schulz von Thun* dar.
(Abschnitt 14.2.1)

27. Zeigen Sie an folgenden Beispielen die vier Seiten einer Nachricht nach *Friedemann Schulz von Thun* auf:
   • Lachen   • Streicheln
   • die Augenbrauen hochziehen   • Singen
(Abschnitt 14.2.1)

28. Arbeiten Sie die verschiedenen Botschaften heraus, die folgende Nachrichten enthalten können:
   • „Du bist sehr ungezogen!"   • „Ich habe das nicht verstanden!"
   • „Geh' und such' dir etwas   • „Räum' endlich dein Zimmer auf!"
     zum Spielen!"   • „Du gehst mir auf die Nerven!"
   • „Hast du das gemacht?"   • „Und zieh' dir 'ne Jacke über,
   • „Komm' aber rechtzeitig heim!"   es ist kalt draußen!"
(Abschnitt 14.2.1)

29. Zeigen Sie an einem geeigneten Beispiel die Empfangsvorgänge auf, aus denen sich die Reaktion des Empfängers aufbaut und welche möglichen Folgen diese Reaktion nach sich ziehen kann.
(Abschnitt 14.2.2)

30. Verdeutlichen Sie mit Hilfe von Beispielen die Aussagen, die nach *Friedemann Schulz von Thun* über Phantasien des Empfängers gemacht werden können.
(Abschnitt 14.2.2)

31. Beschreiben Sie am Beispiel einer Situation in Ihrem Praktikum mit Hilfe des Modells zwischenmenschlicher Kommunikation von *Friedemann Schulz von Thun*, wann eine Kommunikation erfolgreich verläuft.
(Abschnitt 14.2.3 und 14.2.4)

*Theorien der Kommunikation / **Aufgaben und Anregungen***

32. Zeigen Sie an folgenden Beispielen die freie Auswahl des Empfängers auf, auf welcher Seite der Nachricht er reagieren will:
    a) Ein Ehepaar sitzt abends beim Essen. Der Mann sagt: „Ida, die Kartoffeln sind aus!"
    b) Der Lehrer geht den Flur entlang, die 8-jährige Julia läuft ihm entgegen und sagt zu ihm: „Herr Kern, Horst hat sein Rechenbuch einfach in die Ecke geworfen!"
    c) Der Schüler kann dem Unterricht nicht folgen, er sagt: „Herr Weise, ich habe das nicht verstanden!"
    d) Inge fährt mit dem Auto, Otto sitzt daneben. Plötzlich sagt er: „Da vorne geht jemand über die Straße!"
    (Abschnitt 14.2.4)

33. Stellen Sie an Beispielen dar, wie es auf Seiten des Empfängers zu möglichen Störungen in der Kommunikation kommen kann.
    (Abschnitt 14.2.4)

34. Erläutern Sie an Beispielen psychologische Probleme, die sich aus den vier Seiten einer Nachricht ergeben und Störungen in der Kommunikation nach sich ziehen können.
    (Abschnitt 14.2.5)

35. Stellen Sie an einer sozialen Situation (zum Beispiel Unterricht in der Schule, Abendessen in der Familie) auf der Grundlage der Kommunikationstheorie von *Friedemann Schulz von Thun* erfolgreiche (gelungene) und gestörte Kommunikation dar.
    (Abschnitt 14.2)

36. Beschreiben Sie am Beispiel einer typischen Erziehungssituation, welche Störungen der Kommunikation häufig zu beobachten sind, und erläutern Sie die Entstehung dieser Störungen mit Hilfe einer Kommunikationstheorie (Axiome von *Paul Watzlawick* und seinen Mitarbeitern oder mit Hilfe des Modells zwischenmenschlicher Kommunikation von *Friedemann Schulz von Thun*).
    (Abschnitt 14.1 oder 14.2)

37. Erläutern Sie anhand eines selbst gewählten Beispiels die Entstehung und den wahrscheinlichen Ablauf gestörter Kommunikationsprozesse. Verdeutlichen Sie Ihre Aussagen mit Hilfe geeigneter kommunikationspsychologischer Erkenntnisse (zum Beispiel Axiome von *Paul Watzlawick* und seinen Mitarbeitern oder mit Hilfe des Modells zwischenmenschlicher Kommunikation von *Friedemann Schulz von Thun*).
    (Abschnitt 14.1 oder 14.2)

38. Fallbeschreibung *„Anita und Walter"* (siehe Aufgabe 22 in Kapitel 13) Verdeutlichen Sie die in der Fallbeschreibung „Anita und Walter" vorhandene Kommunikationsstörung mit Hilfe einer Kommunikationstheorie (Axiome von *Paul Watzlawick* und seinen Mitarbeitern, Modell zwischenmenschlicher Kommunikation nach *Friedemann Schulz von Thun*). Stellen Sie dabei die relevanten Aussagen und Begriffe dieser Theorie dar.
    (Abschnitt 14.1 oder 14.2.2 bis 14.2.5)

15 Soziale Einstellung und Einstellungsänderung

Die Elektrowaren-Vertreter und die Bauern

Vor ein paar Jahren reisten einige seriös gekleidete Herren in ein abgelegenes Tal in den Tiroler Bergen. Sie waren Vertreter von Elektrowaren und schlossen überall, wo sie in dem Tal hinkamen, Kaufverträge für Kühlschränke und -truhen, Radioapparate, Fernseher und allerhand moderne Küchengeräte ab. Sie machten ein gutes Geschäft und konnten die Bauern dort von der Notwendigkeit ihrer Geräte überzeugen. Die Bauern unterschrieben bereitwillig die Verträge und freuten sich, dass sie nun endlich auch alle die Dinge bekommen sollten, die überall den Menschen das Leben und die Arbeit leichter machen.

Doch die Sache hatte einen Haken: Es gab in diesem Tal keinen elektrischen Strom, und es war auch nicht abzusehen, wann es ihn einmal geben würde.

Quelle: Josef Kirschner, 1974

Es ist zwar nicht immer so leicht, die Menschen von einem Sachverhalt zu überzeugen, doch sind sehr viele Menschen oder Menschengruppen daran interessiert, Einstellungen anderer zu beeinflussen und zu ändern. Produkthersteller zum Beispiel wollen mit Hilfe der Werbung unsere Einstellung zugunsten ihres Produktes ändern, politische Parteien wollen den Bürger von ihrem Programm überzeugen.

Aus diesen Tatsachen ergeben sich mehrere Fragen:

1. Was versteht man unter dem Begriff Einstellung?
   Wie sind Einstellungen strukturiert, wie stehen sie zueinander?

2. Welche Merkmale haben Einstellungen?
   Welche Funktionen erfüllen sie?

3. Wie entstehen Einstellungen?
   Wie lässt sich der Erwerb von Einstellungen erklären?

4. Wie lassen sich soziale Einstellungen ändern?
   Welche theoretischen Kenntnisse sind für Einstellungsänderungen hilfreich?

15.1 Merkmale von sozialen Einstellungen

Die vielfältigen Bestimmungsbemühungen zum Begriff „soziale Einstellung" lassen sich auf zwei Richtungen zurückführen, auf die **behavioristische** (= verhaltensorientierte) und die **kognitive** (= erkenntnismäßige) Richtung.

Aus behavioristischer Sicht wird Einstellung gleichgesetzt mit Verhalten, das durch entsprechende Reize ausgelöst wird. **Einstellung wird hier definiert als beobachtbares Verhalten,** das mit Hilfe von Lerntheorien erklärt werden kann.

Im Folgenden wird jedoch der *kognitive Einstellungsbegriff* verwendet, auf den sich der weitaus größere Teil der Einstellungsforschung beruft.

15.1.1 Der Begriff „soziale Einstellung"

Der Begriff „soziale Einstellung" wird in der Fachliteratur nicht einheitlich verwendet, es gibt viele unterschiedliche Begriffsbestimmungen. In der Regel ist der *kognitive* Begriff der sozialen Einstellung durch folgende Merkmale gekennzeichnet:

- Einstellungen beziehen sich auf **bestimmte Objekte.** Einstellungsobjekt können Personen bzw. Personengruppen (Ausländer, Frauen, Homosexuelle, Kriegsdienstverweigerer, Lehrer), Einrichtungen (Kirche, Schule, Bundeswehr) und Gegenstände (Auto, Eigenheim, Waffen) oder Sachverhalte (Religion, Ideologie, Politik, Umweltschutz) sein.

- Einstellungen sind **relativ lang andauernd.** Eine gewonnene Einstellung hat die Tendenz, nicht nur einmal gezeigt, sondern beibehalten zu werden, oft ein Leben lang.

- Einstellungen sind **erworben:** Einstellungen werden im Laufe des Lebens erlernt und sind nicht Ergebnis eines Reifungsprozesses. Ihre Entstehung und Änderung lässt sich mit Hilfe von Theorien, wie beispielsweise Lerntheorien, erklären (vgl. Abschnitt 15.3).

- Einstellungen betreffen **Kognition, Gefühl und Verhalten:** Einstellungen zeigen sich in kognitiven Funktionen, wie Wahrnehmung, Denken und dergleichen, im Gefühl und im Verhalten gleichermaßen. Darauf wird ausführlich in den beiden nächsten Abschnitten eingegangen.

- Einstellung ist ein **hypothetisches Konstrukt,** das nur indirekt erschlossen werden kann. Bei dem Begriff Einstellung handelt es sich um gedanklich Konstruiertes, um ein *Denkmodell* zur Erklärung, warum sich Menschen gegenüber bestimmten Objekten über einen längeren Zeitraum hinweg gleich bleibend und beständig in unterschiedlicher Weise verhalten. Einstellungen werden deshalb als **Bereitschaften** bezeichnet und können nicht direkt beobachtet werden. Lediglich das Verhalten lässt Rückschlüsse auf eine bestimmte Einstellung zu.

Anhand dieser Merkmale lässt sich der Begriff „soziale Einstellung" umschreiben als relativ lang andauernde, also relativ beständige, im Laufe des Lebens erworbene Bereitschaft, auf ein bestimmtes Objekt (eigene Person, andere Personen bzw. -gruppen, Einrichtungen, Gegenstände oder Sachverhalte) kognitiv (Wahrnehmung, Wissen, Meinung, Vorstellung, Überzeugung in Bezug auf das Einstellungsobjekt), gefühlsmäßig (positive, negative, neutrale Gefühle gegenüber dem Einstellungsobjekt) und verhaltensmäßig (die Absicht oder Tendenz, sich gegenüber dem Einstellungsobjekt zu verhalten) zu reagieren.

Soziale Einstellungen sind relativ beständige, erworbene Bereitschaften, auf bestimmte Objekte kognitiv, gefühls- und verhaltensmäßig zu reagieren.

15.1.2 Der Aufbau von sozialen Einstellungen

Jede soziale Einstellung lässt sich in drei Komponenten, die **Einstellungskomponenten,** aufgliedern. Diesen Sachverhalt bezeichnen wir als **Einstellungsstruktur:**

- Die **kognitive Einstellungskomponente** äußert sich in der Wahrnehmung, dem Wissen, der Meinung, der Vorstellung, der Überzeugung oder im Glauben in Bezug auf das Einstellungsobjekt.

- Die **affektive Einstellungskomponente** bezieht sich auf das mit dem Einstellungsobjekt verknüpfte Gefühl. Das Objekt, auf das sich die Einstellung bezieht, „lässt einen nicht kalt".

- Die **konative Einstellungskomponente** beinhaltet die Verhaltensabsicht bzw. -tendenz eines Individuums, welche das Einstellungsobjekt hervorruft.

Ein Beispiel soll die Einstellungsstruktur verdeutlichen:
In dem Haus, in welchem Herr Feindlich im Erdgeschoss wohnt, will in den ersten Stock eine Wohngemeinschaft einziehen. Herr Feindlich ist jedoch dagegen, weil er der Meinung ist, die jungen Leute würden die gesamte Moral untergraben, die Nacht zum Tag machen und auch sehr laut sein (= kognitive Einstellungskomponente). Zugleich ärgert sich Herr Feindlich, ja er ist sogar wütend darüber, dass über ihm eine Wohngemeinschaft einziehen soll (= affektive Einstellungskomponente). Er legt beim Hausbesitzer Protest ein, indem er ihm zunächst einen Brief schreibt und ihn daraufhin zu einem Gespräch aufsucht (= konative Einstellungskomponente).

Bei der konativen Einstellungskomponente handelt es sich in erster Linie um eine mit dem Einstellungsobjekt verbundene **Bereitschaft zum Verhalten.** Es ist also nicht unbedingt erforderlich, dass ein bestimmtes Verhalten oder eine Handlung auch tatsächlich ausgeführt wird.

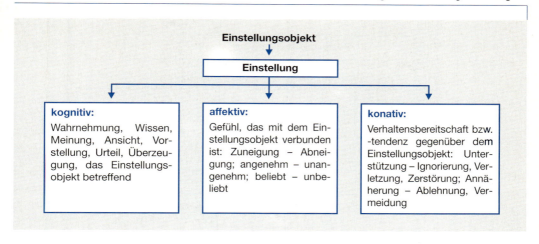

15.1.3 Das Gefüge von sozialen Einstellungen

Die einzelnen Einstellungskomponenten stimmen in der Regel überein, sie stehen in einem **konsistenten**[1] bzw. **konsonanten Zustand** zueinander.

Herr Feindlich, der zu einer Wohngemeinschaft eine ablehnende Meinung hat, zeigt auch Abneigung und unternimmt alles, um ihren Einzug zu verhindern.

Falls ein inkonsistenter bzw. dissonanter Zustand besteht, wird der Mensch bestimmte Mechanismen zur Abwehr entwickeln oder die Neigung zeigen, seine Einstellung zu ändern, um wieder einen Konsistenzzustand herbeizuführen.

Trifft Herr Feindlich zufällig auf einer Veranstaltung die Frau, die mit in die Wohngemeinschaft ziehen will, so kann es möglich sein, dass er sie meidet, oder aber er nimmt Kontakt mit ihr auf und verliebt sich beispielsweise in sie. Dann wird die Änderung in der affektiven Einstellungskomponente auch zu einer Änderung in der kognitiven Komponente („Die sind ja gar nicht so übel, wie ich dachte") und der konativen Einstellungskomponente (keinen Protest beim Hausbesitzer einlegen) führen.

Der amerikanische Psychologe *M. J. Rosenberg* führte einen Versuch durch, der zeigte, dass die drei Einstellungskomponenten miteinander verbunden sind und dass eine Änderung in der einen Einstellungskomponente zu einer Änderung in den übrigen beiden führen kann, um die interne Konsistenz innerhalb der gesamten Einstellungsstruktur wiederherzustellen.

Diese gegenseitige Abhängigkeit der einzelnen Einstellungskomponenten untereinander wird als **Systemcharakter von Einstellungen** oder auch als **Einstellungssystem** bezeichnet.

Diese Konsistenz trifft nicht nur innerhalb der einzelnen Einstellungskomponenten zu, sondern auch auf verschiedene Einstellungen, die untereinander in einem Zusammenhang stehen und voneinander abhängig sind.

Frau Müller zum Beispiel ist sehr umweltbewusst. Diese positive Einstellung gegenüber der Umwelt bildet ein ganzes System mit anderen Einstellungen wie gegenüber der Abfallbeseitigung, Tierversuche, Straßenbau, Naturschutz, Waldsterben, Fahrzeuge, Rauchen usw.

[1] *konsistent: ohne Widerspruch*

Soziale Einstellung und Einstellungsänderung

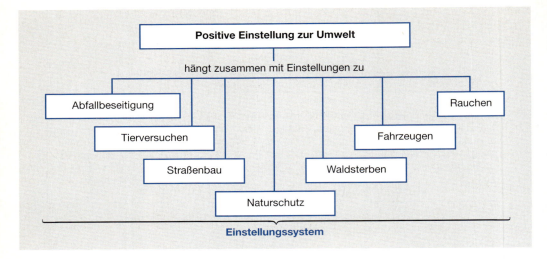

> Die Beziehung der einzelnen Einstellungskomponenten untereinander und den Zusammenhang von einzelnen Einstellungen bezeichnet man als Systemcharakter von Einstellungen bzw. als Einstellungssystem.

15.1.4 Die Bedeutsamkeit von sozialen Einstellungen

Zwischen dem Einstellungssystem und der Bereitschaft eines Individuums, eine Einstellung zu ändern, besteht ein Zusammenhang. Eine Einstellungsänderung ist vor allem bei den Personen schwer zu erreichen, bei denen viele verschiedene Einstellungen miteinander in einem Zusammenhang stehen und ein Einstellungssystem bilden. Eine Einstellungsänderung ist deshalb nur sehr schwer möglich, weil sehr viele andere Einstellungen mitbetroffen sind, so dass ein sehr starkes Ungleichgewicht entsteht.

So können, um das Beispiel von Frau Müller im vorigen Abschnitt aufzugreifen, bei dieser Frau sehr viele Einstellungen mit ihrer Einstellung zur Umwelt zusammenhängen und so eine Einstellungsänderung nur sehr schwer möglich sein.

Personen, die weniger Einstellungen miteinander verbinden, fallen bei einem Änderungsversuch notgedrungen nicht so stark in ein Ungleichgewicht – eine Einstellungsänderung ist leichter möglich.

Zudem spielt die **persönliche Wichtigkeit einer Einstellung** in einem Einstellungssystem eine entscheidende Rolle: Einstellungen können für den Einzelnen wichtig, wesentlich und bedeutsam (= *zentral*) oder aber auch unwichtig bzw. unbedeutend (= *peripher*) sein.

So kann für Frau Müller ihre Einstellung zur Umwelt sehr wichtig sein, während für sie die Einstellung zur Religion unwichtig und damit peripher sein kann.

Dieses Merkmal sozialer Einstellungen wird als **Bedeutsamkeit oder auch Zentralität** einer Einstellung bezeichnet.

> Bedeutsamkeit bzw. Zentralität kennzeichnet die persönliche Bedeutung und Wichtigkeit einer sozialen Einstellung in einem Einstellungssystem einer Person.

Zentrale Einstellungen werden mit starker Intensität und hohem persönlichen Engagement vertreten, während periphere Einstellungen eine schwache Intensität zeigen und kaum oder mit einem sehr geringen persönlichen Engagement verteidigt werden.
Frau Müller wird, wenn es um Umweltschutz geht, sehr engagiert diskutieren, während sie ein Gespräch über Religion persönlich unbeteiligter führen wird.

Zentrale Einstellungen sind in der Regel sehr schwer zu ändern, während periphere Einstellungen relativ leicht geändert werden können.
Herr Schnellbär „steht" auf eine ganz bestimmte Automarke, während es Herrn Riesenmatz eigentlich egal ist, welches Auto er fährt. Herr Riesenmatz wird für eine andere Automarke als die, die er im Moment fährt, wesentlich leichter zu überzeugen sein als Herr Schnellbär.

Die Möglichkeit der Beeinflussung und Einstellungsänderung ist damit bei zentralen Einstellungen sehr gering, bei peripheren sehr hoch.

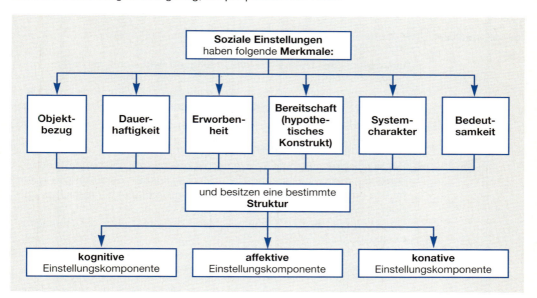

Materialien 2

15.2 Soziale Einstellungen und ihre Funktionen

Menschen besitzen Einstellungen, weil sie für den Einzelnen große Bedeutung haben; sie erfüllen nämlich wichtige Funktionen. Dies wird vor allem beim Vorurteil deutlich.

15.2.1 Funktionen von sozialen Einstellungen

Die Frage nach den Funktionen von Einstellungen wurde vor allem von *Dieter Katz (1967)* mit seiner **funktionalen Einstellungstheorie** angesprochen. Nach ihm erfüllen Einstellungen vier wichtige Funktionen:

Soziale Einstellung und Einstellungsänderung

- **Anpassungsfunktion (Nützlichkeitsfunktion)**

  Das Individuum vertritt bestimmte Einstellungen, um damit kundzutun, dass es einer bestimmten Gruppe angehört. Dadurch kann es einen angenehmen Zustand, wie zum Beispiel Anerkennung von den Mitmenschen, Erfolg im Betrieb, in der Partei, erreichen und unangenehme Ereignisse, wie Ausschluss aus der Gruppe, Entzug von Anerkennung, Liebesverlust, vermeiden.

  Das bekannte „Mitläufer-Problem" ist hierfür ein Beispiel: Man vertritt eine bestimmte Meinung nicht, weil man wirklich davon überzeugt ist, sondern weil man auf diese Weise seine Beziehungen zu anderen besser herstellen kann.

  „Leitende Angestellte und Beamte sind von der Richtigkeit einzelner Aktionen, Anordnungen und Normen des Unternehmens oder der Organisation weit mehr überzeugt als niedrig gestellte. Berufserfolg und Anerkennung hängt vom Grad der Anpassung an bestehende Formen ab, was wiederum Neuerungen im Betrieb oder anderen Organisationen erschwert. "

  „Wes' Brot ich esse, des' Lied ich singe."

  (Ch. Michel/F. Novak, 1997[6])

- **Selbstverwirklichungsfunktion**

  Ein wesentlicher Weg der Identitätsfindung liegt darin, dass man einen „eigenen" Standpunkt hat und nach „eigenen" Vorstellungen und Überzeugungen handelt. Auf diese Weise können wir uns von anderen Menschen abheben und unsere Individualität herausstellen sowie unser Selbstwertgefühl stärken.

- **Wissensfunktion (Orientierungsfunktion)**

  Die Wirklichkeit mit ihren Problemen ist gewöhnlich so komplex und vielschichtig, dass wir ihr kaum gerecht werden können. Einstellungen vereinfachen diese Komplexität, ja sie reduzieren sie oft auf ein einfaches „gut" oder „böse". Damit vermitteln sie uns das Gefühl des Orientiertseins, der Überschaubarkeit und Sicherheit, der Kompetenz und der Handlungsfähigkeit.

  Jeder glaubt beispielsweise politische Entscheidungen beurteilen zu können, obwohl Politik für den Einzelnen nur sehr schwer durchschaubar ist.

  „Die Absicht, sich mit jedem Detail unserer (sozialen) Umgebung auseinander zu setzen, würde vermutlich in einer vollständigen Informationsüberlastung resultieren. Einstellungen erlauben es uns, neue Informationen und Erfahrungen [...] zu klassifizieren, und helfen auf diese Weise, die komplexe Welt, in der wir leben, zu vereinfachen und besser verständlich zu machen. " (D. Stahlberg/D. Frey, in: Wolfgang Stroebe u. a. [Hg.], 1992[2])

- **Abwehrfunktion (Ich-Verteidigungsfunktion)**

  Einstellungen ermöglichen eine Rechtfertigung und eine Abwehr von unerwünschten und unangenehmen Erfahrungen, Gefühlen, Wünschen und Bedürfnissen.

  Ein Schüler zum Beispiel entwickelt eine negative Einstellung gegenüber denjenigen Mitschülerinnen und -schülern, die gute Noten schreiben, und schützt sich damit selbst vor dem Eingeständnis, dass er möglicherweise nicht so begabt ist.

Abwehrreaktionen erkennt man meist an „pseudo-rationalisierten" und verzerrten Einstellungen, wie beispielsweise an den Vorurteilen gegenüber Minderheitsgruppen wie Asylbewerbern, Homosexuellen oder Behinderten. Die Abwehrfunktion, oft auch Ich-Verteidigungsfunktion genannt, wird häufig mit psychoanalytischen Abwehrmechanismen oder mit individualpsychologischem Sicherungsverhalten erklärt.

Nach *Dieter Katz* sind die Funktionen von sozialen Einstellungen auch die Grundlage für die Entstehung und Änderung von Einstellungen.

Funktion der sozialen Einstellung:	Bedürfnisse, die mit der sozialen Einstellung befriedigt werden:
Anpassungsfunktion	Gefühl der Zugehörigkeit, angenehme Zustände wie Anerkennung, Erfolg, Ansehen, Gewinn
Selbstverwirklichungsfunktion	Aufbau bzw. Erhalt des Selbstwertgefühls, der Individualität und Selbstverwirklichung
Wissensfunktion	Gefühl des Orientiertseins, der Ordnung, Sicherheit und Überschaubarkeit
Abwehrfunktion	Rechtfertigung, Vermeidung und/oder Beendigung (Abwehr) von unerwünschten und unangenehmen Erlebnissen und Erfahrungen

15.2.2 Einstellung und Vorurteil

Oft wird im Zusammenhang mit Einstellung auch der Begriff **Vorurteil** verwendet. Dieser Begriff wird sehr uneinheitlich gebraucht und die Abgrenzung zu verwandten Begriffen, wie zum Beispiel zu Einstellung, wird fast bei jedem Autor anders gehandhabt.

Einigkeit in allen Definitionen besteht jedoch darüber, dass es sich bei einem Vorurteil um ein **vorgefasstes Urteil** handelt,

- welches **sehr stark emotional untermauer**t ist,
- das **nicht auf seine Richtigkeit hin an der Realität überprüft** ist und
- das **durch neue Erfahrungen oder Informationen nicht oder kaum verändert wird.**

Eine Überzeugung, die lediglich nicht mit der Realität übereinstimmt, bezeichnen wir als **Voreingenommenheit,** und Voreingenommenheiten werden dann zu Vorurteilen, wenn sie – wie es *Gordon W. Allport (1971)* formuliert – „angesichts neuer Informationen nicht geändert werden können".

Statistisch gesehen finden sich beispielsweise zwischen Deutschen und Italienern nur geringe Unterschiede bezüglich der Arbeitszeit. Wenn nun ein Mensch behauptet, Italiener seien fauler als die Deutschen, so stimmt diese Überzeugung nicht mit der Realität überein. Es handelt sich hierbei um eine Voreingenommenheit. Kann nun diese Voreingenommenheit durch neue Erfahrungen oder Informationen nicht bzw. nur schwer verändert werden, so spricht man von einem Vorurteil.

Soziale Einstellung und Einstellungsänderung

 Manche Psychologen schränken den Begriff Vorurteil ein auf kognitive Überzeugungen und die damit verbundenen, emotional gefärbten Wertungen. Vorurteile betreffen nach dieser Auffassung mehr die kognitive und affektive Komponente einer Einstellung. Das Handeln aufgrund dieses Vorurteils bezeichnen sie als **Diskriminierung**. Diese wenig ergiebige begriffliche Trennung wird in den folgenden Ausführungen nicht aufrechterhalten. Gelegentlich wird auch zwischen Einstellung und Vorurteil dahin gehend unterschieden, dass einem Vorurteil eine bestimmte Einstellung zugrunde liegt.

Die meisten Forscher sehen in einem Vorurteil *eine besondere Form der Einstellung* gegenüber Personen bzw. Personengruppen (Ausländern, Frauen), Einrichtungen (Kirche, Schule), Gegenständen (Auto, Waffen) oder Sachverhalten (Religion, Ideologie), die sehr stark emotional untermauert ist, nicht auf ihre Richtigkeit hin an der Realität überprüft ist und die durch neue Erfahrungen oder Informationen auch nicht oder kaum verändert wird.

 Oft wird der Begriff Vorurteil auf negative bzw. ablehnende Einstellungen eingeschränkt. Dies ist jedoch wenig sinnvoll, da es auch positive Einstellungen gibt, die nicht mit der Realität übereinstimmen und angesichts neuer Erfahrungen oder Informationen kaum geändert werden.

> **Vorurteil bezeichnet eine besondere Form der Einstellung, die sehr stark emotional untermauert ist, die nicht auf ihre Richtigkeit hin an der Realität überprüft ist und durch neue Erfahrungen oder Informationen kaum bzw. nicht verändert wird.**

Vorurteile erfüllen wie Einstellungen bestimmte **Funktionen:** Sie reduzieren Angst oder schützen vor Angst und vor unangenehmer Auseinandersetzung mit der eigenen Person; sie bewahren das – vermeintliche – Selbstwertgefühl und eignen sich dazu, sich selbst bzw. die eigene Gruppe „höher" und andere „niedriger" erscheinen zu lassen; sie dienen der Bewahrung und Aufrechterhaltung von Überlegenheits-, Geltungs- und Machtansprüchen und ermöglichen das Ausleben von Aggression in einer Art und Weise, die sozial anerkannt bzw. gebilligt ist.

Die Funktionen von Einstellungen, wie sie in Abschnitt 15.2.1 dargestellt sind, treffen auf das Vorurteil in einem besonderen Maße zu. Gerade Vorurteile können dem Einzelnen Anerkennung und das Gefühl der Zugehörigkeit geben *(Anpassungsfunktion);* durch Vorurteile ist es möglich, sich von anderen abzugrenzen und sich selbst bzw. die eigene Gruppe aufzuwerten *(Selbstverwirklichungsfunktion);* Vorurteile geben dem Einzelnen das Gefühl des Orientiertseins, der Überschaubarkeit sowie der Ordnung und Sicherheit *(Wissensfunktion);* und schließlich ermöglichen sie eine Rechtfertigung und eine Abwehr von unerwünschten und unangenehmen Erfahrungen, Gefühlen, Wünschen und Bedürfnissen *(Abwehrfunktion).* Werden nun Vorurteile von anderen akzeptiert – was in der Regel ja der Fall ist –, so steigt die Sicherheit bezüglich der „Richtigkeit" eines solchen Vorurteils.

15.3 Der Erwerb von sozialen Einstellungen

Wie in Abschnitt 15.1.1 ausgeführt, sind soziale Einstellungen nicht vererbt, sondern werden im Laufe des Lebens erworben. Es gibt eine Vielzahl von Theorien, die die Entstehung und auch die Änderung von sozialen Einstellungen erklären können. Am häufigsten werden dabei die **Lerntheorien** herangezogen, obwohl diese kaum die Entstehung einer gesamten Einstellung erklären können, sondern allenfalls die gezeigte Meinung, das geäußerte Gefühl oder das Verhalten. Aus behavioristischer Sicht wird nämlich, wie schon ausgeführt, Einstellung mit beobachtbarem Verhalten gleichgesetzt.

15.3.1 Die Erklärung des Einstellungserwerbs mit Hilfe der Konditionierungstheorien [1]

- Aus der Sicht des **klassischen Konditionierens**:

  Eine positive Einstellung wird gelernt, wenn das Einstellungsobjekt mehrmals zeitlich und räumlich gleichzeitig mit einem Reiz, der schon eine positive Einstellung, angenehme Gefühle oder ein Bedürfnis auslöst, dargeboten wird. Dadurch entsteht zwischen dem Einstellungsobjekt und dem dargebotenen Reiz eine Verknüpfung, und das Einstellungsobjekt selbst löst die gleiche Reaktion aus, die bereits der dargebotene Reiz zeigt.

  Die Werbung zum Beispiel koppelt ihr Produkt (= Einstellungsobjekt) mit einem Reiz, der bereits eine positive Einstellung besitzt: Ein Urlaubsangebot wird mit „Freiheit und Abenteuer" verbunden, eine Zahnpasta mit Gesundheit, eine Automarke mit Karriere und beruflichem Erfolg, Skier mit einer nackten Frau, ein Getränk mit einem glücklichen und gut aussehenden Paar, ein bestimmtes Kleidungsstück mit „Individualität".

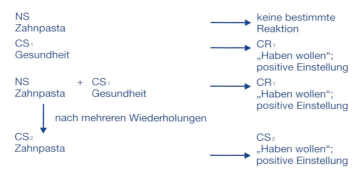

Entsprechend gilt auch Umgekehrtes: Eine negative Einstellung wird erlernt, wenn das Einstellungsobjekt mehrmals zeitlich und räumlich gleichzeitig mit einem Reiz, der schon eine negative Einstellung oder unangenehme Gefühle auslöst, dargeboten wird.

---

[1] *Die Aussagen und Fachbegriffe der beiden Konditionierungstheorien, des klassischen und des operanten Konditionierens, sind in Band 1, Kapitel 8.1 und 8.2, ausführlich dargestellt.*

Soziale Einstellung und Einstellungsänderung

Das Ausfragen in der Schule zum Beispiel erlebt ein Schüler als unangenehm, er hat eine negative Einstellung zum Ausfragen. Da es immer der Lehrer ist, der prüft, werden die unangenehmen Gefühle beim Ausfragen und die negative Einstellung mit dem Lehrer verbunden.

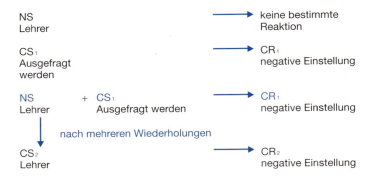

Das Einstellungsobjekt verknüpft sich nur dann mit dem Reiz, der schon eine positive bzw. negative Einstellung auslöst, wenn Einstellungsobjekt und Reiz *mehrmals miteinander oder in einem zeitlich kurzen Abstand nacheinander in der gleichen Situation* auftreffen (**Gesetz der Kontiguität**).

Man kann beobachten, dass Menschen die gelernte Einstellung zunächst auch auf andere Einstellungsobjekte übertragen, die dem eigentlichen Einstellungsobjekt ähnlich ist (**Reizgeneralisierung**).
Macht ein Schüler beispielsweise negative Erfahrungen mit einem Lehrer, so wird er zunächst die negative Einstellung auf alle Lehrer übertragen.

Allmählich aber lernt ein Individuum je nach seinen Erfahrungen unterscheiden zwischen ähnlichen Einstellungsobjekten, die unterschiedliche Einstellungen hervorrufen (**Reizdifferenzierung**).
Erst später differenziert der Schüler zwischen verschiedenen Lehrern und wird etwa gegenüber dem Psychologielehrer eine positive und gegenüber dem Mathematiklehrer eine negative Einstellung entwickeln.

- Aus der Sicht des **operanten Konditionierens**:

    Bei der operanten Konditionierung spielt die **Verstärkung** die entscheidende Rolle: Führen die auf ein bestimmtes Einstellungsobjekt bezogenen Verhaltensweisen mehrmals zu angenehmen Konsequenzen, so wird eine bestimmte (positive oder negative) Einstellung gegenüber diesem Objekt aufgebaut. Gezeigte Einstellungen, die angenehme Konsequenzen nach sich ziehen, werden wiederholt, Einstellungen, die zu keinen angenehmen Konsequenzen führen, werden nicht wiederholt (**Effektgesetz**).
    Wird beispielsweise ein Kind für seine Hilfe und Unterstützung von Ausländerkindern des Öfteren gelobt und bekommt es Zuwendung, wenn es mit diesen spielt, so wird es diese Verhaltensweisen wiederholen und allmählich eine positive Einstellung gegenüber diesen erwerben. Erntet das Kind dagegen Lob und Anerkennung, wenn es über Ausländer schimpft und sich gegenüber Ausländerkindern ablehnend verhält, so wird es im Laufe der Zeit eine negative Einstellung gegenüber Ausländern zeigen.

Soziale Einstellung und Einstellungsänderung

Kann nun ein Individuum durch ein Einstellungsobjekt des Öfteren eine angenehme Situation herbeiführen bzw. aufrechterhalten oder eine unangenehme Situation verringern, beenden oder vermeiden, so erwirbt es eine positive Einstellung gegenüber diesem Objekt **(Prinzip der Verstärkung)**.

Wenn es zum Beispiel dem internationalen Jugendaustausch gelingt, Jugendlichen mit bestimmten Ausländern schöne Erlebnisse zu vermitteln (= angenehmer Zustand), so wird vermutlich gegenüber diesen Ausländern eine positive Einstellung aufgebaut.

Oder wenn man durch das Verwenden eines bestimmten Weichspülers (= Einstellungsobjekt) ein schlechtes Gewissen (= unangenehmer Zustand) vermeiden kann, so wird gegenüber diesem Produkt eine positive Einstellung erworben werden.

Wird dagegen mit Hilfe eines bestimmten Einstellungsobjektes des Öfteren ein angenehmer Zustand aufgehoben bzw. verhindert oder ein unangenehmer Zustand erzeugt, so erwirbt das Individuum eine negative Einstellung gegenüber diesem Objekt.

Ein Kind will beispielsweise von seiner Mutter Zuneigung. Doch jedes Mal, wenn die Freundin der Mutter kommt, schenkt die Mutter ihre ganze Aufmerksamkeit ihrer Freundin (= Aufhebung oder Verhinderung eines angenehmen Zustandes). Die Freundin wird bald vom Kind mit einer negativen Einstellung besetzt sein.

Es ist möglich, dass man mit einem Menschen schlechte Erfahrungen sammelt – er ist recht unzuverlässig, hat oft ausgemachte Termine vergessen, hat Versprochenes nicht gehalten (= Hervorrufen eines unangenehmen Zustandes). Dies führt dazu, dass man gegenüber diesem Menschen eine negative Einstellung entwickelt.

Dabei wird eine Einstellung gegenüber einem Objekt effektiv gelernt, wenn schon kleinste Ansätze und Schritte, die in Richtung der gewünschten Einstellung zeigen, verstärkt werden **(shaping)**.

Eine bestimmte Einstellung wird jedoch nur erlernt, wenn eine *Bereitschaft zum Lernen* vorhanden ist **(Gesetz der Bereitschaft)**. Ebenso wird eine zum Erfolg führende Einstellung nur durch *Wiederholung und Übung* erlernt, durch mangelnde Wiederholung und Übung wird sie verlernt **(Frequenzgesetz)**.

Kann zum Beispiel die Hausfrau durch das Verwenden eines bestimmten Weichspülers *des Öfteren* ein schlechtes Gewissen vermeiden, so wird eine positive Einstellung gegenüber diesem Produkt aufgebaut und erlernt. Ebenso wird eine negative Einstellung gegenüber einem bestimmten Menschen erworben, wenn man mit diesem *des Öfteren* schlechte Erfahrungen sammelt.

Soziale Einstellung und Einstellungsänderung

15.3.2 Die Erklärung des Einstellungserwerbs mit Hilfe der sozial-kognitiven Theorie[1]

Menschen erlernen Einstellungen auch durch **Beobachtung anderer Personen,** die ihnen als Vorbild dienen. Als Vorbilder fungieren dabei *natürliche Modelle* (= Menschen, die real anwesend sind) sowie *symbolische Modelle*, zum Beispiel Personen aus Filmen, Fernsehen, Büchern, Comics und anderen Massenkommunikationsmitteln. So wird denn auch das Modelllernen häufig in der Werbung als Strategie zum Aufbau und Erwerb von Einstellungen benutzt.

> *„Wenn berühmte Stars aus Film und Sport im Werbefernsehen auftreten und für eine bestimmte Seifenmarke oder für ein Rasierwasser Reklame betreiben, kann dies aus unterschiedlichen Gründen eine positivere Einstellung der Zuschauer gegenüber dem Produkt bewirken."*
>
> (W. Stroebe/K. Jonas; in: Wolfgang Stroebe u. a. [Hg.], 1992[2])

Der Erwerb einer bestimmten Einstellung hängt einmal von deren Aufnahme mit Hilfe von kognitiven Prozessen ab **(Aneignung),** und zum anderen davon, ob das Individuum motiviert ist, eine Einstellung zu übernehmen und zu zeigen **(Ausführung).** Bezüglich der Beobachtung von Einstellungen konzentriert sich der Lernende nur auf diejenigen, die seine **Aufmerksamkeit** erregen. Die Aufmerksamkeitsprozesse entscheiden darüber, welche Einstellungen überhaupt „registriert" und aufgenommen werden.

So wird man zum Beispiel nur Werbeprodukte, die die Aufmerksamkeit auf sich ziehen, erfassen und aufnehmen.

Die Aufmerksamkeit hängt von einer Reihe von Faktoren ab, unter anderem von den **Persönlichkeitsmerkmalen des Modells und des Beobachters,** von der **Art der Beziehung zwischen Modell und Beobachter** und von den **gegebenen Situationsbedingungen.** Dabei spielt die Beschaffenheit des Modells eine wichtige Rolle: Einstellungen werden in der Regel eher übernommen, wenn das Modell

- soziale Macht, Prestige und hohes Ansehen besitzt,
- sympathisch und attraktiv erscheint,
- dem Lernenden gegenüber Wertschätzung und Verständnis zeigt und seine Bedürfnisse befriedigt und
- mit seiner Einstellung, die es zeigt, zum Erfolg kommt.

Das „Modell" im Werbefilm beispielsweise erfüllt in der Regel diese Eigenschaften.

Zuschauer des Werbefernsehens bauen möglicherweise deshalb eine positive Einstellung zugunsten des umworbenen Produktes auf, „weil sie annehmen, es müsse wohl den eigenen Ansprüchen genügen, da ja offenbar der Star damit zufrieden ist". Denkbar ist jedoch auch, dass einige Zuschauer sich deshalb eine bestimmte Einstellung zu eigen machen, „weil sie in jeder Hin-

---

[1] *Die Aussagen und Fachbegriffe der sozial-kognitiven Theorie sind in Band 1, Kapitel 9 ausführlich dargestellt.*

sicht wie ihr Idol sein wollen". Sie übernehmen dann die von ihm gezeigte Einstellung, „um dieses Ziel zu erreichen".

(W. Stroebe/K. Jonas; in: Wolfgang Stroebe u. a. [Hg.], 1992²)

Zum anderen ist die Beziehung des Modells zum Beobachter wichtig: Eine positive Beziehung begünstigt den Erwerb von bestimmten Einstellungen.

Bevor Einstellungen jedoch gezeigt werden können, müssen sie erst gespeichert werden. Die Speicherung ist auch von Bedeutung, weil beobachtete Einstellungen nicht unmittelbar gezeigt werden müssen.

Der Beobachter wird eine bestimmte Einstellung jedoch nur dann zeigen, wenn er dazu **motiviert** ist. Nur wer sich vom Beobachten und Zeigen einer Einstellung einen Erfolg bzw. Vorteil verspricht oder einen Misserfolg bzw. Nachteil abzuwenden glaubt, wird entsprechende Aktivitäten entfalten. Motivation ist daher eng mit der Aussicht auf Bekräftigung bzw. Verstärkung oder ihrem tatsächlichen Eintreten verbunden. Dabei kann es sich um unterschiedliche Arten von Konsequenzen handeln, die entweder den Beobachter oder das Modell betreffen: um die *externe Bekräftigung,* die *stellvertretende Bekräftigung,* die *direkte Selbstbekräftigung* und/oder die *stellvertretende Selbstbekräftigung.*

So zum Beispiel kann die Beobachtung, dass man in einem bestimmten sozialen Umfeld für eine aggressive Handlung belohnt wird, eine positive Einstellung, diese Handlung in der betreffenden Umgebung auszuführen, bewirken. Dies kann auch der Fall sein, wenn das Modell für seine aggressive Vorgehensweise die Anerkennung seiner Freunde erfährt.

Dabei ist das Entscheidende, dass bei dem Zeigen einer bestimmten Einstellung eine positive Konsequenz oder ein Vermeiden negativer Folgen *erwartet* wird. Aus der Sicht der sozial-kognitiven Theorie sind es letztlich die **Erwartungshaltungen,** die den Beobachter dazu motivieren, eine bestimmte Einstellung zu zeigen oder nicht zu zeigen: Eine Einstellung wir eher gezeigt, wenn

- sich der Nachahmer von der Einstellung angenehme Konsequenzen verspricht **(Ergebniserwartung),**
- der Beobachter eine positive subjektive Einschätzung seiner eigenen Fähigkeiten vornimmt **(Kompetenzerwartung),**
- er eine günstige Selbstbewertung bei Zeigen dieser erwartetet **(Aussicht auf Selbstbekräftigung).**

Erhofft sich zum Beispiel ein Jugendlicher vom Nachahmen einer positiven Einstellung zu Gewalt mehr Anerkennung in seiner Gruppe, so zeigt er sehr wahrscheinlich diese Einstellung; nimmt er aber an, sie bringe ihm Spott und Ablehnung ein, so wird er sie unterlassen. Eine Person jedoch, die Gewalt aus tiefster Überzeugung ablehnt, wird sich durch das Beobachten eines gewalttätigen Vorbildes nicht ohne weiteres zur Übernahme einer solchen Einstellung bewegen lassen, selbst wenn ihr eine externe Belohnung dafür in Aussicht steht.

Bei der Übernahme einer bestimmten Einstellung kann es sich dabei um den modellierenden, den enthemmenden oder hemmenden oder auch um den auslösenden Effekt handeln.

Soziale Einstellung und Einstellungsänderung

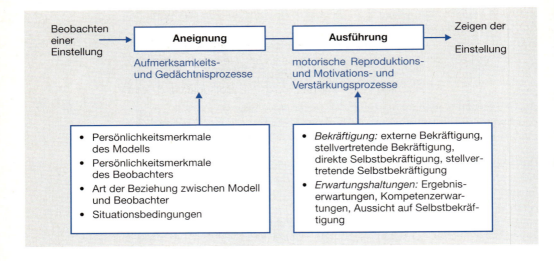

15.4 Die Änderung von sozialen Einstellungen

Wie eingangs schon erwähnt, sind sehr viele Menschen oder -gruppen daran interessiert, Einstellungen anderer zu ändern. So zum Beispiel versuchen Krankenkassen die Menschen zur Krebsvorsorgeuntersuchung zu bewegen, Produkthersteller wollen mit Hilfe der Werbung die Einstellung des Verbrauchers zugunsten ihres Produktes ändern, politische Parteien wollen den Bürger von ihrem Programm überzeugen.

15.4.1 Einstellungsänderung auf der Grundlage von Erkenntnissen über Kommunikation

Die beiden Psychologen *R. E. Petty und J. T. Cacioppo (1986)* konzentrierten sich in ihrem Modell, in welchem es primär um die Wirkungen der auf Überzeugung (= **persuasion**) angelegten Kommunikation geht, auf die Änderung von Einstellungen mit Hilfe der sozialen Kommunikation[1].

---

[1] *R. E. Petty und J. T. Cacioppo nannten dieses Modell* **Elaboration-Likelihood-Model of Persuasion**; *elaboration: die Verarbeitungstiefe; likelihood: die Wahrscheinlichkeit; persuasion: die Überzeugung. Übersetzt wurde dieser Name mit Modell der Wahrscheinlichkeit der tiefen Verarbeitung von einstellungsrelevanten Informationen.*

Soziale Einstellung und Einstellungsänderung

Nach diesem Modell gibt es *zwei Wege,* die für eine Einstellungsänderung bedeutsam sind:

1. Eine Person ist motiviert und auch fähig, eine angebotene Information sorgfältig zu verarbeiten und zu bewerten; es findet eine *tiefe Verarbeitung von Informationen* statt. Dieser Weg wird als **zentraler Weg** bezeichnet. Der Empfänger konzentriert sich auf den Inhalt der Botschaft und setzt sich mit dieser intensiv auseinander.

   So zum Beispiel hört der Empfänger genau zu, prüft die Aussagen des Senders, setzt sich mit ihnen gründlich auseinander, versucht sich an das zu erinnern, was er bereits über das Einstellungsthema weiß, und bringt dann dieses Wissen in Beziehung mit den in der Information enthaltenen Aussagen.

2. Eine Person ist wenig oder nicht motiviert bzw. unfähig, sich mit der dargebotenen Information wirklich auseinander zu setzen. Der Empfänger stützt sich dann mehr auf *Aspekte, die nicht den Inhalt der Botschaft betreffen,* sondern auf – angenehme bzw. unangenehme – Reize, die zusammen mit der Information auftreten. Diesen Weg der Einstellungsänderung nennen wir **peripheren Weg,** die Reize bezeichnen wir als periphere Reize.

   So geben etwa Attraktivität, Sympathie, Glaubwürdigkeit des Senders, die gute Stimmung, das tolle Medium oder andere Gesichtspunkte (= periphere Reize) den Ausschlag für eine Einstellungsänderung.

Beide Wege schließen sich gegenseitig nicht aus, in der Regel werden sie bei einer Einstellungsänderung gleichzeitig beschritten.

So setzt sich beispielsweise eine Person recht intensiv mit einer Information auseinander, zugleich aber spielen bei ihr auch die Attraktivität und die Glaubwürdigkeit des Senders eine wichtige Rolle.

Die Verarbeitung einer dargebotenen Information kann **sehr intensiv und tief oder auch recht oberflächlich** geschehen. Bei einer sehr tiefen Verarbeitung wird ein Einstellungswandel primär durch den zentralen Weg, bei oberflächlicher Verarbeitung primär durch den peripheren Weg stattfinden. Einstellungsänderungen, die durch eine intensive Verarbeitung von Informationen und damit auf zentralem Weg erworben wurden, sind – wie entsprechende Untersuchungen zeigen – in der Regel beständiger und widerstandsfähiger gegenüber zukünftigen Angriffen.

Ob sich der Empfänger mit dem Inhalt einer Botschaft und, wenn ja, wie tief, gründlich und ausführlich er sich mit ihr auseinander setzt (= *Elaboration),* hängt von seiner **Motivation und von seinen individuellen Fähigkeiten** ab.

„Motivation ist bedeutsam, da eine solche Elaboration Zeit und Ausdauer erfordert. Fähigkeit ist wichtig, weil ein bestimmtes Maß an Intelligenz, spezifischem Wissen oder auch Zeit nötig ist, um die Validität[1] der in einer Botschaft enthaltenen Argumente einzuschätzen."

(Wolfgang Stroebe u. a., [Hg.], 1992[2])

---

[1] *Validität: Gültigkeit (vgl. Band 1, Kapitel 2.3.2)*

Soziale Einstellung und Einstellungsänderung

Wenn Menschen motiviert und auch zu intensiver Verarbeitung von Botschaften fähig sind, so kann diese in relativ **unvoreingenommener** oder aber auch in **voreingenommener Weise** stattfinden.

Ein Parteimitglied beispielsweise, das hoch motiviert und fähig zu guter Informationsverarbeitung ist, wird das Programm seiner Partei als „gut" wahrnehmen und es verteidigen sowie versuchen, Gegenargumente zu widerlegen.

Sind Motivation und/oder die Fähigkeit zu einer intensiven Verarbeitung von dargebotenen Informationen gering, so spielen *periphere Reize* wie Attraktivität, Sympathie des Senders, gute Stimmung, Medium und dergleichen eine wichtige Rolle – Einstellungsänderungen werden dann primär auf peripherem Weg erreicht. Umgekehrt sind solche peripheren Reize unwichtig, wenn die Intensität der Informationsverarbeitung sehr hoch ist.

„Immer dann, wenn eine Person nicht genügend motiviert ist, eine Botschaft intensiv zu verarbeiten, oder nicht dazu in der Lage ist (fehlende Fähigkeiten), wird sie dazu tendieren, die Botschaft unter Rückgriff auf periphere Reize zu beurteilen." (D. Stahlberg/D. Frey, in: D. Frey/M. Irle, 1993[2])

Trotz geringer Motivation und Fähigkeit können also Einstellungsänderungen stattfinden, weil sich solche Personen in diesem Fall an peripheren Reizen orientieren.

Die Motivation und die Fähigkeit zu einer intensiven Verarbeitung von Informationen sind ihrerseits wiederum von **verschiedenen Faktoren** abhängig.

- Von der **Art und Weise der Botschaft:** Logische, gut strukturierte und wohl durchdachte Argumente, die *verständlich* und anschaulich dargeboten werden, erhöhen die Bereitschaft, sich mit diesen gründlich auseinander zu setzen. Die *Wiederholung der Botschaft* macht es dem Empfänger leichter, diese intensiv zu verarbeiten. Doch kommen Wiederholungen zu häufig vor, so führen sie zu verstärkter Gegenargumentation. *Komplexität* des Einstellungsthemas und *Ablenkung* des Empfängers verringern dagegen die Bereitschaft und die Fähigkeit zu einer tiefen Verarbeitung.

  Der *Einfluss von Stimmungen* spielt ebenfalls eine Rolle: Untersuchungen ergaben, dass positive Stimmungen im Vergleich zu eher neutralen eine oberflächliche Verarbeitung von Informationen zur Folge haben. Gute Stimmung reduziert also die zentrale Informationsverarbeitung, während schlechte Stimmung sie mehr fördert.

- Von der **Erscheinung und den Eigenschaften des Senders:** Attraktivität, Sachkenntnis, Glaub- und Vertrauenswürdigkeit des Senders und seine Stimme fördern periphere Verarbeitung. Einer der wichtigsten peripheren Reize stellt dabei der *Expertenstatus* des Senders dar. Nicht unbedeutend ist auch die *Anzahl der Kommunikatoren:* Mehrere Sender wirken zum einen als periphere Reize nach dem Motto: „Viele können sich nicht irren!", zum anderen werden Informationen besonders sorgfältig verarbeitet, wenn diese von mehreren Kommunikatoren der gleichen Position kommen.

Soziale Einstellung und Einstellungsänderung

- Von den **Eigenschaften und Persönlichkeitsmerkmalen des Empfängers:** Die Motivation ist umso höher, je mehr das Einstellungsthema den Empfänger *persönlich betrifft* und für ihn von *Bedeutung* ist: Bei hoher persönlicher Relevanz und Betroffenheit weist das Individuum eine intensivere Verarbeitungstiefe auf als bei einer geringen.

Wenn zum Beispiel in der Nähe des eigenen Wohnortes eine Autobahn gebaut werden soll, so wird die betreffende Person wesentlich motivierter für dieses Thema sein und sich intensiver damit auseinander setzen, als wenn sie weit weg davon wohnt.

Die Qualität der Informationen hat bei hoher persönlicher Betroffenheit eine stärkere Wirkung auf den Empfänger als bei einer geringen persönlichen Betroffenheit.

Ebenso können die allgemeine persönliche Bereitschaft, grundsätzlich gerne *nachzudenken*[1], sowie die *Intelligenz* und *persönlichen Interessen* des Einzelnen der Verarbeitungstiefe einer Botschaft förderlich sein.

Das *Vorwissen* des Empfängers über ein bestimmtes Einstellungsthema und eine *enge Beziehung des Themas zu seinen eigenen Wertvorstellungen* erhöhen die Bereitschaft und die Fähigkeit zu einer tiefen Verarbeitung, während *Zeitdruck* auf Seiten des Empfängers diese verringern.

- Von den **Medien,** die bei der „Überzeugung" eingesetzt werden: Printmedien erleichtern eine zentrale Verarbeitung, audiovisuelle Medien motivieren zu einer tieferen Auseinandersetzung mit dem Einstellungsthema.

Diese Faktoren können, wenn sie eine gründliche und tiefe Verarbeitung fördern, dazu führen, dass diese in relativ unvoreingenommener oder aber auch in voreingenommener Weise stattfindet.

Die Qualität der Botschaft oder ein hohes Maß an persönlicher Betroffenheit vom Einstellungsthema motivieren zum Beispiel eher zu einer unvoreingenommenen, objektiven Verarbeitung, während Vorkenntnisse, Vorwarnung in Bezug auf den Inhalt einer Botschaft oder auf die Überzeugungsabsicht sowie die enge Beziehung des Themas zu eigenen Wertvorstellungen eher eine voreingenommene Verarbeitung begünstigen.

---

[1] *R. E. Petty und J. T. Cacioppo (1986) sprechen in diesem Zusammenhang von einem* **Bedürfnis nach Kognition***.*

Soziale Einstellung und Einstellungsänderung

Das Modell von *R. E. Petty und J. T. Cacioppo (1986)*:

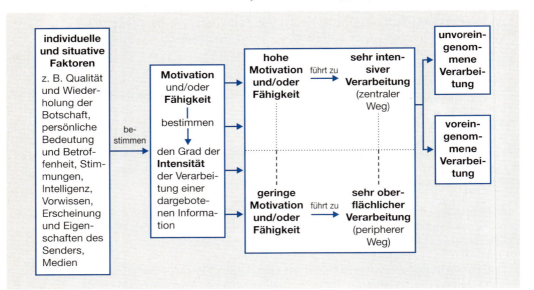

Folgende **Möglichkeiten zur Änderung von Einstellungen** sind aus kommunikationstheoretischer Sicht bedeutsam, wobei darauf geachtet werden muss, dass wegen der unterschiedlichen Motivation und Fähigkeit des bzw. der Empfänger(s) sowohl zentrale als auch periphere Reize angeboten werden sollten:

- **Hohe Qualität der Botschaft**
  Logische, gut strukturierte und wohl durchdachte Argumente sind am effektivsten imstande, eine Einstellung auf Dauer zu ändern. Dabei spielen Verständlichkeit, Überschaubarkeit und Anschaulichkeit eine wichtige Rolle.

  „Kommunikatoren, die daran interessiert sind, langfristig stabile, gegen Gegenargumente gefeite und verhaltenssteuernde Einstellungen zu einem bestimmten Thema zu erzeugen, sollten in die Qualität ihrer Botschaft investieren und gleichzeitig sicherstellen, dass die potentiellen Rezipienten[1] dazu willens und in der Lage sind, die Botschaft intensiv zu verarbeiten." (D. Stahlberg/D. Frey, in: D. Frey/M. Irle, 1993[2])

  Ebenso ist bedeutend, dass sich der Empfänger auf die Kommunikation konzentrieren kann und nicht unter Zeitdruck steht bzw. gesetzt wird – es sei denn, eine zentrale Verarbeitung ist nicht erwünscht. Eine nicht zu häufige Wiederholung der Botschaft, rhetorische Fragen sowie der Einsatz von geeigneten Medien können unterstützend wirken.

---

[1] *potentieller Rezipient: ein möglicher, ein denkbarer Empfänger*

Soziale Einstellung und Einstellungsänderung

- **Erzeugung von persönlicher Betroffenheit**

  Die Überzeugung, dass das Einstellungsthema für den Empfänger relevant ist bzw. sein könnte, sowie das Auslösen von Betroffenheit fördern tiefe Verarbeitung und damit eine beständige und widerstandsfähige Einstellungsänderung.

- **Mäßige emotionale Appelle**

  Emotionale Appelle, wie zum Beispiel das Appellieren an das Ehrgefühl („So ein Mensch wie Sie ..."), an die Hilfsbereitschaft oder das Erzeugen von Furcht und Angst („Auch Sie können morgen behindert sein!"), wirken sich positiv auf eine Einstellungsänderung aus. Die Werbebranche und Parteipolitiker haben sich diese Erkenntnisse schon lange zunutze gemacht:

  „Siehst du, jetzt hast du ein schlechtes Gewissen!"

  „... damit der Zahnarzt nicht bohren braucht!"

  „Der Geschmack von Freiheit und Abenteuer!"

  Allerdings dürfen die emotionalen Mitteilungen nicht zu stark sein, da sonst die Gefahr der Abwehr besteht.

  So hatte zum Beispiel ein deutscher Automobilclub mit seinen schockierenden Bildern über die Folgen des Nichtangegurtetseins kaum Erfolg, da die emotionalen Appelle zu stark waren und der Einzelne mit Abwehr reagierte.

- **Zweiseitige Argumentation**

  Wer nur seinen Standpunkt vertritt, der wird eher Abwehr seitens des Empfängers erleben, denn in der Regel wirken gegenteilige Informationen sogar noch verstärkend auf die schon bestehenden Einstellungen. Eine Argumentation, die beide Seiten eines Sachverhaltes berücksichtigt, ist wirkungsvoller; das Anführen des „Für und Wider", der positiven und negativen Argumente verringert die Möglichkeit der Abwehr. Es ist also wichtig, vor Beginn der „Überredungsversuche" seine Zuhörerschaft genau zu kennen, um die richtige Argumentation zu finden.

- **Richtige Reihenfolge in der Argumentation**

  Ein weiterer Gesichtspunkt, der für die Wirksamkeit von Kommunikationen in Betracht kommt, ist die Reihenfolge, in der die Argumente dargeboten werden. Wie Untersuchungen ergeben haben, ist die Wirkung am größten, wenn die wichtigsten Argumente am Anfang oder noch besser am Ende platziert werden *(= Positionseffekt)*. Weniger bedeutende Mitteilungen sind in der Mitte eines „Überzeugungsversuches" zu legen. Redner, die als Erste und vor allem als Letzte sprechen können, haben bezüglich der Beeinflussung von Einstellungen eine günstigere Ausgangssituation als ein Referent, der zwischen anderen Rednern sprechen muss.

- **Glaubwürdigkeit des Senders**

  Eine einstellungsändernde Wirkung ist dann zu erwarten, wenn der Sender glaubwürdig erscheint. Glaubwürdigkeit erreicht man durch **Vertrauenswürdigkeit und Sachkompetenz.** So erhöht zum Beispiel das Bemühen berühmter Persönlichkeiten die Vertrauenswürdigkeit ebenso

Soziale Einstellung und Einstellungsänderung

wie die Tatsache, dass der Sender einen akademischen Titel trägt oder langjährige Erfahrung nachweisen kann; all dies suggeriert dem Empfänger Glaubwürdigkeit.

Beispiele für Formulierungen, die die Glaubwürdigkeit verstärken:

„Die Wissenschaft hat festgestellt ..."

„Die meisten Ärzte empfehlen ihren Patienten ..."

„Aufgrund meiner vielen Erfahrungen ... "

„Als Doktor der Wirtschaftswissenschaft möchte ich Ihnen sagen ..."

„Auch der Bundespräsident meint ..."

Wird zum Beispiel anlässlich eines Vortrags ein Referent über Kindererziehung als ein äußerst erfahrener und gut informierter Pädagoge vorgestellt, so wird dieser bei den zuhörenden Eltern wahrscheinlich mehr bewirken, als wenn er lediglich als ein Student der Pädagogik eingeführt werden würde.

- **Attraktivität des Senders**

  Ein Kommunikator hat dann mehr Einfluss, wenn man ihn kennt und wenn er **sympathisch** erscheint. Merkmale wie Alter, Aussehen, Geschlecht, Besitz spielen dabei eine entscheidende Rolle.

  Ein ungepflegt aussehender Versicherungsvertreter zum Beispiel wird kaum Policen unter die Leute bringen.

  Aufgrund der vorliegenden Erkenntnisse kann man auch annehmen, dass man in dem Maße von einem Kommunikator beeinflusst wird, in welchem man ihn als **ähnlich** erlebt.

  Ein 16-jähriger Jugendlicher zum Beispiel wird in einem Gespräch mit seinem gleichaltrigen Freund mehr ausrichten können als dessen Vater.

- **Soziale Macht des Kommunikators**

  In der Kommunikation versucht der Empfänger in der Regel abzuschätzen, inwieweit der Sender Macht ausüben kann. Je mächtiger der Kommunikator erscheint, das heißt, je mehr Einfluss er auf den Empfänger hat, desto größer ist seine einstellungsändernde Wirkung.

- **Eigenaktivität**

  Je aktiver der Empfänger selbst beim Versuch der Einstellungsänderung sein muss, desto größer ist die Wahrscheinlichkeit der Einstellungsänderung.

  Bei einem Vortrag zum Beispiel, in welchem der Zuhörer nur passiv dasitzt, ist die Wirkung der Information am geringsten.

- **Der Einfluss der Gruppe**

  Ein Meinungsaustausch, ein Gespräch in der Gruppe bewirken eine effektivere Einstellungsänderung als Massenkommunikation oder ein gut durchdachter, rhetorisch einwandfreier Vortrag. Der Grund hierfür dürfte darin liegen, dass von einer Gruppe bestimmte Zwänge ausgehen, die meist unmerklich sind und darum umso wirkungsvoller. Eine Einstellungsänderung, die aufgrund von Gruppenprozessen stattfindet, ist auch wesentlich beständiger, wie entsprechende Untersuchungen zeigen.

Soziale Einstellung und Einstellungsänderung

- **Erzwungene Einwilligung**

  Besondere Bedeutung für die Änderung von Einstellungen hat die so genannte erzwungene Einwilligung: Damit ist eine Situation gemeint, in der eine bestimmte Person dazu gebracht wird, eine Position zu vertreten, die nicht ihrer eigenen Meinung entspricht. Der erlebte Widerspruch zwischen dem Verhalten und der eigenen Meinung führt in der Regel zur Änderung der ursprünglichen Einstellung. Wird man etwa durch Belohnung zu einer Ausführung des Verhaltens gebracht, so besteht offensichtlich die Tendenz, durch Einstellungsänderung seine Einstellung mit dem Verhalten in Einklang zu bringen *(vgl. Manfred Bornewasser u. a., 1986³)*.

  Bevorzugung, Beförderung oder beruflicher Aufstieg zum Beispiel zwingen den Einzelnen dazu, sich so zu verhalten, wie es von ihm erwartet wird. Um zwischen dem Verhalten und der ursprünglichen Einstellung ein Gleichgewicht herzustellen, ist es notwendig, seine gesamte Einstellung zu ändern. Die in einer Firma leitenden Angestellten entsprechen auch deshalb bald in ihren Einstellungen mehr den Vorstellungen der Führung als Angestellte, die sehr niedrig gestellt sind.

„Heiße Herzen und schwacher Verstand haben in der Welt mehr Schaden angerichtet als kalte Herzen und scharfer Verstand. Mit rational-denkenden ‚Bösewichten' kann man verhandeln; gegen fanatische ‚Heilige' ist man machtlos."

(E. F. Mueller/A. Thomas, 1976²)

15.4.2 Die Theorie der kognitiven Dissonanz

Die Änderung von sozialen Einstellungen wird in der Sozialpsychologie vor allem mit Hilfe von **Konsistenztheorien** erklärt. Diese gehen davon aus, dass der Mensch *von Natur aus nach Gleichgewicht strebt.* Ein konsistenter Zustand ist in sich harmonisch, und seine Teile sind stimmig, bei einem inkonsistenten Zustand sind die Teile nicht im Einklang miteinander, sondern stehen im Widerspruch zueinander.

Ein solcher inkonsistenter Zustand ist zum Beispiel vorhanden, wenn ein Mann Vorurteile in Bezug auf Ausländer hegt, er sich aber emotional zu einer ausländischen Frau hingezogen fühlt.

Derartige Zustände werden als unangenehm empfunden und erzeugen im Menschen Spannungen, die nach Überwindung drängen; der Mensch befindet sich im Ungleichgewicht, und er setzt alles daran, um wieder einen konsistenten Zustand, ein Gleichgewicht zu erreichen.

Die bekannteste Konsistenztheorie in der sozialpsychologischen Literatur ist die **Theorie der kognitiven Dissonanz** von *Leonhard Festinger.* Ihre Grundannahmen sind bis zu einem gewissen Grad mit denen der anderen Konsistenztheorien vergleichbar.

Die wichtigsten Aussagen dieser Theorie *(vgl. Leonhard Festinger, 1978):*

- Ausgangspunkt und Grundlage sind die Beziehungen zwischen **kognitiven Elementen.** Kognitive Elemente sind jedes Wissen, jede Meinung oder Überzeugung über sich selbst oder über die eigene Umwelt. Sie stel-

Soziale Einstellung und Einstellungsänderung

len also das Wissen, die Meinung oder die Überzeugung dar, die eine Person über sich selbst, über ihr eigenes Verhalten und über ihre Umwelt hat.

Beispiele für **kognitive Elemente**: „Rauchen ist ungesund",
„Ich bin ein zuverlässiger Mensch",
„Der Urlaub war schön",
„Stundenlanges in der Sonne Liegen erzeugt Hautkrebs".

- Kognitive Elemente stehen zueinander in einer **relevanten oder irrelevanten Beziehung.** Eine relevante Beziehung liegt vor, wenn kognitive Elemente etwas miteinander zu tun haben, wenn zwischen ihnen ein Zusammenhang besteht; irrelevant ist eine Beziehung, wenn sie zusammenhanglos nebeneinander stehen und nichts miteinander zu tun haben.

Beispiele für **relevante Beziehungen**: „Stundenlanges in der Sonne Liegen erzeugt Hautkrebs." – „Ich habe immer ein T-Shirt an, wenn ich in die Sonne gehe."
„Ich bin ein zuverlässiger Mensch." – „Ich habe meinen Freund versetzt."

Beispiele für **irrelevante Beziehungen**: „Der Urlaub war schön." – „Meine Oma hat morgen Geburtstag."
„Ich bin ein zuverlässiger Mensch." – „In unserer Familie wird viel ferngesehen."

- Die relevante Beziehung zwischen kognitiven Elementen kann **konsonant oder dissonant** sein. Sie ist konsonant, wenn ein kognitives Element aus dem anderen folgt, und sie ist dissonant, wenn das Gegenteil des kognitiven Elements aus dem anderen folgt, wenn also die beiden Elemente in Widerspruch zueinander stehen.

Beispiele für **Konsonanz**: „Rauchen ist ungesund" – „Ich rauche nicht mehr",
„Stundenlanges in der Sonne Liegen erzeugt Hautkrebs" – „Ich habe immer ein T-Shirt an, wenn ich in die Sonne gehe",
„Ich bin ein zuverlässiger Mensch" – „Ich mag Menschen nicht, die unzuverlässig sind".

Beispiele für **Dissonanz**: „Rauchen ist ungesund" – „Ich rauche täglich eine Schachtel Zigaretten",
„Stundenlanges in der Sonne Liegen erzeugt Hautkrebs" – „Ich liege täglich mehrere Stunden in der Sonne",
„Ich bin ein zuverlässiger Mensch" – „Ich habe meinen Freund versetzt".

Soziale Einstellung und Einstellungsänderung

Dabei handelt es sich nicht um objektive kausale Zusammenhänge oder Unvereinbarkeiten, sondern um rein subjektive. Was für Person A vereinbar ist, mag für Person B unvereinbar sein.

- Eine kognitive Dissonanz entsteht aufgrund von Informationsaufnahme, eigener Erfahrungen oder aufgrund Erfahrungen anderer, allgemeiner Überzeugungen und sozialer Wert- und Normvorstellungen.

- Die **Stärke** der Dissonanz ist abhängig von der *Anzahl der miteinander unvereinbaren kognitiven Elemente* gegenüber einem Einstellungsobjekt im Verhältnis zu den in konsonanter Beziehung stehenden Elementen und von der subjektiven *Wichtigkeit* der betroffenen kognitiven Elemente für eine Person.

  „Es ist also der relative Anteil, der Prozentsatz dissonanter Beziehungen maßgeblich für die Stärke der Dissonanz [...] Es ist gleichgültig, ob 1 oder 10 oder 50 dissonante Relationen vorhanden sind, aber es ist wesentlich, ob 10 % oder 50 % aller kognitiven Relationen (in Bezug auf ein Objekt oder eine Verhaltensweise) dissonant sind [...] Außer dem relativen Anteil dissonanter Relationen spielt noch die subjektive Wichtigkeit der beteiligten Kognitionen eine Rolle." (Werner Herkner, 1991[5])

  Je stärker die kognitive Dissonanz, umso stärker ist die Tendenz zur Verminderung bzw. Beseitigung dieser Dissonanz.

- Kognitive Dissonanz ist ein Zustand psychologischer Spannung, sie wird als unangenehm empfunden und löst Reaktionen aus, die zu ihrer Beseitigung oder Verminderung führen. Der Mensch strebt danach, seine **kognitiven Elemente,** die zueinander in einer Relevanz stehen, **in Konsonanz zu halten** und **dissonante Zustände zu vermeiden, zu vermindern bzw. zu beseitigen.** Er vermeidet alle Handlungen, die eine Dissonanz verstärken bzw. zu einer Dissonanz führen könnten. Bei einem dissonanten Zustand wird also der Mensch aktiv, um wieder in kognitive Konsonanz zu gelangen.

- Die **Beseitigung oder Verminderung der kognitiven Dissonanz** kann durch mehrere Möglichkeiten realisiert werden:

  a) durch Ignorieren, Vergessen oder Verdrängen der dissonanten kognitiven Elemente oder der Informationen, die die Dissonanz ausgelöst haben

  b) durch Veränderung eines oder mehrerer Elemente, die zueinander in Widerspruch stehen
  „Stundenlanges in der Sonne Liegen erzeugt Hautkrebs" – „Ich liege täglich mehrere Stunden in der Sonne". Das Individuum kann nun ein Element verändern: „So ungesund ist nun das Liegen in der Sonne auch wieder nicht!"
  „Ich bin ein zuverlässiger Mensch" – „Ich habe meinen Freund versetzt": „Ich bin doch nicht so zuverlässig".

  c) durch Hinzufügen neuer kognitiver Elemente
  Im Beispiel mit der Zuverlässigkeit könnten folgende Elemente hinzugefügt werden, um wieder in das Gleichgewicht zu kommen: „Ich hatte gerade so viel zu tun, dass ich nicht weg konnte", „Ich wurde aufgehalten", „Meine Uhr stimmte nicht".

Soziale Einstellung und Einstellungsänderung

„Lieber Gott, du darfst mir alles nehmen, nur meine Ausreden nicht!"

d) durch die Änderung der Einstellung
So lässt zum Beispiel der Sonnenhungrige das Liegen in der Sonne oder der Raucher das Rauchen sein.

- Ob eine Einstellungsänderung möglich ist, hängt von verschiedenen Faktoren ab:
  - von der *Anzahl der Beziehungen verschiedener kognitiver Elemente* in Bezug auf ein Einstellungsobjekt: Ein hoher Änderungswiderstand ist vor allem bei solchen Personen vorhanden, bei denen viele kognitive Elemente in einer relevanten Beziehung zueinander stehen und auf diese Weise ein sehr umfassendes System von miteinander zusammenhängenden kognitiven Elementen vorhanden ist. Durch eine Einstellungsänderung wären viele kognitive Elemente betroffen, so dass dadurch eine Reduzierung oder Verminderung der Dissonanz nur schlecht möglich wäre;
  - von dem *psychischen Aufwand,* den der Einzelne einsetzt: Es wird grundsätzlich diejenige Möglichkeit realisiert, die für den Einzelnen den geringsten psychischen Aufwand erfordert. Da eine Einstellungsänderung in der Regel mit einem hohen psychischen Aufwand verbunden ist, kommt es zur Einstellungsänderung erst dann, wenn die Beseitigung bzw. Verminderung der Dissonanz durch Ignorieren, Vergessen, Verdrängen bzw. durch Änderung oder Hinzufügen von kognitiven Elementen nicht mehr möglich ist *(vgl. Martin Irle, 1975).*

So wurden in einem Experiment Personen zu einer Verhaltensweise bewegt, die im Gegensatz zu ihrer Einstellung stand. Dabei haben nur diejenigen Personen ihre Einstellung geändert, die ihr widersprüchliches Verhalten weder ignorieren und verdrängen noch andere Möglichkeiten der Verminderung bzw. Beseitigung der Dissonanz einsetzen konnten. Personen dagegen, die aufgrund einer hohen Belohnung zu einer bestimmten Verhaltensweise veranlasst wurden, konnten „Rationalisierungen" einsetzen, die eine Einstellungsänderung verhinderten.

15.4.3 Einstellungsänderung auf der Grundlage der Theorie der kognitiven Dissonanz

Die Änderung von sozialen Einstellungen lässt sich auch mit Hilfe der Theorie der kognitiven Dissonanz erklären: Menschen ändern ihre Einstellung, wenn sie *durch eine Einstellungsänderung – und nur durch diese – eine bestehende Dissonanz verringern bzw. abbauen* können. Auf der Grundlage dieser Theorie lassen sich einige Grundsätze zur Änderung von Einstellungen aufstellen:

- Voraussetzung ist eine möglichst exakte **Analyse der Einstellung**, die geändert werden soll. Leitfragen sind hierbei zum Beispiel: Welche kognitiven Elemente existieren bezüglich des einstellungsrelevanten Sachver-

Soziale Einstellung und Einstellungsänderung

haltes? Wie wichtig und bedeutsam sind die zu ändernde Einstellung und die damit verbundenen kognitiven Elemente für die betreffende Person bzw. Personengruppe? Zu einer genauen Analyse gehört auch die Feststellung, wie viele Einstellungen zu einem Einstellungssystem verknüpft sind und inwieweit ein kognitives Element mit anderen in Beziehung steht (Ermittlung der Relevanz der Beziehung zwischen Elementen).

- Die zentrale Frage ist die **Schaffung einer kognitiven Dissonanz**, wie zwischen den entsprechenden kognitiven Elementen eine Dissonanz erzeugt werden kann: Welche Möglichkeiten gibt es, um aufgrund eigener Erfahrungen oder Informationsaufnahme Widersprüche zu erzeugen? Wie können Erfahrungen anderer zur Erzeugung einer Dissonanz eingesetzt werden?

- Ein dissonanter Zustand kann erreicht werden, wenn es gelingt, *das Individuum zu einer Verhaltensweise oder einem Erlebnis zu bringen, die (das) im Gegensatz zu seiner Einstellung steht, oder wenn diese Person zur Aufnahme von Informationen bewegt werden kann, die zum Gegenteil der bestehenden kognitiven Elemente führen.*

  So zum Beispiel kann im Kindergarten eine negative Einstellung gegenüber Ausländern abgebaut werden, wenn es gelingt, den Kindern mit anderen Ausländerkindern schöne Erlebnisse zu vermitteln. Auf diese Weise kann eine Dissonanz erzeugt werden.

  Ist ein dissonanter Zustand geschaffen, so ist es wichtig, diesen zu halten.

- Möglichkeiten zur Schaffung einer kognitiven Dissonanz sind eine Informationsdarbietung über das Einstellungsobjekt, über seine Bedeutung, seinen Vorteil und dergleichen. Auch Gruppengespräche, Rollenspiele, Filme u.Ä. eignen sich hierfür. Die Erkenntnisse über Kommunikation zur Einstellungsänderung wie

  - **hohe Qualität der Botschaft,**
  - **Erzeugung von persönlicher Betroffenheit,**
  - **mäßige emotionale Appelle,**
  - **zweiseitige Argumentation und richtige Reihenfolge in der Argumentation,**
  - **Glaubwürdigkeit** desjenigen, der die Einstellung ändern will (Vertrauenswürdigkeit und Sachkompetenz), **Attraktivität und soziale Macht,**
  - **Schaffung von Eigenaktivität** bei demjenigen, dessen Einstellung geändert werden soll,
  - **Nutzen von Gruppeneinflüssen** u.a.

  können als Möglichkeiten zur Erzeugung einer kognitiven Dissonanz eingesetzt werden[1].

---

[1] *Diese Erkenntnisse über Kommunikation zur Einstellungsänderung sind ausführlich in Abschnitt 15.4.1 dargestellt.*

Soziale Einstellung und Einstellungsänderung

- Da der Einzelne grundsätzlich diejenige Möglichkeit realisiert, die für ihn den geringsten psychischen Aufwand erfordert, ist zu überlegen, welche Maßnahmen geeignet erscheinen, *eine Änderung oder Hinzunahme von kognitiven Elementen zu verhindern*, die ohne Einstellungsänderung einen konsonanten Zustand hervorrufen würden. Dies ist u.a. abhängig von

  - der **Art und Weise der Botschaft**,
  - der **Erscheinung und den Eigenschaften desjenigen, der die Einstellung ändern will**,
  - den **Eigenschaften und Persönlichkeitsmerkmalen von dem, dessen Einstellung geändert werden soll**,
  - von den **Medien,** die verwendet werden, u.a.[1]

  So werden beispielsweise Möglichkeiten, die das Selbstwertgefühl des Einzelnen bzw. ihn selbst betreffen und für ihn von Bedeutung sind, die seinen persönlichen Interessen und seinen Bedürfnissen am gerechtesten werden und die eine enge Beziehung des zu ändernden Sachverhaltes zu seinen eigenen Wertvorstellungen aufweisen, am meisten Erfolg haben.

- Um einer Abwehr vorzubeugen, sind Möglichkeiten festzulegen, die den Einsatz von Mechanismen, die der Abwehr dienen, verhindern. Eine solche Abwehr kann zum Beispiel durch Selbstverpflichtung oder Freiwilligkeit verhindert werden. Vor allem sollten Möglichkeiten gemieden werden, die eine Rechtfertigung ermöglichen, etwa eine Belohnung oder Bezahlung.

Möglichkeiten der Änderung von Einstellungen	
aus kommunikationstheoretischer Sicht	*aus konsistenztheoretischer Sicht*
• auf hohe Qualität der Botschaft achten, nicht zu häufige Wiederholung • persönliche Betroffenheit erzeugen • mäßige emotionale Appelle setzen • zweiseitig argumentieren • Reihenfolge in der Argumentation beachten • glaubwürdig, attraktiv und mächtig erscheinen • vom Empfänger Eigenaktivität fordern • Gruppengespräche einsetzen • eine „erzwungene Einwilligung" schaffen	• exakte Analyse der Einstellung, die geändert werden soll, vornehmen • einen dissonanten Zustand erzeugen • Maßnahmen treffen, die eine Vermeidung, Änderung oder Hinzunahme von kognitiven Elementen verhindern • Möglichkeiten festlegen, die einen Einsatz von Mechanismen zur Abwehr verhindern

Zusammenfassung

- Einstellungen sind relativ beständige, erworbene Bereitschaften, auf bestimmte Objekte kognitiv, gefühls- und verhaltensmäßig zu reagieren. Einstellung ist ein Erklärungsbegriff, ein hypothetisches Konstrukt zur Erklärung von beobachtbaren Zusammenhängen. Einstellungen haben folgende Merkmale: Objektbezug, Dauerhaftigkeit, Erworbenheit, Bereitschaft, Systemcharakter und Bedeutsamkeit (Zentralität).

---

[1] *Diese Faktoren sind ausführlich in Abschnitt 15.4.1 dargestellt.*

Soziale Einstellung und Einstellungsänderung / Materialien

- Ein Vorurteil ist eine besondere Form der Einstellung. Es bezeichnet eine Einstellung gegenüber Personen bzw. Personengruppen, Einrichtungen, Gegenständen oder Sachverhalten, die nicht auf ihre Richtigkeit hin an der Realität überprüft ist und durch neue Erfahrungen oder Informationen nicht oder kaum verändert wird. Einstellungen erfüllen für das Individuum wichtige Funktionen. Die wichtigsten sind die Anpassungs-, die Selbstverwirklichungs-, die Wissens- und die Abwehrfunktion.

- Soziale Einstellungen werden im Laufe des Lebens erlernt, ihr Erwerb kann mit verschiedenen Theorien erklärt werden, wie zum Beispiel den Lerntheorien (Konditionierungstheorien, sozial-kognitive Theorie). Es gibt eine Vielfalt von Einstellungstheorien, die die Änderung von Einstellungen erklären. Eine Änderung von Einstellungen lässt sich beispielsweise mit Hilfe der Erkenntnisse über Kommunikation oder mit Hilfe von Konsistenztheorien, von denen die bekannteste die Theorie der kognitiven Dissonanz ist, erklären. Aus all diesen Theorien lassen sich Möglichkeiten zur Änderung von Einstellungen ableiten.

Materialien   Kapitel 15

1. Das Experiment von M. J. Rosenberg (1960)

1 *Rosenberg (1960)* führte einen Versuch durch, der zeigte, dass eine Änderung der affektiven Einstellungskomponente zu einer entsprechenden Änderung der kognitiven Komponente führte.
5 Studenten an der Yale Universität, die einer gemeinsamen Bewohnung bestimmter Gegenden von Weißen und Schwarzen negativ gegenüber eingestellt waren, fungierten als Versuchspersonen. In der Experimentalgruppe wurden 11 Ver-
10 suchspersonen in Einzelsitzungen hypnotisiert, wobei man ihnen folgende Instruktionen gab:

„Wenn Sie wieder aufwachen, werden Sie sehr dafür sein, dass Schwarze in weiße Wohngebiete ziehen – der bloße Gedanke, dass Schwarze in
15 weiße Wohngebiete ziehen, wird ein beglückendes Gefühl erwecken. Obwohl Sie sich nicht daran erinnern werden, dass Ihnen diese Suggestion eingegeben wurde, wird sie nach dem Erwachen Ihre Gefühle stark beeinflussen."

20 Als die Versuchspersonen erwachten, war die Erinnerung an die hypnotische Beeinflussung ver-
schwunden, und die Einstellung zur integrierten Bewohnung wurde erneut gemessen. Es wurde festgestellt, dass die Versuchspersonen einen Gefühlswandel gegenüber der integrierten Bewoh- 25 nung durchgemacht hatten und, was wichtiger war, sie hatten ihre Ansicht entsprechend den hypnotisch induzierten Gefühlen geändert. Sie glaubten nunmehr, dass integrierte Bewohnung eine gute Sache sei, die nicht zu einer Wertminderung 30 des Grundbesitzes in der Umgegend führt und zu einer Verbesserung der Rassenbeziehungen beitragen werde. Diese Gefühle hielten eine Woche lang an, worauf *Rosenberg* die Gefühlsänderungen in einer weiteren hypnotischen Sitzung besei- 35 tigte und seinen Versuchspersonen das gesamte Experiment sorgfältig erklärte. Es ist bemerkenswert, dass die Versuchspersonen in der Kontrollgruppe, die sonst weiter nichts unternahmen oder nur die Rolle einer Person spielten, „die jenes fühlt 40 und dieses meint", nur relativ geringe kognitive oder affektive Änderung in Bezug auf das Problem der integrierten Bewohnung zeigten.

Quelle: Leon Mann, 1997[11]

153

*Soziale Einstellung und Einstellungsänderung / **Materialien***

2. Die klassische Studie von R. T. La Piere über Einstellung und Verhalten

1 Eine der bekanntesten Studien zum Zusammenhang zwischen Einstellungen und Verhalten wurde 1934 von *La Piere* veröffentlicht. In den frühen 30er Jahren bereiste *La Piere* zusammen mit 5 einem chinesischen Ehepaar die Vereinigten Staaten. Zu Beginn dieser Reise sorgte sich *La Piere*, ob er gemeinsam mit seinen Reisebegleitern Aufnahme in Hotels und Restaurants finden würde, da er sich sehr wohl der zu dieser Zeit 10 weitverbreiteten Vorurteile gegenüber Chinesen bewusst war. Zu seiner Überraschung jedoch wurden er und das chinesische Ehepaar nur in einem einzigen der über 200 besuchten Hotels und Gaststätten zurückgewiesen. Sechs Monate nach diesen unerwartet positiven Erfahrungen 15 versandte *La Piere* Briefe an alle auf dieser Reise besuchten Etablissements und fragte nach, ob das jeweilige Hotel oder Restaurant Angehörige der chinesischen Rasse als Besucher akzeptieren würde. In Übereinstimmung mit dem bestehen- 20 den Vorurteil, aber in klarem Widerspruch zu dem zuvor gezeigten tatsächlichen Verhalten, antworteten 92 Prozent der Befragten mit einem eindeutig negativen Bescheid.

Quelle: D. Frey/D. Stahlberg/P. M. Gollwitzer, in: D. Frey/ M. Irle, 1993[2]

3. Vorurteile machen alt

1 Gesicherten Umfragen zufolge sind die meisten Menschen in den Industrienationen davon überzeugt, dass ihr Erinnerungsvermögen nachlässt, wenn sie in die Jahre kommen. Hinzu gesellt 5 sich das schlechte Image des Alten in unserer Gesellschaft. Schon in den Köpfen von sechsjährigen Kindern, so stellten die Psychologinnen *Becca Levy* und *Ellen Langer* von der Harvard University fest, spuken negative Stereotype von 10 den bedauernswerten senilen Alten.

Welchen Einfluss Alters-Stereotype auf die Gedächtnisfähigkeit haben, testeten die Psychologinnen mit Menschen aus unterschiedlichen Kulturkreisen. Auf der einen Seite: die chi- 15 nesische Gesellschaft. Noch heute verbindet die Bevölkerung aus dem Reich der Mitte Alter mit Weisheit und hohem Ansehen. Auf der anderen Seite: die US-Gesellschaft; sie offenbart die für westliche Länder typische Einstel- 20 lung zum Älterwerden. Außerdem beteiligten sich an der Studie Vertreter der amerikanischen Organisation der tauben Menschen, die in gewisser Weise eine eigenständige Kultur repräsentieren. Sie sprechen ihre eigene Sprache, zu 25 90 Prozent heiraten sie untereinander – und im Gegensatz zur „US-Norm" betrachten die Jüngeren ihre Senioren als verehrungswürdige Persönlichkeiten.

Je eine jüngere Gruppe im Schnitt von 22 Jahren und eine ältere Gruppe im Schnitt von 70 30 Jahren aus allen drei Kulturkreisen unterzogen *Levy* und *Langer* diversen Gedächtnistests. Dabei zeigten sich keine Unterschiede zwischen den „jungen" Stichproben der drei Kulturkreise. Aber: Sowohl die alten Chinesen als auch die 35 betagten Gehörlosen stachen ihre amerikanischen und hörenden Altersgenossen deutlich aus. Die Untersuchung der beiden Harvard-Psychologinnen heizt eine Diskussion unter Kognitionswissenschaftlern neu an. Bedeutet der 40 Gedächtnisschwund, der Senioren in Industrieländern plagt, ein unausweichliches Schicksal, weil Nervenstrukturen und -verbindungen des Gehirns im Zuge einer natürlichen biologischen Entwicklung automatisch verloren gehen? Oder 45 ist zumindest ein Teil des „dementiellen Syndroms" darin begründet, dass wir das vermeintlich Unabwendbare schlichtweg erwarten?

Beruhte Gedächtnisschwund nur auf einem rein biologischen Verfall, wäre dieses Ergebnis nicht 50 möglich, meinen die Forscherinnen. Sie nehmen an, dass ein sozio-psychologischer Prozess den geistigen Verfall beeinflusst. Die negativen Stereotypen über das Alter entwickelten sich zu „selbsterfüllenden Prophezeiungen". 55

Quelle: Klaus Wilhelm, in: Psychologie Heute 6/1995

*Soziale Einstellung und Einstellungsänderung / **Materialien***

4. Die Bedeutung des Entscheidungsverhaltens für die Theorie der kognitiven Dissonanz

Auch für das Ausmaß der Dissonanzreduktion lassen sich einige spezifizierende Faktoren aufführen. Unmittelbar einleuchtend ist, dass das Ausmaß der Dissonanzreduktion direkt von dem Ausmaß der Dissonanz abhängig ist. Die einzelnen kognitiven Elemente können gegenüber einer Änderung unterschiedlich resistent sein. Diese Änderungsresistenz kann z. B. von der Funktion der Kognition für das Selbstbild oder von dem Grad der Korrespondenz zur außerpsychischen Realität abhängen. Eine jahrelang vertretene politische Überzeugung ist sicherlich nicht ohne „Gesichtsverlust" zu revidieren. In diesem Fall ist die Funktion des kognitiven Elements „politische Überzeugung" für das Selbstbild sehr hoch. Eine Einstellung zu Marsmenschen ist sicherlich schneller zu revidieren als die Einstellung gegenüber einer politischen Partei, da aus der ersteren Einstellung kaum Konsequenzen für das eigene Verhalten gezogen werden müssen und die Einstellung nicht an der Realität überprüft werden kann. Im Zusammenhang mit dem Ausmaß der Dissonanzreduktion unterscheidet Festinger zwischen kognitiven Elementen, die sich auf Verhalten oder Gefühle beziehen, und solchen, die sich auf die Umwelt beziehen. Er nimmt an, dass Letztere gegenüber Änderung resistenter sind, da es einfacher ist, sein eigenes Verhalten als die Umwelt zu ändern. Außerdem ist auch die Dissonanzreduktion von der Zahl der durch die Änderung betroffenen kognitiven Elemente abhängig. Man wird sich beispielsweise eher von einer ganz bestimmten Flugblattunterschrift distanzieren, als dass man seine gesamte politische Überzeugung ändert. (...)

Besondere Bedeutung für die Theorie der kognitiven Dissonanz haben Untersuchungen, die sich auf eine im Alltag relativ seltene Situation beziehen: die so genannte „forced-compliance-Situation", d. i. eine Situation, in der eine Person dazu gebracht wird, gezwungenermaßen eine Position zu vertreten, die nicht ihrer eigentlichen Meinung entspricht. Es wird also Dissonanz zwischen dem Verhalten und der Einstellung einer Person hergestellt. Ein bedeutsamer Aspekt dieser Untersuchungen für die Einstellungsänderung besteht darin, dass die einfache Tatsache, einstellungsdiskrepantes Verhalten auszuführen, zur Änderung der ursprünglichen Einstellungen führen kann (vgl. in diesem Zusammenhang die Methode des Rollenspiels als zuweilen erfolgreiche Strategie zur Einstellungsänderung). Selbst wenn man zur Ausführung des Verhaltens gezwungen wird, etwa durch den Druck der Untersuchungssituation oder durch Belohnungen, besteht offensichtlich eine Tendenz, seine Einstellungen mit dem Verhalten in Einklang zu bringen. Allerdings ist die Höhe der Belohnung von entscheidender Bedeutung für das Ausmaß der Einstellungsänderung oder auch die Art der Dissonanzreduktion. Die Dissonanztheorie sagt voraus: Je höher die Belohnung für ein einstellungsdiskrepantes Verhalten, desto geringer ist die Dissonanz zwischen der Einstellung und dem Verhalten. Infolgedessen ist auch der Druck zur Dissonanzreduktion gering, so dass die Einstellung nicht geändert zu werden braucht. Die Vpn[1] können ihr widersprüchliches Verhalten durch hohe Belohnung (z. B. 20 Dollar) rechtfertigen und brauchen nicht Dissonanz durch Änderung ihrer ursprünglichen Einstellung zu reduzieren. Maximale Dissonanz entsteht, wenn nur eine geringe Belohnung (z. B. 1 Dollar) gegeben wird, da in diesem Fall alle beteiligten Elemente (eigene Einstellung, einstellungsdiskrepantes Verhalten, Auftrag und Belohnung) ungefähr gleich gewichtig sind. Man hat in die Bedingungen eingewilligt und das einstellungsdiskrepante Verhalten gezeigt. Konsonanz zwischen Einstellung und Verhalten ist nur durch nachträgliche Änderung der ursprünglichen Einstellung zu erreichen.

Diese als „1-Dollar/20-Dollar-Experiment" *(Festinger & Carlsmith 1959)* in die Literatur eingegangene Untersuchung ist viel kritisiert und repliziert worden. In demselben Maße, wie sie zur Etablierung der Theorie der kognitiven Dissonanz beigetragen hat, indem sie als Schlüsselexperiment zum Beweis der Notwendigkeit einer kognitiven Theorie gegenüber einer simplen Anreiztheorie (nach der mit der Höhe der

---

[1] *Vpn: Versuchsperson(en)*

155

*Soziale Einstellung und Einstellungsänderung / **Aufgaben und Anregungen***

Belohnung auch die Änderung der Einstellung steigen musste) angeführt wird, ist sie neuerdings zum Angriffspunkt gegen die kognitive Dissonanztheorie geworden. Eine Reihe von Replikationen (die der interessierte Leser in der deutschen Übersetzung von Triandis aufgeführt findet) mit teilweise entgegengesetzten Befunden zeigt zumindest, dass die Bedingungen spezifiziert werden müssen, um eindeutige Vorhersagen machen zu können; etwa durch Einführung von Faktoren wie: starke versus geringe Selbstverpflichtung, Auffassung der Bewertungsperspektive, komplexe versus simple Handlungen, Ausmaß der Entscheidungsfreiheit etc.

Quelle: Manfred Bornewasser u. a., 1986[3]

Aufgaben und Anregungen
Kapitel 15

Reproduktion von Informationen

1. Bestimmen Sie den Begriff „soziale Einstellung".
   (Abschnitt 15.1.1)
2. Zeigen Sie die Struktur von sozialen Einstellungen auf.
   (Abschnitt 15.1.2)
3. Stellen Sie den Systemcharakter von sozialen Einstellungen dar.
   (Abschnitt 15.1.3)
4. Beschreiben Sie die Bedeutsamkeit von sozialen Einstellungen.
   (Abschnitt 15.1.4)
5. Erläutern Sie Merkmale des Begriffes „soziale Einstellung".
   (Abschnitt 15.1)
6. Zeigen Sie die Funktionen von Einstellungen auf.
   (Abschnitt 15.2.1)
7. Stellen Sie die Annahmen und Fachbegriffe einer Theorie zur Entstehung von Einstellungen (zum Beispiel eine Konditionierungstheorie, sozial-kognitive Theorie) dar.
   (Abschnitt 15.3[1])
8. Beschreiben Sie das Modell der Einstellungsänderung mit Hilfe der sozialen Kommunikation von *R. E. Petty und J. T. Cacioppo*.
   (Abschnitt 15.4.1)
9. Beschreiben Sie Möglichkeiten der Änderung von Einstellungen aus kommunikationstheoretischer Sicht.
   (Abschnitt 15.4.1)
10. Stellen Sie die wichtigsten Aussagen der Theorie der kognitiven Dissonanz dar.
    (Abschnitt 15.4.2)
11. Beschreiben Sie Möglichkeiten der Einstellungsänderung auf der Grundlage der Theorie der kognitiven Dissonanz.
    (Abschnitt 15.4.3)
12. Beschreiben Sie die grundlegenden Aussagen einer Einstellungstheorie zur Änderung von Einstellungen (zum Beispiel Modell von *R. E. Petty und J. T. Cacioppo*, Theorie der kognitiven Dissonanz).
    (Abschnitt 15.4.1 oder 15.4.2)

---

[1] *siehe auch Band 1, Kapitel 8.1, 8.2 oder 9*

*Soziale Einstellung und Einstellungsänderung / **Aufgaben und Anregungen***

Anwendungsaufgaben

13. Beschreiben Sie entweder am Beispiel einer positiven oder einer negativen Einstellung gegenüber einem aktuellen Problem (zum Beispiel Umweltschutz, Friedenssicherung, Ausländerfeindlichkeit usw.) Komponenten sozialer Einstellungen.
(Abschnitt 15.1.2)

14. Erläutern Sie am Beispiel einer positiven oder negativen Einstellung gegenüber Randgruppen (zum Beispiel Behinderten, Homosexuellen, Ausländern) den Systemcharakter von sozialen Einstellungen.
(Abschnitt 15.1.3)

15. Zeigen Sie an einem geeigneten Beispiel das Merkmal der Bedeutsamkeit von sozialen Einstellungen auf.
(Abschnitt 15.1.4)

16. Erläutern Sie am Beispiel einer positiven oder negativen Einstellung gegenüber einer Erziehungseinrichtung (zum Beispiel Familie, Kindergarten, Schule, Jugendzentrum) Merkmale von sozialen Einstellungen.
(Abschnitt 15.1)

17. Bestimmen Sie den Begriff ‚soziale Einstellung' und beschreiben Sie an *einem* geeigneten Beispiel die Funktionen von sozialen Einstellungen.
(Abschnitt 15.1.1 und 15.2.1)

18. Zeigen Sie die Funktionen von Einstellungen am Beispiel von *zwei* Vorurteilen auf.
(Abschnitt 15.2.1 und 15.2.2)

19. Stellen Sie die wichtigsten Aussagen
    a) einer Konditionierungstheorie (klassisches oder operantes Konditionieren)
    b) der sozial-kognitiven Theorie
    dar und erklären Sie mit Hilfe dieser Theorie den Erwerb einer Einstellung gegenüber Minderheitsgruppen (zum Beispiel Ausländern, Behinderten).
    (Abschnitt 15.3.1 oder 15.3.2[1])

20. Erklären Sie den Erwerb von negativen Einstellungen gegenüber ausländischen Arbeitnehmern mit Hilfe einer Ihnen bekannten Theorie. Erläutern Sie dabei auch die zentralen Begriffe und grundlegenden Aussagen dieser Theorie.
(Abschnitt 15.3.1 oder 15.3.2[2])

21. Zeigen Sie auf der Grundlage
    a) von Erkenntnissen über Kommunikation
    b) der Theorie der kognitiven Dissonanz
    Möglichkeiten zur Änderung von negativen Einstellungen gegenüber Minderheiten (zum Beispiel Ausländern, Asylbewerbern, Behinderten) auf.
    (Abschnitt 15.4.1 oder 15.4.2 und 15.4.3)

---

[1] *siehe auch Band 1, Kapitel 8.1, 8.2 oder 9*
[2] *siehe auch Band 1, Kapitel 8.1, 8.2 oder 9*

*Soziale Einstellung und Einstellungsänderung / **Aufgaben und Anregungen***

22. Stellen Sie die grundlegenden Aussagen einer Einstellungstheorie zur Änderung von Einstellungen dar und entwerfen Sie Möglichkeiten zur Änderung einer negativen Einstellung gegenüber einer Einrichtung der Sozialpädagogik/-arbeit (zum Beispiel Kindergarten, Jugendzentrum, Behindertenheim).
(Abschnitt 15.4.1 oder 15.4.2 und 15.4.3)

23. Fallbeschreibung „Alexander"[1]

Alexander, 17 Jahre, wurde von der Polizei beim Haschischerwerb aufgegriffen. Auf Drängen seiner Eltern sucht er nun die örtliche Drogenberatungsstelle auf. Der Sozialarbeiter kommt mit dem Jugendlichen in guten Kontakt und erfährt von ihm Folgendes:

Alexander habe seit seinem 13. Lebensjahr immer wieder unter Ängsten gelitten. Er habe Angst gehabt, dass er die Anforderungen, die an ihn gestellt worden seien, nicht bewältigen könne. Die Ängste seien zwischen dem 13. und 15. Lebensjahr immer stärker geworden. Besonders seien die Angstgefühle morgens vor der Schule aufgetreten; er habe dann unter Herzklopfen und Übelkeit gelitten und habe nicht gewusst, wie er den Tag schaffen solle. Seine Eltern hätten zwar beruhigend auf ihn einzuwirken versucht, aber damit keinen Erfolg gehabt – die Angst sei immer wieder da gewesen. Alexander habe in solchen Situationen auch häufig die Schule geschwänzt. Wenn er den Unterricht besucht habe, habe er Schwierigkeiten gehabt, sich zu konzentrieren und am Unterrichtsgeschehen mitzuwirken. Zur Anfertigung von Hausaufgaben habe er sich kaum überwinden können. Schließlich habe er – obwohl er eigentlich begabt sei – die 10. Klasse der Realschule wiederholen müssen.

Alexander berichtet weiterhin, dass er in der Wiederholungsklasse Jens kennen gelernt habe. Jens sei Klassensprecher und bei allen recht beliebt gewesen. Alexander habe sich bald mit ihm angefreundet. Besonders habe ihm die „lässige" Art von Jens gefallen. Auf einer Party von Jens sei er erstmals mit Haschisch konfrontiert worden; mit Interesse habe er die Vorbereitung des Rauchens und die anschließende gute Stimmung bei den Beteiligten beobachtet. Von Jens zum Mitmachen aufgefordert, habe er sich nicht lange bitten lassen. Auf die Frage des Sozialarbeiters, was denn so attraktiv am Haschischrauchen sei, antwortete Alexander, dass die Droge ein angenehmes Gefühl bei ihm auslöse, die Ängste seien wie weggeblasen, alles sei sehr lustig. Bald sei er in die Clique integriert gewesen und habe mit den Leuten sehr viel Spaß gehabt. Am Wochenende hätten sie sich getroffen und sich einen „Joint" genehmigt. Schnell habe er einige Leute gekannt, von denen er Stoff habe kaufen können. Bald habe er die Droge fast täglich verwendet. Seine Ängste seien dann einige Zeit scheinbar beseitigt gewesen, und in der Schule habe er wegen seiner „coolen" Art im Mittelpunkt gestanden. Mit dem Stoff habe er sich durchaus wohl gefühlt, und zeitweise habe er geglaubt, dass er alles schaffen könne, was er wolle. Sein Tagesablauf sei nach einigen Monaten bereits ganz auf das Haschisch ausgerichtet gewesen.

Dem Sozialarbeiter teilte Alexander mit, dass er nach der Konfrontation mit der Polizei schon eine gewisse Veranlassung sehe, sich von der Droge zu distanzieren. Andererseits meinte er, dass es ihm mit der Droge schließlich ganz gut gehe, er sehe aber ein, dass seine schulischen Leistungen deutlich darunter gelitten hätten.

---

[1] *Weitere Fallbeschreibungen zu diesem Thema befinden sich in Kapitel 21.5.*

*Soziale Einstellung und Einstellungsänderung / **Aufgaben und Anregungen***

a) Alexander hat eine positive Einstellung zu Haschisch.
   Beschreiben Sie Komponenten und Funktionen von Alexanders positiver Einstellung gegenüber Haschisch.
   (Abschnitt 15.1.2 und 15.2.1)

b) Erklären Sie auf der Basis einer Lerntheorie (zum Beispiel sozial-kognitive Theorie) die Entstehung von Alexanders positiver Einstellung gegenüber Haschisch. Berücksichtigen Sie dabei grundlegende Annahmen und Begriffe der gewählten Theorie.
   (Abschnitt 15.3.1 oder 15.3.2[1])

c) Der Sozialarbeiter möchte Alexander dazu bewegen, seinen Drogenkonsum zu überdenken und schließlich einzustellen.
   Zeigen Sie auf der Grundlage einer Einstellungstheorie (zum Beispiel Theorie von *R. E. Petty und J. T. Cacioppo*, Theorie der kognitiven Dissonanz) Möglichkeiten auf, um Alexanders Einstellung gegenüber Haschisch zu ändern. Stellen Sie dabei die Aussagen und Fachbegriffe der gewählten Theorie dar.
   (Abschnitt 15.4.1 oder 15.4.2 und 15.4.3)

27. Fragen zu dem eingangs geschilderten Fall „Die Elektrowaren-Vertreter und die Bauern":
    a) Beschreiben Sie an diesem Beispiel Merkmale sozialer Einstellungen.
       (Abschnitt 15.1)
    b) Welche Erkenntnisse aus kommunikationspsychologischer Sicht könnten den Erfolg dieser Einstellungsänderung erklären?
       (Abschnitt 15.4.1)

Anregungen

28. Rollenspiel:
    Sie sollen den König von Saudi-Arabien vom Kauf eines Schneepfluges überzeugen.
    Führen Sie dieses Gespräch, in dem eine(r) den König, den Königshof und eine(r) oder ebenfalls mehrere Vertreter der Firma Schneefixweg, kurz SFW, darstellen.

29. *Glutafix stärkt die Konzentrations- und Erinnerungsfähigkeit von Schülern/innen und steigert die Lernleistung.*
    Entwerfen Sie auf der Grundlage von lerntheoretischen Erkenntnissen eine Werbekampagne für das Produkt „Glutafix".

---

[1] *siehe auch Band 1, Kapitel 9*

*Soziale Einstellung und Einstellungsänderung / **Aufgaben und Anregungen***

30. Übung:
Eine Fallstudie – Invasion vom Mars

Diese Übung kann einzeln oder in Gruppen durchgeführt werden.

Am 30. Oktober 1938 unterbrach die Radiostation des „Columbia Broadcasting" in den USA unerwartet ihr laufendes Programm und strahlte eine Sendung aus, die sich den Hörern in Form einer Reportage über ein aktuelles Ereignis darstellte – über eine Invasion durch Mars-Menschen. Diese Pseudo-Reportage, deren Realismus viel bewundert wurde, war nach einem Auszug aus einem utopischen Roman von H. G. Wells von Georges Orson Welles gestaltet worden.

„Noch vor Schluss der Sendung", berichtet Hadley Cantrill, „konnte man überall in den Vereinigten Staaten bemerken, dass sich Hörer zur Flucht vor den grausamen, mörderischen Marsbewohnern bereit machten ... Manche trafen Vorkehrungen, um ihre Angehörigen vor der vermeintlichen Gefahr zu bewahren; Telefone waren überlastet durch Abschiedsgrüße oder Warnungen an nahe stehende Personen, man versuchte die Nachbarn zu benachrichtigen ... Zeitungsredaktionen und Radiostationen wurden um Auskünfte bedrängt, Ambulanzen und Polizeistation wurden bestürmt ..."

Die Zahl der Zuhörer dieser Sendung wurde auf sechs bis zwölf Millionen geschätzt. Schätzungsweise zwei Millionen hielten diese Reportage für echt, davon wurden etwa 70 Prozent, also 1.400.000 Personen, von den beschriebenen Emotionen ergriffen. Eine spätere Untersuchung ergab, dass hiervon 28 Prozent eine höhere, 36 Prozent eine mittlere Ausbildung hatten, 46 Prozent hatten nur Grundschulen besucht.

Bemerkenswert ist der Abschluss des Berichtes von Cantrill: „Das beste Mittel, unvernünftigen Anschauungen und Panikstimmungen vorzubeugen, ist Bildung!"

Ihre Übung:
1. Was ereignete sich hier, vom psychologischen Gesichtspunkt aus gesehen?
2. Analysieren Sie anhand dieser Episode Bildung und Auswirkungen stark emotional geladener Einstellungen.
3. Was halten Sie von den Schlussfolgerungen Cantrills?

Quelle: Roger Mucchielli, 1976

Theorien der Persönlichkeit: Die personenzentrierte Theorie

16

Schon im frühen Alter übt das eigene Spiegelbild Faszination auf den Menschen aus. Ein wichtiger Entwicklungsschritt ist, wenn das Kind sich als eigenständiges Wesen begreift und das erste Mal „ich" sagt.

Im Erwachsenenalter besteht das Bedürfnis des Menschen fort, sein „wahres Selbst" zu erkennen.

Viele psychologische Forscher sind diesem ureigensten Interesse des Menschen nachgegangen und haben Antworten auf folgende Fragen gesucht:

1. Was versteht die wissenschaftliche Psychologie unter Persönlichkeit?

2. Was versteht man unter Selbstkonzept als zentralem Merkmal der Persönlichkeit?
   Welche Bedeutung hat das Selbstkonzept im alltäglichen Leben?

3. Von welchem Menschenbild geht die Persönlichkeitstheorie von *Carl Rogers* aus?
   Welches sind ihre zentralen Annahmen und Fachbegriffe?
   Welche Bedeutung hat diese Theorie für die Erziehung?

Theorie der Persönlichkeit: Die personenzentrierte Theorie

16.1 Persönlichkeit und Persönlichkeitstheorien

Zu Beginn der wissenschaftlichen Erforschung der Persönlichkeit war der Begriff **Charakter** *(griech. charassein: einritzen, einkerben)* in der Literatur vorherrschend, um die Gesamtpersönlichkeit zu kennzeichnen. Jedoch betont dieser Begriff zu sehr das Konstante, Starre und Unveränderliche im Wesen eines Menschen und legt die Annahme der Vererbung solcher Wesensmerkmale nahe. Deshalb wurde der Charakterbegriff abgelöst von dem aus der englischen und amerikanischen Literatur übernommenen Begriff **Persönlichkeit**, der den dynamischen Aspekt mehr berücksichtigt.

Aus der Charakterkunde als Teildisziplin der Psychologie wurde die Persönlichkeitspsychologie, die sich mit der wissenschaftlichen Erforschung der Merkmale, Struktur, Dynamik und Entwicklung der Persönlichkeit beschäftigt.

16.1.1 Der Begriff Persönlichkeit

In der Psychologie existiert keine einheitliche und verbindliche Definition von Persönlichkeit. Der Persönlichkeitsbegriff wird teilweise sehr unterschiedlich definiert, je nach Persönlichkeitstheorie. Der Großteil der neueren Begriffsbestimmungen weist dem Begriff der Persönlichkeit folgende **Merkmale** zu:

- Die Persönlichkeit besteht aus **relativ konstanten**[1] **Merkmalen**, so genannten **Persönlichkeitsmerkmalen**, die nicht starr und unveränderbar sind, sondern relativ flexibel und bis zu einem gewissen Grad veränderbar.
  Solche Persönlichkeitsmerkmale sind zum Beispiel der Grad der Intelligenz, bestimmte Begabungen, Fähigkeiten und Fertigkeiten, Interessen, Einstellungen, Werthaltungen, Bedürfnisse, Gefühle und Stimmungen oder bisher gemachte Erfahrungen.

- Diese Persönlichkeitsmerkmale sind relativ zeitstabile und situationsübergreifende Wesenszüge, die von Individuum zu Individuum **unterschiedlich stark entwickelt und ausgeprägt** sind.

- Sie stehen zueinander in einer bestimmten Anordnung (Struktur), wobei ihr Zusammenspiel und ihr Ausprägungsgrad die jeweils charakteristische und einzigartige **Struktur der Persönlichkeit** eines Menschen ausmachen.
  Die Einzigartigkeit einer Person zeigt sich bereits in ihrem äußeren Erscheinungsbild, in ihrer Körpergröße, ihrer Augen- und Haarfarbe. Die spezifische Struktur einer Person wird aber vor allem deutlich in ihrer Art, wie sie denkt und an Probleme herangeht, welche Einstellungen und Meinungen sie vertritt und welche Interessen sie verfolgt, welche Gefühle in ihr vorherrschen und welche Wünsche und Bedürfnisse sie äußert.

---

[1] *konstant: gleich bleibend*

- Diese für jede Person einzigartige Struktur hat eine Summe von Verhaltens- und Erlebensweisen zur Folge, mit denen ein Individuum in verschiedenen Lebenssituationen charakteristischerweise und beständig reagiert.

Wird ein ängstlicher Mensch angegriffen, dann wird er mit großer Wahrscheinlichkeit versuchen, der Situation zu entfliehen. Eine selbstsichere Person wird sich dagegen eher wehren. Auch in anderen bedrohlichen Lebenssituationen wird die erste Person eher mit Angst und Flucht reagieren als mit Auseinandersetzung.

> **Persönlichkeit ist die einzigartige Struktur von relativ konstanten und doch sich verändernden Merkmalen einer Person, die ein beständiges Verhaltens- und Erlebensmuster zur Folge haben.**

Die zugrunde liegende Persönlichkeitsstruktur eines Menschen kann nicht direkt beobachtet, sondern nur indirekt aus dem Verhalten in konkreten Situationen erschlossen werden. „Persönlichkeit" ist somit ein **hypothetisches Konstrukt,** das heißt ein gedanklich konstruiertes Gefüge über den Aufbau und die Dynamik der Person. Über die Einflussgröße „Persönlichkeit" lassen sich nur Annahmen und Theorien erstellen. Die Folge ist, dass es sehr unterschiedliche Persönlichkeitstheorien gibt.

16.1.2 Die Vielzahl von Persönlichkeitstheorien

In der Psychologie existieren eine Vielzahl von Theorien, die die Struktur, Dynamik und Entwicklung der Persönlichkeit beschreiben und erklären. Jede dieser Persönlichkeitstheorien basiert auf einem bestimmten philosophischen Menschenbild, welches bestimmt, worauf der Theoretiker sein Augenmerk richtet; es handelt sich dabei um unterschiedliche Ansätze, die jeweils eine bestimmte Sichtweise des hypothetischen Konstruktes „Persönlichkeit" und einen unterschiedlichen methodischen Zugang zu diesem hervorheben.

Bei der Vielzahl der Persönlichkeitstheorien stellt sich natürlich die Frage nach der **Nützlichkeit der Theorien.** Theorien sind nur dann nützlich und wertvoll, wenn sie sich nicht auf eine Klassifikation und Beschreibung der Persönlichkeit beschränken, sondern wenn sie den Versuch einer Erklärung der beschriebenen Phänomene unternehmen und Vorhersagen über künftiges Verhalten und Erleben und dessen Veränderung zulassen.

Theorie der Persönlichkeit: Die personenzentrierte Theorie

Folgende **Ziele** sollte eine Persönlichkeitstheorie also erfüllen:
- eine möglichst zuverlässige und lebensnahe Beschreibung der Persönlichkeit bzw. ihrer Erscheinungsformen liefern;
- zum Verständnis der individuellen Unterschiede des menschlichen Verhaltens und Erlebens beitragen und Vorhersagen dazu ermöglichen;
- Aussagen machen über die Bedingungen, unter denen die Individuen ihre Verhaltens- und Erlebensmuster erwerben;
- Vorhersagen ermöglichen, wie und unter welchen Bedingungen sich diese Verhaltens- und Erlebensweisen verändern.

> Eine Persönlichkeitstheorie ist der umfassende wissenschaftliche Versuch, das nicht beobachtbare Konstrukt „Persönlichkeit" zu beschreiben und zu erklären. Sie beinhaltet hypothetische Annahmen und überprüfte Aussagen über die Struktur, die Dynamik und die Entwicklung der Persönlichkeit.

Die bekanntesten Persönlichkeitstheorien sind

- die **psychoanalytische Theorie** von *Sigmund Freud* (siehe Band 1, Kapitel 10),
- die **individualpsychologische Theorie** von *Alfred Adler*,
- die **Theorie der psychosozialen Persönlichkeitsentwicklung** von *Erik H. Erikson*,
- die **personenzentrierte Theorie** von *Carl Rogers* (siehe Abschnitt 16.2) und
- die **sozial-kognitive Theorie** von *Albert Bandura* (siehe Band 1, Kapitel 9).

16.2 Die personenzentrierte Theorie

Die Persönlichkeitstheorie von *Carl Rogers* ist das Ergebnis seiner jahrzehntelangen therapeutischen Arbeit mit Menschen. Aus einer Therapiemethode und einer Lehre vom Prozess der Veränderung des menschlichen Verhaltens hat *Rogers* eine umfassende Theorie der Persönlichkeit entwickelt.

Carl Rogers

wurde am 8. Januar 1902 in Oak Park, USA, geboren. Seine Eltern betrieben Landwirtschaft. Schon früh musste *Rogers* lernen, hart und diszipliniert zu arbeiten. Auch wurde er von seinen Eltern streng religiös erzogen. Er studierte zunächst Agrarwissenschaft, später Theologie, bis er sich schließlich dem Studium der Psychologie zuwandte. Nach dem Studium arbeitete er in der Erziehungsberatung und als klinischer Psychologe. In dieser Zeit erprobte er neue therapeutische Techniken, die er zur **klientenzentrierten Therapie** zusammenfasste. Seine vielfältigen Erfahrungen in der The-rapie und seine zahlreichen Untersuchungen zum Prozess der Veränderung des Verhaltens hat *Rogers* Jahre später zur **personenzentrierten Theorie der Persönlichkeit** weiterentwickelt. *Rogers* kritisierte immer eine Psychologie, die zu abstrakt und vom Menschen entfremdet ist. Er selbst wurde als übertrieben optimistisch beurteilt, vor allem sein Glaube, dass sich internationale Spannungen und Konflikte mit den Mitteln der klientenzentrierten Methode lösen lassen. Am 4. Februar 1987 starb *Carl Rogers* im Alter von 85 Jahren.

Das **Menschenbild** von *Rogers* unterscheidet sich deutlich von dem der Psychoanalyse. Während *Freud* die Triebkräfte hervorhebt, die Leben sowohl erzeugen und erhalten als auch zerstören können, ist nach *Rogers* die Natur des Menschen im Wesentlichen positiv. So strebt der Mensch danach, zu wachsen und sich zu einer gesunden und selbstbestimmten Persönlichkeit zu entwickeln. Wenn er nicht zu sehr in seinem Selbstverwirklichungsstreben eingeschränkt wird und seinem Wesen gemäß handeln kann, ist er ein positives und soziales Wesen, dem man vertrauen kann. Allerdings sieht *Rogers* auch die irrationalen und zerstörerischen Kräfte im Menschen.

„Ich habe kein euphorisches Bild von der menschlichen Natur. Ich weiß, dass Individuen aus Abwehr und innerer Angst sich unglaublich grausam, destruktiv, unreif, regressiv, asozial und schädlich verhalten können. Es ist dennoch einer der erfrischendsten und belebendsten Aspekte meiner Erfahrung, mit solchen Individuen zu arbeiten und die starken positiven Richtungsneigungen zu entdecken, die sich auf den tiefsten Ebenen bei ihnen wie bei uns allen finden."

(Carl Rogers, 1992[9])

Rogers Menschenbild ist geprägt von einem tiefen Respekt gegenüber dem Menschen und deutlich beeinflusst vom philosophischen Denken des Humanismus. Die von *Rogers* und anderen Psychologen, wie *Kurt Goldstein* und *Abraham H. Maslow*, begründete und geförderte **„humanistische Psychologie"** ist eine der großen psychologischen Schulen der Gegenwart.

16.2.2 Die Selbstaktualisierung

Nach *Rogers* wird der Organismus des Menschen nicht von irgendwelchen Trieben gesteuert, sondern von einer einzigen zentralen Energie, und zwar der **angeborenen Tendenz zur Selbstaktualisierung, Selbsterhaltung und Selbstverwirklichung.**

„Der Organismus hat eine grundlegende Tendenz, den Erfahrungen machenden Organismus zu aktualisieren, zu erhalten und zu erhöhen."

(Carl Rogers, 1992[9])

Obwohl das Krabbeln für das Kleinkind mühelos und leichter ist, lernt es unter Mühen und Anstrengung den aufrechten Gang.

Selbstaktualisierung ist das grundlegende Motiv für das Tätigwerden des Menschen und beinhaltet Erweiterung im Sinne von Wachstum und meint Entwicklung hin zu Autonomie und Selbstbestimmung, weg von Abhängigkeit und Kontrolle durch äußere Zwänge. Dabei entwickelt der Mensch die zunehmende Bereitschaft, sich für jede Art von Erfahrung zu öffnen und sich und andere so anzunehmen, wie sie sind.

Theorie der Persönlichkeit: Die personenzentrierte Theorie

„Man beklagt sich nicht über Wasser, weil es nass ist, noch über Felsen, weil sie hart sind. So wie das Kind die Welt mit großen, unkritischen und unschuldigen Augen beschaut, sich einfach merkt und beobachtet, was der Fall ist, ohne die Sache zu diskutieren oder zu verlangen, dass es anders sei, so betrachtet der sich selbst aktualisierende Mensch die menschliche Natur in ihm wie in anderen."

(Abraham Maslow; in: Carl Rogers, 1992[9])

Selbstaktualisierung ist das angeborene und beständige Bestreben des Menschen, seine Entwicklungsmöglichkeiten zu entfalten und zu verwirklichen.

Im Prozess der Selbstaktualisierung und der Selbstverwirklichung entfernt sich der Mensch von einem Sein, das er nicht ist, und nähert sich dem Selbst, das er wirklich ist, oder wie *Rogers* schreibt:

„Das Selbst zu sein, das man in Wahrheit ist!"

(Carl Rogers, 1992[9])

Eine weitere Grundannahme von *Rogers* ist, dass der Organismus des Menschen, **die Erfahrungen**, die er macht, **in Beziehung setzt zu dem grundlegenden Streben nach Selbsterhaltung und Selbstaktualisierung. Erfahrungen, die Selbstaktualisierung** ermöglichen, werden vom Organismus als positiv bewertet und weiterhin angestrebt. Erfahrungen, die Selbstaktualisierung verhindern oder die Selbsterhaltung gar bedrohen, werden negativ bewertet und vermieden. Dieser Vorgang wird als **organismischer Bewertungsprozess** bezeichnet.

Eltern, die ihr Kind zum Gehen anregen und ihm so lange Hilfestellungen geben, bis es die ersten Schritte alleine machen kann, fördern die Selbstaktualisierung des Kindes. Der Organismus des Kindes wird diese Erfahrungen positiv bewerten. Selbstaktualisierung wird verhindert, wenn das Kind in seinem Bewegungsdrang eingeschränkt wird, indem die Eltern es immer bei der Hand nehmen und es nicht alleine gehen lassen. Das Kind reagiert hierauf häufig mit Unbehagen und Trotz.

Organismischer Bewertungsprozess ist der fortwährende Prozess des Organismus, Erfahrungen aufzunehmen und dahin gehend zu bewerten, inwieweit sie die Selbsterhaltung, die Selbstaktualisierung und die Selbstverwirklichung fördern bzw. einschränken.

Basisannahmen der personenzentrierten Theorie von Carl Rogers	
Tendenz zur Selbsterhaltung, Selbstaktualisierung und Selbstverwirklichung	Das Streben nach Selbsterhaltung, Selbstaktualisierung und Selbstverwirklichung ist das grundlegende Motiv für das Tätigwerden des Menschen. Dieses Bestreben ist dem Menschen angeboren und besteht darin, die eigenen Entwicklungsmöglichkeiten zu entfalten und zu verwirklichen.
Organismischer Bewertungsprozess	Der Mensch unterwirft seine Erfahrungen einem ständigen organismischen Bewertungsprozess, dessen Urteilskriterium die Realisierung bzw. Nichtrealisierung von Selbsterhaltung, Selbstaktualisierung und Selbstverwirklichung ist.

16.2.3 Das Selbstkonzept

Carl Rogers sieht *den Menschen als ein bewusst handelndes Wesen, das von seinen Erfahrungen geleitet wird.* All die individuellen Erfahrungen, die eine Person im Laufe ihres Lebens gemacht hat und weiterhin macht, verdichten sich zu einem für diese Person charakteristischen Wahrnehmungsfeld. Dieses Wahrnehmungsfeld ist das individuelle Bezugssystem der Person. Es ist seine Realität, die einzigartig ist und von einem anderen nie vollständig verstanden werden kann.

Entsprechend den individuellen Wahrnehmungen werden andere Personen, Dinge und Ereignisse von einer Person als bedeutend, ängstigend oder bedrohlich eingestuft, von einer anderen Person dagegen als höchst erfreulich, willkommen oder bedeutungslos angesehen. Auch ist das Verhalten nicht einfach eine Reaktion auf Reize, sondern eine von Person zu Person sehr unterschiedlich ausfallende Verhaltensreaktion, die sich aus der individuellen Verarbeitung von Wahrnehmungen ergibt.

Für einen Hardrock-Fan ist laute Rockmusik ein Genuss. Für einen Liebhaber klassischer Musik ist diese Art von Musik nur lautes Gedröhne, von dem er Kopfschmerzen bekommt.

„Jedes Individuum existiert in einer ständig sich ändernden Welt der Erfahrung, deren Mittelpunkt es ist [...] Der Organismus reagiert auf das Feld, wie es erfahren und wahrgenommen wird. Dieses Wahrnehmungsfeld ist für das Individuum Realität."
(Carl Rogers, 1996)

Ein Teil des gesamten Wahrnehmungsfeldes entwickelt sich nach und nach zum **Selbst** und bildet schließlich das **Selbstkonzept** einer Person.

Hat eine Person mehrfach die Erfahrung gemacht, dass es ihr leicht fällt in Kontakt mit anderen Menschen zu treten, dann wird sie sich bald als eine Person sehen, die aufgeschlossen und kontaktfreudig ist. Sie wird gerne auf andere Menschen zugehen, sich für deren Anliegen interessieren und gemeinsame Unternehmungen planen.

> Das Selbstkonzept stellt die durch Erfahrung zustande gekommene Gesamtheit der Sichtweisen dar, die eine Person von sich selbst hat, einschließlich deren Wertung.

Das Selbstkonzept ist der Schlüsselbegriff in der Persönlichkeitstheorie von Carl Rogers. Es besteht aus dem **Real-Selbst** und dem **Ideal-Selbst**.

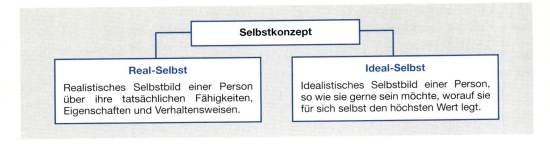

Erzieher A nimmt wahr, dass er ab und zu Konflikte mit den zu Erziehenden hat, die er in der Regel recht gut lösen kann. Bei manchen Konflikten ist er jedoch überfordert, sie bleiben ungelöst. Hat er ein realistisches Selbstbild, so wird er die Situation als solche erkennen und akzeptieren. Er kann aber auch das Ideal verfolgen, dass er ein perfekter Pädagoge sein will, der alle Konflikte beseitigen kann und der bei allen zu Erziehenden hoch angesehen ist.

Personen streben nach einer *Übereinstimmung zwischen Real-Selbst und Ideal-Selbst*. Sie sind glücklich und ausgeglichen, wenn das reale und ideale Selbstkonzept weitgehend übereinstimmen.

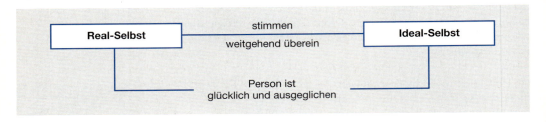

Innere Spannungen, Ängste und Depressionen entstehen dann, wenn das Real-Selbst und das Ideal-Selbst zu sehr auseinander klaffen oder wenn die Person einen Teil ihres Real-Selbstes aufgrund überhöhter Ideale ablehnt.

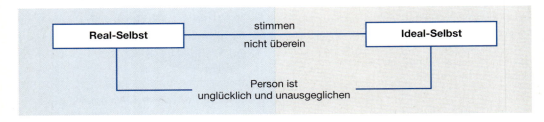

Will Erzieher A ein perfekter Pädagoge sein, wird er ständig unter dem Druck stehen, seinem eigenen Ideal zu entsprechen. Reichen seine Anstrengungen nicht aus, dann wird sich bald Niedergeschlagenheit und Frustration einstellen. Dauert dieser Zustand länger, kann es zu Depressionen und psychosomatischen Beschwerden, wie Magen- oder Kopfschmerzen, kommen.

16.2.4 Die Entstehung des Selbstkonzeptes

Das Bewusstsein über sich selbst, über individuelle Fähigkeiten und Eigenschaften, Stärken und Schwächen erwirbt das Kind vor allem durch die **Beziehungsbotschaften,** die Eltern, Lehrer und Erzieher dem Kind senden (vgl. Kapitel 14.2.5).

Schon bevor ein Kind die Sprache versteht, erfährt es durch die Art und Weise, wie die Eltern mit ihm sprechen und umgehen, Grundbotschaften, wie „Du bist erwünscht" oder „Du bist unerwünscht". Diese Beziehungsbotschaften prägen das Selbstkonzept des Kindes grundlegend. Später werden diese Erfahrungen verdichtet sowohl durch ausdrückliche Aussagen, wie zum Beispiel „Aus dir wird sowieso nichts, du Dummkopf!" oder „Du kannst sehr gut malen!", als auch durch Botschaften zwischen den Zeilen wie „Muss man dir denn alles dreimal sagen?".

So wie die Bezugspersonen das Kind sehen und achten, so wird es sich bald selbst sehen und achten. Wird das Kind von seinen Eltern und Erziehern **wertschätzend** behandelt, so wird es ein positives Selbstkonzept aufbauen und hohe Selbstachtung entwickeln. Gehen die Bezugspersonen dagegen mit dem Kind **gering schätzend** um, dann wird sein Selbstkonzept eher negativ sein und die eigene Person wird wenig geachtet.

> Wertschätzung ist eine Haltung des Erziehers, die sich durch Achtung, Wärme und Rücksichtnahme auszeichnet. Geringschätzung ist gekennzeichnet durch Missachtung, Kälte, Härte und Ablehnung.

„*Selbstachtung ist die gefühlsmäßig wertende Einstellung einer Person zu sich selbst, zu ihrer eigenen Person. Es ist die Achtung und Wertschätzung, die eine Person für sich selbst, für ihr Selbst empfindet.*"

(Reinhard und Anne-Marie Tausch, 1998[1])

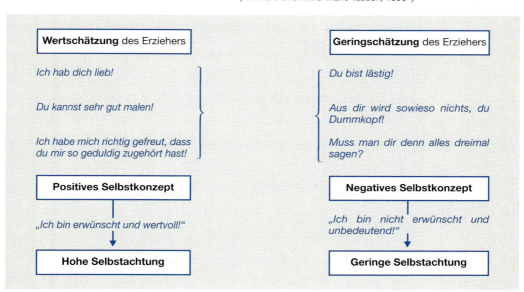

Theorie der Persönlichkeit: Die personenzentrierte Theorie

16.2.5 Aktuelle Erfahrungen und Selbstkonzept

Jeder Mensch wird immer wieder mit neuen Erfahrungen konfrontiert. Diese Erfahrungen können nun sehr stark vom bestehenden Selbstkonzept abweichen. Im Individuum besteht jedoch die Tendenz, diese Diskrepanz möglichst klein zu halten. Dabei ist die Qualität des Selbstkonzeptes (positiv bzw. negativ) dafür verantwortlich, wie mit Selbsterfahrungen umgegangen wird, ob sie angenommen oder ignoriert werden.

Eine Person ist dann **kongruent,** wenn ihr aktuelles Verhalten und Erleben mit dem bestehenden Selbstkonzept weitgehend übereinstimmen. Weichen dagegen die Selbsterfahrungen deutlich vom Selbstkonzept ab und kann eine Übereinstimmung nicht hergestellt werden, dann spricht man von **Inkongruenz.**

Eine Mutter ist verärgert über ihren Sohn und wütend auf ihn. Sie hält ihren Ärger und ihre Wut nicht zurück, sondern zeigt ihre Gefühle in angemessener Weise. Ihr Selbstkonzept „Meine Gefühle sind wichtig" stimmt mit ihren aktuellen Körper- und Sinneserfahrungen überein. Sie verhält sich kongruent.

Hat eine Frau dagegen das Selbstkonzept „Eine liebevolle Mutter darf keine negativen Gefühle haben!", dann passen Gefühle, wie Ärger und Wut auf ihre Kinder, nicht zu ihrem Selbstkonzept. Unterdrückt sie diese Gefühle oder nimmt sie sie vielleicht gar nicht wahr, dann ist ihr Erleben inkongruent.

> **Kongruenz bezeichnet die Übereinstimmung des Selbstkonzeptes mit den aktuellen Erfahrungen, die ein Individuum mit sich selbst macht.**
> **Von Inkongruenz spricht man, wenn die aktuellen Erfahrungen mit dem Selbstkonzept einer Person nicht übereinstimmen.**

Menschen mit einem **positiven Selbstkonzept** sind in der Lage, über sich offen und umfassend nachzudenken. Sie haben nicht das Bedürfnis, bestimmte Erfahrungen oder Wahrnehmungen zu ignorieren. Sie werden Konflikte mit der Realität wahrnehmen und nach Lösungsmöglichkeiten suchen. Nahe liegend ist, dass die Person ihr Selbstkonzept und die entsprechenden Verhaltensweisen verändert.

Ein positives Selbstkonzept ist also flexibel genug, neue Erfahrungen anzunehmen und sich ihnen anzupassen. Dadurch kommt es zu einer weitgehenden Übereinstimmung zwischen dem Selbstkonzept und den gemachten Erfahrungen, was dazu führt, dass die Person ausgeglichen und zufrieden ist.

Theorie der Persönlichkeit: Die personenzentrierte Theorie

Bewältigung von Inkongruenz

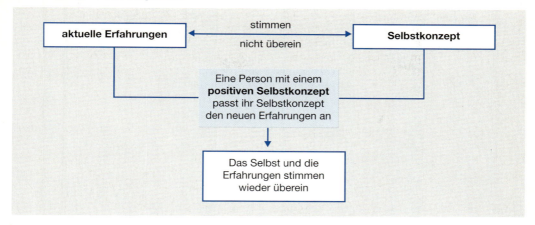

Vor allem Menschen mit einem **negativen Selbstkonzept** und geringer Selbstachtung versuchen, ihre **verletzbare Selbststruktur** rigide zu verteidigen und zu schützen. Jede Erfahrung, die ihr Selbstkonzept gefährdet und noch mehr in Frage stellt, wird als bedrohlich wahrgenommen.

Der Sozialpädagoge Frank D. hat in letzter Zeit häufig Konflikte mit den zu Erziehenden. Er wird diese Konflikte dann als bedrohlich wahrnehmen, wenn er insgeheim von sich denkt, dass ihn die meisten Menschen nicht mögen und ablehnen.

Um die bestehende Selbststruktur zu schützen und aufrechtzuerhalten, werden die als bedrohlich erlebten Erfahrungen abgewehrt. Zwei wesentliche Abwehrreaktionen sind die **Verleugnung** und die **Verzerrung.** Bei der Verleugnung wird die Existenz einer Erfahrung völlig verneint. Bei der Verzerrung tritt die Erfahrung zwar in das Bewusstsein, ihre Bedeutung wird aber so entstellt und verändert, dass sie mit dem Selbstkonzept wieder übereinstimmt.

Der Sozialpädagoge ignoriert die Konflikte, die er mit den Jugendlichen hat. Oder er deutet diese Erfahrung um und behauptet: „Mit diesen Jugendlichen kommt auch kein anderer Erzieher aus. Sie sind unverbesserliche Störenfriede!"

Die stets liebevolle Mutter kann ihre negativen Gefühle völlig verneinen. Oder sie entstellt ihre Gefühle so, dass sie ihr Aufgebrachtsein nur als momentanes Unwohlsein abtut.

Verleugnung ist eine Abwehrreaktion, die bedrohliche Erfahrungen negiert und so vom Bewusstsein ausschließt.
Verzerrung ist eine Abwehrreaktion, bei der die Bedeutung der Erfahrung so verändert und entstellt wird, dass sie, wenn sie in das Bewusstsein gelangt, mit dem Selbstkonzept wieder übereinstimmt.

Beide Abwehrreaktionen bewahren die Person davor, dass ihr beschädigtes Selbstkonzept weiter verletzt wird und ihre Selbstachtung noch mehr verloren geht. Durch Verleugnung und Verzerrung lässt sich kurzfristig ein gewisser Grad an Übereinstimmung zwischen dem Selbstkonzept und den aktuellen Erfahrungen herstellen. Auseinandersetzung mit der Realität und Veränderungen des Selbstkonzeptes finden jedoch nicht statt.

Theorie der Persönlichkeit: Die personenzentrierte Theorie

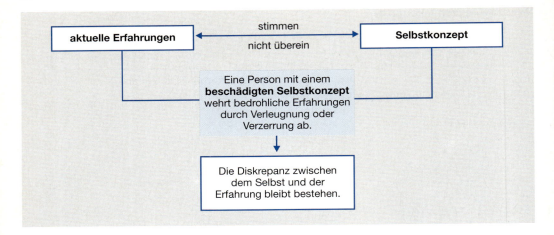

SO WIE ICH BIN

Es gibt Momente in mir
da habe ich mich lieb
so wie ich bin
da sehe ich alle Fehler an mir
und mag mich
so wie ich bin
da frag ich nicht
wie muß ich sein
um dir gut zu gefallen
da bin ich einfach
so wie ich bin

Es gibt Momente in mir
da lasse ich mich los
so wie ich bin
da halte ich mich nicht mehr fest
und bin doch so wie ich bin
da möchte ich kein andrer sein
um dir gut zu gefallen
da bin ich einfach
so wie ich bin

Es gibt Momente in mir
da habe ich mich lieb
so wie ich bin
da fühle ich mich richtig wichtig
so wie ich bin
da spür ich eine große Kraft
die mich noch lieben läßt
da bin ich glücklich
da bin ich
so wie ich bin

Quelle: Klaus Hoffmann, 1982

Wenn die aktuellen Erfahrungen einer Person ganz offensichtlich von ihrem Selbstkonzept abweichen, dann wird eine Abwehrreaktion gegen diese Bedrohungen immer schwieriger. „Angst ist dann die Antwort des Organismus auf die unterschwellige Wahrnehmung; eine solche Diskrepanz könnte gewahr werden und würde in der Folge eine Veränderung des Selbstkonzeptes erzwingen" *(Carl Rogers, 1989[2])*.

Eine Person, deren Selbstkonzept es ist, dass sie niemals hasst, wird Angst erleben, wenn die verleugneten Hassgefühle ganz offensichtlich in ihrer Phantasie und ihrem nonverbalen Verhalten in Erscheinung treten.

Gelingt die Abwehr der bedrohlichen Erfahrungen nicht mehr und drängen diese immer heftiger in das Bewusstsein, dann zerbricht schließlich die Selbststruktur und ein sehr widersprüchliches, **psychisch fehlangepasstes Verhalten** kann die Folge sein.

So können die verleugneten Hassgefühle ganz unvermittelt hervorbrechen, indem die Person andere anschreit. Kurze Zeit später entschuldigt sich diese Person für ihr unbeherrschtes Verhalten und verspricht, dass dies nicht mehr vorkommt.

Inkongruenz führt langfristig zu **seelischen Störungen**. Personen in diesem Zustand brauchen meist therapeutische Hilfe, um die nicht gelöste Diskrepanz zwischen dem Selbstkonzept und der Erfahrung aufzuheben und ihr Selbstkonzept zu verändern.

Materialien 4

16.2.6 Die Bedeutung des Selbstkonzeptes im Alltag

Menschen verhalten sich häufig so, wie es ihrem Selbstkonzept entspricht. In jede Situation, in der sie handeln, bringen sie die Annahmen und Erwartungen über ihre Qualitäten, Fähigkeiten, aber auch Fehler mit ein.

Ein Junge mit dem Selbstkonzept „Ich bin hässlich, schüchtern, kontaktscheu und kann nicht gut reden" wird sich kaum trauen ein attraktives Mädchen anzusprechen. Wagt er es doch einmal und hat er nicht gleich Erfolg, dann wird er schnell verzagen und aufgeben. In Zukunft wird er es vielleicht ganz vermeiden, Mädchen anzusprechen. Die mangelnde Erfahrung im Kontakt mit dem anderen Geschlecht bescheren ihm immer wieder Misserfolge. So bestätigt sich sein negatives Selbstkonzept im Sinne einer selbst erfüllenden Prophezeiung.

Bei einem Jungen mit positivem Selbstkonzept ist es eher entgegengesetzt. Er traut sich mehr zu und ist viel kontaktfreudiger. Aufgrund erster Erfahrungen und Erfolge gewinnt er zunehmend Mut. Dies bestätigt ihn in seinem Selbstkonzept, dass er offen, kontaktfreudig und ein attraktiver Mann ist.

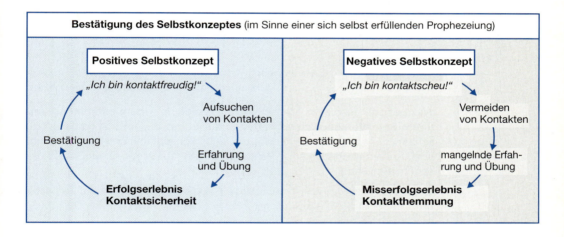

Reinhard und Anne-Marie Tausch (1998[11]) weisen darauf hin, dass ein ungünstiges Selbstkonzept von Schülern und geringe Schulleistungen sich wechselseitig beeinflussen. „Geringe Schulleistungen und die damit oft verbundenen ungünstigen Erfahrungen führen zu einem ungünstigen Selbstkonzept. Und ein ungünstiges Selbstkonzept kann geringe schulische Leistungen mitbedingen".

Theorie der Persönlichkeit: Die personenzentrierte Theorie

Bekommt ein Kind ständig zu hören, dass es dumm und unbegabt ist, dann wird es das Selbstkonzept entwickeln: „Ich bin dumm". Dies ist vor allem dann der Fall, wenn Eltern oder Lehrer *die ganze Person* als dumm und ungeschickt beurteilen und *nicht nur ein bestimmtes Verhalten* ablehnen. Das Kind erlebt sich dann selbst als dumm, ungeschickt und nicht fähig, Schwierigkeiten und Anforderungen zu bewältigen. Es wird Situationen vermeiden, die von ihm Konzentration, Ausdauer und Anstrengung erfordern. Mit der Zeit treten immer größere Erfahrungs- und Übungsrückstände auf, und nach einigen Jahren ist das Kind dann wirklich dumm und ungeschickt; dies aber nicht aufgrund mangelnder Begabung als vielmehr aufgrund fehlender Erfahrung.

Quelle: Meinrad Perrez u. a., 1985

Wie gezeigt, tendieren Menschen dazu, **sich in Übereinstimmung mit ihrem Selbstkonzept zu verhalten** und sich damit eine Erfahrungswelt zu schaffen, in der ein einmal etabliertes Selbstkonzept immer wieder bestätigt wird. Auch das Erleben einer Person wird maßgeblich von ihrem Selbstkonzept mitbestimmt.

Eine Person mit dem Selbstkonzept „Meine Gefühle sind mir wichtig" wird viel besser mit dem Gefühl der Eifersucht umgehen können als eine Person, die das Selbstkonzept hat: „Ich erhebe keine Besitzansprüche in einer Beziehung!"

Während die erste Person dieses Gefühl sehr intensiv erlebt und zulässt, wird die andere Person dieses Gefühl nicht wahrhaben wollen oder ganz abstreiten. Eifersucht passt nicht zu ihrem Selbstkonzept.

Friedemann Schulz von Thun (1992) weist darauf hin, dass vor allem „nichtlinientreue" Gefühle, also Gefühle, die nicht in unser Selbstkonzept passen, von uns ausgeblendet und dem Bewusstsein nicht zugänglich gemacht werden. „Dieses Nicht-wahr-haben-Wollen von nicht-linientreuen Gefühlen bedeutet letztlich, dass wir wichtigen Teilen unserer Person ablehnend gegenüberstehen". Ursächlich für das Wahrnehmen bzw. Nichtwahrnehmen von Gefühlen ist das Selbstkonzept einer Person, das mehr oder weniger offen für das eigene Fühlen und Erleben ist.

Theorie der Persönlichkeit: Die personenzentrierte Theorie

Die Bedeutung des Selbstkonzeptes

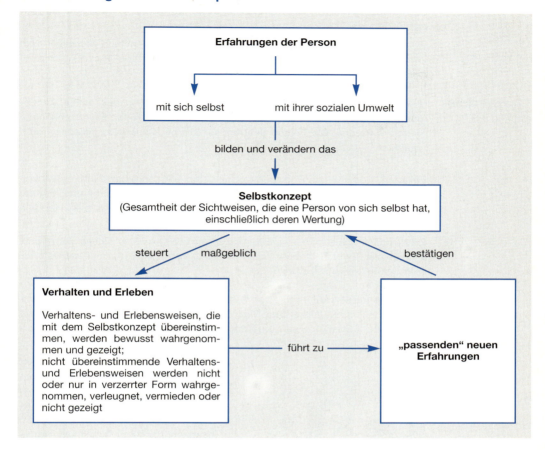

16.3 Die Bedeutung der personenzentrierten Theorie für die Erziehung

Wie bedeutsam die Herstellung von positiven emotionalen Beziehungen für die Erziehung ist, hat gerade die personenzentrierte Theorie immer wieder hervorgehoben. Vor allem das Ehepaar *Reinhard und Anne-Marie Tausch* beschäftigten sich diesbezüglich sowohl mit dem Lehrerverhalten als auch mit dem Verhalten von Erziehern in Kindergärten und von Eltern[1].

16.3.1 Wertschätzung und seelische Entwicklung

Während das Selbst sich entwickelt, braucht das Kind die Zuneigung, Liebe und Wertschätzung seitens seiner Bezugspersonen. Wertschätzung – *Carl Rogers* spricht von **positiver Beachtung** – ist notwendig, damit das Kind sich seelisch gesund entwickeln und sich selbst achten kann. Die ideale

---

[1] *vgl. hierzu die Ausführungen in Band 1, Kapitel 7.1.1*

Umwelt des Kindes zeichnet sich dadurch aus, dass sie der Person des Kindes ein hohes Maß an **Wertschätzung schenkt, die an keine Bedingungen gebunden ist.**

Eltern machen ihre Liebe, Zuneigung und Wertschätzung dem Kind gegenüber nicht davon abhängig, ob das Kind sein Zimmer aufräumt, den Teller leer isst oder seine Geschwister nicht schlägt.

> **Bedingungslose Wertschätzung der Person besteht darin, dass Liebe, Zuneigung und Achtung nicht mit Bedingungen verknüpft oder davon abhängig gemacht werden. Die Person des Kindes wird bedingungslos akzeptiert und geachtet.**

Ein Kind, das sich als Person akzeptiert und angenommen fühlt, entwickelt ein hohes Maß an Selbstachtung. Es kann sich selbst so sehen und achten, wie es ist, und es lernt, auf sein Erleben zu vertrauen und sein Handeln danach auszurichten.

Ein Kind fühlt sich auch dann geliebt und achtenswert, wenn es wütend, zornig oder aggressiv ist. Es braucht diese Gefühle nicht zu verbergen und nimmt sie als einen wichtigen Teil seiner selbst wahr.

Indem die Person auf ihr Erleben vertraut, folgt sie der Tendenz des Organismus zur Selbstaktualisierung. Macht sie neue Erfahrungen, dann kann sie diese in ihr Selbstkonzept aufnehmen und ihr Selbstbild entsprechend verändern.

Macht ein Jugendlicher die Erfahrungen, dass er verschiedene Verrichtungen des Alltags, wie zum Beispiel Essen zubereiten, Wäsche waschen und bügeln, Einkäufe erledigen usw., ganz gut selbst bewältigt, dann ändert sich sein Selbstbild des abhängigen Kindes dahin gehend, dass er ein Bewusstsein von zunehmender Selbstständigkeit und Unabhängigkeit entwickelt.

Kinder, die erleben, dass ihre Person bedingungslos angenommen und geliebt wird, entwickeln sich zu einer sich selbst verwirklichenden Person. Ihr Selbstkonzept ist offen, und sie sind in Kontakt mit ihren Erfahrungen. Wenn erforderlich, können sie ihr Selbstkonzept verändern und es neuen Erfahrungen flexibel anpassen.

Die meisten Menschen wachsen aber nicht in dieser positiven und akzeptierenden Atmosphäre auf. Sie

„Immer heißt es ‚Sitz', ‚Kusch', ‚Bei Fuß' – niemals ‚Denke', ‚Erfinde', ‚Sei du selbst'"

Theorie der Persönlichkeit: Die personenzentrierte Theorie

lernen eher, dass andere Menschen sie nur mögen und respektieren, wenn sie sich auf eine ganz bestimmte Art und Weise verhalten. Ein Kind, das sich nur unter ganz bestimmten Bedingungen angenommen fühlt, entwickelt **Bewertungsbedingungen.**

Gewähren Eltern Liebe, Zuneigung und Wertschätzung nur dann, wenn das Kind ganz bestimmte Bedingungen erfüllt, wie zum Beispiel den Teller leer essen, den Bruder nicht schlagen, zu anderen immer lieb und freundlich sein, dann entsteht das Selbstkonzept: „Ich bin nur dann liebenswert, wenn ich den Teller leer esse, den Bruder nicht schlage, immer lieb und freundlich bin."

Bewertungsbedingungen sind Wertmaßstäbe anderer, die verinnerlicht werden. Sie entwickeln sich, wenn die Wertschätzung und Annahme einer Person an Bedingungen geknüpft wird.

Hat das Kind die Wertmaßstäbe für Zuneigung bzw. Abneigung erst einmal verinnerlicht, dann kann es sich selbst nur positiv sehen und als wertvoll erachten, wenn es sich im Sinne der Bewertungsbedingungen verhält. Werden die Bewertungsbedingungen nicht erfüllt, dann erlebt es sich als ablehnenswert.

Um sich die Anerkennung und Zuwendung der Eltern zu sichern, wird das Kind mit der Zeit die von den Eltern abgelehnten Verhaltensweisen ganz unterlassen und die damit verbundenen Gefühle leugnen und schließlich nicht mehr wahrnehmen.

Fühlt ein Kind zum Beispiel, dass es nur Liebe und Anerkennung empfängt, wenn es immer lieb und freundlich ist, so wird es mit der Zeit Gefühle wie Hass, Wut, Trauer usw. als bedrohlich erleben. Sie bedrohen das Kind mit dem Verlust von Liebe und Zuwendung. Diese Gefühle müssen deshalb geleugnet werden. Mit der Zeit werden sie gar nicht mehr wahrgenommen.

Dadurch sind jedoch die ursprünglichen Gefühle, wie Ärger, Wut oder Aggression, nicht ausgeschaltet. Sie sind noch immer vorhanden, der bewussten Wahrnehmung jedoch nicht mehr zugänglich. Die Folge ist, dass die betroffene Person nicht mehr im Kontakt mit wesentlichen Teilen ihres Erlebens steht. Diese Abspaltung von Selbsterfahrungen ist nach *Rogers* die grundlegende Entfremdung des Menschen sich selbst gegenüber und die wesentliche Ursache für seelische Störungen.

„Er ist nicht er selbst; er ist seinen natürlichen organismischen Bewertungen der Erfahrungen untreu. Nur um sich die positive Beachtung der anderen zu erhalten, verfälscht er einige wertvolle Erfahrungen und nimmt sie lediglich auf der Ebene der Bewertungen anderer wahr. Jedoch ist dies keine bewusste Entscheidung, sondern eine natürliche, ja tragische Entwicklung während der Kindheit. Der Weg der Entwicklung Richtung psychischer Reife, der Weg der Therapie, besteht in der Aufhebung dieser Entfremdung des menschlichen Handelns, der Auflösung der Bewertungsbedingungen, der Erreichung eines Selbst, welches in Übereinstimmung mit der Erfahrung ist, die Wiederherstellung eines einheitlichen organismischen Bewertungsprozesses als dem Regulator des Verhaltens." (Carl Rogers, 1992[9])

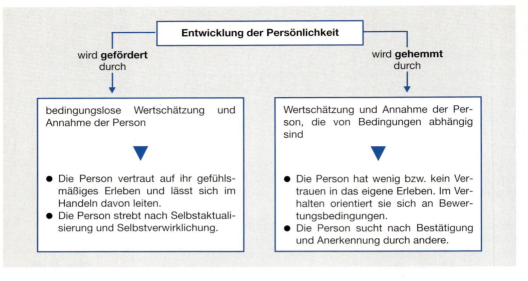

16.3.2 Förderliche Haltungen des Erziehers

Die vor allem im deutschsprachigen Raum durchgeführten Untersuchungen von *Anne-Marie und Reinhard Tausch (1998[11])*, beide ehemalige Schüler von *Carl Rogers*, zeigen, dass bestimmte Grundhaltungen – sie sprechen von **Dimensionen** – die Persönlichkeitsentwicklung fördern, andere dagegen hemmen.

Diese förderlichen Haltungen und Verhaltensweisen des Erziehers sind:

- **Achtung – Wärme – Rücksichtnahme**
  Der Erzieher achtet das Kind und akzeptiert es bedingungslos. Er vertraut dem Kind, ermutigt es und behandelt es freundlich und rücksichtsvoll.

- **Einfühlendes nicht-wertendes Verstehen**
  Der Erzieher geht auf die Gefühle des Kindes ein und bewertet sie nicht. Er hört dem Kind aufmerksam zu und nimmt Anteil an seinem Erleben.

- **Echtheit**
  Der Erzieher ist authentisch und natürlich. Das, was er sagt und tut, stimmt mit dem überein, was er fühlt und denkt.

- **Fördernde nicht-dirigierende Einzeltätigkeiten**
  Der Erzieher gibt Anregungen, Rückmeldungen und Hilfestellungen. Er macht Verbesserungsvorschläge und gibt Entscheidungshilfen. Er informiert und stellt Angebote bereit.

- **Geringe Lenkung (Autonomie)**
  Der Erzieher gewährt Freiräume und akzeptiert die Wünsche und Bedürfnisse des Kindes. Er setzt aber auch klare Grenzen und begründet seine Anweisungen.

Theorie der Persönlichkeit: Die personenzentrierte Theorie

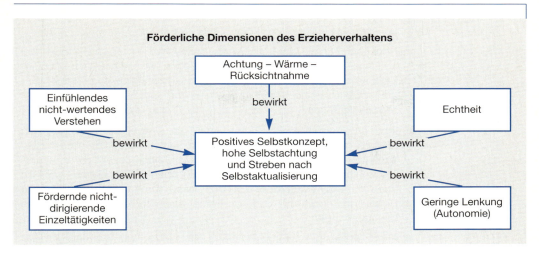

Zusammenfassung der wichtigsten Aussagen der personenzentrierten Theorie

- Das Verhalten eines Menschen wird durch seine subjektive Erlebniswelt bestimmt: Nicht die Umstände und Ereignisse, denen er ausgesetzt ist, als solche sind wesentlich, sondern die Art und Weise, wie er diese wahrnimmt und bewertet.

- Jeder Mensch besitzt die angeborene Tendenz, nach Selbstaktualisierung, -erhaltung und -verwirklichung zu streben. Sie stellen die Hauptantriebe menschlichen Handelns dar.

- Der Mensch unterwirft seine Erfahrungen einem ständigen Bewertungsprozess, dessen Kriterium das Streben nach Selbstaktualisierung, -erhaltung und -verwirklichung ist. Verhaltensweisen, die dem Streben nach Selbstverwirklichung entsprechen, werden positiv bewertet und angestrebt, Verhaltensweisen, die ihm nicht entsprechen, werden negativ bewertet und verworfen.

- Der wichtigste Prozess in der menschlichen Entwicklung ist die Bildung des Selbst. Der Mensch entwickelt ein Selbstkonzept, welches das mehr oder weniger bewusste Bild ist, das ein Mensch von sich selbst hat. Es umfasst all die Wahrnehmungen und Bewertungen, die sich auf die eigene Person beziehen, und besteht aus dem Realselbst – das Bild, so wie sich die Person selbst wahrnimmt – und dem Idealselbst – das Bild, wie die Person gerne sein möchte.

- Bei einer gesunden Persönlichkeitsentwicklung stimmen Real- und Idealselbst weitgehend überein, bei psychischen Störungen klaffen sie in einem erheblichen Maße auseinander. Diese Diskrepanz wirkt sich auf den jeweiligen Menschen einschränkend aus, er verneint dadurch einen Teil seines Realselbst und damit einen Teil von sich selbst.

*Theorie der Persönlichkeit: Die personenzentrierte Theorie / **Materialien***

- Die Art der Erfahrungen mit der sozialen Umwelt (Wertschätzung, Geringschätzung) lässt bei einem Menschen ein positives oder ein negatives Selbstkonzept entstehen. Dieses hat einen entscheidenden Einfluss darauf, wie er sich selbst wahrnimmt und beurteilt. Der Mensch tendiert dazu, sich in Übereinstimmung mit seinem Selbstkonzept zu verhalten.

- Im Individuum besteht die Tendenz, die Diskrepanz zwischen den Erfahrungen aus der Realität und dem Selbstkonzept möglichst klein zu halten bzw. abzubauen. Dabei ist das Selbstkonzept dafür verantwortlich, wie mit diesen neuen Erfahrungen umgegangen wird. Es übernimmt eine Filterfunktion und lässt nur Wahrnehmungen und Gedanken zu, die das Bild von der eigenen Person nicht zu sehr ins Wanken bringen.

- Ein positives Selbstkonzept stimmt mit der Realität überein, es befindet sich in Einklang mit der Umwelt; es ist flexibel genug, neue Erfahrungen aufzunehmen und sich ihnen anzupassen. Dadurch kommt es zu einer weitgehenden Übereinstimmung zwischen dem Selbstkonzept und den gemachten Erfahrungen (der Realität), was zu einer seelischen Ausgeglichenheit führt.

- Ein negatives Selbstkonzept zeigt sich darin, dass es der Wirklichkeit nicht entspricht, sondern von ihr abweicht. Neue Erfahrungen werden als bedrohlich erlebt und abgewehrt. Zwei wesentliche Abwehrreaktionen sind die Verleugnung und Verzerrung. Dabei bleibt die Diskrepanz zwischen Selbstkonzept und der Realität bestehen, was zu psychischen Störungen und einer Fehlanpassung des Verhaltens führt.

- Während das Selbst sich entwickelt, braucht das Kind die Zuneigung, Liebe und Wertschätzung seitens seiner Bezugspersonen. Wertschätzung – *Carl Rogers* spricht von positiver Beachtung – ist notwendig, damit das Kind sich seelisch gesund entwickeln und sich selbst achten kann. Die ideale Umwelt des Kindes zeichnet sich dadurch aus, dass sie der Person des Kindes ein hohes Maß an Wertschätzung schenkt, die an keine Bedingungen gebunden ist.

Materialien   Kapitel 16

1. Die Theorie der psychosozialen Persönlichkeitsentwicklung nach Erik H. Erikson

1 Wie entwickelt sich ein „Ich-Gefühl"? Nach der Auffassung von *Erikson* (1968) entwickelt sich eine derartige persönliche Identität aus bestimmten Krisen im Verlaufe der psychosozialen Ent-
5 wicklung. Diese Krisen führen zu Fortschritten in der Persönlichkeitsentwicklung oder zu Regressionen. Sie bestimmen, ob die Persönlichkeit eher integriert oder eher diffus wird. *Eriksons* Vorstellungen liegt die Annahme zugrunde, dass der heranwachsende Mensch dazu gezwungen ist, 10 sich einer immer mehr ausweitenden sozialen Gemeinschaft bewusst zu werden und mit ihr zu interagieren. Im Verlaufe diese Interaktionen ist dem Kind, und später dem Erwachsenen, die

180

*Theorie der Persönlichkeit: Die personenzentrierte Theorie / **Materialien***

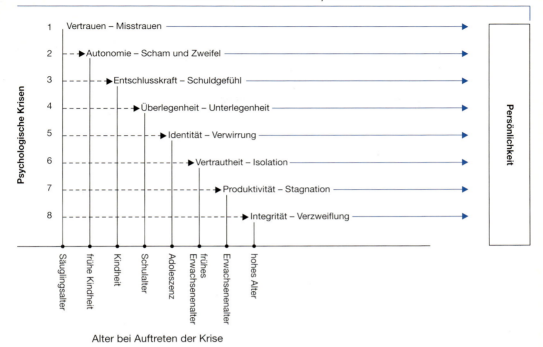

Die Ausbildung der Persönlichkeit als Entwicklungssequenz von Krisen, die gelöst werden müssen

Möglichkeit gegeben, eine „gesunde" Persönlichkeit zu entwickeln – eine Persönlichkeit, die durch die Beherrschung der Umwelt, durch eine Übereinstimmung mit sich selbst und durch die Fähigkeit, die Welt und sich selbst zutreffend wahrzunehmen, gekennzeichnet ist. Dies sind die Eigenheiten eines Menschen, der sich selbst verwirklicht und seine Möglichkeiten voll ausschöpft, wie sie von humanistischen Psychologen, z. B. *Carl Rogers* und *Abraham Maslow,* beschrieben wurden.

Nach den Vorstellungen *Eriksons* kann diese Selbstverwirklichung nur dann stattfinden, wenn bestimmte Krisen oder grundlegende psychosoziale Probleme, die unten genauer erörtert und in der Abbildung aufgeführt sind, auf akzeptable Weise gelöst worden sind. Eine Krise ist eine Zeit, in der ein bestimmtes psychosoziales Problem zu einer verstärkten Verwundbarkeit führt. Jede einzelne Krise steht mit anderen Krisen in Zusammenhang; sie ist immer in irgendeiner Form vorhanden, bevor es zu dem entscheidenden Moment kommt, in dem eine Lösung erreicht werden muss; wenn sie auf günstige Weise gelöst wird, trägt sie letzten Endes immer dazu bei, dass die Stärke und Kraft der sich entwickelnden Persönlichkeit zunimmt (*Erikson, 1963*).

1. Die Krise **Vertrauen/Misstrauen** kommt im Säuglingsalter zustande. Die Beschaffenheit des Lebens während des Säuglingsalters – die Liebe, Beachtung, der körperliche Kontakt und die Ernährungsverhältnisse – übt einen Einfluss darauf aus, ob sich beim Kind fundamentale und primitive Gefühle des Vertrauens oder des Misstrauens in die Umwelt entwickeln. Diese Gefühle bestimmen das gesamte spätere Leben. Mit einem günstigen Verhältnis von Vertrauen zu Misstrauen ist eine Form von psychosozialer Stärke gegeben.

2. Die Krise **Autonomie/Scham und Zweifel** tritt während der frühen Kindheit auf. Das Kind testet seine Eltern und seine Umwelt und lernt dabei, worüber es eine Kontrolle ausüben kann und worüber nicht. Es muss sich eine gewisse Selbstkontrolle ausbilden, ohne dass die Selbstachtung verloren geht, damit das Gefühl

181

*Theorie der Persönlichkeit: Die personenzentrierte Theorie / **Materialien***

entstehen kann, dass man einen freien Willen besitzt. Eine übermäßige Kontrolle durch die Eltern führt bei dem Kind zu anhaltenden Zweifeln über seine Fähigkeiten und zu Scham über seine Bedürfnisse oder seinen Körper. Das Gefühl der Autonomie, das das Kind entwickelt, entstammt seinen ersten Ansätzen zur Emanzipation von seiner Mutter. Es ist davon abhängig, dass sich Vertrauen früher als Misstrauen entwickelt.

3. Die Krise **Entschlusskraft/Schuldgefühl** entsteht im mittleren Kindesalter. Sind Vertrauen und Autonomie vorhanden, so kann das Kind Entschlusskraft entwickeln. Es kann selbstständig unbekannte Orte aufsuchen und seiner Neugier freien Lauf lassen. Gleichzeitig mit rudimentären Formen des Ehrgeizes entwickelt sich ein realistischer Sinn dafür, was zweckvoll ist. Die Entwicklung der Entschlusskraft und die in der Folge auftretende Erfahrung von Schuld führt allmählich zur Ausbildung des Gewissens. Die Eltern reagieren zum Teil auf den ungezügelten Forschungsdrang des Kindes dadurch, dass sie ihm die Erlaubnis versagen, bestimmte Dinge zu tun. Auf diese Weise lernt das Kind, welche Bedeutung das Wort „nein" hat. Übertritt das Kind diese Verbote, tatsächlich oder in der Vorstellung, so erlebt es Schuldgefühle. Eltern oder Lehrer, die die Initiative des Kindes zu häufig hemmen, können dadurch erreichen, dass das Kind Schuldgefühle und Hemmungen entwickelt. Tadeln die Eltern oder der Lehrer das Kind zu selten, so kann dies dazu führen, dass sich in dem Kind kein voll ausgebildetes Gewissen entwickelt. Das Ergebnis einer ausgeglichenen Lösung der Krise Entschlusskraft/Schuldgefühl besteht darin, dass das Kind die Möglichkeit hat, Initiative und einen Sinn für die Zweckmäßigkeit der Aufgaben zu entwickeln, mit denen Erwachsene zu tun haben und in denen der eigene Fähigkeitsbereich möglicherweise (jedoch nicht sicher) ausgeschöpft werden kann. Eine Vorbereitung auf diese Möglichkeit besteht in der festbegründeten, ständig wachsenden und von Schuldgefühlen freien Überzeugung, dass „ich das bin, was zu sein ich mir vorstellen kann" (*Erikson*, 1968, S. 122).

4. Die Krise **Überlegenheit/Unterlegenheit** tritt während der Jahre zwischen Kindergarten und Pubertät auf. Das Kind muss die Fähigkeit erwerben, manche Dinge gut oder sogar perfekt erledigen zu können. Wird die Entstehung von Überlegenheitsgefühlen verhindert, so führt das zur Entwicklung eines Gefühls der Unterlegenheit und der Unzulänglichkeit. Der Lehrer hat während dieser Jahre die verantwortungsvolle Aufgabe, dafür zu sorgen, dass jedes Kind Erfolgserlebnisse haben kann, so dass die Ausbildung eines Gefühls der Unfähigkeit verhindert wird. Das setzt voraus, dass man die Möglichkeit jedes einzelnen Schülers kennt und die Bedingungen, unter denen der Schüler arbeitet, unter Kontrolle hat. Dabei sieht *Erikson* eine besondere Gefahr darin, dass die Bewältigung einer Aufgabe zum Selbstzweck wird und so die weitere Entwicklung der Person beeinträchtigt wird. Selbstwertgefühle, die *nur* auf Arbeit beruhen und später zur Hetzjagd nach Erfolg im Berufsleben führen, müssen vermieden werden.

5. Die Krise **Identität/Verwirrung** tritt im Jugendalter, jener Sturm- und Drangperiode, auf. Auf dieser Stufe kommt es zwangsläufig zu einer gewissen Verzögerung in der Integration der Persönlichkeitselemente. Jungen werden zu Männern und Mädchen zu Frauen, und es ist gar nicht anders möglich, als dass sie sich verwirrt, befremdet und vereinsamt fühlen. Physische und hormonelle Veränderungen führen dazu, dass sexuelle Kräfte häufig andere Ansprüche in den Hintergrund drängen, die Vorstellungskraft gefangen nehmen und zum Auftauchen verbotener Wünsche führen. Ein neuer, engerer Umgang mit dem anderen Geschlecht wird nun von dem unerfahrenen, jungen Menschen gepflegt oder ihm auch manchmal aufgedrängt und muss verwirrend für ihn sein.

Das zentrale Problem dieser Periode ist die Ausbildung eines Identitätsgefühls. Über die Identität, die der Jugendliche anstrebt, soll geklärt werden, wer er ist, welche Rolle er in der Gesellschaft zu übernehmen hat. Ist er ein Kind oder ein Erwachsener? Hat der Jugendliche das, was dazu erforderlich ist, um eines Tages ein Ehemann und Vater oder eine Ehefrau und Mutter zu sein? Wie muss er als Arbeiter und als Geldver-

Theorie der Persönlichkeit: Die personenzentrierte Theorie / Materialien

diener sein? Kann der Jugendliche trotz der Tatsache, dass seine Rasse oder seine Religion oder sein nationaler Hintergrund manche Leute auf ihn herabschauen lassen, Selbstvertrauen haben? Wird der Jugendliche alles in allem Erfolg haben oder ein Versager sein? Aufgrund dieser Fragen werden Jugendliche manchmal auf krankhafte Weise von dem Gedanken beherrscht, was andere von ihnen halten, ob sie mit den Vorstellungen, die die Jugendlichen von sich selbst haben, übereinstimmen und wie sie erreichen können, dass früher erlernte Rollen und Fertigkeiten sich in das einfügen, was gerade Mode ist.

Das Unvermögen, sich selbst zu verstehen – die fehlende Identität –, führt zur Verwirrung. Ein Misserfolg bei der Lösung dieser Krise führt dazu, dass sich die Adoleszenz ausdehnt, dass sich die entsprechende Person nicht angemessen verhält, dass die Rolle des Erwachsenen übernimmt, ohne über eine integrierte Persönlichkeit zu verfügen. Diese Menschen werden die Krisen des Lebenszyklus, die nach der Identitätskrise kommen, nicht bewältigen.

Gelegentlich erscheint uns die Adoleszenz als eine unbeschwerte Zeit. So verwirft etwa *Adelson* (1979) die heute verbreitete Auffassung, die Adoleszenz sei eine Zeit großer Belastung: „Heranwachsende sind, im Großen und Ganzen, nicht stark verunsichert, nicht ihren Impulsen hoffnungslos ausgeliefert; weder widersetzen sie sich den Werten der Elterngeneration noch sind sie politisch aktiv oder rebellisch." Unsere Einstellung zu dieser Frage entspricht eher der Position des Psychiaters *Solnit* (1979):

Die Beobachtung, dass ein Teenager in bestimmten Bereichen – Schule, Sport, Gemeinschaft – gute Verhaltensweisen zeigt, korreliert nicht ... mit dem, was wir über die geistigen und seelischen Erfahrungen eben dieses jungen Menschen wissen. Die Launen, Phantasien, Träume, heimlichen Ängste und Wünsche, d. h. die schmerzhaften Konflikte mit den Normerwartungen des Heranwachsenden können in der psychoanalytischen Behandlung aufgedeckt werden. Dort treten sie zutage, selbst wenn sie auch bei sorgfältigen Untersuchungen, die sich auf ein bis zwei klinische Interviews stützen und Gruppenbeobachtungen einschließen oder Fragebogendaten verwenden, nicht beobachtet werden können.

6. Die Krise **Vertrautheit/Isolation** beginnt nach Ausbildung der Identitätsfunktionen, die sich jedoch noch nicht verfestigt haben. Kann ein Mensch seine Identität mit einem anderen teilen, ihm einige Teile davon überlassen, so dass beim Nachdenken über die Gegenwart und die Zukunft das „Wir" an die Stelle des „Ich" tritt? Das Unvermögen, vertraute Beziehungen aufzubauen, führt zur psychischen Isolation, das weniger gesund, weniger wünschenswert für den Menschen ist.

7. Die Krise **Produktivität/Stagnation** ist die Krise des Erwachsenenalters. Mit Produktivität ist Kreativität, Effektivität und ein Interesse daran, die Entwicklung der nächsten Generation mitzubestimmen, gemeint. Reife setzt jemand Jüngeren voraus, einen Menschen, für den man reif ist. Sie setzt auch voraus, dass man für das, was in der Umwelt vorhanden ist – Ideen, Dinge und Menschen – , sorgen und es pflegen kann. Ohne reichliche Gelegenheit dazu, produktiv zu reagieren, leidet der Erwachsene unter Langeweile, Apathie, Pseudovertrautheit, zwischenmenschlicher Verarmung und unter einem alles durchdringenden Gefühl der Stagnation.

8. Die Krise **Integrität/Verzweiflung** tritt im hohen Alter auf. Die Persönlichkeit eines Menschen ist dann voll integriert, wenn er im Laufe seiner Entwicklung seine einmalige Chance, auf der Erde zu leben, und die für ihn wichtigen Menschen, die auf ihr leben, akzeptiert. Die Menschen und die Ereignisse müssen so genommen werden, wie sie sind. Die Kinder, der Ehegatte, die Eltern und der Beruf sind so, wie sie eben sind. Dabei ist es besonders wichtig, dass man, wenn man dies erkannt hat, sagen kann: „Ich bin, was ich bin!" Die Verantwortung dafür, was man ist, liegt bei einem selbst. Auf dieser Stufe kann man in den Besitz von Würde gelangen. Entwickelt sich jedoch auf der anderen Seite Verzweiflung, Unzufriedenheit mit sich selbst und mit dem, was man vollbracht hat, so kann dies zu einem sorgenvollen, selbstzerstörerischen, verzweifelten Ende des Lebenszyklus führen.

Quelle: N. L. Gage/D. C. Berliner, 1986[4]

*Theorie der Persönlichkeit: Die personenzentrierte Theorie / **Materialien***

2. Die Messung des Selbstkonzeptes

Das Selbstkonzept einer Person ist keine „schöngeistige Spekulation", es ist erfahrbar und feststellbar. Dass wir ein Konzept von uns selbst haben, ist uns meist nicht bewusst. Es ist die Summe von Qualitäten, die hinter dem Wort „Ich" oder „Ich selbst" stehen. Diese Qualitäten unseres Selbst sind grundsätzlich dem Bewusstsein zugänglich. Sie können festgestellt, „gemessen" werden. Eine einfache Möglichkeit der Feststellung ist: Eine Person gibt in einem vertrauensvollen, offenen und verständnisvollen Gespräch an, wie sie sich selbst sieht, wie sie sich selbst erlebt. Sie kann das auch niederschreiben. Für einen genaueren Vergleich des Selbstkonzeptes verschiedener Personen eignen sich folgende Erfassungsmöglichkeiten: ▷ Die **Selbstkonzept-Skala** von *Fits* (1963). Sie besteht aus zahlreichen Feststellungen über die Qualitäten einer Person, z. B. Es ist schwer, mit mir auszukommen. Ich mag mein Aussehen gerad so wie es ist. Ich fühle mich meistens gut. Mir fällt es schwer, mit Fremden zu sprechen. Die befragte Person gibt an, wieweit diese Feststellungen für ihr eigenes Selbst zutreffen oder nicht zutreffen.

▷ Die **Selbst-Sortierungs-Methode** (*Butler u. Haigh*, 1954). Der befragten Person werden zahlreiche Kärtchen mit Beschreibung des Selbst vorgelegt, z. B.: Ich habe warme Beziehungen zu anderen. Ich kann meine Gefühle frei ausdrücken. Ich zweifle an meinen sexuellen Qualitäten. Ich fühle mich oft hilflos. Die Person legt diese Kärtchen in die Kategorien von „sehr zutreffend" bis „nicht zutreffend", je nachdem, wie sie sich selbst sieht. – In gleicher Weise wie das „reale" erlebte Selbst kann eine Person auch ihr ideales Selbst beschreiben. Sie sortiert dann die gleichen Kärtchen neu, entsprechend der (idealen) Person, die sie gerne sein möchte. Der Unterschied zwischen dem realen Selbst, wie eine Person ist, und dem idealen Selbst, wie sie sein möchte, kann berechnet werden.

Demonstration des Selbstkonzeptes von Personen. Die folgenden Feststellungen aus der Selbstkonzept-Skala von *Fits* wurden von einer Person sämtlich verneint, von einer anderen Person sämtlich bejaht: Ich verachte mich selbst. Ich bin ungeschickt. Es ist schwer, mit mir auszukommen. Ich bin zu empfindlich gegenüber dem, was meine Familie sagt. Ich sollte meine Familie mehr lieben. Mein Verhalten ist unsozial. Ich bin hassenswert. Ich bin mit mir unzufrieden. Ich bin ein Nichts. Ich bin unruhig und unverträglich. Dies veranschaulicht die sehr unterschiedlichen inneren Welten, in denen Personen leben.

Quelle: Reinhard und Anne-Marie Tausch, 1998[11]

3. Das Selbst und die Selbstachtung

a) Die sechs Säulen der Selbstachtung

Selbstachtung ist gleichbedeutend mit der Erfahrung, dem Leben gewachsen zu sein und seine Anforderungen erfüllen zu können. Genauer ausgedrückt ist Selbstachtung

- das Vertrauen in die eigene Fähigkeit zu denken, zu lernen, zu entscheiden, zu urteilen und sich mit den grundlegenden Aufgaben und Herausforderungen des Lebens erfolgreich auseinander setzen zu können (diese Komponente der Selbstachtung kann auch als „Selbstwirksamkeit" bezeichnet werden),

- das Vertrauen darauf, ein Recht auf Glück und Erfolg zu haben, wertvoll zu sein, die Früchte der eigenen Arbeit genießen zu dürfen und Bedürfnisse erfüllt zu bekommen (diese Komponente der Selbstachtung ist das „Selbstwertgefühl").

Selbstachtung kann nicht direkt erarbeitet oder erzwungen werden – weder bei uns selbst noch bei anderen. Sie ist vielmehr die Folge bestimmter Einstellungen und Lebenspraktiken. Aber wir können ein Klima erzeugen, in dem diese Lebenspraktiken sich entfalten können. Ich nenne die wichtigsten dieser Praktiken „die sechs Säulen der Selbstachtung":

*Theorie der Persönlichkeit: Die personenzentrierte Theorie / **Materialien***

1. Bewusst leben

Wach, achtsam und aufmerksam der Realität begegnen, die geistigen Fähigkeiten gezielt und bewusst einsetzen und von ihnen den jeweils besten Gebrauch machen, sich anstrengen (gegenüber einem „automatisierten", ganz auf Gewohnheit oder Denkfaulheit basierenden Lebensstil), in der Gegenwart leben, die erreichbaren Fakten und Informationen heranziehen (anstatt sie „auszuklammern" oder zu verleugnen), Rückmeldung aus der Umwelt aktiv suchen und einbeziehen, Neuem gegenüber aufgeschlossen sein, eigene Fehler sehen und korrigieren wollen. Bewusst leben zu wollen heißt, immer wissen zu wollen, „wo wir stehen" – in Bezug auf eigene Maßstäbe und Wünsche, aber auch in Bezug auf die der Umwelt.

2. Selbstakzeptanz

Während Selbstachtung etwas ist, was wir „tief drinnen" erfahren oder erleben, betrifft Selbstakzeptanz eher unser Tun und Lassen im Alltag. Es bedeutet vor allem, im Denken und Handeln nicht in Gegnerschaft zu sich selbst zu stehen. Sich selbst zu akzeptieren heißt, sich ohne Verleugnungen oder Ausweichmanöver selbst zu erleben – also nicht bestimmte Handlungen oder Persönlichkeitsanteile als fremd, als „nicht ich" abzuspalten. Daraus folgt auch die Fähigkeit, sich selbst etwas verzeihen zu können. Selbstakzeptanz bedeutet aber auch, die eigenen Gefühle anzuerkennen, sie zu beobachten und aus ihnen zu lernen.

3. Selbstverantwortung

Die Bereitschaft, Verantwortung für das eigene Handeln zu übernehmen und nicht nach Ausreden zu suchen oder Schuldzuweisungen zu praktizieren. Diese Verantwortung umfasst die eigenen Entscheidungen und Werturteile, das Maß an Anstrengung und Engagement bei einer Aufgabe, die persönlichen Prioritäten, die Zeit-Ökonomie, die Wahl der Ziele, aber auch die Art und Weise, mit anderen zu kommunizieren. Selbstverantwortung bedeutet, Kontrolle über das eigene Leben zu übernehmen und sich nicht in Selbstmitleid oder Resignation zu flüchten.

4. Selbstbehauptung

Die Bereitschaft, offen für die eigenen Interessen einzustehen, die eigenen Überzeugungen und Meinungen zu vertreten, die Inanspruchnahme des „Raumes", der uns zusteht – ohne dabei den Kontext und die Angemessenheit außer Acht zu lassen. Selbstbehauptung ist der praktische Ausdruck der ureigenen Wünsche und Ansprüche (gegenüber einem Leben „im Untergrund", in dem alle Konfrontationen vermieden werden und wir anderen mit Beschwichtigungen und freundlichen oder unterwürfigen Masken begegnen).

5. Das Leben auf Ziele ausrichten

Die Verwirklichung von Lebenszielen nicht dem Zufall oder dem „Schicksal" überlassen, sondern diese Ziele selbst definieren und unter Einsatz aller Kräfte anstreben, produktiv und kreativ sein, die eigenen Talente und Fähigkeiten „ausreizen", nicht ständig nach Erklärungen suchen, die die eigene Passivität oder den Misserfolg kaschieren sollen. Die Wurzel der Selbstachtung sind jedoch nicht die Erfolge an sich, sondern die immer wieder erneuerte Bereitschaft, sich für die selbst definierten Ziele einzusetzen (die durchaus auch einen nicht auf „äußere" oder materielle Erfolge abzielenden Lebensstil beinhalten können).

6. Persönliche Integrität

Die Übereinstimmung von Werten, Überzeugungen und Idealen mit dem Verhalten. Integrität bedeutet, diese „inneren" Werte auch zu leben und nicht vor sich selbst das Gesicht zu verlieren. Worte und Taten müssen einander entsprechen, die Praxis einer „Doppelmoral" unterminiert die Selbstachtung. Wer jedoch unrealistische Wertvorstellungen zu seinem Maßstab macht, programmiert das Scheitern und verliert allmählich die Selbstachtung.

Quelle: Nathaniel Branden, in: Psychologie Heute 11/1994

b) Die Entdeckung des Selbst

Welt der Gefühle	Welt der direkten Kontakte	Welt der Gedanken	Welt der Wörter

bis 2./3. Monat	2./3. bis 7./9. Monat	7./9. bis 15./18. Monat	15./18. Monat bis 3. Lebensjahr
Das Kind nimmt Objekte und Ereignisse durch die Gefühle und Stimmungen wahr, die sie in ihm auslösen.	Das Kind stellt intensive Beziehungen her. Es lernt, dass es etwas bewirken kann: Beispielsweise lächelt es und bringt damit die Mutter zum Lächeln.	Das Kind entdeckt, dass es Gefühle und Gedanken mit anderen teilen kann, dass es andere versteht und von ihnen verstanden wird.	Das Kind spricht Wörter und ganze Sätze und lernt, dass es Gedanken über abstrakte, nicht präsente Dinge mitteilen kann.
Auftauchendes Selbst	**Kern-Selbst**	**Subjektives Selbst**	**Verbales Selbst**

Quelle: Nach dem Modell des amerikanischen Säuglingsforschers Daniel Stern, in: Der Spiegel Nr. 13 vom 28.03.1994

4. Die Gesprächspsychotherapie

Rogers weist ausdrücklich darauf hin, dass nicht der Therapeut die Persönlichkeitsveränderung bewirken kann, sondern nur die betroffene Person selbst. Der Therapeut kann allerdings ein Klima schaffen, in dem der Hilfesuchende Kraft und Selbstvertrauen für die Lösung seiner Probleme entwickelt. In der **Gesprächspsychotherapie**, auch klientenzentrierte Therapie genannt, kommt es dann zu Veränderungen, wenn sich der Therapeut **echt, wertschätzend** und **einfühlend** gegenüber dem Klienten verhält:

- **Echtheit:** Der Therapeut ist sich seiner selbst und seiner Gefühle bewusst. Seine Gedanken, Gefühle und Handlungen stimmen überein. Er spielt dem Klienten keine Rolle vor, sondern gibt sich so, wie er ist und empfindet. Das bedeutet nicht, dass der Therapeut immer mitteilt, was in ihm vorgeht. Er äußert aber wichtige Gedanken und Gefühle, die die Beziehung zwischen Therapeut und Klienten betreffen.
- **Wertschätzung:** Der Therapeut bringt dem Klienten emotionale Wärme und Wertschätzung entgegen, die an keine Bedingungen gebunden sind. Das heißt, der Klient fühlt sich uneingeschränkt akzeptiert, egal was er fühlt, äußert oder wie er handelt. Deshalb enthält sich der Therapeut so weit wie möglich der Bewertung und Beurteilung der Person, was allerdings nicht heißt, dass er den Klienten nicht auf Fehlformen des Verhaltens hinweist.
- **Empathie** (einfühlendes Verstehen): Der Therapeut versucht sich in die Erlebniswelt des Klienten einzufühlen und diese nachzuvollziehen. Dies gilt besonders für die Gefühle und deren Bewertung durch den Klienten. Das, was der Therapeut wahrgenommen und verstanden hat, teilt er dem Klienten mit, damit dieser seine Gefühle besser verstehen und annehmen kann. Der Therapeut verzichtet dabei auf Bewertungen und Interpretationen und versucht nur die Gefühle des Klienten zu verbalisieren. Der Therapeut muss jedoch er selbst bleiben und darf sich nicht mit der Welt des Klienten identifizieren.

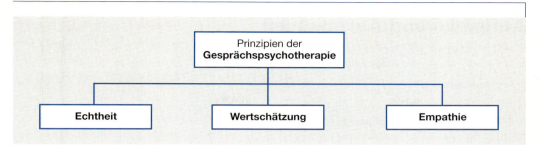

Gesprächspsychotherapie, auch klientenzentrierte Therapie genannt, besteht darin, dass der Therapeut sich an der Erfahrungswelt des Klienten orientiert und ihm mit Echtheit, Wertschätzung und Empathie (einfühlendes Verstehen) begegnet. In dieser Atmosphäre kann sich der Klient verändern und weiterentwickeln.

Verhält sich der Therapeut gemäß diesen Grundhaltungen, dann fängt der Klient an, sich **selbst zu explorieren**, das heißt, in sich hinein zu horchen und seine Innenwelt zu erforschen. In diesem wertschätzenden und einfühlsamen Klima kann sich der Klient mit seinen Empfindungen, Einstellungen und seinem Erleben angstfrei auseinander setzen. Dadurch entwickelt er ein neues Verständnis von sich selbst und kann allmählich die eigene Person, so wie sie ist, verstehen und annehmen. Dies ist die Grundlage, dass die Person sich neuen Erfahrungen öffnet und ihr Selbstkonzept langsam verändert.

Klient: Deshalb will ich gehen, weil ich mich nicht darum kümmere, was passiert.

Therapeut: m-hm, m-hm. Deshalb wollen Sie gehen, weil Sie sich wirklich nicht um sich selbst kümmern. Es kümmert Sie nicht, was passiert. Aber ich möchte Ihnen sagen – ich kümmere mich um Sie. Mir ist nicht egal, was passiert. (Schweigen von 30 Sekunden) (Jim bricht in Tränen aus, schluchzt Unverständliches)

Therapeut: (sanft) Aus irgendeinem Grunde kommen jetzt die ganzen Gefühle heraus.

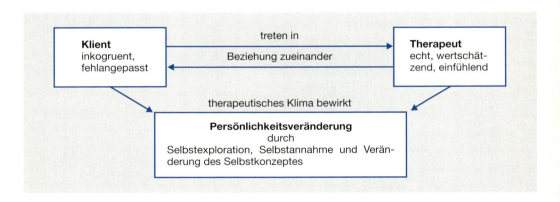

„Die letzte treibende Kraft in der Therapie ist der unnachgiebige Wille der Person, mit sich selbst fertig zu werden, der Wunsch, zu wachsen und nichts einfach bestehen zu lassen, was das Wachsen behindert ... Bei der überwältigenden Mehrzahl aller Individuen ist die Vorwärts-Richtung des Wachsens mächtiger als die Zufriedenheit, die es mit sich bringt, infantil zu bleiben."

Quelle: Carl Rogers, 1992[9]

*Theorie der Persönlichkeit: Die personenzentrierte Theorie / **Aufgaben und Anregungen***

Aufgaben und Anregungen
Kapitel 16

Reproduktion von Informationen

1. Bestimmen Sie den Begriff Persönlichkeit und erläutern Sie die einzelnen Merkmale dieses Begriffes.
    (Abschnitt 16.1.1)
2. Beschreiben Sie das Menschenbild der personenzentrierten Theorie von Carl Rogers.
    (Abschnitt 16.2.1)
3. Erläutern Sie die Selbstaktualisierung aus der Sicht der personenzentrierten Theorie.
    (Abschnitt 16.2.2)
4. Beschreiben Sie die Grundannahmen der personenzentrierten Theorie von Carl Rogers.
    (Abschnitt 16.2.2)
5. Stellen Sie den Vorgang der organismischen Bewertung dar.
    (Abschnitt 16.2.2)
6. Bestimmen Sie den Begriff Selbstkonzept und stellen Sie das Real- und das Ideal-Selbst dar.
    (Abschnitt 16.2.3)
7. Zeigen Sie die Entstehung des Selbstbildes auf.
    (Abschnitt 16.2.4)
8. Erläutern Sie, was Kongruenz und Inkongruenz aus der Sicht der personenzentrierten Theorie bedeutet.
    (Abschnitt 16.2.5)
9. Beschreiben Sie die beiden Abwehrreaktionen der Verleugnung und Verzerrung aus der Sicht der personenzentrierten Theorie.
    (Abschnitt 16.2.5)
10. Stellen Sie dar, wie aus der Sicht der personenzentrierten Theorie psychische Störungen entstehen können.
    (Abschnitt 16.2.5)
11. Zeigen Sie auf, wie das Erleben und Verhalten einer Person von ihrem Selbstkonzept beeinflusst wird.
    (Abschnitt 16.2.6)
12. Stellen Sie die Bedeutung einer bedingungslosen Wertschätzung für die Entwicklung eines Kindes auf.
    (Abschnitt 16.3.1)
13. Beschreiben Sie förderliche Haltungen des Erziehers, die für eine seelisch gesunde Entwicklung eines Kindes Voraussetzung sind.
    (Abschnitt 16.3.2)

Anwendungsaufgaben

14. Beschreiben Sie an einem geeigneten Beispiel den Prozess der Selbstaktualisierung eines Menschen.
    (Abschnitt 16.2.2)

*Theorie der Persönlichkeit: Die personenzentrierte Theorie / **Aufgaben und Anregungen***

15. Begründen Sie, warum die Verinnerlichung von Bewertungsbedingungen die Selbstaktualisierung eines Menschen verhindern können.
(Abschnitt 16.2.2 und 16.3)

16. Bestimmen Sie an einem Beispiel den Begriff Selbstkonzept und zeigen Sie an diesem Beispiel auf, wie sich das Selbstkonzept eines Menschen entwickelt.
(Abschnitt 16.2.3 und 16.2.4)

17. Stellen Sie an zwei Beispielen den Zusammenhang zwischen dem Real- und Ideal-Selbst dar.
(Abschnitt 16.2.3)

18. Begründen Sie, warum Personen mit einem sehr idealen Selbstbild weniger ausgeglichen sind als Menschen mit einem realen Selbstbild.
(Abschnitt 16.2.3)

19. Fallbeschreibung „Jan und seine Mutter"

Jan:	Thomas will heute nicht mit mir spielen. Er will nie tun, was ich will.
Mutter:	Du scheinst böse mit Thomas zu sein.
Jan:	Und wie. Ich will nie wieder mit ihm spielen. Ich will ihn nicht als Freund.
Mutter:	Du bist so böse, dass du das Gefühl hast, ihn nie wiedersehen zu wollen.
Jan:	Stimmt. Aber wenn er nicht mein Freund ist, werde ich niemanden zum Spielen haben.
Mutter:	Du würdest ungern ohne Freund sein.
Jan:	Ja. Ich glaube, ich muss mich irgendwie mit ihm vertragen. Aber es fällt mir so schwer, nicht mehr wütend auf ihn zu sein.
Mutter:	Du möchtest dich lieber mit ihm vertragen, aber es fällt dir schwer, nicht wütend auf Thomas zu werden.
Jan:	Früher kam das nie vor – aber das war, als er immer bereit war, das zu tun, was ich wollte. Er will sich von mir nicht mehr herumkommandieren lassen.
Mutter:	Thomas ist jetzt nicht mehr so leicht zu beeinflussen.
Jan:	Bestimmt nicht. Er ist kein solches Baby mehr. Es macht aber auch mehr Spaß mit ihm.
Mutter:	Eigentlich gefällt er dir so besser.
Jan:	Ja. Aber es ist schwer, ihn nicht mehr herumzukommandieren – ich bin so daran gewöhnt. Vielleicht würden wir uns nicht so oft streiten, wenn ich ihm ab und zu seinen Willen lasse. Glaubst du, das würde gehen?
Mutter:	Du meinst, es könnte helfen, wenn du gelegentlich nachgeben würdest.
Jan:	Ja, vielleicht. Ich versuch's mal.

Quelle: Thomas Gordon, 1997

Erläutern Sie anhand des vorangegangenen Fallbeispiels, wie sich die Äußerungen der Mutter auf das Selbstkonzept von Jan und sein weiteres Verhalten und Erleben auswirken können.
(Abschnitt 16.2.4 und 16.2.6)

20. Zeigen Sie an Beispielen die Verarbeitung von Erfahrungen hinsichtlich des Selbstkonzeptes auf. Bestimmen Sie dabei die entsprechenden Fachbegriffe.
(Abschnitt 16.2.5)

*Theorie der Persönlichkeit: Die personenzentrierte Theorie / **Aufgaben und Anregungen***

21. Erläutern Sie anhand des folgenden Schaubildes den Unterschied zwischen Kongruenz und Inkongruenz.
    (Abschnitt 16.2.5)

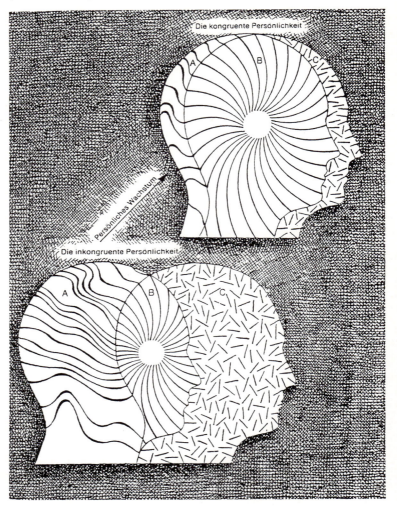

Quelle: Charles Hampden-Turner, 1996[4]

22. Stellen Sie anhand von zwei Beispielen dar, wie das Erleben und Verhalten einer Person von ihrem Selbstkonzept beeinflusst wird. Beziehen Sie sich in Ihren Beispielen auf ein positives und auf ein negatives Selbstkonzept.
    (Abschnitt 16.2.6)

23. Bestimmen Sie den Begriff Persönlichkeit und stellen Sie den Aufbau der Persönlichkeit mit Hilfe der personenzentrierten Theorie dar.
    (Abschnitt 16.1.1 und 16.2)

*Theorie der Persönlichkeit: Die personenzentrierte Theorie / **Aufgaben und Anregungen***

24. Verdeutlichen Sie mit Hilfe der personenzentrierten Theorie von *Carl Rogers* die Entstehung einer Verhaltensstörung am Beispiel einer Depression und übertriebenen Ängstlichkeit.
(Abschnitt 16.2)

25. Zeigen Sie die Bedeutung der personenzentrierten Theorie für die Erziehung an einem Lebensbereich (zum Beispiel Familie, Kindergarten, Heim) auf.
(Abschnitt 16.3)

Anregungen

26. Befragen Sie Freunde und Bekannte, was diese mit den Begriffen „Charakter" und „Persönlichkeit" verbinden. Vergleichen Sie die gesammelten Aussagen mit der Begriffsbestimmung von Persönlichkeit in Kapitel 16.1.1.

27. Notieren Sie alle Gedanken, Vorstellungen und Phantasien, die ihnen spontan zu der Aussage einfallen: *„So sehe ich mich!"* Stellen Sie anschließend mit Hilfe einer Zeichnung Ihr Selbstbild bzw. -konzept dar.

28. Wählen Sie mehrere Fotos aus, die von Ihnen innerhalb des letzten Jahres gemacht wurden. Erstellen Sie damit eine Collage Ihres Selbstbildes bzw. -konzeptes.

29. Machen Sie sich Notizen zu folgenden Sätzen:
„Wenn ich mich selbst betrachte, dann denke ich über mich ..."
„Wenn ich in mein Inneres hineinhorche, dann empfinde ich für mich ..."
Sprechen Sie anschließend in Kleingruppen über ihre Gedanken und Empfindungen.

30. Lesen Sie bitte die Fallbeschreibung „Jan und seine Mutter" in Aufgabe 19.
Erarbeiten Sie ein Gespräch, in welchem die Mutter Jan und sein Problem bedingungslos wertschätzt. Stellen Sie das Gespräch in einem Rollenspiel dar.

*Theorie der Persönlichkeit: Die personenzentrierte Theorie / **Aufgaben und Anregungen***

31. Schätzen Sie Ihre Selbstachtung mit Hilfe der folgenden Skalen ein:

Geringe Selbstachtung	*Starke Selbstachtung*
Eine Person fühlt und denkt: • *ich wünschte, ich hätte mehr Achtung vor mir selbst* • *des Öfteren fühle ich mich wirklich nutzlos* • *ich mag mich selbst nicht leiden* • *ich wünschte oft, ich wäre jemand anderes* • *ich schäme mich über mich* • *ich bin ein Versager* • *ich sehe keinen Grund, warum mich jemand gerne haben sollte* • *ich bin mir meiner eigenen Ideen und Fähigkeiten nicht sicher* • *ich habe eine negative Einstellung zu mir selbst* • *ich habe öfters Angst, dass ich mich nicht richtig verhalten könnte* • *ich fühle mich nur wohl, wenn ich anderen gefalle* • *ich fühle mich unwohl, wenn ich etwas nicht perfekt gemacht habe*	*Eine Person fühlt und denkt:* • *ich fühle, dass ich eine Person von Wert bin* • *ich fühle, dass ich eine Anzahl guter Eigenschaften habe* • *ich kann mich selbst gut leiden* • *im Allgmeinen kann ich für mich selbst sorgen* • *ich fühle mich frei und habe keine Furcht, ich selbst zu sein und die Konsequenzen dafür zu tragen* • *ich fühle mich sicher in meinen Beziehungen zu anderen* • *ich fühle mich wohl, auch wenn ich nicht perfekt bin* • *wenn ich etwas tue, muss es nicht immer perfekt sein* • *ich glaube, ich habe die Fähigkeit, mit meinem Leben fertig zu werden* • *es ist nicht notwendig, dass andere meine Gesichtspunkte teilen* • *ich verstehe mich selbst* • *ich fühle mich auch wohl, wenn ich anderen nicht immer gefalle*

(Reinhard und Anne-Marie Tausch, 1991[10])

32. Lied (Melodie nach „Die Affen rasen durch den Wald").

Refrain:
Ich hab ein Selbstkonzept, ich hab ein Selbstkonzept, mein ganzes Selbstkonzept bin ihihich, ich hab ein Selbstkonzept, ich hab ein Selbstkonzept, mein Selbstkonzept beeinflusst mich.

1. Die Mutter sagt, du bist so dumm,
   du machst so lang mit allen rum,
   das nehm ich dir schon langsam krumm.

Der Lehrer zeigt mir jeden Tag,
dass er mich absolut nicht mag,
mein ganzes Selbstkonzept gibt nach.

Ref.: ...

2. Ich bin so faul und auch noch dumm,
   alle mosern an mir rum,
   ich nehms mir selbst jetzt schon krumm.

Die Freunde ziehn sich auch zurück,
denn doof sein ist nicht wirklich schick,
mein Selbstkonzept hat einen Knick.

Ref.: ...

3. Und ganz egal was ich auch tu,
   die Klappen sind schon vorher zu,
   ach lasst mich doch alle in Ruh!

Wie stell ich's an, wie ändre ich
die ganze Sicht von mir und mich,
mein Selbstkonzept behindert mich.

Ref.: ...

4. Ich hab jetzt alles reflektiert,
   ich hab mein Grundproblem kapiert,
   das wird nicht länger akzeptiert.

Der neue Weg muss anders sein,
das zieh ich mir nicht länger rein,
ein neues Selbstkonzept muss sein!

Ref.: ...

(Maria Weigl)

Aufgaben sozialpädagogischer Arbeit

17

Auszüge aus dem Grundgesetz (GG) und dem Kinder- und Jugendhilfegesetz (KJHG):

„Die Würde des Menschen ist unantastbar. Sie zu achten und zu schützen ist Verpflichtung aller staatlichen Gewalt." (GG)

„Ehe und Familie stehen unter dem besonderen Schutze der staatlichen Ordnung." (GG)

„Pflege und Erziehung der Kinder sind das natürliche Recht der Eltern und die ihnen zuvörderst obliegende Pflicht. Über ihre Betätigung wacht die staatliche Gemeinschaft." (GG)

„Jeder junge Mensch hat ein Recht auf Förderung seiner Entwicklung und auf Erziehung zu einer eigenverantwortlichen und gemeinschaftsfähigen Persönlichkeit." (KJHG)

„Ein Personensorgeberechtigter hat bei der Erziehung eines Kindes oder Jugendlichen Anspruch auf Hilfe (Hilfe zur Erziehung), wenn eine dem Wohl des Kindes oder Jugendlichen entsprechende Erziehung nicht gewährleistet ist und die Hilfe für seine Entwicklung geeignet und notwendig ist." (KJHG)

„Hilfe zur Erziehung in Vollzeitpflege soll entsprechend dem Alter und Entwicklungsstand des Kindes oder des Jugendlichen und seinen persönlichen Bindungen sowie den Möglichkeiten der Verbesserung der Erziehungsbedingungen in der Herkunftsfamilie Kindern und Jugendlichen in einer anderen Familie eine zeitlich befristete Erziehungshilfe oder eine auf Dauer angelegte Lebensform bieten. Für besonders entwicklungsbeeinträchtigte Kinder und Jugendliche sind geeignete Formen der Familienpflege zu schaffen und auszubauen." (KJHG)

„Hält das Jugendamt zur Abwendung einer Gefährdung des Wohls des Kindes oder des Jugendlichen das Tätigwerden des Gerichts für erforderlich, so hat es das Gericht anzurufen." (KJHG)

Das Grundgesetz und das Kinder- und Jugendhilfegesetz bilden die Grundlage für die Erziehung außerhalb von Familie, Schule und Berufsbildung – die Grundlage sozialpädagogischer Arbeit.

Dabei ergeben sich folgende Fragen:

1. Was versteht man unter Sozialpädagogik, was unter Sozialarbeit? Welche Teilbereiche umfasst die sozialpädagogische Arbeit?

2. Welche Ziele und Aufgaben hat die familienergänzende Einrichtung ‚Kindergarten'? Welche Chancen, Probleme und Grenzen der erzieherischen Arbeit können sich in dieser Einrichtung ergeben?

3. Welche Aufgaben und Probleme hat die Erziehungsberatungsstelle als Einrichtung der Jugendhilfe? Wie arbeitet eine Erziehungsberatungsstelle? Welche Ziele verfolgt sie?

17.1 Grundlagen sozialer Arbeit

In jeder Gesellschaft – ganz egal, welches System sie hat – treten individuelle und soziale Nöte verschiedenster Art auf. Es gab und gibt keine Gesellschaft ohne soziale Ungleichheiten und individuelle sowie soziale Probleme wie zum Beispiel Erziehungsprobleme, Probleme in Ehe und Familie oder Hilflosigkeit in bestimmten Situationen. Sozialpädagogik und -arbeit entstanden aus dem Bedürfnis heraus, solche negativen Lebenslagen zu verbessern und abzubauen oder gar nicht erst entstehen zu lassen. Damit steht soziale Arbeit, wie Sozialpädagogik und -arbeit oft zusammengefasst werden, im Dienste der Gesellschaft. Doch sie bedarf einer rechtlichen Grundlage, wie sie im Grundgesetz und im Kinder- und Jugendhilfegesetz gegeben ist.

17.1.1 Das Wesen der Sozialpädagogik/-arbeit

Die Sozialpädagogik und Sozialarbeit sind, wie es *Hermann Giesecke (1991[2])* formulierte, „eine Begleiterscheinung der modernen industriellen Gesellschaft, genauer: eine Begleiterscheinung der durch die Schäden dieser modernen Gesellschaft hervorgerufenen Sozialpolitik". Die Entwicklung der Bundesrepublik Deutschland zu einer hoch entwickelten Industrienation rief unterschiedlichste Notsituationen individueller und sozialer Art hervor, welche die Sozialpädagogik und -arbeit zu beseitigen, abzubauen oder zu verhindern versucht.

Solche Notsituationen können zum Beispiel Schwierigkeiten wie unzureichendes Einkommen, Vereinsamung, Drogen- oder Alkoholprobleme, Krankheit, Behinderung, Ehekonflikte, persönliche Krisen, Arbeitslosigkeit, sozial auffälliges Verhalten, Straffälligkeit und viele andere mehr sein oder auch Mangellagen wie unzureichende Spielmöglichkeiten für Kinder, fehlende Treffs für Jugendliche und Ähnliches.

Soziale Arbeit wird von beruflichen und eigens dazu ausgebildeten Helfern geleistet; die Hilfe geschieht auf der Grundlage wissenschaftlicher Erkenntnisse. Damit wird soziale Arbeit abgegrenzt von privater Hilfe. Während es sich bei der **Sozialarbeit allgemein um die berufsmäßige, wissenschaftlich fundierte Hilfeleistung an Menschen aller Altersgruppen** handelt, bezieht sich die **Sozialpädagogik als Teilbereich der Sozialarbeit lediglich auf die Erziehung junger Menschen außerhalb von Familie, Schule und Berufsausbildung.**

> **Mit Sozialarbeit bezeichnen wir die berufsmäßige, wissenschaftlich fundierte Hilfeleistung an Menschen aller Altersgruppen zur Bewältigung und Verhinderung von unterschiedlichsten Notsituationen individueller und sozialer Art.**
> **Sozialpädagogik gilt als Bezeichnung für diejenige Sozialarbeit, die sich auf die Erziehung junger Menschen außerhalb von Familie, Schule und Berufsausbildung bezieht.**

Die Trennung zwischen Sozialarbeit und Sozialpädagogik wird in der neuen Literatur nicht mehr aufrechterhalten, da sich die beiden Bereiche in ihren Tätigkeiten oftmals überschneiden. Es setzt sich heute mehr und mehr der Begriff **soziale Arbeit** durch als Zusammenfassung der beiden Bereiche Sozialarbeit und Sozialpädagogik.

Aufgaben sozialpädagogischer Arbeit

Soziale Arbeit wird in die drei Bereiche **Sozialhilfe, Gesundheitshilfe** und **Jugendhilfe** aufgegliedert.

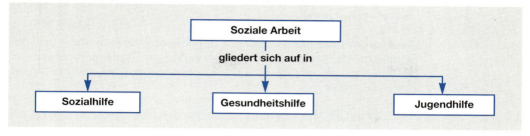

Die Sozialhilfe umfasst Hilfe zum Lebensunterhalt, die Hilfebedürftigen bei unzureichendem Einkommen in Form von Geldpauschalen gewährt wird, und Hilfe in besonderen Lebenslagen, die Hilfebedürftige in Form von Sachleistungen bei besonderen Schicksalsschlägen (zum Beispiel Pflegebedürftigkeit, Eingliederungshilfe für Behinderte) erhalten, wenn sie die Betroffenen nicht (voll) finanzieren können.

Seit das Bundessozialhilfegesetz (BSHG) in Kraft getreten ist, hat man einen **Rechtsanspruch** auf öffentliche Sozialhilfe, wenn man in materielle Not geraten ist. Sozialhilfe erhält man erst dann, wenn man sich selbst nicht helfen kann (zum Beispiel wenn das persönliche Einkommen oder Vermögen nicht ausreicht) oder wenn andere Träger keinen ausreichenden Schutz gewähren können. Nach § 1 BSHG sollen die Hilfeempfänger ein menschenwürdiges Leben führen können. Die Hauptträger der Sozialhilfe sind die *Sozialämter*. Sozialhilfe wird aus allgemeinen Steuermitteln finanziert, wobei die kommunalen Gebietskörperschaften (beispielsweise kreisfreie Städte) 80% und die Bundesländer 20% der Kosten tragen.

Aufgaben sozialpädagogischer Arbeit

> **Die Gesundheitshilfe leistet Hilfe in sozialen und sozialpädagogischen Belangen von Behinderten, Gestörten und Kranken in den verschiedenen Bereichen des Gesundheitswesens.**

Bereiche des Gesundheitswesens sind zum Beispiel der öffentliche Gesundheitsdienst, der Sozialdienst von Krankenhäusern, Fachkrankenhäuser für psychisch Kranke und dergleichen. Hauptträger der Gesundheitshilfe sind die *Gesundheitsämter.*

17.1.2 Die Sozialpädagogik als Theorie und Praxis der Jugendhilfe

Die Sozialpädagogik als „Erziehungsraum" neben Familie, Schule und Berufsausbildung wird oft als *Theorie und Praxis der Jugendhilfe* bezeichnet. Sie umfasst alle gesellschaftlichen Bemühungen, die der Förderung des jungen Menschen „zu einer eigenverantwortlichen und gemeinschaftsfähigen Persönlichkeit" nach dem Kinder- und Jugendhilfegesetz (KJHG) dienen.

> **Jugendhilfe bezeichnet „alle Bestrebungen, Maßnahmen und Einrichtungen, die der Erziehung und Bildung von Kindern und Jugendlichen außerhalb von Familie, Schule und Beruf dienen". (H. Junge/H. B. Lendermann, 1990)**

Nach § 3 KJHG werden die Leistungen der Jugendhilfe von **Trägern der freien Jugendhilfe und von Trägern der öffentlichen Jugendhilfe** erbracht. Die öffentlichen Träger nehmen die behördlichen Aufgaben wahr und tragen eine Gesamt- und Planungsverantwortung. Die freien Träger übernehmen die Aufgaben, die nicht von den Behörden wahrgenommen werden können. § 4 KJHG verpflichtet beide Träger zur Zusammenarbeit.

Öffentliche Träger		Freie Träger
im engeren Sinne	im weiteren Sinne	
Jugendamt	Polizei	freie Vereinigungen der Jugendwohlfahrt
Landesjugendamt	Schule	Jugendverbände
überörtliche Träger	Gesundheitsamt	Kirche und sonstige Religionsgemeinschaften
		private Personen
		juristische Personen

(A. Bohle/J. D. Themel, 1992[2])

Die Jugendhilfe kennt mehrere Teilbereiche, die die Erziehung in der Familie unterstützen, ergänzen oder gegebenenfalls ersetzen:

- die **Jugendarbeit**, die den jungen Menschen entsprechende Angebote zur Verfügung stellt, um deren Entwicklung zu fördern

- die **Erziehungshilfe**, die die Familie durch geeignete Angebote bei ihren Erziehungsaufgaben unterstützen soll
- die **Jugendsozialarbeit**, die jungen Menschen Hilfen anbietet, durch die ihre schulische und berufliche Ausbildung, die Eingliederung in die Arbeitswelt sowie ihre soziale Integration gefördert werden
- der **Jugendschutz**, der Kinder und Jugendliche vor Gefährdungen bewahren soll
- die **Familienhilfe**, die gewährleistet, dass Personensorgeberechtigte Anspruch auf Hilfe bei der Erziehung haben, „wenn eine dem Wohl des Kindes oder des Jugendlichen entsprechende Erziehung nicht gewährleistet und die Hilfe für seine Entwicklung geeignet und notwendig ist" (§ 27 Abs.1 KJHG).

„Man könnte Sozialpädagogik oder sozialpädagogisch/soziale Arbeit als Sammelbezeichnung für soziales, pädagogisches, soziologisches, politisches und psychologisches Handeln außerhalb der Familie, Schule und Berufsausbildung zur Verwirklichung des Rechts auf Erziehung, zur Sicherung der verfassungsmäßig garantierten Grundrechte und zur Ermöglichung eines menschenwürdigen Lebens verwenden."
(J.A. Keller/F. Novak, 1997[5])

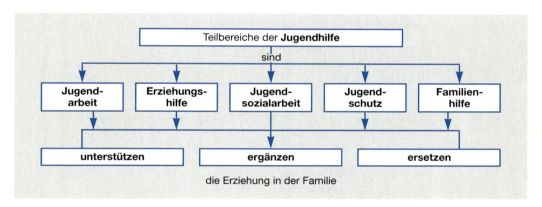

17.2 Der Kindergarten als familienergänzende Einrichtung

Mit dem Beginn des Kindergartenbesuchs starten sowohl die Eltern als auch die Kinder einen neuen Lebensabschnitt. Im Gegensatz zur Schulpflicht besteht keine gesetzliche Pflicht, einen Kindergarten zu besuchen. Die Eltern schicken ihre Kinder **freiwillig** in den Kindergarten, und sie können den Kindergartenbeginn nach dem **Entwicklungsstand** des Kindes richten, denn Kindergärten stehen Kindern in der Regel **im Alter zwischen drei und sechs Jahren** offen. Außerdem muss das Kind den Kindergarten nicht jeden Tag besuchen, und der Kindergartenmorgen ist zeitlich nicht genau festgelegt, sondern er bewegt sich in einem bestimmten Rahmen.

Aufgaben sozialpädagogischer Arbeit

Die meisten Kindergärten (ca. 70%) sind in **freier Trägerschaft** (Diakonisches Werk, Caritasverband) und etwa 30% der Kindergärten liegen in **öffentlicher Trägerschaft**. Grund dafür ist eine Regelung des Jugendwohlfahrtsgesetzes, dass öffentliche Träger erst dann aktiv werden können, wenn kein freier Träger für einen Kindergarten zur Verfügung steht. Die anderen Wohlfahrtsverbände (beispielsweise das Deutsche Rote Kreuz e. V., der Paritätische Wohlfahrtsverband) und private Träger (beispielsweise Betriebe, Krankenhäuser, Studentenwerke) spielen zahlenmäßig kaum eine Rolle. Kindergärten stehen unter der Aufsicht der Jugendämter und der jeweiligen Regierung.

Pflege und Erziehung werden von ausgebildeten Sozialpädagogen/innen, Erzieher/innen und Kinderpfleger/innen geleistet. Die frühere Berufsbezeichnung „Kindergärtnerin" ist heute durch den Begriff „Erzieherin" abgelöst worden.

> **Der Kindergarten ist eine familienergänzende Einrichtung auf freiwilliger Basis für Kinder zwischen dem vierten und sechsten Lebensjahr. Pflege und Erziehung werden in der Regel von ausgebildeten Sozialpädagogen/innen, Erzieher/innen und Kinderpfleger/innen geleistet. Der Kindergarten wird von Wohlfahrtsverbänden, Kommunen, Kirchen oder Vereinen getragen und er untersteht der Aufsicht von Jugendämtern und Regierungen.**

17.2.1 Aufgaben des Kindergartens

Hauptaufgabe des Kindergartens ist seine **familienergänzende Funktion:** Der Kindergarten soll die Erziehung in der Familie ergänzen und unterstützen. Im Einzelnen hat die Kindergartenerziehung folgende Aufgaben:

*   **Förderung der Motorik**

    Durch Arbeitsgeräte (Schere, Messer, Säge usw.) oder durch speziell entwickelte Materialien, aber auch durch Tanz, Pantomime, Gymnastik usw. soll das Kind lernen, seinen Körper zu beherrschen, damit es Bewegungsabläufe steuern kann und Handlungen gezielt ausführen kann.

*   **Förderung der Sprache und der Kommunikation**

    Das Kind soll formulieren lernen, was es will und möchte. Exakte Aussprache, richtiger Satzbau und guter sprachlicher Ausdruck sowie das Sprechen in sauber ausgeformten ganzen Sätzen sollen vermittelt werden.

*   **Förderung der Kreativität**

    Das Kind soll die Bewegungsfreude, seine Gestaltungsfähigkeit und seine Ausdrucksmöglichkeit entfalten können. Hierbei bietet sich das spielende Gestalten, in welchem das Kind schöpferisch tätig sein kann, und das gestaltende Spiel an.

Aufgaben sozialpädagogischer Arbeit

- **Förderung der Wahrnehmung und der Orientierung**

  Der Erzieher soll die Wahrnehmung des Kindes unterstützen und weiter verfeinern. Es soll lernen, Farben, Formen, Oberflächenbeschaffenheiten, Geräusche, Töne usw. zu differenzieren. Eine wichtige Rolle spielt dabei die Orientierung: Es soll lernen, sich räumlich und zeitlich orientieren zu können.

- **Förderung der Konzentration und der Denk- und Gedächtnisleistungen**

  Das Kind soll lernen, dass es seine ganze Aufmerksamkeit einem Gegenstand schenken, sich auf einen Gegenstand konzentrieren und auch aufpassen kann. Zudem soll das Bilden von Begriffen, logischen Schlussfolgerungen, das Erfassen von einfachen Zusammenhängen und die Merkfähigkeit des Kindes ebenso angeregt und vermittelt werden.

- **Förderung der Lernmotivation**

  Das Kind soll in einem gewissen Umfang selbst lernen wollen; es soll eine Willenshaltung geweckt werden, die es ihm ermöglicht, seine Aufmerksamkeit für eine längere Zeitdauer auf ein Ziel richten zu können.

- **Förderung des Sozialverhaltens**

  Kinder ungefähr gleichen Alters bilden im Kindergarten eine Gruppe. Kinder lernen im Umgang mit den anderen beispielsweise Konflikte auszutragen, Hilfsbereitschaft, Fürsorge, auf die Bedürfnisse des anderen einzugehen, eigene Bedürfnisse zu reduzieren, zu teilen, auf andere zu warten.

- **Förderung des Umwelt- und Naturverständnisses**

  Durch einen Spaziergang im Wald oder in der Stadt kann der/die Erzieher/in bei den Kindern im Vorschulalter Interesse für die Schönheit der Natur wecken und begreiflich machen, dass wir mit diesem Gut nicht leichtsinnig umgehen dürfen.

- **Förderung der Gesundheit**

  Dem Kind sollen Kenntnisse über Körperpflege und Hygiene, aber auch Wissen über Gefahren von Unfällen und Verletzungen vermittelt werden. Dabei soll auch die Motivation zu einer gesunden Lebensführung geweckt werden.

- **Elternarbeit**

  Kindergarten und Eltern sollen in ihren Bemühungen um das Kind zusammenarbeiten und ihre Erziehung aufeinander abstimmen.

  „Elternarbeit ist vielmehr ein gemeinsamer Lernprozess: Eltern und Erzieher diskutieren über Ziele und Methoden der Erziehung von Kindern, die dabei auftauchenden Probleme und Lösungsvorschläge; Eltern und Erzieher lernen, dass Erziehung nicht etwas Statisches ist, sondern konkreten Veränderungen unterworfen ist, auf die aktiv Einfluss genommen werden kann." (Wilma Grossmann, 1987)

Aufgaben sozialpädagogischer Arbeit

Den ersten Kontakt mit den Eltern haben die Erzieher/innen meistens bei der Anmeldung des Kindes für den Kindergarten; es findet häufig ein **Aufnahmegespräch** statt. Zu weiteren Gesprächen zwischen Eltern und Erziehern/innen kann es kommen, wenn die Kinder täglich von ihren Eltern in den Kindergarten gebracht werden; *Grossmann (1987)* nennt dies **„Gespräche zwischen Tür und Angel"**. Das ausgebildete Personal des Kindergartens bietet in der Regel noch **Sprechstunden** an, wenn wichtige Fragen erörtert werden sollen. Zusätzlich haben alle Eltern die Möglichkeit, sich an **Elternabenden** über die Erziehungsarbeit des Kindergartens zu informieren. Weitere Möglichkeiten stellen noch gemeinsame **Feiern und Feste** (Eltern, Personal und Kinder) dar, um den Kontakt aufrechtzuhalten.

- **Religiöse Erziehung**
  In Kindergärten, in denen die Kirche Träger ist, spielt als Aufgabe auch die religiöse Erziehung eine wichtige Rolle.

Vornehmlich durch **zwei Methoden** versucht der Kindergarten, diesen Aufgaben gerecht zu werden: durch **das Spiel und die Beschäftigung**. Das Spiel stellt für das Kind ein „elementares Lebensbedürfnis" dar und ist die dem Kind entsprechende Tätigkeit schlechthin. Es steht auch deshalb im Mittelpunkt erzieherischer Arbeit.

„Kinder erfassen ‚spielend' die Welt."   (G. Haug-Schnabel/B. Schmid, 1992²)

Daneben finden wir im Kindergarten auch die **Beschäftigung**. Damit ist ein ‚gezieltes Angebot' durch das Personal des Kindergartens für die Kinder gemeint.

Dies kann beispielsweise das Vorlesen einer Geschichte, das Basteln eines Gegenstandes, das Betrachten von Blumen und dergleichen sein.

17.2.2 Die Organisation des Kindergartens

Die pädagogische Arbeit der Erzieher/innen und Kinderpfleger/innen im Kindergarten ist größtenteils geplant und organisiert. Die Kindergartengruppe bzw. -gruppen sind altersgemischt und bestehen aus Jungen und Mädchen. Der Tagesablauf verläuft nach bestimmten Regeln. Jahres- und Monatsplanungen orientieren sich an der Folge der Jahreszeiten und an kirchlichen Festen.

Die altersgemischte Gruppe

Nach *G. Haug-Schnabel und B. Schmid (1992²)* ist die Kindergartengruppe der wichtigste Sozialverband für das Kind neben der Familie. Gerade Einzelkinder können in dieser Gruppe Lernerfahrungen sammeln, die ihnen ihre Eltern nicht ermöglichen können.

Beispielsweise können kleinere Kinder Hilfe von den Größeren bekommen, ältere Kinder können die kleineren beim Spielen anregen, oft werden ältere Kinder als Anführer einer Gruppe akzeptiert, was wiederum deren Selbstbewusstsein stärkt usw.

In der Kindergartengruppe lernen Kinder, etwas gemeinsam zu machen (beispielsweise den Bau eines Hauses aus Spielsteinen), sie lernen Spielregeln im Umgang miteinander (beispielsweise andere Ansichten anzuerkennen, sich zu entschuldigen, die eigene Meinung zu äußern.

Die Planung der pädagogischen Arbeit im Kindergarten

Lernprozesse in den Kindergärten werden vor allem durch Spielsituationen und soziale Situationen angeregt; das ausgebildete Personal hat dabei die Aufgabe, Voraussetzungen und Möglichkeiten für solche Situationen zu schaffen. Die meisten Kindergärten orientieren sich bei der Planung der pädagogischen Arbeit an der Folge der Jahreszeiten und an kirchlichen Festen.

In der Weihnachtszeit führen die Kinder ein Krippenspiel in der Kirche auf.

Ein Faschingsfest mit einem selbst gewählten Thema (beispielsweise Indianer) steht auf dem Programm.

Die Kinder bemalen Eier vor der Osterzeit.

Es werden Geschenke zum Muttertag gebastelt.

Daneben planen viele Kindergärten auch längerfristige Projekte, so genannte „didaktische Einheiten" *(Wilma Grossmann, 1987);* hier soll das Kind in den verschiedenen Bereichen seiner Entwicklung gefördert werden. Als Methoden können dabei zum Beispiel das Basteln, Rollenspiele, Gespräche über das Erlebte, Betrachten von Bilderbüchern eingesetzt werden.

Im Gegensatz zur Schule ist der Tagesablauf im Kindergarten nicht an den 45-Minuten-Rhythmus gebunden, jedoch verläuft der Vormittag auch nach Regeln.

Eintreffen der Kinder bis ca. 8:00 Uhr

Freispiel bis ca.10:00 Uhr

Beschäftigung bis ca. 10:30 Uhr

Variable Gestaltung, die abhängig ist vom Wetter bis ca.12:00 Uhr (zum Beispiel Spiele im Gruppenraum, Spielplatz, Spaziergang)

Abholen der Kinder durch die Eltern gegen 12:00 Uhr

Das Freispiel nimmt im Gegensatz zur Beschäftigung einen zeitlich größeren Raum ein. Während der Zeit des Freispiels kann das Kind beispielsweise selbst seine Spielkameraden und -materialien aussuchen, es kann seine eigenen Ideen, allein oder gemeinsam mit anderen Kindern verwirklichen. Ziele einer Beschäftigung sind unter anderem, dass sich das Kind über einen begrenzten Zeitraum konzentriert und dass es lernt, seine eigenen Wünsche aufzuschieben.

Aufgaben sozialpädagogischer Arbeit

Die Gestaltung der Räume im Kindergarten

Aus pädagogischer Sichtweise soll die Architektur eines Kindergartens so gestaltet sein,
- dass sich Kinder auch ungestört beschäftigen können,
- dass auch bei schlechtem Wetter ein Toben und Rennen möglich ist,
- dass das Personal innerhalb einer Gruppe Untergruppen bilden kann usw.

In den einzelnen Gruppenräumen von Kindergärten findet man in der Regel eine Mal- und eine Bauecke, einen Platz für Bücher sowie eine Puppenecke vor.

17.2.3 Chancen und Probleme der erzieherischen Arbeit im Kindergarten

Seit dem 5. August 1992 haben Familien mit Kind(ern) einen Rechtsanspruch auf einen bzw. mehrere Kindergartenplätze für Ihr Kind bzw. für Ihre Kinder. Der Kindergarten wird folglich neben der Familie zu einem wichtigen Sozialisationsort. Hier liegen die **Chancen** des Kindergartens, denn er hat als Hauptaufgabe eine familienergänzende Funktion. Bei sich anbahnenden Fehlentwicklungen oder bei Erziehungsschwierigkeiten können Erzieher/ innen therapeutisch und pädagogisch einschreiten. Im Kindergarten kann präventive Arbeit dann geleistet werden, wenn die einzelnen Familien überfordert sind. Deshalb sind die Chancen eng mit den Aufgaben dieser Einrichtung verbunden.

Selten verläuft die pädagogische Arbeit im Kindergarten ohne **Probleme**. Probleme können entstehen, wenn sich beispielsweise die *Erwartungen der Träger des Kindergartens einerseits und der Erziehungsberechtigten andererseits* widersprechen. Problematisch wirkt es sich aus, wenn aus den unterschiedlichen bzw. den sich widersprechenden Erwartungen Resignation, Enttäuschung oder Frustration bei den im Kindergarten an der Erziehung beteiligten Personen entstehen.

Beispielsweise fordern Eltern auf einem Elternabend moderne Spielsachen; die Erzieher/innen lehnen dieses Spielzeug aus pädagogischen Gründen („Dieses Spielzeug fördert aggressives Verhalten"), und der Träger lehnt es aus finanziellen Gründen ab.

Voraussetzung für eine sinnvolle Arbeit im Kindergarten ist eine Zusammenarbeit zwischen dem Träger des Kindergartens, dem Personal und den Erziehungsberechtigten. Probleme können entstehen, wenn die *Weltanschauung des Personals und die des Trägers und/oder der Erziehungsberechtigten stark voneinander abweichen*, so dass eine sinnvolle Zusammenarbeit nicht mehr möglich ist. Hier kann eine Grenze der Kindergartenarbeit liegen, denn es ist für den Erziehungsauftrag wichtig, dass eine einheitliche Linie angestrebt wird, um Verhaltens- oder Einstellungsunsicherheiten bei den Kindern zu vermeiden.

Das Elternengagement in Kindergärten ist nicht immer befriedigend. Erzieher/innen sind oft darüber enttäuscht, wie wenige Erziehungsberechtigte zu Elternabenden oder anderen Veranstaltungen in den Kindergarten kommen.

Aufgaben sozialpädagogischer Arbeit

Befragungen ergaben, dass fast alle Erziehungsberechtigten sich über die Kindergartenarbeit informieren wollen oder sogar aktiv mitarbeiten möchten. In der Praxis beklagen sich die Erzieher/innen über *mangelndes Interesse der Eltern* oder über nur mäßig besuchte Elternabende *(vgl. Wilma Grossmann,1987).*

„Im Alltag sieht die Erzieherin nicht die Notwendigkeit, weshalb die Mutter arbeiten geht. Was sie sieht, ist das Zuspätkommen beim Abholen. Im Alltag sieht die Mutter nicht die Anstrengungen der pädagogischen Arbeit. Was sie sieht, sind Kinder, die beim Abholen durcheinander laufen, während die Erzieherin z. B. anderen Eltern etwas erzählt."

(Thomas Brauner, in: Wilma Grossmann, 1987)

Die Praxis in vielen Kindergärten belegt, dass Elternabende oder ähnliche Veranstaltungen von den Eltern besucht werden, die sich in der Regel viele Gedanken über die Erziehung ihrer Kinder machen. Gerade Eltern, bei deren Kinder Probleme wie zum Beispiel Sprachstörungen oder Kontaktschwierigkeiten auftreten, erscheinen nur selten. Hier liegt ebenfalls eine Grenze der Kindergartenarbeit, denn gerade bei Problemen, die ihre Ursachen außerhalb des Kindergartens haben, sind Erzieher/innen auf die Mithilfe und Information der Eltern angewiesen, um das Problem fachkundig zu lösen.

Viele Eltern verlangen von ihren Kindern im Vorschulalter schulische Leistungen und üben so auf Erzieher/innen und Kinder einen *unnötigen Leistungsdruck* aus. Jedoch sollte im Kindergarten nicht die Leistung im Vordergrund stehen, sondern das freie kindliche Spiel. Nicht die Leistung, die viele Erziehungsberechtigte fordern, ist das Wichtigste, sondern dass das Kind etwas gerne und aus sich heraus macht.

„Das Spiel ist die dem Kind eigene Art, sich mit der Umwelt auseinander zusetzen und Erfahrungen zu verarbeiten." (Wilma Grossmann, 1987)

Probleme können sich auch ergeben, wenn *im Kindergarten ein anderer Erziehungsstil angewandt wird als im Elternhaus.*

Es kann beispielsweise im Kindergarten ein demokratischer Erziehungsstil gegenüber einem autoritären in der Familie bevorzugt werden. Tritt nun der Erzieher gegenüber dem Kind nicht autoritär auf, dann kann das Kind das Verhalten des Erziehers als Schwäche interpretieren.

Eltern oder andere Erziehungsberechtigte können Kinder zu sehr verwöhnen, so dass sich ihre Kinder damit schwer tun, mit den Regeln und Gewohnheiten in einer Kindergartengruppe zurechtzukommen.

Folgen eines solchen unterschiedlichen Erzieherverhaltens können sein, dass sich diese Kinder möglicherweise im Kindergarten zurückziehen oder sich aggressiv verhalten, um auf irgendeine Art und Weise Aufmerksamkeit zu erzielen. Hier sind intensive Zusammenarbeit und Gespräche zwischen Eltern und Erzieher/innen notwendig, damit die pädagogische Arbeit des Kindergartens effektiv fortgeführt werden kann. Falls dies nicht der Fall ist,

Aufgaben sozialpädagogischer Arbeit

gelangen die Erzieher/innen mit ihrer pädagogischen Arbeit an Grenzen, wo der Kindergarten seinem Erziehungsauftrag nicht mehr gerecht werden kann.

Bevor ein Kind in den Kindergarten kommt, durchläuft es seine familiäre Vorgeschichte. Kinder kommen aus den unterschiedlichen sozialen Schichten mit *unterschiedlichen geistigen, emotionalen und sozialen Voraussetzungen.* Dies zeigt sich zum Beispiel oft im Sprachverhalten. Viele Kinder sprechen nur einfache, unvollständige Sätze, während andere schon einen komplizierten Satzbau mit einem differenzierten Wortschatz haben.

Mögliche Defizite, die sich aus solchen unterschiedlichen Voraussetzungen ergeben können, werden Erzieher/innen in den seltensten Fällen kompensieren (= ausgleichen) können. Folglich kann bei Schuleintritt nicht von Chancengleichheit, die durch Kindergartenerziehung kaum erreicht werden kann, gesprochen werden.

Eine weitere Grenze der pädagogischen Arbeit im Kindergarten liegt in den *sehr großen Kindergartengruppen.* Häufig besuchen 20 bis 25 Kinder – teils sogar mehr – eine Kindergartengruppe, die in der Regel nur von einer Erzieherin und einer Kinderpflegerin betreut wird. Gründe dafür sind, dass die Träger die Kosten möglichst niedrig halten wollen und ausgebildetes Personal fehlt. Das Problem dabei ist, dass das Personal oft nicht genug Zeit hat, sich entsprechend um einzelne Kinder der Kindergartengruppe zu kümmern.

Der Kindergartenbesuch von ausländischen Kindern ist im Vergleich zu den deutschen Kindern erheblich geringer, jedoch lässt sich eine steigende Tendenz feststellen. Ein Grund für den relativ geringen Besuch von Kindergärten durch ausländische Kinder kann sein, dass es unterschiedliche Erwartungen in Bezug auf die Erziehung gibt. Träger der meisten Kindergärten in der Bundesrepublik Deutschland sind Kirchen; viele moslemische Grundsätze sind mit den Grundsätzen der evangelischen und katholischen Kirche nicht vereinbar. Auf diese Weise kann es aufgrund unterschiedlicher Religionen und Bräuche zu Problemen in Kindergärten kommen. Außerdem haben viele ausländische Kinder keine ausreichende Kenntnis der deutschen Sprache; es treten Sprachprobleme auf; *Sprachprobleme* können ihrerseits aber auch ein Grund sein, dass wenige ausländische Kinder in deutschen Kindergärten sind.

Auch das ausgebildete Personal eines Kindergartens kann bei *verhaltensauffälligen Kindern* an seine Grenzen gelangen. „Problemkinder" fordern in der Regel eine intensive Zuwendung, die zeitaufwendig ist. „Schwierige" Kinder überfordern häufig Erzieher/innen. Die Erzieher/innen und Kinderpfleger/innen sind jedoch verpflichtet, sich um alle Kinder ihrer Gruppe zu kümmern. Die Grenze der pädagogischen Arbeit im Kindergarten ist dort, wo sonderpädagogische Maßnahmen notwendig wären. Denn eine solche Arbeit kann der Kindergarten nicht leisten. Zudem ist das Personal in schwierigen Fällen auf die Mitarbeit der Eltern angewiesen; falls diese ihre Mitarbeit verweigern, wird es fast unmöglich sein, den Kindern mit geeigneten Methoden zu begegnen.

Aufgaben sozialpädagogischer Arbeit

„Der fünfjährige Uwe ist der Liebling seiner Eltern und Großeltern. Sein Zimmer gleicht einem Spielzeugladen. Im Kindergarten fällt Uwe dadurch auf, dass er nicht spielen kann. Er wechselt ständig das Spielzeug, reißt Spielsachen aus den Regalen und verstreut sie auf dem Boden. Er sagt, sie langweilten ihn, er habe ja alles auch zu Hause. Eines Tages eröffnen die Eltern ihm, dass er ein Geschwisterchen bekommen wird. Bis zu seiner Geburt dauert es noch sieben Monate. Diese Ankündigung verändert sein Verhalten. Im Kindergarten sitzt er teils in sich gekehrt am Tisch und träumt vor sich hin, während er am Daumen lutscht, teils verhält er sich anderen Kindern gegenüber aggressiv. Nach einer Spielstunde beispielsweise hatten die anderen das Sandspielzeug in eine Spielkiste eingeräumt. Uwe beobachtete die aufräumenden Kinder. Als die Spielzeugkiste gefüllt war, kippte er sie um. Unter großem Geschrei der übrigen Kinder ließ er sich unter Mithilfe der Erzieherin auf die erneute Einräumarbeit ein. Am nächsten Tag spielte die Gruppe wieder draußen im Sandspielkasten. Plötzlich wurde es in dieser Spielecke sehr still. Als die Erzieherin die Ursache des Verstummens erkundete, hielten einige Kinder das schmächtigste Mädchen fest, während Uwe ihr die Nase zuhielt und Sand in den Mund stopfte." *(Luise Merkens 1993²)*

Die Grenzen der pädagogischen Arbeit im Kindergarten liegen dort, wo der Kindergarten seinem Erziehungsauftrag – egal aus welchen Gründen – nicht mehr erfüllen kann und seinem Erziehungsauftrag somit nicht mehr nachkommen kann.

17.3 Die Erziehungsberatung als Einrichtung der Jugendhilfe

Durch den § 28 KJHG wird Beratung in Fragen der Erziehung zu einer gesetzlichen Pflichtaufgabe.

„Erziehungsberatungsstellen und andere Beratungsdienste und -einrichtungen sollen Kinder, Jugendliche, Eltern und andere Erziehungsberechtigte bei der Klärung und Bewältigung individueller und familienbezogener Probleme und der zugrunde liegenden Faktoren, bei der Lösung von Erziehungsfragen sowie bei Trennung und Scheidung unterstützen. Dabei sollen Fachkräfte verschiedener Fachrichtungen zusammenwirken, die mit unterschiedlichen Ansätzen vertraut sind."

(§ 28 KJHG)

17.3.1 Ziele der Erziehungsberatung

Beratung bedeutet nach *Reiner Bastine (1990²)* eine wissenschaftlich fundierte Klärung und Beeinflussung individuellen menschlichen Verhaltens mit dem Ziel der Behandlung und Vorbeugung von Fehlentwicklungen. Der Übergang von der Beratung zur Therapie ist fließend, eine Trennung ist nicht möglich.

205

Aufgaben sozialpädagogischer Arbeit

Nach dem KJHG hat die Beratung von jungen Menschen und Personensorgeberechtigten einen hohen Stellenwert; dies wird beispielsweise auch in den § 11 KJHG (Jugendarbeit), § 17 KJHG (Beratung in Fragen der Partnerschaft, Trennung und Scheidung), § 25 KJHG (Unterstützung selbst organisierter Förderung von Kindern), § 51 KJHG (Beratung und Belehrung in Verfahren zur Annahme als Kind) oder § 53 KJHG (Beratung und Unterstützung von Pflegern und Vormündern) deutlich.

In der Bundesrepublik Deutschland gibt es etwa 1300 Erziehungs-, Jugend- und Familienberatungsstellen, wovon fast 200 in Bayern zu finden sind. Nach dem § 28 KJHG haben die Erziehungsberatungsstellen dabei folgende **Ziele**:

- die Klärung und Bewältigung von individuellen und familienbezogenen Problemen

- die Unterstützung von Kindern, Jugendlichen, Eltern und Erziehungsberechtigten bei der Lösung von Erziehungsfragen

- die Unterstützung der Betroffenen bei Trennung oder Scheidung

In den Beratungsstellen arbeiten Psychologen, Sozialpädagogen, Sozialarbeiter, Kinder- und Jugendtherapeuten, Logopäden[1] und Erzieher zusammen. Die Beratungsstellen arbeiten auch mit Ärzten zusammen, um medizinische Fragen abklären zu können, und sie haben Kontakte zu Juristen und Theologen, um rechtliche und theologische Probleme zu klären. In den Beratungsstellen müssen immer drei hauptberufliche, vollzeitbeschäftigte Fachkräfte beschäftigt sein (zum Beispiel ein Psychologe, ein Sozialpädagoge und ein Psychotherapeut). Diese Fachkräfte arbeiten in einem Team zusammen, tauschen untereinander Informationen aus, sind zu absoluter Verschwiegenheit nach außen verpflichtet.

Träger der Beratungsstellen können **freie Träger** (beispielsweise Caritas, Arbeiterwohlfahrt, Diakonisches Werk) und **öffentliche Träger** (beispielsweise Landkreise, kreisfreie Städte) sein. Die Beratungsstellen werden zum überwiegenden Teil aus Steuergeldern finanziert, deshalb hat jeder Bürger das Recht, sich in Beratungsstellen in der Regel kostenlos beraten zu lassen.

Die Eltern wenden sich **freiwillig** an eine Beratungsstelle, um über ihre Probleme reden zu können; häufig jedoch geben Erzieherinnen, Lehrer, Kinderärzte usw. den Anstoß, dass die Eltern eine Beratungsstelle aufsuchen.

Hauptsächlich in **aktuellen Krisensituationen** suchen Menschen Beratungsstellen auf, und zwar in der Regel dann, wenn ihre bewährten Strategien zur Problemlösung versagen oder zu versagen drohen.

---

[1] *Logopäde: Sprachtherapeut*

Sie fasst diagnostische, beratende und therapeutische Leistungen eines institutionellen Dienstes zusammen *(vgl. Wolfgang Gernert,1993[4])*.

Gegenstand der Beratungsarbeit sind Konfliktsituationen aller Art und Alltagsfragen wie

- schulische Probleme der Kinder (beispielsweise Lernstörungen, Kontaktprobleme, Schulversagen),
- Familienstreitigkeiten (beispielsweise Eheprobleme, Beziehungskonflikte, Partnerschaftsprobleme),
- Verhaltensänderungen der Kinder (beispielsweise Streunen, Ängste, körperliche Symptome, Aggressivität),
- Fehlentwicklungen (beispielsweise Stottern, depressive Verstimmungen, Bettnässen),
- Unsicherheit über die Entwicklung von Kleinkindern und Unsicherheit von Erziehungsberechtigten im Umgang mit Kindern (beispielsweise Entwicklungsverzögerungen).

Erziehungsberatung ist eine wissenschaftlich fundierte Form der Hilfe für Kinder, Jugendliche, junge Erwachsene und Eltern in Fragen der Erziehung mit dem Ziel der eigenen Bewältigung der Probleme.

Aufgaben sozialpädagogischer Arbeit

17.3.2 Die Arbeitsweise einer Erziehungsberatungsstelle

Im Folgenden werden die Ausgangslage, die Zielsetzung und die Angebote einer Beratungsstelle an einem Beispiel dargestellt *(aus: Landesarbeitsgemeinschaft der Erziehungs-, Jugend- und Familienberatung Bayern e. V., o. J.)*

Ausgangssituation/Problemstellung

Ein Hauptschüler fällt auf durch aggressive Handlungen gegenüber Mitschülern und provozierendes Verhalten gegenüber Lehrern und Erziehern. Trotz guter Schulleistungen stört er den Unterricht derart, dass häufig keine Lernatmosphäre mehr möglich ist. Sexuell provozierendes Verhalten gegenüber Mädchen und ein vermuteter Diebstahl veranlassen Lehrer und Erzieher dazu, einen Schulausschluss – und damit eine Sonderschulüberweisung – in Erwägung zu ziehen.

Kontakt zur Beratungsstelle

Die Mutter wendet sich Hilfe suchend an die Beratungsstelle.

Zielsetzung der Beratungsstelle

Nach eingehender Situationsanalyse unter Einbeziehung aller Betroffenen bestimmen folgende Ziele das Vorgehen der Beratungsstelle:

– Integration des Schülers in die Klasse und Vermeidung von Sonderschul-Überweisung,
– sozialtherapeutische Einzelfallhilfe,
– Beraten der Lehrer und Erzieher zum bewussten Umgang mit Themen der Pubertät,
– Bewusstmachen von gruppendynamischen Vorgängen in der Klasse (wie Sündenbockrolle, Koalieren, informelle und formelle Verhaltensnormen etc.),
– Aussprache mit den Eltern zum Thema Pubertät.

Angebote der Beratungsstelle

– Einzelgespräch mit dem Jugendlichen sowie der Mutter

Erkennen der Beweggründe seines Verhaltens und Unterstützung in seinem Wunsch, Anerkennung auf direkter Ebene zu finden.

– Familiengespräch

Erkennen der familiendynamischen Problematik, die dieses auffällige Verhalten mitverursacht.

– Gespräch mit den Pädagogen

Erkennen und Reflektieren der schulischen Sichtweise und der Lehrer-Erzieher-Schüler-Dynamik.

– Teilnahme an Schulkonferenz

Diskussion über Notwendigkeit von Schulausschluss und alternative Hilfsmöglichkeiten.
Angebot der Beratungsstelle zu verschiedenen Unterstützungsmöglichkeiten, bevor der letzte Schritt des Ausschlusses eingeleitet wird.

– sozialtherapeutische Einzelberatung

Ein männlicher Mitarbeiter der Beratungsstelle bietet dem Jugendlichen für $1/2$ Jahr eine handwerklich-therapeutische Einzelbetreuung an.

– Fallbesprechung/Supervision

In mehreren wöchentlichen Besprechungsstunden werden folgende Themen bearbeitet, zusammen mit dem Pädagogen-Team der Klasse: Pubertät – Sexualität – aggressives Verhalten – gruppendynamische Strukturen und Prozesse in der Klasse – pädagogische Vorstellungen und Normen der Lehrer und Erzieher – Formen der Elterngespräche.

– Klassen-Beratung	Über einen Zeitraum von 8 Wochen hinweg erarbeiten 2 Mitarbeiter der Beratungsstelle einmal wöchentlich mit den Schülern und den Pädagogen die Kommunikationsstrukturen, die Jugendlichen- und Erwachsenen-Normen und Formen des offenen Konfliktgesprächs. Die Pädagogen werden durch diese beobachtende Teilnahme dazu ermutigt, neue sozialpädagogische Arbeitsmethoden in den erzieherischen Alltag mit einzubeziehen.
– Elternberatung	Die betroffene Mutter wird für einen Zeitraum begleitend beraten hinsichtlich ihrer Möglichkeiten, in der Familie und gegenüber der Schule mit dieser Problematik umzugehen
– Elternabend	Da die Pubertäts- und Ablösungs-Thematik fast alle Eltern dieser Altersgruppe bewegt, werden zu diesem Thema mehrere offene Elternabende angeboten. Dabei geht es neben den entwicklungspsychologischen Informationen auch darum, wie die einzelnen, meist allein erziehenden Mütter ihrerseits mit dieser Krise der Jugendlichen, die auch eine Krise für die Familie und die Eltern in ihrer Rolle ist, besser zurechtkommen können.

Beratung in Erziehungsberatungsstellen kann als pragmatisch orientierte Beratung verstanden werden; es wird an konkreten Problemen beziehungsweise an als problematisch empfundenen Situationen gearbeitet.

(Vgl. Andreas Hundsalz, 1995)

17.3.3 Aufgaben einer Erziehungsberatungsstelle

Die Aufgaben von Erziehungsberatungsstellen sind, die Problemlagen der Betroffenen zu klären, Verhaltensauffälligkeiten zu beseitigen oder deren Entstehung zu verhindern. Nach *Fridolin Kreckl* ist die **Beratung** dazu geeignet, bestimmte bestehende Probleme zu lösen, **psychotherapeutische** oder **heilpädagogische Verfahren** verlangen eine bestimmte Dauer der Einflussnahme und eine systematische Beobachtung *(vgl. Fridolin Kreckl; in: D. Kreft/I. Mielenz, 1988[3]).*

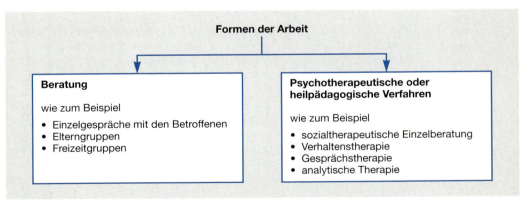

Drei Aufgabenbereiche einer Erziehungsberatungsstelle lassen sich zusammenfassen:

- **Klärung der Probleme**
- **Beratung und Behandlung bei Problemen**
- **Vorbeugung gegen (weiteren) Konfliktsituationen**

Aufgaben sozialpädagogischer Arbeit

Probleme klären	beraten, behandeln, beurteilen	vorbeugen

• Diagnostik, d. h. Anamnesen, psycho-soziale Diagnose (PSD), testpsychologische Untersuchungen, Spielbeobachtungen, Verhaltensanalysen, projektive Verfahren
 	
• Klärung des Einsatzes, der fachlichen Zuordnung und Vermittlung von Hilfen
	• Beratung, z. B.
	  – informative Beratung
	  – Kurzberatung
	  – Intensivberatung
	
	• Gruppengespräche mit Familien, Kindern und Jugendlichen, dabei finden u.a. folgende Methoden Anwendung:
	  – themenzentrierte interaktionelle Methode (TZI)
	  – Rollenspiel
	  – Psychodrama
	  – Gestalttechniken
	
	• Behandlungen, dabei finden u. a. folgende Methoden Anwendung:
	  – ekletische Spieltherapie[1]
	  – Gesprächspsychotherapie
	  – Verhaltenstherapie
	  – nondirektive Spieltherapie
	  – analytische Kinder- und Jugendlichen-Therapie
	  – Bewegungstherapie
	
	• Problembeurteilung
		• Beratungsgruppen mit Fachkräften der Spezialdienste/Erziehern
		
		• Beteiligung an der Stadtteil-/Gemeinwesenarbeit
		
		• Kontaktbesuche bei Erziehern/Ärzten/Institutionen
		
		• Seminare mit Eltern
		
		• Öffentlichkeitsarbeit (in Abstimmung mit Presseamt), z. B. Beratungsführer
		
		• Rückmeldung von Erfahrungen aus dem Tätigkeitsbereich, z. B. hinsichtlich Gefährdungsschwerpunkten an Verwaltung/Rat/überörtliche Institutionen

Quelle: H.-D. Spittler/F. Specht, 1986

17.3.4 Chancen und Probleme der Arbeit einer Erziehungsberatungsstelle

Die Chancen der Erziehungsberatung sind eng verbunden mit der Umsetzung des § 28 KJHG; werden die Ziele dieses Paragraphen in Beratungsstellen umgesetzt, dann ist es den Betroffenen wieder möglich, ihr Leben in eigener Verantwortung zu führen.

Nach einer Richtlinie der UNESCO sollte als Mindestausstattung ein Fachteam, das aus einer sozialpädagogischen Fachkraft, einem Psychologen und einer Verwaltungskraft besteht, 50 000 Einwohnern zur Verfügung stehen. Wenn aber Erziehungsberatungsstellen nach § 28 KJHG individuelle und familienbezogene Probleme und die zugrunde liegenden Faktoren klären und bewältigen sollen, dann ist das ein zu großer Einzugsbereich für eine Beratungsstelle. Die Erziehungsberatungsstellen sind seit dem In-Krafttreten des KJHG verpflichtet, Einzelfallstatistiken über die durchgeführten und/oder abgeschlossenen Beratungen zu erstellen. 1991 wurden 142 448 und 1992 schon 177 482 beendete Beratungen registriert *(vgl.*

---

[1] *Der Therapeut bedient sich innerhalb der Spieltherapie unterschiedlicher wissenschaftlich fundierter Vorgehensweisen.*

Aufgaben sozialpädagogischer Arbeit

Andreas Hundsalz, 1995). Aus diesem Zahlenmaterial wird deutlich, dass es noch zu wenige Erziehungsberatungsstellen gibt und die Anforderungen an ein Beraterteam extrem groß sind.

Beratungsstellen sind eine Behörde oder eine Dienststelle in der Gesamtorganisation eines Trägers. Häufig bedeutet dies, dass die Arbeitszeitregelung des Trägers auch auf die Beratungsstelle übertragen wird.
Beispielsweise ist die Beratungsstelle von 8:00 Uhr bis 12:00 Uhr und von 13:00 Uhr bis 17:00 Uhr geöffnet.

Diese Regelung erscheint wenig sinnvoll, da man auch Beratungen außerhalb üblichen Bürozeiten für Berufstätige anbieten muss. Es erscheint notwendig, dass die Mitarbeiter einer Beratungsstelle Termine innerhalb eines flexiblen Rahmens anbieten können.

Anmeldung mit anschließender Terminvergabe stellt den Einstieg in die Beratung. Der Kerngedanke dabei ist, dass Ratsuchende sich kurzfristig an eine Beratungsstelle wenden können und dass keine bürokratischen Hürden den Zugang zur Beratungsstelle erschweren. Es muss aber auch berücksichtigt werden, dass das Verfahren für die Mitarbeiter planbar wird, dafür ist Zeit notwendig. *Andreas Hundesalz (1995)* weist darauf hin, dass sich lange Wartezeiten und bürokratische Hürden gerade bei jugendlichen Ratsuchenden negativ auswirken, weil diese in ihren Entschlüssen oft spontan sind. Außerdem ist es wichtig, Vertrauen bei Jugendlichen aufzubauen; längere Wartezeiten, die unter anderem daraus resultieren, dass es zu wenige Beratungsstellen gibt, stehen dem im Wege. Wartezeiten können aber nicht immer vermieden werden.

Nach dem KJHG sollen Erziehungsberatungsstellen Kinder, Jugendliche, Eltern oder andere Erziehungsberechtigte bei individuellen und familienbezogenen Problemen unterstützen. In vielen Fällen ist es notwendig, dass das gesamte soziale Umfeld des Ratsuchenden mit einbezogen wird. Problematisch ist es, wenn dieses Umfeld nicht miteinbezogen werden kann oder nicht will, vor allem dann, wenn die Probleme mit in diesem Umfeld zu suchen sind.

An Erziehungsberatungsstellen wendet man sich freiwillig. Viele Ratsuchende haben Angst, ihre Probleme offen anderen darzulegen. Hier liegt eine weitere Grenze der Arbeit einer Erziehungsberatungsstelle: Sie kann nicht von sich aus tätig werden, sondern ist auf Mithilfe der Betroffenen angewiesen.

Es existieren viele Verfahren, deren Hintergrund häufig nicht wissenschaftlich geklärt ist. Familientherapien, analytische Verfahren, personenzentrierte Psychotherapie, nichtsprachliche Verfahren und gruppentherapeutische Methoden stellen in Beratungsstellen weit verbreitete Verfahren dar. Problematisch kann es sein, dass manche Berater nur eine oder zwei Therapiemethoden beherrschen und nur diese anwenden, obwohl eine andere Form effektiver sein könnte. Die Fachkräfte in Beratungsstellen arbeiten oft nach ihrem persönlichen Wissen und nicht auf der Grundlage wissenschaftlicher Erkenntnisse.

Probleme und Grenzen der Arbeit in Erziehungsberatungsstellen können in der Organisation, in den Ratsuchenden selbst und bei den Beratern begründet sein.

Aufgaben sozialpädagogischer Arbeit

Zusammenfassung

- Die Ursprünge sozialpädagogischer Arbeit sind in der industriellen Gesellschaft zu suchen. Sie ist eine Begleiterscheinung der durch die Schäden der modernen industriellen Gesellschaft notwendig gewordenen Sozialpolitik. Mit Sozialarbeit bezeichnen wir die berufsmäßige, wissenschaftlich fundierte Hilfeleistung an Menschen aller Altersgruppen zur Bewältigung und Verhinderung von unterschiedlichsten Notsituationen individueller und sozialer Art. Sozialpädagogik gilt als Bezeichnung für diejenige Sozialarbeit, die sich auf die Erziehung junger Menschen außerhalb von Familie, Schule und Berufsausbildung bezieht. Die Trennung zwischen Sozialarbeit und Sozialpädagogik wird in der neuen Literatur nicht mehr aufrechterhalten, da sich die beiden Bereiche in ihren Tätigkeiten oftmals überschneiden. Es setzt sich heute mehr und mehr der Begriff soziale Arbeit durch, der eine Zusammenfassung der beiden Bereiche Sozialarbeit und Sozialpädagogik beinhaltet.

- Sozialpädagogische und soziale Arbeit wird in die Bereiche Sozialhilfe, Gesundheitshilfe und Jugendhilfe aufgegliedert. Die Sozialpädagogik als „Theorie und Praxis der Jugendhilfe" umfasst die Jugendarbeit, Erziehungshilfe, Jugendsozialarbeit, den Jugendschutz und die Familienhilfe. Diese Teilbereiche der Jugendhilfe wollen die familiäre Erziehung unterstützen, ergänzen bzw. ersetzen. Gesetzliche Grundlage ist das Kinder- und Jugendhilfegesetz (KJHG).

- Der Kindergarten ist eine familienergänzende Einrichtung auf freiwilliger Basis für Kinder zwischen dem 4. und 6. Lebensjahr. Pflege und Erziehung werden in der Regel von Sozialpädagogen/innen, Erzieher/innen und Kinderpfleger/innen geleistet. Der Kindergarten wird von Wohlfahrtsverbänden, Kirchen oder Vereinen getragen und untersteht der Aufsicht von Jugendämtern und Regierungen. Er hat die Aufgabe, die Erziehung in der Familie zu ergänzen und zu unterstützen. Vornehmlich durch zwei Methoden versucht der Kindergarten, diesen Aufgaben gerecht zu werden: durch das Spiel und die Beschäftigung. Jedoch stehen der erzieherischen Arbeit in Kindergärten Probleme und Grenzen gegenüber wie beispielsweise unterschiedliche Erwartungen hinsichtlich der Erziehung oder Erziehungsstile, mangelndes Engagement der Erziehungsberechtigten, Überforderung des Personals usw., die bewältigt werden sollten.

- Hauptsächlich in aktuellen Krisensituationen wenden sich Kinder, Jugendliche, Eltern und andere Erziehungsberechtigte freiwillig an Erziehungsberatungsstellen, damit individuelle und/oder familienbezogene Probleme geklärt werden, über diese beraten wird und Überlegungen angestellt werden, wie man solchen Problemen vorbeugen kann. Erziehungsberatung stellt eine wissenschaftlich fundierte Form der Hilfe für Kinder, Jugendliche, junge Erwachsene und Eltern in Fragen der Erziehung dar mit dem Ziel der eigenen Bewältigung der

*Aufgaben sozialpädagogischer Arbeit / **Materialien***

Schwierigkeit. In den Beratungsstellen arbeiten Psychologen, Sozialpädagogen, Sozialarbeiter, Kinder- und Jugendtherapeuten, Logopäden, Erzieher und Ärzte zusammen. Erziehungsberatungsstellen
werden sowohl von freien als auch von öffentlichen Trägern einge-
richtet.

Materialien   Kapitel 17

1. Protokoll eines Zehnstundentages eines Kindergartenkindes

1 *„6:30 Uhr:*
Anette wird von ihrer Mutter im Kindergarten
abgegeben. Sie wird von Beate begrüßt und ins
Bett gelegt, obwohl sie um 5 Uhr aufgestanden
5 und inzwischen völlig munter ist.

7 Uhr:
Die zweite Kraft, Cilly, kommt, sie übernimmt die
Schlafwache. Beate verlässt mit den Schulkin-
dern den Raum, um in den Hort zu gehen.

10 *8 Uhr:*
Die Kinder dürfen aufstehen. Betten werden weg-
geräumt, Kinder angezogen. Doris, die neu hinzu-
kommt, verlässt mit der Hälfte der Kinder den
Raum. Anette ist mit dabei. Die Kinder dürfen
15 jetzt spielen.

9 Uhr:
Endlich kommt Uschi, Anettes Gruppenleiterin.
Alle 50 Kinder der Kindergartenabteilung versam-
meln sich im großen Raum zum Morgenkreis (es
20 wird gesungen und gespielt).

9:15 Uhr:
Anettes Gruppe geht zum ersten Mal gemeinsam
auf die Toilette. Die Kinder waschen sich die
Hände.

25 *9:35 Uhr:*
Frühstück

10 Uhr:
Die folgenden eindreiviertel Stunden sind der
längste Zeitraum, innerhalb dessen die Kinder
30 kontinuierlich spielen können. Je nach Wetter-

lage bestehen drei Möglichkeiten zur Gestaltung:
a) gutes Wetter: Anettes Gruppe geht mit Doris
   spazieren.
b) gutes Wetter: Alle Kinder verbringen den 35
   Vormittag auf dem Spielplatz des Kindergartens.
c) schlechtes Wetter: Die Gruppe spielt im Gruppenraum.

11:45 Uhr: 40
Erneuter gemeinsamer Toilettenbesuch, Hände-
waschen etc., anschließend Mittagessen

12:30 Uhr:
Toilette etc., Ausziehen der Kinder

13 Uhr: 45
Mittagsschlaf

15 Uhr:
Aufstehen, anziehen, Betten wegräumen, Toilette
etc.

15:30 Uhr: 50
Kaffeetrinken. Die ersten Kinder werden abgeholt.

16 Uhr:
Cilly hat Dienstschluss. Sie übergibt je eine Hälfte
ihrer Gruppe an Doris und Uschi. Durch das all- 55
mähliche Abholen der Kinder herrscht große
Unruhe. Anette verliert ständig ihre Spielpartner
und kommt zu keinem intensiven Spiel mehr. Die
Auswahl des Spielmaterials ist beschränkt, um
das Einräumen zu vereinfachen. Die Kindergärt- 60

213

*Aufgaben sozialpädagogischer Arbeit / **Materialien***

nerin wird öfter von Eltern angesprochen. Sie kann sich den Kindern nicht mehr mit der notwendigen Aufmerksamkeit widmen.

17 Uhr:
65 Zu Anettes Gruppe kommen die Kinder von Doris

die inzwischen Dienstschluss hat. Kurz darauf wird Anette von ihrer Mutter abgeholt
(zit. nach Grossmann 1974, 87-89).

Quelle: Wilma Grossmann, 1987

2. Das SOS-Kinderdorf

1 **Zielsetzung**

Die SOS-Kinderdörfer helfen Kindern, die aus verschiedenen Gründen nicht bei ihren Eltern leben können. Entwurzelte und verlassene Kinder
5 werden hier in kleinen, familienähnlichen Gruppen, den SOS-Kinderdorffamilien, betreut und finden ein bleibendes Zuhause. Ziel ist, sie in die Gesellschaft zu integrieren und ihnen den Weg in eine gesicherte Zukunft zu öffnen.
10 Die SOS-Kinderdorffamilie besteht aus der Kinderdorfmutter und – in Europa – in der Regel aus fünf bis sechs Kindern, Jungen und Mädchen verschiedenen Alters, die wie Geschwister miteinander aufwachsen; leibliche Geschwister blei-
15 ben zusammen in einer Familie.
Jede Familie bewohnt ein eigenes Haus. Mittelpunkt der Familie ist die SOS-Kinderdorfmutter. Sie schenkt den ihr anvertrauten Kindern die Geborgenheit und Liebe, die jedes Kind für seine
20 gesunde Entwicklung braucht. Ihren Haushalt führt die SOS-Kinderdorfmutter selbstständig, darum gibt es im SOS-Kinderdorf auch keine Gemeinschaftsküche.
Ein SOS-Kinderdorf besteht aus etwa zehn bis
25 zwölf Familienhäusern; es wird von einem Dorfleiter geführt, der die organisatorische und pädagogische Gesamtverantwortung trägt. Weitere pädagogische Fachkräfte unterstützen und beraten die SOS-Kinderdorfmütter, die nach einer
30 zweijährigen Ausbildung (ein Jahr Praktikum, ein Jahr theoretische Ausbildung an der vereinseigenen Mütterschule) als „staatlich anerkannte Fachkraft in der Heimerziehung" ihren Dienst beginnen kann.
35 Die SOS-Kinderdorfkinder stehen in engem Kontakt zur Umwelt und wachsen unter ähnlichen Bedingungen heran wie Kinder natürlicher Familien. Sie besuchen die öffentlichen Schulen und

nehmen am religiösen Leben der Gemeinde ihres Bekenntnisses teil. 40
In die SOS-Kinderdörfer werden Kinder vom Säuglingsalter bis zu etwa zehn Jahren aufgenommen; ältere Kinder dann, wenn sie einer Gruppe leiblicher Geschwister angehören.
Während der Berufsausbildung, die in der Regel 45 in Betrieben der umliegenden Gemeinden oder Städte erfolgt, bleiben die Jugendlichen meist in ihrer SOS-Kinderdorffamilie. Auch nach dem Auszug aus dem SOS-Kinderdorf reißt die Verbindung der „Großen" zu ihrer Kinderdorfmutter, zu 50 ihrem Haus nicht ab. Viele von ihnen besuchen regelmäßig ihre Kinderdorfmutter, vor allem an Wochenenden und zu Feiertagen.

Organisation

Die SOS-Kinderdörfer sind ein privates, politisch 55 und konfessionell unabhängiges Sozialwerk. Die in 106 Ländern bestehenden SOS-Kinderdorf-Vereinigungen versuchen, jeweils ihre SOS-Kinderdörfer und ergänzenden Einrichtungen zu finanzieren. Soweit dies, insbesondere in Drittlän- 60 dern, nicht möglich ist, helfen die europäischen SOS-Kinderdorf-Organisationen.
Es gibt SOS-Kinderdorf-Vereinigungen, die sich die Aufgabe gestellt haben, SOS-Kinderdörfer im eigenen Land zu bauen und zu erhalten, und es 65 gibt Vereinigungen von Freunden der SOS-Kinderdörfer, die satzungsgemäß den Aufbau und Unterhalt von SOS-Kinderdörfern in bedürftigen Ländern fördern.
Alle selbstständigen und unabhängigen nationa- 70 len SOS-Kinderdorf-Vereinigungen sind im Dachverband SOS-Kinderdorf International mit Sitz in Wien/Innsbruck zusammengeschlossen, der die SOS-Kinderdorf-Arbeit koordiniert, Neugründungen initiiert und die nationalen SOS-Kinderdorf- 75

*Aufgaben sozialpädagogischer Arbeit / **Materialien***

Vereinigungen betreut und berät. Zu seinen Aufgaben gehört auch die Ausbildung und Entsendung von Mitarbeitern zum Aufbau neuer SOS-Kinderdörfer in den Entwicklungsländern.

80 1992 gehören dem Dachverband 127 nationale Mitglieder aus 106 Staaten der Welt an. SOS-Kinderdorf International ist Mitglied der UNESCO.

Finanzierung

85 Die für den Aufbau und die Erhaltung der SOS-Kinderdörfer notwendigen Mittel werden in der Hauptsache durch regelmäßige Beiträge und Spenden der SOS-Kinderdorf-Freunde aufgebracht. Heute unterstützen über sechs Millionen 90 Menschen in mehr als 100 Ländern der Welt die Arbeit der SOS-Kinderdörfer.

In erster Linie sind es die regelmäßigen Beiträge, die die wirtschaftliche Grundlage der SOS-Kinderdörfer im In- und Ausland bilden. Einzelne Freunde, Unternehmungen und Vereinigungen 95 haben Patenschaften für ein SOS-Kinderdorfkind oder ein SOS-Kinderdorf übernommen. Hin und wieder gegebene Hausstiftungen erleichtern die rasche Verwirklichung neuer Projekte. Dazu kommen gelegentliche Zuwendungen aus Schenkun- 100 gen und Erbschaften. Der Mittelbeschaffung dienen außerdem z. B. der Versand von Grußkarten sowie verschiedenen Spendenaufrufe. Die Pflegegelder öffentlicher Kostenträger decken einen Teil der Unterhaltskosten für die 105 Kinder und Jugendlichen; sie werden jedoch nur für Inlandseinrichtungen gegeben.

Quelle: SOS-Kinderdorf e.V., München o.J.

3. Jugendzentrum

1 Im Rahmen von Jugendfreizeitstätten findet die Bezeichnung „Jugendzentrum" unabhängig von der Trägerschaft inzwischen weite Verbreitung. Ausgehend von Häusern der Offenen Tür mit 5 dem Anspruch auf Freizeitgestaltung für alle Jugendlichen gilt das Jugendzentrum heute als offenes Angebot für eine Minderheit, zumal größere Wohnungen und Großzügigkeit von Eltern sowie kommerzielle Angebote wie Sport- 10 clubs bei oft erheblich frei verfügbaren Mitteln geeignetere Alternativen darstellen. Das Jugendzentrum gliedert seine Arbeit gewöhnlich in eine „angebotsfreie Zone" (die Teestube, Spielhalle) und eine Palette unterschiedlicher Aktivitäten, 15 Kurse, Projekte (vom Fußballspiel über den Computerkurs bis hin zum Ferienlager und zur Demonstration). Im Gegensatz zu früher werden bewusst Angebote auch für Kinder und für Mädchen entwickelt, um den eigenen Nach- 20 wuchs zu sichern bzw. Chancenungleichheit zu kompensieren. Manche Einrichtungen stellen sich als Auffangstellen für defizitäre Lebenslagen bestimmter Gruppen (wie Schüler, Berufstätiger, Eltern, Ausländer, Arbeitslose) dar. Ziel ist der 25 Verbund mit anderen Einrichtungen (z. B. Sportplätzen, Vereinen) und die Vernetzung im Wohnbezirk, auch über direkte Ansprache der Nach-

barn. Die Mitverantwortung der Besucher beim Tagesablauf und bei anderen organisatorischen Fragen, die Gestaltung des Hauses und seiner 30 Umgebung gelten allgemein in Jugendfreizeitstätten, so auch im Jugendzentrum. Wie sich die Arbeit in der „Offenen Tür" unter pragmatischen Aspekten zur sozialpädagogisch orientierten Hilfe für die Besucher verändert hat, 35 geht aus Erfahrungsberichten hervor. Strube stellt im Besucherverhalten Trends zur Verwahrlosung mit Schulschwänzen und Wegbleiben vom Arbeitsplatz fest, außerdem ein gesunkenes Unrechtsbewusstsein (Diebstahl und Hehlerei) 40 sowie Aggressivität als negative Form von Konfliktaustragung. Angesichts ungünstiger Faktorenkombinationen wie Arbeitslosigkeit, Zerfall der Familie, Entwicklungsprobleme und scheinbar ausweglose Probleme wachse die „indirekte Arti- 45 kulation einer Sinnkrise", in der das Leben als Sackgasse empfunden werde. Einzelfallhilfe, die Einübung „soziokultureller Techniken" (Bewerbungsschreiben, Vorstellungsgespräche), Vermittlungs- und Informationsdienste sind – ebenso 50 wie problemorientierte Gruppen- und Gemeinwesenarbeit – die fachlichen Instrumente der Mitarbeiterinnen/Mitarbeiter.

Quelle: Wolfgang Gernert, 1993[4]

4. Beratung als eine Form der Hilfe

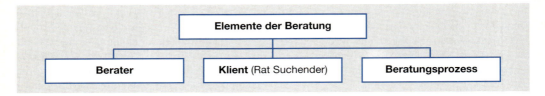

1 Es müssen drei Elemente gegeben sein, damit von einer Beratung gesprochen werden kann: der **Berater**, der **Klient** (= Rat Suchende) und der **Beratungsprozess**.

5 • **Der Berater** ist bestrebt, die Probleme des Klienten zu verstehen und ihm Anregung und Hilfestellung zu geben. Die helfenden Maßnahmen des Beraters zielen darauf hin, dass der Klient möglichst schnell ohne seine Hilfe auskommen kann. Er unterstützt den Rat Suchenden, dessen Fähigkeiten zur Problemlösung zu entdecken und einzusetzen, so dass dieser aus eigener Kraft seine Probleme lösen kann *(Hilfe zur Selbsthilfe)*.

15 • **Der Klient** befindet sich meist in einer für ihn schwierigen Situation, in der er sich allein nicht mehr zu helfen weiß. Er erwartet Hilfe vom Berater. Zu diesem Zweck muss er sein Problem darstellen. Der Klient braucht dazu eine 20 gewisse Verbalisierungsfähigkeit, die Fähigkeit zur Reflexion, die Bereitschaft zur Mitarbeit und zur Verhaltensänderung.

• Innerhalb des **Beratungsprozesses** sollen Veränderungen eingeleitet und unterstützt werden. 25 Die Veränderungen können im Bereich der Kognition, der Verhaltensweisen und der Emotionen vor sich gehen.

„Grundsätzlich ist davon auszugehen, dass die Entstehung, Aufrechterhaltung und die Veränderung 30 von Problemen durch kognitive, aktionale und emotionale Komponenten beeinflusst wird." *(Reiner Bastine, 1992)*

Carl Rogers beschreibt folgende Schritte innerhalb der Beratung, die zu einem allmählichen 35 **Umstrukturierungsprozess** führen:

1. Der Klient will Hilfe
Der Klient sollte freiwillig in die Beratung kommen.

2. Die Situation ist definiert
Der Berater muss dem Klienten mitteilen, 40 dass er keine Patentlösung bieten kann, sondern Hilfe zur Selbsthilfe geben will.

3. Ermutigung zum freien Ausdruck
Der Berater versucht beim Klienten Vertrauen zu gewinnen, damit der Klient sich öffnen 45 kann und über die eigentlichen Probleme redet.

4. Der Berater akzeptiert und klärt
Der Berater bewertet die Aussagen des Klienten nicht, sondern akzeptiert sie so wie sie 50 sind. Er hilft dem Klienten seine Aussagen zu strukturieren und zu verarbeiten.

5. Der stufenweise, fortschreitende Ausdruck positiver Gefühle
Der Berater versucht, die Gefühle des Klien- 55 ten, die sich hinter seiner Aussage verbergen, zu klären und dem Klienten zu ermöglichen, seine Gefühle frei auszudrücken.

6. Das Erkennen positiver Impulse
Der Berater bekräftigt Ansätze in den Aussagen 60 des Klienten, die einen ersten positiven Schritt in Richtung der Problemlösung ausdrücken.

Aufgaben sozialpädagogischer Arbeit / Aufgaben und Anregungen

7. Die Entwicklung von Einsicht

Durch die Gespräche gewinnt der Klient eine neue Sichtweise gegenüber seinen Problemen und erarbeitet Lösungsvorschläge.

8. Die Klärung der zur Wahl stehenden Möglichkeiten

Mit dem Klienten werden die besten Lösungswege ausgesucht.

9. Positive Handlungen

Der Klient versucht die Lösungswege zu realisieren.

10. Wachsende Einsicht

Durch die Realisation von Lösungswegen gewinnt der Klient weitere Sichtweisen im Umgang mit seinen Problemen.

11. Gesteigerte Unabhängigkeit

Der Klient soll am Ende selbstständig mit dem Problem umgehen können."

Quelle: S. Bachmair u. a., 1994[5]

Das **Beratungsproblem** kann sehr unterschiedliche Bereiche betreffen. Der Klient kann den Berater bei schulischen, beruflichen, ehelichen oder erzieherischen Problemen aufsuchen. Dementsprechend gibt es unterschiedliche Beratungsstellen. Hauptanwendungsbereiche sind: **Erziehungs-, Schul-, Ehe- und Berufsberatung**.

Aufgaben und Anregungen
Kapitel 17

Reproduktion von Informationen

1. Bestimmen Sie die Begriffe „Sozialpädagogik" und „Sozialarbeit".
(Abschnitt 17.1.1)
2. Erläutern Sie die Sozialpädagogik als „Theorie und Praxis der Jugendhilfe".
(Abschnitt 17.1.2)
3. Stellen Sie Aufgaben des Kindergartens dar.
(Abschnitt 17.2.1)
4. Beschreiben Sie die Organisation des Kindergartens.
(Abschnitt 17.2.2)
5. Erläutern Sie mögliche Chancen, Probleme und Grenzen der Kindergartenarbeit.
(Abschnitt 17.2.3)
6. Stellen Sie dar, was man unter Erziehungsberatung versteht.
(Abschnitt 17.3.1)
7. Beschreiben Sie die Arbeitsweise einer Erziehungsberatungsstelle.
(Abschnitt 17.3.2)
8. Zeigen Sie die Aufgaben einer Erziehungsberatungsstelle auf.
(Abschnitt 17.3.3)
9. Stellen Sie mögliche Chancen und Probleme der Arbeit einer Erziehungsberatungsstelle dar.
(Abschnitt 17.3.4)

*Aufgaben sozialpädagogischer Arbeit / **Aufgaben und Anregungen***

Anwendungsaufgaben

10. Geben Sie eine umfassende Begriffsbestimmung von Sozialpädagogik und Sozialarbeit, und zeigen Sie am Beispiel einer sozialpädagogischen Einrichtung (Kindergarten, Erziehungsberatungsstelle) Aufgaben der Sozialpädagogik/-arbeit auf.
(Abschnitt 17.1.1 und 17.2.1 *oder* 17.3.1)

11. Beschreiben Sie Aufgaben einer Einrichtung der Sozialpädagogik/-arbeit (des Kindergartens, eines Heimes, der Erziehungsberatungsstelle). Gehen Sie dabei auch auf mögliche Chancen, Probleme und Grenzen der erzieherischen Arbeit in dieser Einrichtung ein.
(Abschnitt 17.2.1 und 17.2.3 *oder* 17.3.2 und 17.3.4)

Anregungen

12. Machen Sie zusammen mit Ihrer Klasse ausfindig, welche Stellen in Ihrer Umgebung Familien helfen, damit diese ihre Probleme bewältigen können.

13. Tauschen Sie in Ihrer Klasse Erfahrungen über Ihr Praktikum in einer Einrichtung der Sozialpädagogik/-arbeit (zum Beispiel des Kindergartens) aus. Sprechen Sie dabei auch über mögliche Probleme, die sich an Ihrer Praktikumsstelle ergeben haben.

14. Überlegen Sie sich eine besondere Situation oder ein besonderes Erlebnis in einer sozialpädagogischen Einrichtung, in der sie schon einmal (tätig) waren (zum Beispiel während des Praktikums).
Zeichnen Sie diese Situation oder dieses Erlebnis. Zeigen und erläutern Sie anschließend Ihre Zeichnung Ihren Mitschülern.

15. Sie waren selbst schon in einer sozialpädagogischen Einrichtung (zum Beispiel während des Praktikums).

    a) Überlegen Sie sich eine besondere Situation, ein besonderes Erlebnis oder auch ein besonderes Problem in dieser Einrichtung.

    b) Sprechen Sie in Kleingruppen über diese Situation, dieses Erlebnis oder Problem.

    c) Einigen Sie sich in Ihrer Gruppe auf eine Begebenheit und stellen Sie diese der Klasse in einem Rollenspiel vor.

16. Besuchen Sie eine Einrichtung der Sozialpädagogik/-arbeit (ein Jugendzentrum, eine Erziehungsberatungsstelle, ein Heim). Erkundigen Sie sich dort

    • nach den *Aufgaben bzw. Zielen* dieser Einrichtung,
    • nach *Formen erzieherischer Arbeit* – wie versucht die Einrichtung ihren Aufgaben gerecht zu werden bzw. ihre Ziele zu erreichen? –,
    • nach dem *Aufbau bzw. der Organisation* dieser Einrichtung sowie
    • nach *Chancen, Problemen und Grenzen der erzieherischen Arbeit* in dieser Einrichtung.

*Aufgaben sozialpädagogischer Arbeit / **Aufgaben und Anregungen***

Sichten Sie die Ergebnisse und werten Sie diese in Gruppen aus. Die Präsentation kann anhand einer Wandzeitung vorgenommen werden. Die Reflexion und kritische Anmerkungen können im Klassenverband erfolgen.

17. Wie sollte Ihrer Meinung nach die genannte sozialpädagogische Einrichtung aussehen?

   a) ein Kindergarten
   b) ein Heim
   c) ein Jugendtreff
   d) ein Jugendzentrum

Entwerfen Sie in Gruppen ein Konzept für die genannte Einrichtung in Ihrem Ort. Wechseln Sie anschließend die Gruppen, so dass in jeder neuen Gruppe Teilnehmer aus allen anderen Gruppen vorhanden sind. Diskutieren Sie die einzelnen Konzepte, bringen Sie Verbesserungsvorschläge und Korrekturen an und einigen Sie sich auf ein Konzept. Dieses „Endkonzept" kann auch eine „Mischform" der anderen Konzepte darstellen. Notieren Sie dieses „Endkonzept" auf einem Plakat. Ein Mitglied der Gruppe stellt der Klasse das jeweilige „Endkonzept" vor.

18 Handlungsformen sozialpädagogischer Arbeit

ICH GEH NICHT GERN ZUR SCHULE.

ICH HABE ANGST, MEINE ELTERN KÖNNTEN WEG SEIN, WENN ICH NACH HAUSE KOMME.

ICH GEH NICHT GERN SPIELEN.

ICH HABE ANGST, NIEMAND ÖFFNET DIE TÜR, WENN ICH VERSUCHE WIEDER REINZUKOMMEN.

ICH GEH NICHT GERN SCHLAFEN.

ICH HABE ANGST, MEINE ELTERN KÖNNTEN TOT SEIN, WENN ICH WIEDER AUFWACHE.

ICH BIN NICHT GERN KIND.

ES BEDEUTET, WACHE SCHIEBEN RUND UM DIE UHR.

Was soll ich bloss machen?

Wass soll ich bloss machen??

Bei so viel Ratlosigkeit kann nur gezielte Beratung helfen. Die methodischen Kompetenzen eines beratend tätigen Sozialpädagogen sind davon abhängig, welche Fort- und Weiterbildungsmöglichkeiten er nach dem Studium nutzt.

1. Wie kann ein Sozialpädagoge überhaupt helfen?
   Was sind die klassischen Methoden der Sozialpädagogik/-arbeit?

2. Welche Konzepte zur Hilfe für den Einzelnen kennt der Sozialpädagoge bzw. Sozialarbeiter?
   Welche Schritte sind einzuleiten? Welche Ziele sind anzustreben?

3. Wie ist der Erfolg solcher Konzepte zu bewerten?

18.1 Methoden sozialer Arbeit

Im Laufe der Praxis haben sich in der Sozialpädagogik/Sozialarbeit drei Methoden herauskristallisiert:

- die **soziale Einzelhilfe**
- die **soziale Gruppenarbeit**
- die **soziale Gemeinwesenarbeit**

18.1.1 Die soziale Einzelhilfe

Die methodische Arbeit mit Einzelnen, Familien oder Paaren wird mit dem Begriff „soziale Einzelfallhilfe" – auch Casework oder soziale Fallarbeit –, in der neueren Literatur mit „sozialer Einzelhilfe" bezeichnet.

Die soziale Einzelhilfe wird von beruflichen und eigens dazu ausgebildeten Helfern angewandt, um Menschen mit psychosozialen Schwierigkeiten zu helfen. In ihr steht das Individuum, so wie es ist, im Mittelpunkt.

Bei der sozialen Einzelhilfe handelt es sich um eine Betreuung, Beratung oder Therapie, in der das Individuum mit seinem Problem und seiner außergewöhnlichen Belastung im Mittelpunkt steht. Dabei werden auf der Grundlage wissenschaftlicher Erkenntnisse und mit Hilfe einer effektiven Gestaltung der Beziehung zwischen dem Helfer und dem Klienten „Hilfsquellen in der Gemeinschaft" mobilisiert und die im Klienten[1] vorhandenen Fähigkeiten geweckt, um eine „Hilfe zur Selbsthilfe" zu ermöglichen.

Ziel der Einzelhilfe ist es, dem Klienten zu einer besseren Anpassung an seine Umwelt zu verhelfen. Dadurch wird er befähigt, mit dem Problem fertig zu werden und sich selbst mit Hilfe des Sozialpädagogen/-arbeiters aus der quälenden Belastungssituation zu befreien.

Merkmale der sozialen Einzelhilfe

- *Es handelt sich um eine Betreuung, Beratung oder Therapie, in der das Individuum im Mittelpunkt steht.*

- *Die Hilfe geschieht auf der Grundlage wissenschaftlicher Erkenntnisse und aufgrund der effektiven Gestaltung der Beziehung zwischen Klient und Helfer.*

- *Durch die Mobilisierung von Hilfsquellen in der Gemeinschaft und von Fähigkeiten des Klienten soll „Hilfe zur Selbsthilfe" geleistet werden.*

- *Das Ziel ist, dass der Klient sein Problem lösen und sich aus seiner Belastungssituation selbst mit Hilfe des beruflichen Helfers befreien kann.*

Ehepaar M. hat vier Kinder im Alter zwischen sechs Monaten und acht Jahren. Die Frau klagt darüber, dass ihr Mann zu viel Alkohol trinkt, die Arbeitsstellen häufig wechselt, finanzielle Probleme hat usw.; schließlich wendet sich die Frau an einen Sozialarbeiter. Die Frau erwartet vom Sozialarbeiter Betreuung, Beratung oder Therapie, in der

---

[1] *Klient: der Hilfe Suchende*

Handlungsformen sozialpädagogischer Arbeit

ihre Familie und sie selbst im Mittelpunkt stehen. Diese Hilfe kann der Sozialarbeiter auf der Grundlage wissenschaftlicher Erkenntnisse geben und wird versuchen, die berufliche Beziehung zwischen sich und der Frau effektiv zu gestalten. Zusätzlich kann der Sozialarbeiter die Frau bzw. Familie auf andere Hilfsquellen der Gesellschaft (beispielsweise finanzielle Angebote des Staates, anonyme Alkoholiker usw.) hinweisen, und er wird sich bemühen, dass die Frau eine günstigere Einstellung zu sich selbst und ihrer Umwelt findet. Ziel ist dann, dass die Frau oder die gesamte Familie ihre Probleme selbst lösen und sich aus dieser Belastungssituation selbst mit Hilfe des beruflichen Helfers befreien kann.

> **Die soziale Einzelhilfe ist eine Methode der Sozialpädagogik/-arbeit, in der auf der Grundlage wissenschaftlicher Erkenntnisse und einer effektiven Gestaltung der Beziehung zwischen Helfer und Klient sowie mit Hilfe der Mobilisierung von Hilfsquellen in der Gemeinschaft und der Fähigkeit des Klienten diesem geholfen werden soll, sein Problem selbst lösen und sich aus seiner Belastungssituation befreien zu können.**

Wissenschaftliche Grundlagen

Wissenschaftliche Grundlagen der sozialen Einzelhilfe bilden psychologische Theorien des Verhaltens. Je nach Problem und der Ausbildung des Sozialpädagogen/-arbeiters kommen **tiefenpsychologische Theorien**, wie beispielsweise die *Psychoanalyse*, **Lerntheorien und kognitive Theorien**, bei denen die kognitive Beurteilung des Erlebten im Mittelpunkt steht, sowie **Theorien der humanistischen Psychologie**, wie zum Beispiel die *personenzentrierte Theorie* von *Carl Rogers*, zur Anwendung[1].

18.1.2 Die soziale Gruppenarbeit

Anonyme Alkoholiker oder Weight Watchers sind Beispiele von Formen sozialer Gruppenarbeit, die uns im Alltag immer wieder begegnen. Die soziale Gruppenarbeit ist eine Methode der sozialpädagogischen Arbeit, mit deren Hilfe einzelnen Menschen sowie Gruppen von Menschen geholfen werden kann, wenn die Gruppenmitglieder Probleme haben, die in ihrer persönlichen und sozialen Leistungsfähigkeit liegen.

> **Die soziale Gruppenarbeit ist eine Methode der Sozialpädagogik/-arbeit, die dem Individuum durch sinnvolle Gruppenerlebnisse hilft, sich als Person begreifen und ihr soziales Verhalten entfalten sowie Probleme und Situationen selbst meistern zu können.**

Solche Gruppenerlebnisse können zum Beispiel das Gespräch mit den Gruppenmitgliedern sein, die Tatsache, sich einem Konflikt zu stellen und mit der Gruppen lösen zu müssen, oder die Erfahrung, in der Gruppe anerkannt zu sein.

---

[1] *Die personenzentrierte Theorie ist in Kapitel 16.2 dargestellt. Die Psychoanalyse und die Lerntheorien befinden sich in Band 1, Kapitel 10 bzw. 8 und 9.*

Handlungsformen sozialpädagogischer Arbeit

Dabei geht man davon aus, dass die gemachten Gruppenerfahrungen auch auf Situationen und Probleme außerhalb der Gruppe übertragen werden können.

Gruppenarbeit scheint dann angebracht zu sein, wenn eine bestimmte Anzahl von Personen ähnliche bzw. vergleichbare Aufgaben, Probleme und Situationen zu bewältigen hat (beispielsweise Probleme nach Ehescheidungen oder bei Arbeitslosigkeit). In diesem Sinne ist die soziale Gruppenarbeit **situations- und aufgabenorientiert**.

Gruppenarbeit wird vor allem im Freizeitbereich (beispielsweise Jugendzentren, Jugendarbeit), in Beratungseinrichtungen (beispielsweise für Suchtgefährdete), im Bereich des Gesundheitswesens und im Strafvollzug eingesetzt. Aber auch in stationären Einrichtungen (beispielsweise Therapiegruppen, Heimerziehung) gewinnt die soziale Gruppenarbeit mehr an Bedeutung *(vgl. Kreszentia Barth, in: H. Eyferth u. a. [Hg.], 1987)*.

Durch die Gruppenzugehörigkeit können soziale Bedürfnisse wie zum Beispiel die Überwindung von Einsamkeit, das Erfahren eines Selbstwertgefühls, das Gefühl des Verstandenwerdens oder der Aufbau von Selbstvertrauen befriedigt werden. Außerdem können durch soziale Gruppenarbeit menschliche Fähigkeiten, wie zum Beispiel Frustrationen zu ertragen, mit anderen Menschen zusammenzuarbeiten oder Entscheidungen zu treffen, angeregt werden.

Die soziale Gruppenarbeit betont vor allem die individuelle und situative Motivation für das menschliche Lernen. Es wird Wert darauf gelegt, die vorhandenen Fähigkeiten der Gruppenmitglieder zu stärken; es soll nicht mit deren Schwächen gearbeitet werden. Außerdem sollen die Lernprozesse von den Gruppenmitgliedern initiiert werden, damit sich die Gruppe später vom Gruppenleiter lösen kann *(vgl. C. Wolfgang Müller, in: D. Kreft/J. Mielenz, 1988³)*.
Der Gruppenleiter kann beispielsweise Anregungen für Gruppenaktivitäten geben, er sollte Konflikte innerhalb der Gruppe erkennen und Lösungsmöglichkeiten gemeinsam mit der Gruppe erarbeiten, um die Gruppe – langfristig gesehen – zur Selbstständigkeit zu führen.

„Soziale Gruppenarbeit als Unterstützung von Gruppen kann nur auf der Grundlage einer sorgfältigen Suche nach den in der Lebenswelt der Betroffenen vorfindbaren Motiven geschehen. Lernmotivation wird nicht geschaffen, statt dessen wird an eine vorhandene Motivation im Alltag und in der Erfahrungswelt der Betroffenen angeknüpft. Betroffene werden nicht motiviert, sie werden dort angesprochen, wo sie schon motiviert sind."

(W. Hinte/F. Karas, 1990)

Wissenschaftliche Grundlagen

Nach *Maximilian Buchka* gehen pädagogische, soziologische, psychologische, sozialethische und kommunikative Ansätze in die heutige Gruppenarbeit ein. Beispielsweise werden aus der sozialpsychologischen Kleingruppenforschung Vorschriften abgeleitet, die dann bei der Durchführung von Therapien in Gruppen zu beachten sind. Außerdem werden verhaltenstherapeutische Techniken, die auf den Lerntheorien beruhen, auf Gruppenprozesse angewandt (*vgl. Elisabeth Badry u.a. (Hg.), 1994²*).

„Die Funktion des Gruppenarbeiters besteht darin, sich mit seinem Wissen und seinen Fähigkeiten anzubieten und jederzeit von der Gruppe abgerufen werden zu können. Er verzichtet darauf, die Betroffenen in seinem Sinne zu vereinnahmen, auch wenn er es oft könnte, da die Leute ihm ja Kompetenz zuschreiben. [...] Ohne zu indoktrinieren oder sich anzubiedern, kann er Menschen Hilfsquellen erschließen, fachliche und persönliche Kompetenz anbieten und kollektive Momente individueller Betroffenheit deutlich machen.“

(W. Hinte/F. Karas, 1990)

18.1.3 Die soziale Gemeinwesenarbeit

Die dritte klassische Methode der Sozialpädagogik/-arbeit entstand aus der Erkenntnis heraus, dass Probleme von einzelnen Menschen häufig gesellschaftlichen Ursprungs sind und dass deshalb Hilfe für den Einzelnen auch **Veränderung von gesellschaftlichen Bedingungen** bedeuten muss. Dazu gehört, dass die Bevölkerung einer Straße, einer Wohnsiedlung, eines Dorfes, eines Stadtteils oder einer ganzen Stadt gemeinsame Probleme erkennt und eigene Kräfte entwickelt, um an der Beseitigung von sozialen Missständen und deren Ursachen gemeinsam zu arbeiten.

„Wenn es nicht gelingt, diese Masse für soziale Problematik zu sensibilisieren und zur Verantwortungsübernahme zu aktivieren, werden wir in den nächsten Jahren ein riesiges Anwachsen sozialer Zusammenbrüche erleben, denen sämtliche Institutionen hilflos gegenüberstehen werden.“

(W. Hinte/F. Karas, 1990)

Gemeinwesen bezeichnet eine bestimmte räumliche Einheit, wie zum Beispiel einen Stadtteil, eine Wohnsiedlung, eine Gemeinde, eine ganze Stadt usw. Gemeinwesenarbeit meint eine grundsätzliche **Herangehensweise an soziale Probleme und will eine Verbesserung für die Menschen und ihrer Probleme** in dieser räumlichen Einheit. Die Verbesserung wird durch eine Vielzahl von Handlungen, Tätigkeiten und Maßnahmen erreicht und schließt in der Regel die Aktivierung der betroffenen Menschen mit ein.

Solche Handlungen, Tätigkeiten und Maßnahmen können beispielsweise die Schaffung von Grünflächen, die Errichtung eines Spielplatzes, einer Freizeiteinrichtung, eines Treffs, Freizeitangebote für die Bewohner, Schaffung eines Jugendtreffs, Gründung einer Initiative gegen den Fluglärm und dergleichen sein.

Handlungsformen sozialpädagogischer Arbeit

Daneben gibt es auch öffentliche Einrichtungen, die die Wohlfahrt und die Gesundheit der betroffenen Menschen in einem Gemeinwesen verbessern helfen.

Solche Einrichtungen sind zum Beispiel Sozialdienste, Schaffung von Entlastungsmöglichkeiten für Familien, Vermittlung von Berufsförderungsmaßnahmen usw.

Soziale Gemeinwesenarbeit ist die Sammelbezeichnung für eine Vielzahl von Handlungen, Tätigkeiten und Maßnahmen, durch welche Einrichtungen, Einzelpersonen, Gruppen und/oder Organisationen zur Verbesserung für die Menschen und ihrer Probleme in einer räumlichen Einheit beitragen.

*Die heutige Sichtweise von Gemeinwesenarbeit hat sich etwas geändert: In der moderneren Sozialpädagogik wird Gemeinwesenarbeit nicht mehr als „dritte Methode" neben sozialer Einzelhilfe und sozialer Gruppenarbeit verstanden, sondern als übergreifendes **Arbeitsprinzip**, welches soziale Einzelhilfe und soziale Gruppenarbeit mit einschließt.*

Wissenschaftliche Grundlagen der Gemeinwesenarbeit bilden vor allem **ökologische Theorien**, wie zum Beispiel das *„Life Model"*, welches in Kapitel 19.1 dargestellt ist.

18.2 Handlungskonzepte der Sozialpädagogik

Menschen, die Hilfe von Sozialpädagogen bzw. -arbeitern erhoffen, befinden sich in der Regel in einer außergewöhnlichen Belastungssituation. Die Sozialpädagogik kennt nun verschiedene Handlungskonzepte, um Menschen mit psychosozialen Problemen zu helfen. In den letzten Jahren haben Sozialpädagogen in ihre Arbeit zunehmend therapeutische Techniken mit einbezogen. Diese orientieren sich an psychologisch-therapeutischen Ansätzen, da es an spezifisch sozialarbeiterischen Handlungskonzepten mangelte.

In Abhängigkeit von zusätzlichen Qualifikationen einzelner Sozialarbeiter/ -innen können nach *K. A. Geißler und M. Hege (1997[8])* folgende Konzepte die Beratungsarbeit und Therapie im Sinne der Einzelhilfe[1] bestimmen:

- das psychoanalytisch orientierte Konzept
- das verhaltensorientierte Konzept
- das klientenorientierte Beratungskonzept
- das kommunikationstheoretisch orientierte Beratungskonzept
- das systemorientierte Beratungskonzept

Im Folgenden werden das **verhaltensorientierte** und das **klientenorientierte Konzept** näher ausgeführt, da diese die berufliche Praxis in der Sozialpädagogik/Sozialarbeit am nachhaltigsten beeinflusst haben.

---

[1] *Neben der Einzelhilfe gibt es auch gruppendynamische Konzepte, die hier nicht angesprochen werden.*

18.2.1 Das verhaltensorientierte Handlungskonzept

Wissenschaftliche Grundlage des verhaltensorientierten Konzepts bilden die **Lerntheorien**, die in Band 1, Kapitel 8 und 9 dargestellt sind. Dabei geht es im Gegensatz zur Psychoanalyse nicht um die Veränderung innerpsychischer Ursachen und der Gesamtpersönlichkeit; Gegenstand therapeutischer Veränderungsversuche ist hier das **problematische Verhalten selbst**.

„Das Symptom (= das unangepasste Verhalten) ist die Neurose[1]."

Die Verhaltenstherapie geht von der Grundannahme aus, dass **alles Verhalten** – auch das unangepasste, die Störung – **erlernt ist und wieder verlernt werden kann**. Das therapeutische Ziel ist demnach der **Abbau unerwünschten Verhaltens** – der psychischen Störung – und der **Aufbau erwünschten Verhaltens durch gezielte Lernhilfen**.

In der Einzelhilfe geht der Sozialarbeiter/-pädagoge zur Bearbeitung eines Problems mit seinem Klienten in der Regel nach folgenden Schritten vor:

1. Analyse
2. Planung
3. Handlung
4. Bewertung.

1. Analyse

Voraussetzung für gezielte Verhaltensänderungen ist eine genaue **Verhaltensanalyse**. Ziel ist hierbei zum einen eine *möglichst präzise Erfassung und Beschreibung des problematischen Verhaltens* mit anschließender Analyse der gewonnenen Informationen. Deshalb wird das Problem auch auf verschiedenen Ebenen beschrieben:

- **Verhaltensebene**

  Der Sozialarbeiter beschreibt Verhaltensmerkmale des Klienten, erfasst die Häufigkeit und Intensität des Problemverhaltens.
  Es wird detailliert angegeben, was Person X tut, sie vermeidet zum Beispiel unangenehme Situationen, wendet den Blick ab und dergleichen.

- **Kognitive Ebene**

  Hierbei geht es darum, was in der Person vorgeht: Wie erlebt Person X die Situation? Was denkt sie? Was äußert sie über ihre Beschwerden? Welche Erwartungen und Befürchtungen sind aktuell?

- **Physiologische Ebene**

  Erfasst wird, wie der Klient in spezifischen Situationen körperlich reagiert.
  So kann er zum Beispiel Schweißausbrüche zeigen, erröten, zittern, stottern oder erhöhten Pulsschlag haben.

Zum anderen geht es in der Verhaltensanalyse um die **Klärung der Bedingungen**, die für die Entstehung und für die Aufrechterhaltung des unangemessenen Verhaltens maßgeblich sind. Jedes Verhalten, das häufiger und über einen längeren Zeitraum hinweg gezeigt wird, wird durch bestimmte Bedingungen in der sozialen Umwelt *hervorgerufen, ausgelöst*. Dabei ist von

---

[1] Neurose ist eine unzureichende innerpsychische, meist nicht bewusste Konfliktlösung mit seelischem Leidensdruck, beispielsweise Panikängste.

Handlungsformen sozialpädagogischer Arbeit

Bedeutung, in welchen Situationen das problematische Verhalten häufig auftritt und was dieses auslöst, in welchen Situationen es kaum bzw. überhaupt nicht vorkommt.

So wurde beispielsweise bei einem Schüler, der an einer Prüfungsangst leidet, beobachtet, dass die Angst immer dann auftritt, wenn eine mündliche Prüfung ins Haus steht. Die Angst dagegen tritt nicht auf, wenn er schriftlich abgefragt wird.

Sehr häufig hat das Verhalten eine Art **Ersatz-, Alibi- oder Entlastungsfunktion**, die es herauszufinden gilt.

Herr Eiferbach hat zum Beispiel Angst davor, dass seine Frau ihm untreu werden könnte oder dass sie fremdgeht. Diese Tatsache äußert sich etwa darin, dass er Angst hat, alleine zu sein.

Ein Mann hat starke Angst beim Autofahren; in Wirklichkeit traut er sich dem Chef nicht zu sagen, dass er in den Innendienst will.

Jedes Verhalten, das häufiger und über einen längeren Zeitraum hinweg gezeigt wird, wird durch bestimmte Bedingungen in der sozialen Umwelt *aufrechterhalten bzw. verstärkt*.

So kann beispielsweise die angenehme Konsequenz der Zuwendung bei Angst, des evtl. Nicht-ausgefragt-Werdens, wenn man Angst zeigt, oder die angenehme Konsequenz, dass man sich auf die Prüfung nicht vorzubereiten braucht, da man ja die Prüfung aufgrund der „Ängstlichkeit" nicht machen kann, diese aufrechterhalten oder sogar verstärken.

Häufig zeigt der Klient in entsprechenden Situationen nicht das erwünschte Verhalten, das zur Bewältigung der entsprechenden Situation erforderlich wäre.

So zum Beispiel verfügt Herr Streitbär nicht über die notwendigen Strategien, die für eine Konfliktlösung erforderlich wären.

Herr Still hat nie gelernt, seine Ängste, Befürchtungen und dergleichen offen auszusprechen; sie äußern sich deshalb „indirekt", indem er ständig nörgelt, beschuldigt und herabsetzt.

Wir sprechen hier von **Lern- bzw. Verhaltensdefiziten**, die ebenfalls in der Verhaltensanalyse ermittelt werden müssen.

Aus der Beantwortung all dieser Fragen lassen sich dann notwendige bzw. gewünschte Veränderungen festlegen. Diese können einmal in einer „Umgestaltung" der Umweltbedingungen liegen, meist aber geht es um den Erwerb einer neuen oder um die Veränderung einer bereits bestehenden Verhaltensweise des Klienten selbst.

So zum Beispiel genügt es nicht, die Angst eines Klienten abzubauen, es muss auch seine Mitwelt verändert werden, indem diese nicht mehr mit Zuwendung auf seine Angst reagiert.

Mögliche Verfahren zur Informationsgewinnung sind das Interview, die Befragung von Bezugspersonen, wie zum Beispiel Eltern, Lehrer, die Fremd- und Selbstbeobachtung (beispielsweise Tagebuch oder Strichliste führen), verschiedene Tests und das Rollenspiel.

Handlungsformen sozialpädagogischer Arbeit

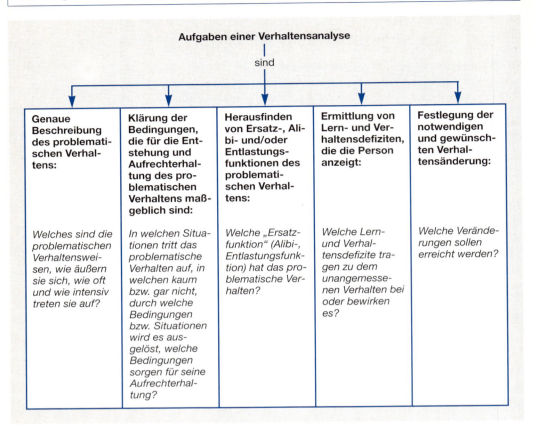

Die Analyse der Bedingungen, welche das Problemverhalten aufrechterhalten, kann immer nur vorläufig sein, gegebenenfalls sind notwendige Änderungen vorzunehmen.

2. Planung

Die Informationen, die der Sozialpädagoge aufgrund der Verhaltensanalyse erhalten hat, müssen nun **ausgewertet und interpretiert** werden, dann folgt die **Ausarbeitung eines Vorgehensplanes für die Verhaltensänderung**. Gemeinsam mit dem Klienten entwickelt der Sozialarbeiter mögliche Schritte vom Ist-Zustand zum Soll-Zustand der angestrebten Veränderungen.

Wie schon bei der Verhaltensanalyse erwähnt, können sich die angestrebten Veränderungen grundsätzlich auf zweierlei beziehen: zum einen auf *direkte Veränderungen im Verhalten des Klienten* und zum anderen auf *Veränderungen in der Umwelt des Klienten*, welche eine positive Auswirkung auf das Verhalten des Klienten versprechen.

Handlungsformen sozialpädagogischer Arbeit

Ein leistungsschwaches Schulkind zum Beispiel verbessert sein Lernverhalten. Hier handelt es sich um eine Veränderung im Verhalten des Klienten. Wenn zusätzlich die Eltern befähigt werden, das Kind bei seinen Hausaufgaben effektiv zu unterstützen, so liegt eine Veränderung in der Umwelt des Klienten vor.

Klient und Sozialarbeiter planen schließlich, wie Verhaltensänderungen in die gewünschte Richtung kontinuierlich zu erfassen sind, zum Beispiel durch Selbst- oder Fremdbeobachtung und Selbstaufzeichnungen.

3. Handlung

Bei der Durchführung des Verhaltenstrainings ist es nun die Aufgabe des Klienten, die in der therapeutischen Planung entwickelten Schritte der Verhaltensänderung in eigener Anstrengung praktisch umzusetzen. Umso wichtiger ist es, den Klienten regelmäßig und planvoll zu einer aktiven Mitarbeit zu motivieren.

Je nachdem, welche Lerntheorie zugrunde gelegt wird, ergeben sich verschiedene Techniken des verhaltensorientierten Konzeptes:

- Nach der **klassischen Konditionierung**[1]:

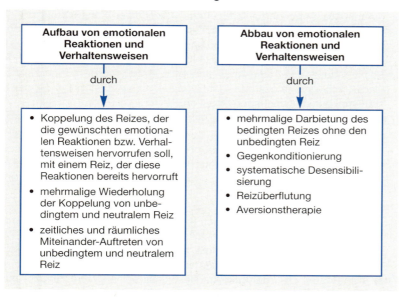

Von einer **Gegenkonditionierung**[2] spricht man, wenn durch eine erneute Konditionierung ein bedingter Reiz eine andere, der ursprünglich beding-

---
[1] Die grundlegenden Aussagen und Fachbegriffe des klassischen Konditionierens sind in Band 1, Kapitel 8.1. dargestellt.
[2] Gegenkonditionierung und systematische Desensibilisierung sind ausführlich in Band 1, Kapitel 8.1.4 dargestellt.

ten Reaktion entgegengesetzte Wirkung erzielt. Hierbei soll eine alte Reiz-Reaktions-Verbindung durch eine neue ersetzt werden. Nicht erwünschte emotionale Reaktionen wie beispielsweise Angst können abgebaut werden, indem man mehrmals den Reiz, der negative emotionale Reaktionen zur Folge hat, mit einem Reiz koppelt, dessen Reaktion mit diesen Emotionen **unvereinbar** ist: Personen, Objekte oder Situationen, die für den zu Erziehenden Angst erzeugend sind, werden mit angenehmen und mit Sicherheit erzeugenden Reizen verbunden.

Peter, ein dreijähriger Junge, hatte Angst vor pelzartigen Gegenständen wie zum Beispiel einem Kaninchen aus Pelz. Er wurde in einen hohen Stuhl gesetzt und er bekam Süßigkeiten, die Peter sehr gerne mochte und bei ihm Freude auslösten, während ihm ein pelzartiges Kaninchen allmählich und schrittweise näher gebracht wurde. Hatte Peter anfangs noch Angst, wenn das Kaninchen im Raum war, so konnte er dieses am Schluss auf den Schoß und sogar in die Hände nehmen.

Um die erwünschte Reaktion zu erhalten, hat es sich jedoch als sinnvoll erwiesen, den Reiz, der die unerwünschte Reaktion – zum Beispiel Angst – zur Folge hat, **schrittweise** an den neuen Reiz (dessen Wirkung mit diesen negativen Emotionen unvereinbar ist) anzunähern. Diese Vorgehensweise wird als **systematische Desensibilisierung** bezeichnet.

In der Praxis wird am häufigsten mit Entspannungstechniken gearbeitet, die der Klient erst einmal in einem ca. 4-wöchigen Entspannungstraining erlernen muss. Der ängstliche Mensch wird schrittweise an die gefürchtete Situation bzw. das Objekt herangeführt, entweder in der Vorstellung oder realen Konfrontation. Voraussetzung hierfür ist jedoch, dass mit dem Klienten zusammen eine Angsthierarchie erstellt wurde. Es handelt sich hierbei um eine abgestufte Liste von der schwächsten bis zu der am stärksten angstauslösenden Situation.

Herr H. Furchtsam hat eine Hundephobie. Das Erstinterview hat ergeben, dass seine Angst umso intensiver ist, je größer und je näher der Hund ist. Zudem spielt es eine Rolle, ob der Hund an der Leine, ob dieser alleine ist und ob Herr Furchtsam einen Fluchtweg offen hat. Es werden nun eine Reihe von Situationen konstruiert, für die er jeweils angibt, wie stark er die Angst auf einer Skala von 0 (angstfrei) bis 100 (absolute Panik) einschätzt.

Bei der **Reizüberflutung** geht der Therapeut im Vergleich zum systematischen Desensibilisieren den umgekehrten Weg. Auch hier werden üblicherweise Angsthierarchien erstellt. Man konfrontiert den Klienten jedoch gleich zu Beginn der Behandlung mit stark angstauslösenden Reizen und lässt ihn dabei die Erfahrung machen, dass seine Befürchtungen unbegründet sind und nicht eintreten. Diese Vorgehensweise erscheint notwendig, wenn Phobiker bereits gering angstauslösende Situationen sofort meiden oder vor ihnen flüchten. Sie erleben daher in der Realität nie, wie unbegründet ihre Ängste sind.

Die Behandlung kann mit Hilfe einer gedanklichen Konfrontation mit den jeweiligen Angstreizen erfolgen oder indem der Klient ihnen in der Realität gegenübertritt.

Handlungsformen sozialpädagogischer Arbeit

Bei einer gedanklichen Konfrontation beschreibt der Therapeut dem Klienten stark beängstigende Situationen und drängt ihn sich diese intensiv vorzustellen. Die einzelnen Situationen werden dabei bewusst übertrieben und ausführlich über einen gewissen Zeitraum (etwa eine Stunde oder sogar länger) geschildert. Im Verlauf dieser Schilderung steigt in der Regel die Angst des Klienten stark an. Wichtig ist dabei, die Beschreibung nicht abzubrechen, bevor der Klient den Höhepunkt seiner Furcht überschritten hat. Nur so kann er die entscheidende Erfahrung eines Absinkens seiner Angst machen. Gleichzeitig erfährt er ein Ausbleiben der von ihm befürchteten negativen Konsequenzen. Nach einer Reihe von Sitzungen können auf diese Weise Ängste erfolgreich beseitigt werden. Eine solche ausschließlich in der Vorstellung vorgenommene Darbietung stark angstauslösender Reize nennt man **Implosion**.

Unter Implosion versteht man die gedankliche Konfrontation eines Klienten mit stark angstauslösenden Reizen, bis es schließlich zu einer Abnahme der Angst kommt.

Der Therapeut fordert den Klienten auf, sich vorzustellen, wie zum Beispiel eine Schlange an ihm hochkriecht, sich in seine Hand verbeißt, das Blut zu tropfen beginnt, er wahnsinnige Schmerzen hat ... Nach einem starken Angstanstieg erlebt der Klient allmählich ein Nachlassen der Furcht. Zusätzlich treten seine Befürchtungen, die er mit dieser Situation verbindet, während der Therapiesitzung nicht ein. So könnte der Klient zum Beispiel glauben, dass er bereits bei der Vorstellung einer Riesenschlange stark zittern und völlig unfähig sein werde, irgendeine Bewegung auszuführen. Tatsächlich aber stellt er fest, wie er dabei weder stark zittert noch bewegungsunfähig wird.

Es besteht jedoch auch die Möglichkeit, den Klienten in der Realität mit den Angst auslösenden Reizen zu konfrontieren und ihn so die Erfahrung machen zu lassen, dass die erwarteten Konsequenzen nicht eintreten. Deshalb darf der Klient aus der angstbesetzten Situation auf keinen Fall fliehen. Klient und Therapeut vereinbaren vor dem Beginn der Therapie entsprechende Maßnahmen, die ergriffen werden, um dies zu verhindern. Sie können von verbalen Ermahnungen, sich nicht zu entfernen, bis hin zum körperlichen Festhalten reichen. Eine solche Konfrontation mit stark Angst auslösenden Reizen in der Realität bezeichnet man als **flooding**[1].

Als flooding bezeichnet man eine Reizüberflutung des Klienten mit stark angstauslösenden Reizen, die gewöhnlich in der Realität stattfindet.

Ein Mann, der Angst hat, über Brücken zu gehen, weil er befürchtet, diese würden einstürzen, muss immer wieder unter therapeutischer Anleitung sich lange auf Brücken aufhalten, bis sich die Erfahrung ihrer Ungefährlichkeit fest in ihm verankert und er die Angst vor ihnen verloren hat.

---

[1] *Flooding kann auch in der Vorstellung durchgeführt werden, man bevorzugt jedoch gewöhnlich die Konfrontation in der Realität. Die Implosion unterscheidet sich von flooding durch zusätzliche theoretische Inhalte aus der Tiefenpsychologie.*

Die bislang beschriebenen Techniken dienen in der Regel zum Abbau von Ängsten und sollen dem Menschen helfen, sich Reizen auszusetzen, die sie aufgrund ihrer Furcht meiden wollen. Jedoch fühlen sich Personen auch von Reizen angezogen oder sind ihnen ausgesetzt, die ihre Gesundheit gefährden oder gesetzlichen Verboten unterliegen.

So gilt der starke Konsum von Zigaretten und Alkohol als gesundheitsschädlich und der Genuss von Drogen steht unter Strafe.

Um diesen Reizen ihre verlockende Wirkung zu nehmen, kann man die **Aversionstherapie** einsetzen. Nach dem Schema des klassischen Konditionierens koppelt man dabei den anziehenden Reiz mit einem unangenehmen Stimulus, der zum Beispiel Schmerzen, Übelkeit oder Ekelgefühle hervorruft. Nach einigen Wiederholungen dieser gemeinsamen Darbietung löst bereits der ursprünglich verlockende Reiz die unangenehme Reaktion aus.

Einem Alkoholiker, der sich einer solchen Therapie freiwillig unterzieht, wird zum Beispiel immer ein Mittel in seine Alkoholika gegeben, das starke Übelkeit bewirkt. Nach einigen Durchgängen löst bereits der Geschmack, Geruch oder Anblick des Alkohols die Übelkeit aus.

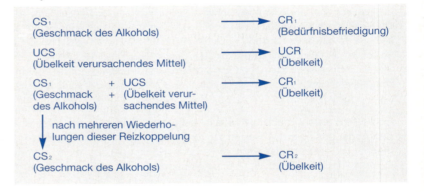

Mit Aversionstherapie bezeichnet man die Koppelung eines unangenehm wirkenden Reizes mit einem anderen Reiz, nach dem Schema des klassischen Konditionierens.

Die Aversionstherapie ist eine umstrittene Form des verhaltenstherapeutischen Vorgehens. Solchen Aversionsverfahren unterziehen sich Menschen in der Regel nur unter dem Druck, ihre Verhaltensweisen zugunsten ihrer Gesundheit verändern zu müssen, oder falls sie in Institutionen wie beispielsweise Gefängnissen dazu gezwungen werden. Eine solche Therapieform stößt daher schnell auf ihre ethischen Grenzen, wenn die Freiwilligkeit von Seiten des Klienten fehlt.

- Nach der **operanten Konditionierung**[1]:

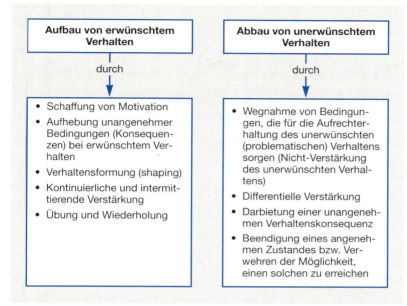

Die Methode der **Verhaltensformung (shaping)**[2] dient dazu, mit Hilfe positiver Verstärkung beim Klienten erwünschte Verhaltensweisen aufzubauen. Zunächst werden all jene zufällig auftretenden Reaktionen verstärkt, die in irgendeiner Beziehung zum gewünschten Endverhalten stehen. Allmählich wird die Verstärkung allerdings immer differenzierter eingesetzt. Als sinnvoll erweist sich, wenn anfangs stetig belohnt wird und schließlich die Verstärkung immer seltener erfolgt (intermittierend).

Zur Verstärkung erwünschter Verhaltensweise hat sich in der therapeutischen Praxis das MÜNZSYSTEM (TOKEN Economy) als besonders hilfreich erwiesen. Plastikmünzen (token) werden zunächst als Verstärker verwendet, mit denen der Klient dann bestimmte Privilegien „erkaufen" kann.

Für zwanzig Münzen zum Beispiel darf der Klient einmal ein Kino seiner Wahl besuchen.

Ein therapeutischer Einsatz von **Strafe** wird dort in Betracht gezogen, wo verhindert werden muss, dass sich der Klient durch sein eigenes Verhalten Schaden zufügt, und andere Verfahren bereits versagt haben. Ein solcher Einsatz sollte mit dem Klienten abgesprochen werden. Die Strafe erweist sich dabei als wirksamer, wenn sie unmittelbar auf die unerwünschte Handlung folgt. Außerdem sollte die Strafe in Kombination mit der Verstärkung von erwünschtem Alternativverhalten erfolgen.

So konnten Psychologen zum Beispiel ein Kind therapieren, das sich innerhalb von einer Stunde etwa 2000mal selbst schlug, indem sie dieses Verhalten mit leichten Elektroschocks bestraften.

---

[1] Die grundlegenden Aussagen und Fachtermini des operanten Konditionierens sind in Band 1, Kapitel 8.2 dargestellt.
[2] Das shaping ist ausführlich in Band 1, Kapitel 8.2.5 dargestellt.

- Nach der **sozial-kognitiven Lerntheorie**[1]:

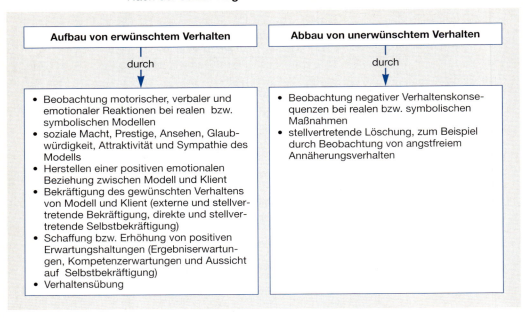

Ein wesentlicher Erfolg in der therapeutischen Behandlung von Menschen ist erreicht, wenn man deren **Kompetenzerwartungen erhöhen** kann. Dies lässt sich neben stellvertretenden Erfahrungen bzw. Beobachtung von Modellen und eigenen Erfolgen des Klienten durch den *Abbau starker Emotionen* erreichen. Der Anblick eines Angst auslösenden Objektes erzeugt starke emotionale Erregungen, wie zum Beispiel Ängste und Panikgefühle. Aus einer Reihe von Erfahrungen wissen Menschen, dass sie in solchen Spannungszuständen weniger Leistungsfähigkeit besitzen. Sie schätzen deshalb ihre eigenen Kompetenzen niedriger ein. Mit Hilfe eines geeigneten Entspannungstrainings gelingt in der Regel ein Reduzieren des hohen Erregungspotentials.

Erzielen Klienten im Laufe einer Therapie eigene Erfolge, so steigert dies ebenfalls ihre Kompetenzerwartungen. Das Einteilen der erwünschten Verhaltensweisen in **einzelne, leichter erreichbare, zeitlich nahe Teilschritte** erscheint dafür sinnvoll. Solche Erfolge gilt es vor allem am Anfang der Therapie öfters zu ermöglichen.

Teilschritte können bei einem Menschen, der Angst vor Schlangen hat, beispielsweise sein:

- den Anblick eines Schlangenbildes ohne Furcht ertragen,
- furchtlos einen Film zunächst über ruhende, dann sich bewegende Schlangen sehen,
- eine real anwesende Schlange im Terrarium ohne Angst betrachten usw.

---

[1] Die grundlegenden Aussagen und Fachtermini der sozial-kognitiven Theorie sind in Band 1, Kapitel 9 dargestellt.

Erfolge lassen sich auch erzielen, wenn das Modellverhalten eine Verhaltensweise propagiert, die man den Klienten anschließend nachahmen lässt, wobei ihn der Therapeut unterstützt.

Der Therapeut fungiert als Modell und demonstriert dem Klienten, dass man, ohne weglaufen zu müssen, eine Schlange aus sicherer Entfernung betrachten kann. Anschließend übt der Klient bei gleichzeitiger Unterstützung des Therapeuten diese Verhaltensweise.

Diese Vorgehensweise wird als **teilnehmende Modellierung** bezeichnet; sie erzeugt höhere und stärkere Kompetenzerwartungen als die stellvertretende Erfahrung allein und hat sich zum Abbau von Ängsten als sehr erfolgreich erwiesen. Dadurch, dass der Klient beobachtet, wie eine Modellperson ruhig und sicher ohne negative Folgen mit dem Angstobjekt umgeht, soll dessen Angstreaktion so weit herabgesetzt werden, dass dieser es aushalten kann, selbst mit dem Angstobjekt konfrontiert zu werden.

Der Schlangenphobiker betrachtete durch eine Scheibe, wie der Therapeut mit einer Schlange umgeht. Danach führt der Therapeut im direkten Beisein des Klienten eine Reihe von Schritten aus, die entsprechend einer Angsthierarchie vorher festgelegt wurden. Nach und nach wird die Hilfestellung reduziert und der Klient zeigt das Annäherungsverhalten entsprechend der gemeinsam erarbeiteten Aufgaben, das heißt, er nähert sich der Schlange in abnehmender Entfernung, berührt sie mit, dann ohne Handschuhe.

Unter teilnehmender Modellierung versteht man eine Kombination von beobachtbaren Modellhandlungen und ihr anschließendes Nachahmen durch den Beobachter.

Vorbereitend auf die Konfrontation mit der realen Situation, kann auch **verdecktes Modelllernen** eingesetzt werden, wobei der Klient verschiedene Perspektiven der Betrachtung in der Vorstellung vorwegnimmt, bevor er das Verhalten tatsächlich ausführt.

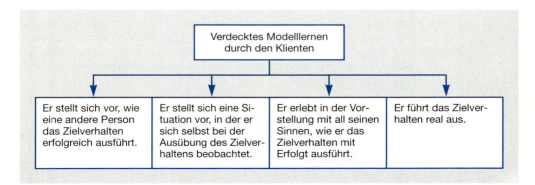

Eine gute Möglichkeit zur gefahrlosen Einfügung von neuen oder bisher vermiedenen Verhaltensweisen bieten Rollenspiele. Durch positive Erfahrungen in Spielsituationen können Klienten zukünftiges Verhalten für Alltagssituationen spielerisch einüben *(vgl. Mathilde Bauer, in: H. S. Reinecker/D. Schmelzer, [Hg.], 1996).*

4. Bewertung

Zu bewerten sind die durch das Verhaltenstraining erzielten Erfolge, um sie schrittweise stabilisieren zu können.

Veränderungen des Problemverhaltens in die erwünschte Richtung sind zum Beispiel durch Selbst- oder Fremdbeobachtung, Selbstaufzeichnungen usw. kontinuierlich zu erfassen, da diese sowohl dem Klienten als auch dem Sozialpädagogen eine wichtige Rückmeldung über die Effektivität der therapeutischen Bemühungen geben und gleichzeitig eine unmittelbare Verstärkung darstellen.

Neben der Erfassung solcher Anfangserfolge ist es für den Sozialpädagogen und Klienten aber auch wichtig, Stagnationen oder Rückschläge im Veränderungsprozess möglichst frühzeitig zu erkennen, um nötigenfalls wirkungsvollere Maßnahmen einzuleiten. Eine Veränderungsmessung muss aber neben der individuellen Verhaltensänderung auch positive oder negative Auswirkungen auf das Umfeld des Klienten (zum Beispiel Ehepartner, Arbeitskollegen, Mitschüler usw.) erfassen.

Nach Beendigung eines Trainings sollte in einem größeren zeitlichen Abstand eine Nachkontrolle stattfinden, um zu überprüfen, ob es gelungen ist, dem Klienten und seine Umgebung zu befähigen, durch eigene Initiative künftige Schwierigkeiten sinnvoll zu bewältigen.

18.2.2 Das klientenorientierte Beratungskonzept

Wissenschaftliche Grundlage des klientenorientierten Konzeptes bildet die **personenzentrierte Theorie** von *Carl Rogers* (vgl. Kapitel 16.2). Handlungsleitend für die Beratungstätigkeit ist für *Carl Rogers (1997) die Orientierung am Klienten*, mit der Absicht, dem Individuum zu einem besseren Verständnis über sich selbst und zu größerer Unabhängigkeit zu verhelfen, damit es sich entwickeln und somit gegenwärtige und künftige Probleme besser lösen kann. Der Berater konzentriert sich darauf, den Klienten so zu sehen, wie dieser sich selbst sieht.

„Das Individuum steht im Mittelpunkt der Betrachtung und nicht das Problem. Das Ziel ist es nicht, ein bestimmtes Problem zu lösen, sondern dem Individuum zu helfen, sich zu entwickeln, so dass es mit dem gegenwärtigen Problem und mit späteren Problemen auf besser integrierte Weise fertig wird." (Carl Rogers, 1997)

Handlungsformen sozialpädagogischer Arbeit

Klientenorientiert heißt, dass das Individuum selbst und dessen Selbsterfahrung im Mittelpunkt der Betrachtung steht, nicht sein Problem bzw. eine spezifische Problemlösung *(vgl. Carl Rogers, 1996).*

Ausgangspunkt seelischer Fehlentwicklungen ist nach der personenzentrierten Theorie eine **inkongruente**[1] **Person mit einem negativen Selbstbild**: Wenn aktuelle Erfahrungen nicht mit dem Selbstkonzept einer Person übereinstimmen, so wehrt diese die als bedrohlich erlebten Erfahrungen durch Verleugnung und Verzerrung ab. Stellen Erfahrungen eine Bedrohung des Selbstkonzepts dar, werden sie durch den Mechanismus der Selbstbehauptungstendenz abgewehrt, sie werden nicht als Selbsterfahrung bewusst und damit als nicht akzeptierbar und nicht zum Selbst gehörend erlebt. Bei Menschen mit massiven psychischen Problemen stagniert daher der Prozess der Selbstentwicklung und die Erlebnisverarbeitung ist gestört (vgl. hierzu Kapitel 16.2.5).

Bei Inkongruenz ist der Mensch „mit sich selbst uneins, verletzlich, ängstlich. Er ist mit einem Erleben oder Empfinden beschäftigt, das nicht zu seinem Selbstbild passt. [...] Er versteht sich nicht und kann sich nicht akzeptieren." (E.-M. Biermann-Rathen/J. Eckert/H.-J. Schwartz, 1997[8]*)*

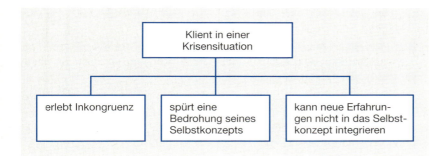

Inkongruenz führt also langfristig zu seelischen Störungen. **Ziel der klientenorientierten Beratung ist** dementsprechend **eine kongruente Persönlichkeit, die fähig ist, ihr Selbstkonzept neuen Erfahrungen und Erlebnissen anzupassen**.

In der Einzelhilfe geht der Sozialarbeiter/-pädagoge zur Bearbeitung eines Problems mit seinem Klienten in der Regel nach folgenden Schritten vor:

1. Analyse 2. Planung
3. Handlung 4. Bewertung.

---

[1] *Von Inkongruenz spricht man, wenn die aktuellen Erfahrungen nicht mit dem Selbstkonzept einer Person übereinstimmen (vgl. Kapitel 16.2.5).*

Handlungsformen sozialpädagogischer Arbeit

1. Analyse

Der Berater kann sein Vorgehen entsprechend folgender Fragestellungen strukturieren:

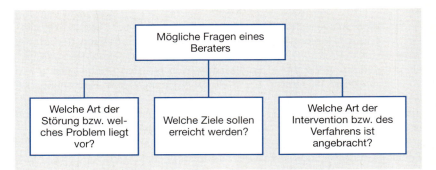

Die Frage nach der Art der Störung meint nicht, dass der Berater das Problem definiert. Es geht darum, dass nach dem klientenorientierten Beratungskonzept das Ausmaß der Inkongruenz des Klienten zwei Grenzen nicht überschreiten darf:

- die Wahrnehmung der Person darf nicht so weit gestört sein, dass sie unfähig ist, das Beziehungsangebot des Beraters ansatzweise wahrzunehmen,
- das Individuum muss im Stande sein, sowohl zum Berater als auch zu sich selbst eine Beziehung aufnehmen zu können, so dass es seine Inkongruenz erfahren kann.

Zu Beginn der Beratung ist einzuschätzen, ob die Kapazitäten des Klienten zur Durchführung lebensverändernder Handlungen ausreichen und ob die Situation überhaupt veränderbar ist *(vgl. Carl Rogers 1997).*

Eine neurotische, sehr introvertierte Mutter mit massiven körperlichen Beschwerden zum Beispiel, welche ihre Aktivitäten weitgehend einschränkt, kümmert sich in übertriebener, fast schädlicher Weise um ihre einzige Tochter. Die Beziehung zu ihrem Mann ist sehr unbefriedigend und auch Freunde besitzt sie kaum. Eine echte Einsicht über ihre Rolle wäre hier schwer zu erreichen, außerdem wäre sie auch kaum im Stande, sich von ihrer Tochter abzulösen, weil diese die einzige Quelle tatsächlicher Befriedigung darstellt.

Der Berater analysiert und beurteilt eingangs deshalb die psychischen Voraussetzungen bei Kienten.

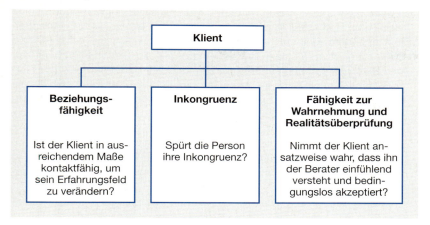

2. Planung

Zunächst wird der Berater mit dem Klienten grundlegende Fragen zur Beratungssituation und der Art ihres Beziehungsverhältnisses klären.

Merkmale der Beratungssituation	Art des Beziehungsverhältnisses
• der Raum ist genau festgelegt (Ort, Zeit, Dauer der Beratung usw.) • bearbeitet wird die gegenwärtige Situation, nicht die Vergangenheit • es ist vorwiegend der Klient aktiv, der Berater ermutigt ihn zum Sprechen, so dass er über seine Probleme reflektieren kann • berücksichtigt werden vorwiegend die zum Ausdruck gebrachten Gefühle, inhaltliche, intellektuelle Aspekte sind weniger wichtig	• es handelt sich um eine zeitlich begrenzte, vertrauensvolle Beziehung, die frei sein muss von Abhängigkeit • nicht der Berater lenkt, sondern er vertraut darauf, dass das Individuum eigenverantwortlich seinen individuellen Entwicklungsprozess bestimmt und mit seiner psychischen Situation fertig wird, der Berater kann dafür keine Verantwortung übernehmen • die distanzierte Beziehung soll gekennzeichnet sein durch ein gutes emotionales Klima (nicht zu verwechseln mit Zuneigung) und einem partnerschaftlichen Umgang • aggressive Verhaltensweisen sind nicht erlaubt (Werfen von Gegenständen, Schlagen usw.)

Damit ist der Rahmen der Beratungssituation genau festgelegt.

3. Handlung

Der Erfolg einer Beratung ist beim klientenorientierten Konzept nicht von der Beherrschung bestimmter Techniken abhängig, sondern von den in der Kommunikation mit dem Klienten deutlich spürbaren Haltungen des Beraters. Es kommt nach *Carl Rogers* dann beim Klienten zu Veränderungen, wenn der Berater **Echtheit und Kongruenz**, **Wertschätzung** sowie **Empathie** zeigt.

Handlungsformen sozialpädagogischer Arbeit

- **Echtheit und Kongruenz:**

  Der Berater ist sich seiner selbst und seiner Gefühle bewusst. Er muss jedoch nicht immer gleich mitteilen, was in ihm vorgeht, er äußert seine Gedanken und Gefühle nur dann, wenn diese die Beziehung zwischen ihm und dem Klienten betreffen. Seine Äußerungen und sein Handeln stehen jedoch im Einklang mit seinem Erleben. Er akzeptiert sich mit seinen Bedürfnissen und seinen Grenzen. Er spielt dem Klienten keine Rolle vor, sondern gibt sich so, wie er ist und empfindet; er zeigt sich als die Person, die er eben ist. Ein Berater mit Selbstkongruenz wird von Klienten als echt erlebt, er fördert so auch bei ihm einen offenen Ausdruck seines Erlebens. Dadurch wird eine direkte und persönliche Begegnung zwischen Berater und Klient möglich, eventuelle Unsicherheiten werden abgebaut. Der Klient fühlt sich freier und kann mehr er selbst sein, er kann damit offener und stimmiger zum Ausdruck bringen, was er empfindet.

  Anzeichen für Inkongruenz des Beraters könnten beispielsweise sein, dass er sich erleichtert fühlt, wenn der Klient einen Termin absagt oder wieder geht.

  Nur wenn der Berater in der Beziehung zum Klienten kongruent sein kann, kann er ihm gegenüber auch wertschätzend und empathisch sein. Dies verdeutlicht, dass diese Merkmale nicht getrennt voneinander zu betrachten sind, sondern vielmehr untereinander eng zusammenhängen.

  Der Berater gibt sich dem Klienten gegenüber so, wie er ist und wie er empfindet. Er kennt sich und seine Gefühle, seine Gedanken, Gefühle und sein Verhalten stimmen überein.

- **Wertschätzung:**

  Der Berater bringt dem Klienten *emotionale Wärme und Zuneigung* entgegen. Er begegnet ihm ohne Vorbehalte und akzeptiert ihn so, wie er sich selbst darstellt, was er fühlt und wie er handelt. Diese Wertschätzung gegenüber dem Klienten ist *an keine Bedingungen geknüpft*, und Zuneigung und Achtung werden nicht von solchen abhängig gemacht. Durch diese bedingungslose Anteilnahme gelingt dem Berater ein umfassendes Verstehen des Klienten als Person, der er mit Respekt begegnet.

  Dadurch, dass seine Anteilnahme am Klienten nicht an Bedingungen geknüpft ist und er Bewertungen und Beurteilungen der Person des Klienten vermeidet, schafft er eine Atmosphäre, die die Tendenz zur Selbstverwirklichung unterstützt. Der Klient wird so ermutigt, intensiv über sich selbst und seine Erfahrungen nachzudenken (vgl. hierzu Kapitel 16.3.1).

  Die Wertschätzung, die der Berater seinem Klienten entgegenbringt, lässt sich in der Regel an seinem Verhalten ihm gegenüber und am Klang seiner Stimme erkennen.

  Der Berater begegnet dem Klienten mit emotionaler Wärme und bedingungsloser Wertschätzung, ohne die Person oder deren Verhalten zu bewerten. Der Klient fühlt sich uneingeschränkt akzeptiert, unabhängig davon, was er fühlt, äußert oder wie er handelt.

- **Empathie:**

  Der Berater versucht sich in die Erlebenswelt des Klienten einzufühlen und diese nachzuvollziehen. Dies gilt besonders für die Gefühle und deren Bewertung durch den Klienten. Er teilt dem Klienten mit, was er wahrgenommen hat, damit dieser seine Gefühle besser verstehen und annehmen kann. Dabei verzichtet der Berater auf Bewertungen und Interpretationen und versucht nur die Gefühle des Klienten zu verbalisieren.

  Durch diese Art von Einfühlung stößt der Berater zunehmend mehr in das innere Bezugssystem, in das Zentrum des Wahrnehmungsfeldes seines Klienten vor. Er versetzt sich in dessen Realität, nimmt daran Anteil und versucht so wahrzunehmen und zu erleben, wie dieser sich selbst erlebt, ohne sich jedoch mit ihm zu identifizieren. Dadurch ist der Berater imstande, dem Klienten wichtige Einsichten über sich annehmbar widerspiegeln zu können. An der Reaktion des Klienten überprüft er, inwieweit seine Wahrnehmungen richtig sind, sein Gegenüber seine Mitteilungen annehmen oder nicht annehmen kann und das Vorgehen seinem Entwicklungstempo entspricht.

  Dabei berücksichtigt er sowohl verbale Äußerungen als auch nonverbales Verhalten des Klienten. Durch das einfühlende Verstehen wird der Klient befähigt, immer tiefere Ebenen seines Selbst zu erforschen und fördert damit die Selbsterforschung und -erkenntnis des Klienten.

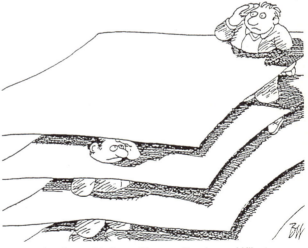

Der Berater versucht zum Beispiel, den Schmerz des Klienten so zu erfühlen, wie dieser ihn fühlt, und die Ursachen für diesen Schmerz so wahrzunehmen, wie dieser sie wahrnimmt. Er unterscheidet dabei aber, dass es sich nicht um sein Erleben, sondern um das Erleben des Klienten handelt.

Der Berater versucht sich in die Erlebniswelt des Klienten einzufühlen, um zu verstehen, wie dieser seine Gefühle bewertet. Er reflektiert dem Klienten wichtige Einsichten über sich selbst, was diesem ermöglicht, immer tiefere Ebenen seines Selbst zu erforschen.

(Anfangs) auf verschiedenen Ebenen: Berater und Klient

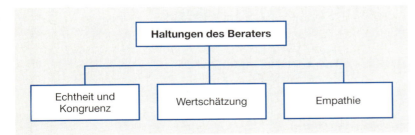

Materialien 4

Der Berater wendet zwei verschiedene Verfahren an, um zu den wichtigen bzw. belastenden Problemen des Klienten vorzudringen. Dies sind der **freie Ausdruck emotionaler Erlebnisinhalte** und die **Selbstexploration**.

- **Freier Ausdruck emotionaler Erlebnisinhalte:**

    Der Berater nimmt emotionale Erlebnisinhalte des Klienten zur Kenntnis, akzeptiert sie und teilt ihm in klarer Form mit, was er an Emotionen wahrgenommen hat; auf den Inhalt geht er dabei weniger ein. Der Klient gewinnt so den Eindruck, dass er verstanden wird, was ihn wiederum ermutigt, noch weitere Gefühle auszudrücken. So gelangt er Schritt für Schritt zu mehr Bewusstsein über die Wurzeln seiner Probleme. Im Laufe des weiteren Beratungsprozesses geht es dann darum, zu klären, worin für den Klienten die Probleme bestehen, und zu fragen, weshalb es ihm nicht gelingt, eine bessere Beziehung zu sich selbst aufzunehmen *(vgl. Carl Rogers, 1997)*.

    Beispiel:
    Klient: Ich habe im Unterricht meine Meinung gesagt, aber da haben sie alle gelacht und auch der Lehrer hat sich nur schwer beherrscht. Ich habe das wohl bemerkt. Glauben Sie, ich fühlte mich so blamiert, so ausgeschlossen, wahrscheinlich bin ich auch rot geworden.
    Berater: Sie fühlten sich so beschämt und so isoliert, dass sie sich hätten verkriechen mögen.
    (Ludwig Pongratz; in: Udo Maas [Hg.], 1985; etwas verändert)

Vorstellungen eines Beraters

Dieses Vorgehen wird auch **Verbalisierung emotionaler Erlebnisinhalte** genannt. Dadurch wird der Klient auf dem Weg des zunehmenden Selbstverstehens unterstützt.

> Das Verfahren, in dem der Berater die geäußerten Gefühle und Gedanken, die er verstanden hat, zusammenfasst, wird als Verbalisieren emotionaler Erlebnisinhalte bezeichnet.

- **Selbstexploration:**

  Durch eine akzeptierende Haltung gegenüber dem Klienten unterstützt der Berater, dass dieser über sich selbst spricht und so wesentliche Einsichten über sich und sein Erleben gewinnt. Er ermutigt ihn, von dem zu sprechen, was ihn bedrückt, macht ihm jedoch deutlich, dass er keine Lösung für seine Schwierigkeiten anbieten kann, dass er ihm aber bei der Suche nach eigener Lösungsmöglichkeiten beistehen wird. Stellt der Klient Fragen an den Berater, gibt dieser sie zur Beantwortung wieder an ihn zurück *(vgl. K. A. Geißler/M. Hege, 1997[8])*

> Selbstexploration ist die fortschreitende Selbstwahrnehmung eigener Möglichkeiten und Verhaltenswiesen.

Durch die Verbalisierung emotionaler Erlebnisinhalte und die zunehmende Selbstexploration ändert sich die Wahrnehmungsfähigkeit des Klienten in entscheidender Weise. Aus Erfahrungen werden bewusste Erfahrungen, welche schließlich der Selbsterfahrung dienen. Das Individuum kann sich seiner Erfahrungen bewusst werden, indem es seine Körperempfindungen, Gedanken, Gefühle bewusst wahrnimmt.

Ein Schüler beispielsweise begegnet auf dem Weg zur Schule seinem Lehrer. Verbindet sich diese Wahrnehmung („Ich sehe meinen Lehrer") mit bewusstem Erleben der Gefühle, Gedanken und Verhaltensweisen im Zusammenhang mit dem Lehrer, so wird aus der bewussten Erfahrung eine Selbsterfahrung.

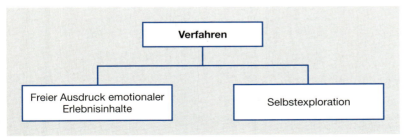

Handlungsformen sozialpädagogischer Arbeit

Das klientenorientierte Konzept im Überblick

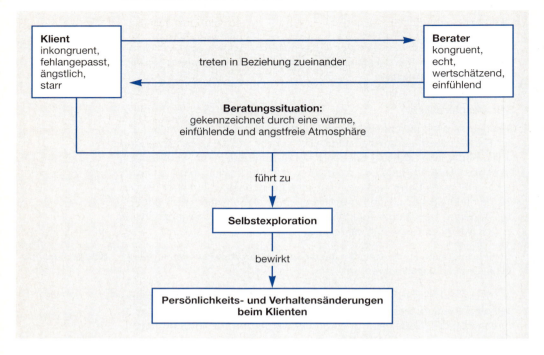

4. Bewertung

Therapiegespräche werden zum Teil auf Tonband oder Video aufgezeichnet und so einer Bewertung zugänglich gemacht. Diese Aufnahmen können dann auch als Material für die Supervision[1] herangezogen werden, welche bei den meisten Beratern mittlerweile selbstverständlich zu ihrer Arbeit gehört. Gelegentlich werden sogar Fragebögen eingesetzt, um die Veränderungen in der Persönlichkeitsstruktur des Klienten oder die Zufriedenheit in der Beratungsstiuation messen zu können.

Der therapeutische Kontakt endet in der Regel damit, dass beim Klienten das Bedürfnis nach Hilfe nachlässt und er feststellt, dass er auf weitere Beratung verzichten kann. Beide, Berater und Klient, werden dann ihr Arbeitsbündnis lösen *(vgl. E.-M. Biermann-Ratjen/J. Eckert/E.-J. Schwartz, 1997[8])*

---

[1] *Supervision: Beratung und Anleitung bei einer Tätigkeit, hier bei konkreten Behandlungsfällen*

Handlungsformen sozialpädagogischer Arbeit

Zusammenfassung

- Methoden der Sozialpädagogik/-arbeit sind die soziale Einzelfallhilfe, die soziale Gruppenarbeit und die soziale Gemeinwesenarbeit. Die soziale Einzelfallhilfe ist eine Methode der Sozialpädagogik/-arbeit, in der auf der Grundlage wissenschaftlicher Erkenntnisse und einer effektiven Gestaltung der Beziehung zwischen Helfer und Klient diesem geholfen werden soll, sein Problem selbst lösen und sich aus seiner Belastungssituation befreien zu können. Dabei werden Hilfsquellen aus der Gemeinschaft und die Fähigkeiten des Klienten mobilisiert. Die soziale Gruppenarbeit ist eine Methode der Sozialpädagogik/-arbeit, die dem Individuum durch sinnvolle Gruppenerlebnisse hilft, sich als Person begreifen und ihr soziales Verhalten entfalten sowie Probleme und Situationen selbst meistern zu können. Soziale Gemeinwesenarbeit ist die Sammelbezeichnung für eine Vielzahl von Handlungen, Tätigkeiten und Maßnahmen in einer räumlichen Einheit. Diese Einrichtungen, Einzelpersonen, Gruppen und/oder Organisationen tragen zur Lösung von Problemen von Hilfe suchenden Menschen bei.

- In der sozialpädagogischen Praxis gibt es eine Reihe von Handlungsmodellen (Konzepten), nach denen der Sozialarbeiter sich an personen- und gegenstandsbezogenen Entscheidungen orientiert. Die bekanntesten sind das verhaltensorientierte Konzept sowie das klientenorientierte Beratungskonzept.

- Das verhaltensorientierte Konzept geht von der Grundannahme aus, dass alles Verhalten – auch das unangepasste, die Störung – erlernt ist und wieder verlernt werden kann. Das therapeutische Ziel ist demnach der Abbau unerwünschten Verhaltens – der psychischen Störung – und der Aufbau erwünschten Verhaltens durch gezielte Lernhilfen. Voraussetzung für gezielte Verhaltensänderungen ist eine genaue Verhaltensanalyse. Ziel ist hierbei eine möglichst präzise Erfassung und Beschreibung des problematischen Verhaltens mit anschließender Analyse der gewonnenen Informationen. Je nachdem, welche Lerntheorie zugrunde gelegt wird, ergeben sich verschiedene Techniken des verhaltensorientierten Konzeptes. Erfolgs- und Verlaufskontrolle sowie eine Nachkontrolle begleiten die Arbeit.

- Handlungsleitend für die Beratungstätigkeit in der klientenorientierten Beratung ist die Orientierung am Hilfesuchenden. Ziel ist die Entwicklung zu einer kongruenten Persönlichkeit, die fähig ist, ihr Selbstkonzept neuen Erfahrungen und Erlebnissen anzupassen. Der Erfolg einer Beratung ist nicht von der Beherrschung bestimmter Techniken abhängig, sondern von den in der Kommunikation mit dem Klienten deutlich spürbaren Haltungen des Beraters. Es kommt dann beim Klienten zu Veränderungen, wenn der Berater Echtheit und Kongruenz, Wertschätzung sowie Empathie zeigt. Zwei verschiedene Verfahren werden angewendet, um zu den wichtigen bzw. belastenden Problemen des Klienten vorzudringen: der freie Ausdruck emotionaler Erlebnisinhalte und die Selbstexploration.

Materialien	Kapitel 18

1. Angsthierarchie

kleiner Hund, an der Leine, 10 Meter
Entfernung 5

kleiner Hund, an der Leine, 5 Meter
Entfernung 10

mittelgroßer Hund, hinter einem Zaun,
Pat. geht auf der anderen Straßenseite 15

mittelgroßer Hund, hinter einem Zaun,
Pat. geht auf der gleichen Straßenseite 20

mittelgroßer Hund, bellend hinter einem Zaun,
Pat. geht auf der anderen Straßenseite 25

mittelgroßer Hund, bellend hinter einem Zaun,
Pat. geht auf der gleichen Straßenseite 35

kleiner Hund läuft frei herum,
Pat. in Begleitung 40

kleiner Hund läuft frei herum, Pat. allein 50

usw. bis

großer Hund, bellend, läuft frei herum,
Pat. allein 100

(Quelle: Nicolas Hoffmann, 1990)

*Handlungsformen sozialpädagogischer Arbeit / **Materialien***

2. Belohnungsvertrag

Beispiel für einen Vertrag						

Name:

Woche vom   bis

Verdiente Punkte für:	Mo	Di	Mi	Do	Fr	Total
Hausaufgaben: Vollständig (3 Punkte) Ordentlich (5 Extrapunkte)						
Schularbeiten: Vollständig (je Aufgabe 1 Punkt) Ordentlich (2 Extrapunkte) Mit höchstens zwei falsch geschriebenen Wörtern oder leichtsinnigen Rechenfehlern (1 Extrapunkt) Auf Weisungen hören und ihnen ohne nochmalige Aufforderung folgen (jeweils 1 Punkt)						
Tägliche Schulnoten: Sehr gut (10 Punkte) Gut (6 Punkte) Befriedigend (3 Punkte) Ausreichend (1 Punkt)						
Hausaufgaben: Anfangen ohne Aufforderung (5 Punkte) Nach einmaliger Aufforderung (3 Punkte) Nach zweimaliger Aufforderung (2 Punkte) Nach dreimaliger Aufforderung (1 Punkt) Fertigstellung vor dem Abendessen (2 Extrapunkte)						
Insgesamt:						

Quelle: Hermann J. Liebel, 1992

*Handlungsformen sozialpädagogischer Arbeit / **Materialien***

3. Ein Fall aus dem Jugendamt

Darstellung des Problems

Frau X meldet sich auf dem Jugendamt wegen Schwierigkeiten mit ihrem vierjährigen Sohn. Dem Sozialarbeiter schildert sie die Problemlage
5 folgendermaßen: Das Kind zeigt in letzter Zeit in zunehmendem Maße Wut- und Trotzanfälle. Es läuft stundenlang in der Wohnung herum, will dies und jenes und lässt sie nicht in Ruhe. Wenn sie sagt, es soll still sein und sich beschäftigen,
10 heult es meist drauflos und wirft auch mal seine Sachen durchs Zimmer. Manchmal dreht es richtig durch, so dass die Nachbarn sich beschweren. Sie hat alles versucht, gut zureden hilft auf die Dauer nicht; die Hand rutscht ihr auch
15 manchmal aus, aber das lehnt sie ab; es bringt ihr nur ein schlechtes Gewissen; und darüber hinaus ist ja nur für eine Weile Ruhe. In Gegenwart des Vaters zeigt er die Anfälle sehr selten. Ihr Mann führt das auf seine größere Autorität beim Kind
20 zurück und auf sein Bestreben, „so was nicht aufkommen zu lassen".

Frau X macht weitere Angaben zur häuslichen Situation: Sie ist verheiratet und hat außer ihrem vierjährigen Sohn noch ein drei Monate altes
25 Baby. Ihr Mann arbeitet tagsüber als Kfz-Schlosser, die Familie bewohnt eine Zweieinhalb-Zimmer-Wohnung und Frau X, die vor ihrer Ehe in einem Büro beschäftigt war, macht außer der Hausarbeit einige Büroarbeiten für ihren Bruder.

30 *Verhaltensanalyse*

Welches sind die problematischen Verhaltensweisen? Der Sozialarbeiter einigt sich mit Frau X auf folgendes Problemverhalten des Kindes:
• Das Kind schreit (Lautstärke deutlich erhöht).
35 • Das Kind weint (wenn es sich verletzt hat, wird Weinen nicht gezählt).
• Das Kind wirft Objekte durch den Raum oder reißt sie vom Tisch herunter (mit deutlichen Anzeichen von Zorn).

40 Häufigkeit und Bedingungen des problematischen Verhaltens: Eine Auswertung der Strichliste ergibt folgende Häufigkeit der problematischen Verhaltensweisen an fünf aufeinander folgenden Tagen:

• Schreien: 31-mal, 45
• Weinen: 22-mal,
• Umherwerfen oder Herunterreißen von Objekten: 18-mal.

In einem Interview mit Frau X wird geklärt, in welcher Situation das Problemverhalten auftritt und 50 zu welchen Konsequenzen es führt. Dazu wird sie gebeten, einige Episoden der letzten Tage, an die sie sich gut erinnert, genau zu schildern. Wert wird dabei auf folgende Fragen gelegt:
a) Was tut Frau X unmittelbar vor dem Auftreten 55 des Problemverhaltens?
b) Wie reagiert sie auf das Problemverhalten?
c) Welchen Einfluss haben diese Reaktionen auf das Verhalten des Kindes?
d) Wie reagiert sie auf unproblematisches Verhal- 60 ten?

Aus dem Interview ergeben sich folgende Hinweise:

Frau X ist sehr stark mit dem Haushalt, dem Baby und den Büroarbeiten für ihren Bruder beschäf- 65 tigt. Das Kind hat zwar ausreichend Spielzeug zur Verfügung, ist aber den größten Teil des Tages sich selbst überlassen. Sie schildert ein paar Episoden, aus denen hervorgeht, dass sie in der Zeit vor dem Auftreten einer Sequenz von problemati- 70 schen Verhaltensweisen das Kind ein paar Mal kurz abgefertigt hatte, als es zu ihr kam und etwas von ihr wollte. Daraufhin begann es zu quengeln, bis es schließlich auf ihr erneutes Nicht-Reagieren hin sich in einen Wutanfall 75 hineinsteigerte.

Frau X reagiert üblicherweise auf die Ausbrüche ihres Sohnes, indem sie ihre Beschäftigung unterbricht, sich ihm zuwendet, mit ihm redet (manchmal freundlich und beruhigend, manchmal 80 vorwurfsvoll und ärgerlich). Wenn er länger weint, nimmt sie ihn in der Regel auf den Schoß und versucht, ihn zu trösten oder beginnt eine Beschäftigung mit ihm.

Im Anschluss an eine solche Szene ist das Kind 85 meist still und vermag sich eine Zeit lang zu beschäftigen, aber nicht allzu lange. Wenn es ruhig und unauffällig ist, benutzt Frau X die Gelegenheit, um sich ihrer Arbeit zu widmen. Sie versucht, ihn nicht bei seinem Spiel zu stören, „um 90 keine schlafenden Hunde zu wecken".

*Handlungsformen sozialpädagogischer Arbeit / **Materialien***

Welche Verstärker können für eine Verhaltensänderung eingesetzt werden?

Um die Verhaltensänderungen beim Kind zu erreichen, können die Verstärker eingesetzt werden, die nach dem Ergebnis der Verhaltensanalyse das Problemverhalten aufrechterhalten, nämlich soziale Verstärker seitens der Mutter wie Zuwendung, Aufmerksamkeit, Sprechen und gezielte Beschäftigung mit dem Kind. Allerdings dürfen diese Verstärker nicht mehr im Anschluss an problematisches Verhalten gegeben werden, sondern kontingent auf vorher definiertes erwünschtes Verhalten. Von Zeit zu Zeit können materielle Verstärker (Süßigkeiten usw.) anstelle eines sozialen Verstärkers gegeben werden, um keine Sättigungseffekte aufkommen zu lassen.

Therapieziele

Der Sozialarbeiter einigt sich mit Frau X auf folgende Therapieziele (Veränderungen im Verhalten des Kindes):

a) Reduzierung der Häufigkeit der Verhaltensweisen: lautes Schreien, Weinen, Wutausbrüche mit Herumwerfen von Objekten.

b) Konzentrierte Beschäftigung mit Spielen, Malen usw. über längere Zeiträume.

Aufbau der Therapie

a) Frau X (und ihrem Mann) wird eine ausführliche Analyse des Problems aus verhaltenstheoretischer Sicht gegeben. Der Sozialarbeiter führt sie mit einfachen Worten in die Grundbegriffe der Lerntheorie ein und erläutert ihnen die Entstehung des unerwünschten Verhaltens in dieser Terminologie. Dabei ist besonderer Wert darauf zu legen, dass nicht bei der Mutter der Eindruck erweckt wird, man werfe ihr Erziehungsfehler vor, sondern es wird betont, dass eine solche Entwicklung sich unter bestimmten Bedingungen (Lebensumstände usw.) trotz des guten Willens der Eltern anbahnen und rückgängig gemacht werden kann, ohne dass irgendwelche Schäden beim Kind zurückbleiben.

b) Die Mutter muss ihren Zeitplan daraufhin überprüfen, ob es nicht möglich ist, mehr Zeit für das Kind aufzubringen.

c) Frau X und der Sozialarbeiter stellen einen Plan darüber auf, zu welchen Tageszeiten sie sich mit dem Kind beschäftigen kann. Absolute Regel dabei ist: Diese gemeinsamen Aktivitäten dürfen keinesfalls auf Schreien, Wutausbrüche usw. hin erfolgen, das heißt, sie dürfen nicht dazu benutzt werden, ein solches Verhalten zu beenden. Als Regel soll gelten, dass sie frühestens zehn Minuten nach der Beendigung eines solchen Verhaltens erfolgen dürfen.

d) Neben diesen längeren gemeinsamen Aktivitäten wird Frau X instruiert, ihren Sohn kurzfristig für erwünschtes Verhalten zu verstärken. Als solches gilt über einen Zeitraum von 15 Minuten kein problematisches Verhalten.

e) Der Sozialarbeiter kommt mit ihr überein, dass er am Anfang ein paar Stunden in der Familie verbringen wird, um die Mutter zu beraten und zu unterstützen. Vorher wird noch einmal klar festgelegt, welche Verhaltensweisen positiv zu verstärken sind, welche zu löschen sind und welche Reaktionen sie während der Löschung auf keinen Fall zeigen darf (Blicke in Richtung des Kindes, Umdrehen, Ansprechen usw.).
Der Sozialarbeiter kann zwei einfache Handzeichen mit ihr ausmachen (eins für Verstärkung, eins für Löschung) und ihr damit am Anfang behilflich sein, indem er anzeigt, wann sie welche Reaktionen zeigen soll.
Frau X soll darüber hinaus die Strichliste weiterführen, damit der Erfolg der therapeutischen Maßnahme am Absinken der Häufigkeit der Problemverhaltensweisen überprüft werden kann.

f) Wenn die Häufigkeit des gewünschten Verhaltens gestiegen ist und sich stabilisiert hat, d. h., wenn das Kind sich längere Zeit allein beschäftigen kann, soll Frau X zu einem teilweisen Verstärkungsplan übergehen, d. h. das Kind nur noch gelegentlich für erwünschtes Verhalten verstärken. Die Perioden, in denen sie sich gezielt mit ihm beschäftigt, sollen auf jeden Fall weiter stattfinden. Gelegentlich noch auftretendes problematisches Verhalten wird im vorher definierten Sinne konsequent weiter ignoriert.

Quelle: Sigrid Hackbarth; in: Udo Maas, [Hg.], 1985

*Handlungsformen sozialpädagogischer Arbeit / **Materialien***

4. Übungsbogen: Kontrolle des Gesprächsverhaltens in nicht-therapeutischen Situationen

Die im Folgenden aufgeführten Einschätzskalen beschreiben die wichtigsten Grundeinstellungen und das Gesprächsverhalten in Form von zwei Polen.

Entscheiden Sie sich, wo Sie sich persönlich Ihrer Meinung nach zum heutigen Zeitpunkt auf der jeweiligen Skala einordnen würden, wenn Sie ein Gespräch führen, in dem Ihr Gesprächspartner seine Probleme bzw. Schwierigkeiten mitteilen will und das Bedürfnis nach Hilfe und Unterstützung ausdrückt (keine Therapiesituation)! Seien Sie bei der Beantwortung ehrlich, notieren Sie nicht die Einschätzung, die sie ‚objektiv' für richtig halten, aber für sich nicht umsetzen können!

Echtheit des Verhaltens

Bei mir klingt das Gesprächsverhalten aufgesetzt, und ich habe ständig den Wunsch, mich anders zu verhalten. ○○○○○ Ich fühle mich mit dem Gesprächsverhalten sehr wohl. Ich fühle mich als Einheit mit dem erlernten Verhalten.

Echtheit der Person

Ich bringe meine eigenen Einstellungen und Gefühle während des Gesprächs ein. Ich nehme mir Zeit für mich. ○○○○○ Ich lasse meinem Gesprächspartner bedingungslose Wertschätzung zukommen, halte meine Person heraus.

Einfühlendes, akzeptierendes Verstehen

Ich denke oft an eigene Erfahrungen und Probleme, kann mich nicht auf den Gesprächspartner einlassen. ○○○○○ Ich kann mich gut in die Probleme des Gesprächspartners einfühlen und ihn mit seinen Meinungen akzeptieren.

Selbstverantwortung

Ich fühle mich gegenüber dem Gesprächspartner verantwortlich und versuche, ihm meine Erfahrungen zu vermitteln. ○○○○○ Ich kann dem Gesprächspartner die Verantwortung für sein Handeln und seine Entscheidungen überlassen.

Widerspiegeln

Ich spiegele die Inhalte im Gesagten meines Gegenübers wider; versuche, Schwerpunkte herauszustellen. ○○○○○ Ich spiegele die Gefühle wider, die ich bei meinem Gegenüber wahrnehme. Ich spreche nonverbale Signale an.

Einfühlendes Verstehen versus Konfrontation

Ich spiegele einfühlend und neutral wider und ermögliche meinem Gesprächspartner eine vorsichtige und angstfreie Auseinandersetzung mit der eigenen Person. ○○○○○ Ich konfrontiere mein Gegenüber mit seinen Gefühlen, mit auftretenden Widersprüchen, Barrieren, unangenehmen Situationen und Erlebnissen.

Informationen versus Individualität

Ich ermögliche meinem Gegenüber durch das Zur-Verfügung-Stellen von Informationen und anderen Sichtweisen einen Weg zu neuen Lösungsmöglichkeiten. ○○○○○ Ich unterstütze die individuelle Einmaligkeit und Subjektivität des Gesprächspartners in der Auseinandersetzung mit der eigenen Person und seinen Gefühlen.

Quelle: Seminar von Dr. Anita Hereth

Aufgaben und Anregungen
Kapitel 18

Reproduktion von Informationen

1. Beschreiben Sie die Methode der sozialen Einzelhilfe.
   (Abschnitt 18.1.1)

2. Stellen Sie die soziale Gruppenarbeit als Methode sozialpädagogischen Arbeitens dar.
   (Abschnitt 18.1.2)

3. Zeigen Sie die soziale Gemeinwesenarbeit als Methode sozialpädagogischer Arbeit auf.
   (Abschnitt 18.1.3)

4. Beschreiben Sie anhand eines folgend genannten Handlungskonzeptes die zentrale Zielsetzung sozialpädagogischer Beratung:
   a) des verhaltensorientierten Handlungskonzeptes und
      (Abschnitt 18.2.1)
   b) des klientenorientierten Handlungskonzeptes.
      (Abschnitt 18.2.2)

5. Stellen Sie die Analyse eines folgend genannten Handlungskonzeptes dar aus
   a) verhaltensorientierter Sicht
      (Abschnitt 18.2.1)
   b) klientenorientierter Sicht.
      (Abschnitt 18.2.2)

6. Zeigen Sie die Handlung auf der Grundlage eines der zur Auswahl stehenden Konzepte sozialpädagogischen Arbeitens auf.
   (Abschnitt 18.2.1 *oder* 18.2.2)

7. Zeigen Sie Verfahrensweisen auf zur Behebung von psychischen Störungen aus
   a) verhaltensorientierter Sicht
      (Abschnitt 18.2.1)
   b) klientenorientierter Sicht.
      (Abschnitt 18.2.2)

8. Beschreiben Sie die Schritte des Vorgehens von einem der Handlungskonzepte der Sozialpädagogik/-arbeit.
   (Abschnitt 18.2.1 *oder* 18.2.2)

Anwendungsaufgaben

9. Wählen Sie ein Beispiel aus und beschreiben Sie ein Ihnen bekanntes Handlungskonzept aus der Einzelhilfe (z. B. psychoanalytisches, verhaltens- oder klientenorientiertes Konzept).
   (Abschnitt 18.2.1 *oder* 18.2.2)

Handlungsformen sozialpädagogischer Arbeit / *Aufgaben und Anregungen*

10. Fallbeschreibung „Elke"

Elke, 10 Jahre, hat vor vielen Dingen Angst, aber am meisten vor der Schule. Vor allem hat Elke Angst in der Schule einen Fehler zu machen, sie möchte immer perfekt sein. Schon wenn Elke daran denkt, dass sie vielleicht in einer Klassenarbeit einen Fehler gemacht hat, wird sie unruhig, fängt an zu schwitzen, ihr Herz schlägt schneller und lauter. Manchmal bekommt Elke ganz schlimme Angst, dann kommt ihr Kreislauf so in Schwung, dass sie sofort zur Toilette muss. Elke sitzt schon richtig die Angst im Nacken, und sie weiß nicht, wie sie diese wieder loswerden kann. (aus: Ulrike Petermann, 1991[3])

a) Beschreiben Sie das problematische Verhalten Elkes.
b) Analysieren Sie die Bedingungen, unter denen das ängstliche Verhalten auftritt.
c) Formulieren Sie mögliche Ziele hinsichtlich einer erstrebenswerten Verhaltensänderung.
d) Erläutern Sie anhand des vorliegenden Sachverhalts mögliche verhaltenstherapeutische Verfahrensweisen, um Elkes Angst abzubauen.
e) Zeigen Sie Möglichkeiten für eine Erfolgssicherung und Stabilisierung positiver Veränderungen auf.

(Abschnitt 18.2.1)

11. Fallbeschreibung „Frau Reisig"

Als Frau Reisig im vergangenen Jahr mit einer Reisegesellschaft in Italien unterwegs war, verschuldete der Busfahrer einen Unfall, bei dem mehrere Personen schwer verletzt wurden. Obwohl Frau Reisig selbst unverletzt blieb und mit einem Schock davonkam, hat sie seither panische Angst, in einen Bus einzusteigen. Bereits wenn sie einen Bus sieht oder an einer Bushaltestelle vorbeikommt, bricht sie in Schweiß aus und empfindet starkes Unbehagen. Ein einziges Mal hat sie versucht, mit schweren Einkaufstaschen aus der Stadt mit dem Bus heimzufahren, musste aber aufgrund starker Übelkeit an der nächsten Haltestelle wieder aussteigen. Inzwischen vermeidet Frau Reisig nicht nur jede Busfahrt, sondern lässt auch ihren 7-jährigen Sohn durch Nachbarn von der Bushaltestelle abholen.

a) Formulieren Sie an diesem Beispiel Grundannahme und Zielsetzung des verhaltensorientierten Konzeptes.
b) Nehmen Sie anhand dieses Falles eine Verhaltensanalyse vor.
c) Zeigen Sie auf der Grundlage einer Lerntheorie (klassisches Konditionieren, operantes Konditionieren oder sozial-kognitive Lerntheorie) Möglichkeiten auf, wie Frau Reisig geholfen werden kann.

(Abschnitt 18.2.1)

12. Fallbeschreibung „Theo"

Der 25-jährige Student Theo hat seine Diplomprüfung nicht bestanden. Er lebt seit dem Tod des Vaters mit seiner Mutter zusammen und fühlt sich moralisch verpflichtet, sie zu stützen und bei ihr zu bleiben. Bekanntschaften und Freundschaften werden weder von Seiten der Mutter noch von Theo gepflegt. Im Gegensatz zur Mutter leidet er jedoch unter einer Kontaktstörung. Die Prüfungsschwierigkeiten lösten bei Theo eine Identitätskrise aus und beeinträchtigten ihn

252

massiv in seinem Selbstwertgefühl. Der Klient kam in depressiver Verstimmung, fühlte sich abgelehnt, war nicht imstande, Wünsche durchzusetzen, und wirkte eher verlangsamt und ängstlich. (Dirk Revenstorf, 1993[2], etwas abgeändert)

a) Verdeutlichen Sie an der Fallbeschreibung „Theo" den Zustand der Inkrongruenz.
b) Stellen Sie auf der Grundlage des klientenorientierten Handlungskonzeptes dar, wie der Berater Theo helfen kann.
(Abschnitt 19.2.2)

13. Gespräch zwischen einer Erzieherin im Kindergarten und einer Mutter

E: Ich habe in letzter Zeit Schwierigkeiten mit ihrem Jörg. Er ist ein richtiger Gruppenclown geworden, der die anderen Kinder sehr beeinflusst.

M: Das kann ich mir gar nicht vorstellen. Allerdings habe ich im Moment aus beruflichen Gründen wenig Zeit für ihn.

E: Hätten Sie eine Vermutung, woher dieses Verhalten kommen könnte?

M: Vielleicht. Aber es ist für mich und meinen Mann momentan schwer möglich, weniger Zeit auf die Arbeit zu verwenden, weil wir auf das Geld angewiesen sind.

E: Es ist auch für mich zur Zeit mit Ihrem Jungen schwierig, weil durch ihn die ganze Kindergruppe abgelenkt wird und deshalb schwer zu leiten ist. Wir sollten gemeinsam überlegen, was wir für Jörg tun könnten! (Hermann J. Liebel, 1992)

a) Nennen Sie die Probleme der Mutter und der Erzieherin.
b) Beurteilen Sie das Gesprächsverhalten der Erzieherin hinsichtlich ihrer Echtheit, Wertschätzung und Empathie.
(Abschnitt 18.2.2)

14. Fallbeschreibung „Peter"[1]

Peter ist das jüngste von drei Kindern der Familie W. Er wird im Alter von 10 Jahren einer Erziehungsberatungsstelle vorgestellt. Anlass für die Ratsuche der Eltern sind massive Schulschwierigkeiten des Jungen, die sich besonders in starkem Konzentrationsmangel, rascher Ermüdbarkeit und schlechten Noten, vor allem in Deutsch und Rechnen, zeigen. Es fällt auf, dass Peter sich kaum etwas zutraut und in der Schule oftmals laut schimpfend die Mitarbeit verweigert. Ferner stört er immer wieder den Unterricht und verhält sich sehr aggressiv gegenüber Mitschülern, die er häufig tätlich angeht und deren Schulsachen er mutwillig beschädigt. Deshalb waren die Eltern von der Lehrerin schon einige Male zum Gespräch gebeten worden. In der Klasse ist er inzwischen Außenseiter, worüber er selbst mit den Worten klagt: „Die sind alle gegen mich."

Zur Vorgeschichte äußert sich in der Erziehungsberatung der Vater, der – groß und von massivem Körperbau – im Gespräch sehr dominant ist. Er betont häufig, wie wichtig es sei, dass ein Junge rechtzeitig lerne, „sich im Leben anzupassen" und „seinen Mann zu stehen". Dabei wird deutlich, dass seine Erziehungshaltung, die er als „streng, aber gerecht" bezeichnet, von wenig Verständnis für kindliche Bedürfnisse gekennzeichnet ist.

---

[1] *Weitere Fallbeschreibungen zu diesem Thema befinden sich in Kapitel 21.5.*

*Handlungsformen sozialpädagogischer Arbeit / **Aufgaben und Anregungen***

Er berichtet, dass sich in seinem Leben „nichts von selbst ergeben" habe, alles habe er sich schwer erkämpfen müssen. Als Maurer habe er sich mit viel Eigenleistung ein eigenes Haus erwirtschaftet. Erleichtert hätten ihm dies Auslandseinsätze bei der Firma, die ihn beschäftige. Dies sei während der ersten fünf Lebensjahre von Peter gewesen.

Mit Peter, sagt Herr W., sei nicht viel anzufangen. Zwar habe er nach Beendigung seiner Auslandseinsätze versucht, sich häufiger mit ihm zu beschäftigen – „was man mit Jungen halt so unternimmt", z. B. Werkarbeiten. Dies sei jedoch meist wenig erfreulich verlaufen. Peter habe sich dabei „wie mit zwei linken Händen angestellt"; wenn er ihn zu mehr Sorgfalt ermahnt habe, sei er rasch verschwunden. Dies bringe ihn, Herrn W., in „enorme Wut", wobei ihm auch sehr leicht „die Hand ausrutsche". Auch sei ihm die „schlaffe" Körperhaltung von Peter zuwider; ein Junge müsse sich nun einmal „gerade halten". Er habe ihn deshalb zum Turnen geschickt, was aber nichts gebracht habe.

So sei auch der letzte Urlaub ein Fehlschlag gewesen. Da er, Herr W., und seine beiden anderen Kinder gerne wandern, sei die Familie ins Gebirge verreist. Dort sei Peter „eigentlich nur maulig" gewesen und habe an keinen Ausflügen teilnehmen wollen. Fast jeden Tag habe es deshalb Streit gegeben, und er habe Peter deshalb öfter hart bestrafen müssen.

Für alle seine Bemühungen erlebe er von Peter nur „Undankbarkeit" und „Widersetzlichkeit". Ja, dieser behaupte, ihm, dem Vater, könne er eh nichts recht machen.

a) Ein zentrales Problem von Peter ist sein geringes Selbstvertrauen. Zeigen Sie mit Hilfe entsprechender Textstellen auf, in welchen Verhaltensweisen von Peter sich dieses geringe Selbstvertrauen äußert.

b) Erklären Sie die Entstehung **einer** der in Teilaufgabe a) aufgezeigten Verhaltensweisen mit Hilfe einer Theorie (zum Beispiel mit der des operanten Konditionierens). Berücksichtigen Sie dabei die zentralen Annahmen und Begriffe dieser Theorie[1].

c) Erläutern Sie, wie ein Sozialarbeiter auf der Grundlage eines sozialpädagogischen Handlungskonzeptes Peter helfen könnte, sein Selbstvertrauen zu stärken.

(Abschnitt 18.2.1 *oder* 18.2.2)

Anregungen

15. Rollenspiel: „Aufbau einfacher Verhaltensweisen"
Sie sind Erzieher in einer Kinderkrippe und haben das Ziel, einem Kind aus Ihrer Gruppe das selbstständige Essen (evtl. auch Spielen) beizubringen.

a) Legen Sie fest, was das Kind schon kann und welche Defizite es noch hat.

b) Der Erzieher soll nun versuchen, mit Hilfe verhaltenstherapeutischen Maßnahmen ein selbstständiges Ess- oder Spielverhalten aufzubauen.

---

[1] *siehe Band 1, Kapitel 8.1 oder 8.2 oder Kapitel 9 oder Kapitel 10*

*Handlungsformen sozialpädagogischer Arbeit / **Aufgaben und Anregungen***

Auswertung:
- Welche Lernschritte sollte das Kind erreichen?
- Welche sinnvollen Alternativen gibt es?
- Welche verhaltenstherapeutischen Verfahren und welche Verstärker wurden angewandt?
- Bewerten Sie den Erfolg Ihres Trainingsprogrammes!

16. Aktiv Zuhören
Die Übung kann zunächst schriftlich und dann spielerisch durchgeführt werden.

Rolle A:
a) Schon am ersten Praktikumstag im Altenheim musste ich Herrn X/ Frau X zur Toilette begleiten und ihm/ihr den Po putzen. Wenn ich allein schon an den Geruch denke.
b) Ich traue mich nicht, es noch mal zu versuchen, sicher geht es wieder schief.
c) Mein Freund/meine Freundin hat mir zum Geburtstag einen Kuchen gebacken. Und das ohne Hilfe!

Rolle B:
a) Eigentlich fing der Tag gestern ganz gut an. Aber dann passierte eine Katastrophe nach der anderen. Da kam ich schnell runter von meiner guten Stimmung.
b) Und dann hat er einfach drauflosgetobt und mich unflätig beschimpft, obwohl ich nichts dafür konnte!
c) Bei uns Zuhause läuft wieder alles ganz gut. Mit meinen Eltern verstehe ich mich wieder und die Konflikte mit meinem Bruder/meiner Schwester (oder anderen Personen) sind auch ausgestanden.

Auftrag:
- Nehmen Sie die versteckten Botschaften wahr und spiegeln Sie diese Ihrem Gesprächspartner zurück (danach Rollenwechsel).
- Beobachten Sie das Verhalten des Zuhörers/der Zuhörerin und schätzen Sie die Wirksamkeit der Botschaft ein (sehr wirksam, wirksam, nicht sehr wirksam).

Rolle A: 1. Ekel, angewidert   **Rolle B:**   1. ernüchtert
2. verzagt   2. verletzt
3. freudig, stolz   3. zufrieden

(Alexa Mohl, 1994[4], verändert)

17. Phantasiereise

Angst – das große Tier

Du stellst dir ein Tier vor –
irgendein schreckliches, abscheuliches Tier –
du läßt es wachsen –

es wird immer größer und größer –
es wird ganz riesig groß –
größer kann es nicht mehr werden –

255

*Handlungsformen sozialpädagogischer Arbeit / **Aufgaben und Anregungen***

nun läßt du es wieder kleiner werden –
ganz klein, noch kleiner, winzig klein –
kleiner, kann es nicht mehr werden –

du nimmst es auf eine Hand und beschaust es dir –

du schaust es ganz genau an –

jetzt läßt du es wieder wachsen, ein bißchen nur –
in eine Größe, mit der du umgehen kannst –
vielleicht kannst du jetzt ja mit ihm spielen –

du fühlst dich gut –
du bist ruhig, gelöst, entspannt –
dein Atem geht ganz ruhig und gleichmäßig –
du bist ganz ruhig und entspannt   *(Else Müller, 1996)*

a) Welche körperlichen und gefühlsmäßigen Veränderungen konnten Sie wahrnehmen?
b) Wie gut ist ihnen die Selbststeuerung bei der Bewältigung der vorgestellten Angst auslösenden Situation gelungen?

18. Helfendes Gespräch

Bilden Sie 3er-Gruppen, wobei eine Person jeweils Beobachter ist.
Ein(e) Mitschüler(in) der 11. Klasse der Fachoberschule führt mit Ihnen nach dem Unterricht folgendes Gespräch: *„Ich weiß wirklich nicht, was ich tun soll. Ich bin völlig ratlos, ob ich die Schule weitermachen soll ... das macht mich so fertig, es ist kaum auszuhalten ..., aber so hätte ich ein klares Ziel und eine gute Schulausbildung; oder soll ich das alles lassen und tun, was mich wirklich interessiert, aber ich habe Angst davor, eine falsche Entscheidung zu treffen."*

Arbeitsaufträge:
a) Versuchen Sie ein hilfreiches Gespräch zu führen, indem Sie Ihrem/Ihrer Mitschüler/in Wertschätzung und Empathie entgegenbringen.
b) Spiegeln Sie die Gefühle Ihrer/-s Gesprächspartnerin/-s wider.

Auswertung:
Beurteilen Sie in den Kleingruppen Ihr Gesprächsverhalten entsprechend des Übungsbogens zur Kontrolle des Gesprächsverhaltens in nicht-therapeutischen Situationen (Materialien 4).

Die ökologische soziale Arbeit

19

Der Fall „Frau G."

Die 43-jährige Frau G. bat bei der Familienberatungsstelle für sich und ihre fünf Kinder um Hilfe. Sie ist von ihrem Ehemann seit einem Jahr geschieden und er hat sich inzwischen wieder verheiratet.

Während des Gesprächs bricht Frau G. in Tränen aus, sie entschuldigt sich und meint, sie fühle sich mit der neuen Situation völlig überfordert und allein gelassen. Nicht nur ihr Mann, sondern auch gute Bekannte haben sich zum Teil von ihr zurückgezogen, da sie seit dem Wiedereinstieg in ihren Beruf als Sekretärin – wenn auch nur halbtags – aus Zeitgründen nur mehr selten Einladungen aussprechen kann.

Zudem legen einige der Kinder ihr gegenüber ein sehr schwieriges Verhalten an den Tag und im Verlauf der zunehmenden Ehestreitigkeiten traten bei Elmar (11 Jahre) Schulprobleme auf. Nach den Besuchen bei ihrem Vater sind die Kinder noch problematischer.

Mit Ausnahme von Georg (18 Jahre) sind alle Kinder zu dem Beratungsgespräch mitgekommen. Der 15-jährige Johannes betrachtet das derzeitige familiäre Dilemma als Schuld von Georg. Für sich selbst urteilt er: „Ich komme alleine zurecht, es gibt keinen Grund für mich, hier zu sein, und was gäbe es sonst noch für Probleme? Es ist eben, dass du weinst wie gerade jetzt und dass du und Georg nicht miteinander auskommen." Die Scheidung sei ihm ziemlich egal und er habe wenig Zeit um sich darüber Gedanken zu machen. Frau G. entgegnet mit sorgenvoller Stimme, dass sie sich Gedanken wegen Margret (6 Jahre) mache, weil diese seit der Scheidung Angst hat, in die Schule zu gehen, und sich insgesamt sehr an sie klammere. Der 11-jährige Elmar hat zu der ganzen Situation keine eigene Meinung. Achselzuckend berichtet er, dass er nicht wisse, wie er sich fühle, seine schlechten schulischen Leistungen kümmern ihn kaum, und an die Tatsache, dass sein Vater nicht mehr nach Hause kommt, habe er sich gewöhnt. Er vermisst ihn nicht, da er ihn regelmäßig sehen kann. Elmar streitet viel mit den Mädchen, prügelt sich sogar mit ihnen, er findet sie doof, sie machen viel Lärm und ärgern ihn. Bettina (8 Jahre) sitzt schuldbewusst in ihrem Sessel. Die Mutter berichtet ratlos, dass Bettina Alpträume hat, aus denen sie weinend und schreiend aufwacht: „Nein Mutter, tu das nicht." Sie selbst sagt, dass sie nicht wisse, wovor sie sich fürchtet.

Nach diesem Erstgespräch kündigt die Sozialpädagogin einen Hausbesuch an und hofft, dass bei diesem Gespräch auch Georg dabei sein kann.

Quelle: C. B. Germain/A. Gittermann 1988[2] (etwas abgeändert)

Dieses Beispiel wirft für die Sozialpädagogik/-arbeit einige Fragen auf:

1. Welche Bedingungen beeinflussen die Beziehung zwischen Sozialarbeiter und dem Klienten[1]?
   Welche Rolle spielt das wechselseitige Beziehungsverhältnis zwischen den Menschen und ihrer Umwelt?
   Welche Probleme können daraus entstehen?

2. Wie kann die Sozialpädagogik/-arbeit diesen Problemen begegnen?
   Welche Schritte sind einzuleiten?
   Welche Ziele sind anzustreben?

3. Welche Möglichkeiten kennt die Sozialpädagogik/-arbeit, in einer räumlichen Einheit – wie zum Beispiel in einer Straße, Gemeinde, einem Stadtteil, einer Wohnsiedlung, Stadt – Probleme und Schwierigkeiten anzugehen und nach Lösungen zu suchen?

---

[1] Klient: der Rat- bzw. Hilfesuchende

19.1 Der ökologische Ansatz in der Sozialpädagogik/-arbeit

Die Ökologie ist bestrebt, das wechselseitige Beziehungsverhältnis zwischen Lebewesen und ihrer Umwelt zu verstehen. Ihr zentrales Anliegen ist die Frage nach dem **Grad der Anpassung**, den die Arten von Lebewesen im Laufe ihrer Evolution und Individuen im Laufe ihrer Lebensspanne erreicht haben.

Die Menschen erhalten sich durch eine sinnvolle, ihren Bedürfnissen entsprechende Nutzung ihrer Umwelt; umgekehrt steigert diese Anpassung an die Umwelt ihre Vielfalt und lebenserhaltenden Eigenschaften.

> Ökologie ist die „Lehre von den Beziehungen zwischen Organismen und Umwelten". *(C. B. Germain/A. Gitterman, 1986)*

Die Ökologie fordert die Sozialarbeit/Sozialpädagogik dazu auf, das Verhalten von Menschen in Umweltsituationen zu sehen und in seiner ganzen Breite zu erfassen, indem sie das Augenmerk auf die ständigen Austauschprozesse zwischen Menschen und ihrer Umwelt richtet.

19.1.1 Grundlegende Annahmen eines ökologischen Modells: Das „Life Model"

Das **Life Model**, auch Lebensvollzugsmodell genannt, wurde 1980 in den USA von *Carel B. Germain und Alex Gitterman* entwickelt. Es war von den Autoren als ein ökologisches Denkmodell für die Sozialarbeit/Sozialpädagogik gedacht.

Das Lebensvollzugsmodell verbindet die ökologische Sichtweise mit dem begrifflichen Rahmen aus einer Reihe unterschiedlicher Denkansätze und leitet daraus eine Methode für die Sozialarbeit ab.

> *„Aus der sozialen Aufgabe der Sozialarbeit/Sozialpädagogik und der ökologischen Perspektive leiten wir eine bestimmte Methode für die Praxis ab und verbinden sie mit dem begrifflichen Rahmen. Alle diese Momente zusammengenommen – die soziale Aufgabe, die ökologische Perspektive, der begriffliche Rahmen und die praktische Methode – umfassen, was wir das ‚Life Model' der Praxis nennen."* *(C. B. Germain/A. Gitterman 1988[2])*

Zum Verständnis des ökologischen Ansatzes wurden bestimmte Begriffe eingeführt, die im Folgenden näher erläutert werden.

Der Mensch ist grundsätzlich eingebettet in verschiedene Bereiche von Umwelt, in die **natürliche, kulturelle, ökonomische und soziale Umwelt**. Diese Umweltbereiche sind in Band 1, Kapitel 6.2.1 ausführlich dargestellt. Die Menschen stehen immer in Beziehung zu ihrer Umwelt, in der sie leben; **Individuum und Umwelt beeinflussen sich wechselseitig, sie verändern sich gegenseitig**: Menschen beeinflussen ihre Lebensverhältnisse, indem sie sich an ihre Umwelt anpassen und Umweltbedingungen verändern; diese wirken ihrerseits wieder verändernd auf die menschlichen Lebensverhältnisse ein. Zudem erlebt jede Person ihre Lebensverhältnisse individuell und nimmt kognitiv eine Beurteilung vor, welche von der subjektiven Wahrnehmung abhängig ist.

Die ökologische soziale Arbeit

Menschen passen sich ihrer Umwelt an, indem sie ihre Häuser entsprechend den klimatischen Bedingungen und der Bevölkerungsentwicklung bauen. Damit verändern sie gleichzeitig ihre Umwelt, indem sie eine massive Bauweise bevorzugen, Hochhäuser bauen und gute Verkehrsverbindungen schaffen. Diese Anpassungen und Veränderungen wirken dann wieder auf die Lebensverhältnisse der Menschen zurück in Form von schlechten Wohnbedingungen, Verkehrslärm, schlechter Luft usw. Jeder Mensch erlebt und beurteilt jedoch die Lebensqualität in den Großstädten qualitativ anders. Manche schätzen das vielfältige Angebot in den Städten, die Anonymität, andere leiden unter dieser Anonymität und der Flut an äußeren Reizen.

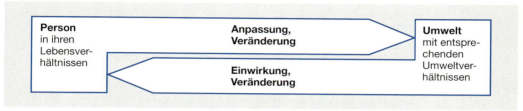

Quelle: Hans Mogel; in: D. Dörner/H. Selg 1996[2] (etwas verändert)

Dieser Prozess ständiger wechselseitiger Beeinflussung wird als **Transaktion** bezeichnet. Solche Austauschprozesse bewirken aber nicht nur eine mögliche Veränderung der Person bzw. der Umwelt, zu berücksichtigen ist auch eine dadurch hervorgerufene Verhaltensänderung und veränderte Umweltwahrnehmung des Individuums.

Die immer schlechter werdenden Lebensverhältnisse in den Großstädten führen dazu, dass mehr und mehr Städter in ihrer Freizeit aufs Land fahren, um dort Natur und Ruhe zu erleben oder langfristig sogar anstreben, in einen Vorort der Großstadt umzusiedeln. Die Folge davon sind überfüllte Autobahnen, Menschenmassen in Naherholungsgebieten, Zerstörung der Natur und das allmähliche Zusammenwachsen von Vororten mit der Großstadt.

Das Verhalten ist somit das Resultat kontinuierlicher wechselseitiger Austauschprozesse zwischen dem Individuum und der Situation bzw. seiner Umwelt. Personen wählen bestimmte Situationen aktiv aus und vermeiden andere, durch ihr Verhalten verändern sie die Situation. Die Erfahrungen in früher erlebten und aktuellen Situationen nehmen Einfluss auf das Verhalten, auf die spätere Wahrnehmung und Beurteilung von Situationen und den Erwerb von Verhaltensstrategien *(vgl. W. Nowack/A. Abele; in: H. Walter/R. Oerter, 1979)*.

Die Umgestaltung eines brachliegenden Geländes in eine weitläufige Parklandschaft ermöglicht vielen Menschen Spaziergänge in freier Natur. Die Bebauung des gleichen Geländes mit modernen Hochhäusern oder Parkplätzen bewirkt etwas ganz anderes.

Transaktion ist also die ständige gegenseitige Beeinflussung von Individuum und Umwelt im Sinne von Wirkung und Rückwirkung: Das Verhalten einer Person wirkt auf die Umwelt (Situation) ein, was rückwirkend Veränderungen bei dieser Person und deren Verhalten hervorruft. Somit formen, verändern und/ oder beeinflussen sich diese Austauschprozesse im Verlauf der Zeit selbst.

Die ökologische soziale Arbeit

> **Transaktion ist die ständige gegenseitige Beeinflussung von Individuum und Umwelt im Sinne von Wirkung und Rückwirkung, wobei sich diese Austauschprozesse selbst im Verlauf der Zeit formen, verändern oder beeinflussen.**

Der Begriff „Transaktion" ist zu unterscheiden von der Interaktion: Der Begriff „Transaktion" bezieht sich auf die wechselseitige Beeinflussung von Individuum und Umwelt; er charakterisiert damit **Mensch-Umwelt-Beziehungen**. Der Begriff „Interaktion"[1] dagegen bezieht sich auf die wechselseitige Beeinflussung von Individuen und Gruppen; er wird zur Charakterisierung zwischenmenschlicher Beziehungen des Individuums verwendet.

Aus der Perspektive dieser ökologischen Sichtweise geht es in erster Linie um ein **optimales Person-Umwelt-Verhältnis**, welches bei einer größtmöglichen Übereinstimmung des Individuums mit seiner Umwelt gegeben ist. Den Prozess der Herstellung einer Übereinstimmung zwischen dem Individuum und seiner Umwelt bezeichnet das Life Model als **Anpassung**.

> **Anpassung bezeichnet den Prozess der Herstellung einer Übereinstimmung zwischen dem Indidivuum mit seinen Bedürfnissen, Rechten und Zielen und den Anforderungen bzw. Möglichkeiten seiner Umwelt.**

Diese Anpassung kann einmal durch eine **Veränderung der eigenen Person** gemäß den Umweltanforderungen geschehen und zum anderen durch **Veränderungen (in) der Umwelt**, damit diese den Bedürfnissen der Menschen besser entspricht.

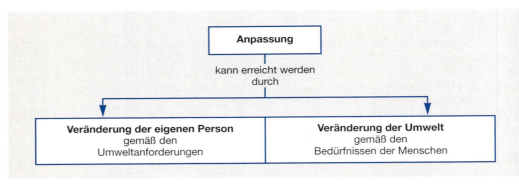

Transaktionen können sowohl **anpassungsfördernd** als auch **anpassungsfeindlich** sein. Anpassungsfördernde Transaktionen sind solche Prozesse, die zu einer Übereinstimmung zwischen Person und Umwelt führen, anpassungsfeindliche Transaktionen haben ein Missverhältnis zwischen Person und Umwelt zur Folge. Das Ergebnis dieses Wechselwirkungsprozesses ist ein positives oder negatives Person-Umwelt-Verhältnis.

---

[1] Der Begriff „Interaktion" ist in Kapitel 13.1.1 erläutert.

Die ökologische soziale Arbeit

Anpassungsfördernde Austauschbeziehungen begünstigen die Entwicklung des Menschen, sein physisches und emotionales Wohlbefinden. Unterstützend tragen hierzu zum Beispiel soziale Organisationen, politische und ökonomische Maßnahmen bei.

Auf einem Gemeindegrundstück wird ein Baggersee geplant, da in der näheren Umgebung keine Bademöglichkeiten vorhanden sind. Dieses Naherholungsgebiet ermöglicht eine neue Freizeitgestaltung und wird zugleich zum Treffpunkt für viele Bürger, was sich auf das Wohlbefinden der Menschen positiv auswirkt.

Anpassungsfeindliche Transaktionen wirken beeinträchtigend auf die biologische, kognitive, emotionale und soziale Entwicklung des Menschen. Umwelten können durch sie zerstört werden. Solche ungünstigen Bedingungen erfordern von Menschen wiederum eine erhöhte Anpassungsleistung.

Eine als Erholungsgebiet viel genutzte Wiesen- und Waldlandschaft wird dem Bau einer Autobahn geopfert. Damit wird ein ehemaliges Erholungsgebiet der Menschen zu einer Umwelt, welche die Gesundheit der dort lebenden Menschen durch Abgase und viel Lärm belastet.

Anpassung bedeutet in diesem Sinne nicht nur Einordnung in bestehende Verhältnisse, sondern auch ein aktives Bemühen um Übereinstimmung des Menschen mit seiner Umwelt, die Veränderung der eigenen Person oder der Umwelt zum Inhalt hat.

„Anpassung ist ein aktiver, dynamischer und oftmals kreativer Prozess."
(C. B. Germain/A. Gitterman, 1988[2])

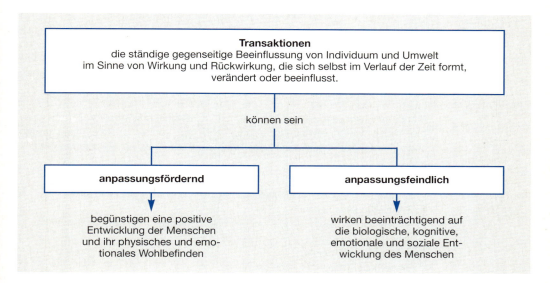

Die ökologische soziale Arbeit

Anpassung ist somit ein **Wechselwirkungsvorgang**. Sie erfolgt einerseits durch das aktive Bemühen um individuelle Wandlungsprozesse entsprechend neuer Umweltanforderungen, andererseits durch die Veränderung der Umwelt, damit die räumliche Umgebung den Bedürfnissen und Zielen der Menschen besser entspricht. Das Ergebnis von anpassungsfördernden Austauschbeziehungen ist ein optimales Person-Umwelt-Verhältnis.

Durch die Austauschprozesse zwischen der Person und ihrer Umwelt entsteht eine **Nische**. Sie kommt zustande durch das Einräumen von Handlungsmöglichkeiten. Nische ist damit das gesellschaftlich zugestandene Handlungsfeld einer Person, in der sie Funktionen und Aufgaben übernimmt und ihre Rollen spielt.

Vereine zum Beispiel vergeben Posten, der Klassenclown hat in seiner Schulklasse sein Publikum und so weiter.

Damit umschreibt der Begriff Nische die *Anordnung von Beziehungen zwischen Individuen und Gruppen.*

Nische ist der soziale Standort, den ein Mensch in einer Gruppe bzw. in der Gesamtgesellschaft einnimmt.

Die vom Individuum vorgenommene Bewertung seines Platzes im Beziehungsgefüge und die damit verbundenen Handlungsmöglichkeiten verweisen auf eine **gute oder schlechte Nische**.

Gute Nische: Der Klassensprecher engagiert sich sehr für die Belange der Klasse, er erlebt seine Rolle und die damit verbundenen Aufgaben als sinnvoll. Er wird von seinen Mitschülern geschätzt und anerkannt.

Schlechte Nische: Dem Klassensprecher in der Parallelklasse wird von seinen Mitschülern Geringschätzung entgegengebracht, er verspürt wenig Lust, sich für schulische Aufgaben einzusetzen. Er gerät dadurch zunehmend mehr in eine Außenseiterrolle.

Für den Sozialarbeiter liefert die Analyse der Nischenstruktur und die durch das Individuum oder die Gruppe vorgenommene Bewertung wichtige Hinweise für das zu planende helfende Eingreifen. Neue Nischen entstehen dann durch die Begegnung mit herausfordernden Situationen.

Menschen „wohnen" immer in baulichen, sozialen und kulturellen Gegebenheiten. Diese wirken verhaltensbeeinflussend und können soziale Beziehungen sowohl unterstützen als auch beeinträchtigen, wie etwa bei Fehlplanungen.

Beispiele:
– bauliche Gegebenheiten:
  Wohnhäuser, städtische Architektur, Fabriken, dörfliche Ansiedlung usw.
– Soziale Gegebenheiten:
  verhaltensbeeinflussende Personen in Familie, Arbeit, im gesellschaftlichen Leben usw.
– kulturelle Einrichtungen:
  Bürgerhaus, Theater, Museen usw.

Die ökologische soziale Arbeit

Dieser verhaltensbeeinflussende Lebensraum eines Menschen wird als **Habitat** bezeichnet und umfasst die baulichen, sozialen und kulturellen Gegebenheiten.

> **Habitat ist der Ort, an dem ein Lebewesen anzutreffen ist, der verhaltensbeeinflussende Lebensraum eines Menschen. Dies sind bauliche, soziale und kulturelle Gegebenheiten.**

Der Sozialarbeiter richtet sein Bemühen darauf, Defizite zu erkennen und zusammen mit den Bürgern ein anregendes und unterstützendes Habitat zu gestalten, was wiederum gute Voraussetzungen für Nischenbildungen bietet. Aufgaben zur Gestaltung eines Habitats können zum Beispiel Tempo 30 im Wohngebiet, Einrichtung verkehrsberuhigter Zonen, kulturelle Angebote auf dem Land und dergleichen sein.

Zur Beschreibung einer positiven oder negativen Person-Umwelt-Beziehung wurde der Begriff **Lebens-Stress** eingeführt.

> **Lebens-Stress ist Ausdruck für eine positive oder negative Person-Umwelt-Beziehung.**

Entsprechend einer positiven oder negativen Person-Umwelt-Beziehung kann man von einem **positiven und einem negativen Lebens-Stress** sprechen. Ein positiver Lebens-Stress liegt vor, wenn das Individuum eine Umweltanforderung als persönliche Herausforderung betrachtet und es selbstverständlich deren Bewältigung erwartet. Folglich sind die damit einhergehenden Gefühle (Neugier, Hoffnung auf Erfolg) und die Selbstachtung positiv, obwohl beizeiten körperlicher Stress empfunden wird. Negativer Lebens-Stress liegt vor, wenn reale oder vermutete Umweltanforderungen, der Verlust nahe stehender Personen oder Konflikte im zwischenmenschlichen Bereich die tatsächlichen oder vermuteten Fähigkeiten zur Bewältigung übersteigen. Diese Person-Umwelt-Beziehung ist dann negativ und ist begleitet von Gefühlen der Angst, Schuld, Hilflosigkeit, Minderwertigkeit und dergleichen.

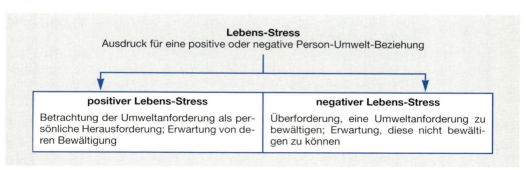

Jedes Individuum wird versuchen, stressreiche Situationen zu bewältigen. Alle Versuche, mit stressreichen Situationen fertig zu werden, bezeichnen die Psychologen als **Bewältigung oder Coping**.

263

Coping ist jeder Versuch, stressreiche Situationen zu bewältigen.

Sind die Bewältigungsbemühungen einer Person positiv, gelingt es ihr also, die Umweltanforderungen, die den Lebens-Stress hervorgerufen, haben zu beseitigen, zu mindern oder die Situation zu meistern, so spricht man von einem **positiven Coping**. Bleiben aber die Bewältigungsversuche erfolglos, so dass der Lebens-Stress weiter vorliegt oder sich sogar verstärkt, so spricht man von einem **negativen Coping**. Somit beeinflussen sich Stress und Bewältigung wechselseitig.

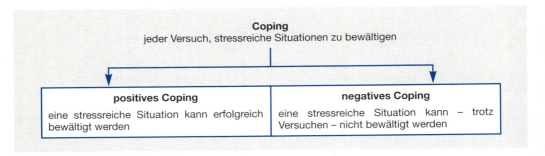

„Bewältigung bezeichnet ein erfolgreiches Fertigwerden mit Belastungen. Nötig sind dafür Anstrengungen." Problemlösen und Bewältigen erfordert persönliche Fähigkeiten und Hilfsmittel aus der Umwelt.

(Wolf Rainer Wendt, 1990)

19.1.2 Die ökologische Sichtweise der Sozialpädagogik/-arbeit

Der ökologische Erklärungssatz beinhaltet eine ganzheitliche Sichtweise mit dem Blick auf den wechselseitigen Austausch zwischen Person und Umwelt. Diese Mensch-Umwelt-Beziehungen haben eine lebenserhaltende Bedeutung, sie verlaufen aber trotzdem nicht immer befriedigend, so dass beide Seiten „Schaden nehmen" können.

Mit der Erfindung des Autos beispielsweise hat sich die Umwelt verändert, die Landschaft wird durch ein ausgebautes Straßennetz zerstört, Abgase und Lärm entstehen. An diese veränderten Umweltbedingungen musste sich der Mensch anpassen. Andererseits haben sich aber auch die Lebensverhältnisse geändert. Die Form des Familienlebens hat sich geändert, ein höheres gesundheitliches Risiko ist vorhanden und dergleichen mehr.

Ungleichgewichte und Störungen in der Wechselbeziehung und gegenseitigen Anpassung von Person und Umwelt rufen Stress, Hilflosigkeit, Überforderung hervor und beeinträchtigen die Lebensqualität des Menschen. Stress entsteht durch das Auseinanderklaffen der Ziele, Bedürfnisse einer Person mit ihrer Anpassungs- und Bewältigungsfähigkeit. C. B. Germain und A. Gittermann (1988²) unterscheiden drei miteinander verbundene Problembereiche, die im Laufe eines menschlichen Lebens zu Anpassungsschwierigkeiten führen, dadurch Stress auslösen können und professionelle Hilfe erforderlich machen:

- **kritische Lebensereignisse**

    zum Beispiel entwicklungsbedingte Probleme in der Pubertät oder im Alter, Rollen- und Statusprobleme, Arbeitslosigkeit, Krisen. Der Sozialarbeiter versucht mit Hilfe psychologischer Techniken die individuellen Fähigkeiten des Klienten zur Problembewältigung zu verbessern. Lernprozesse sollen dazu beitragen, dass der Klient die Bewältigung seines Problems als Herausforderung betrachtet.

    Personen mit denselben Problemen (Jugendliche, Arbeitslose, allein erziehende Mütter, Väter) erlernen durch die in der Gruppe ablaufenden Prozesse neue Strategien zur besseren Bewältigung ihrer Situation.

Quelle: Wochenschau, 42. Jg. Nr. 4, 5, 1991, Sek. II; Zeichnung Reinhard Löffler

- **belastende Umweltbedingungen**

    zum Beispiel physische Umweltbedingungen wie Wohnverhältnisse, Naturkatastrophen und dergleichen; soziale Umweltbedingungen wie Beziehungssysteme zu Nachbarn, Verwandten, Arbeitskollegen usw. Gesucht wird nach Unterstützungsmöglichkeiten in der Umgebung des Klienten mit dem Ziel, die Transaktionen zwischen dem Klienten und seinem sozialen Beziehungsgefüge zu verbessern.

    Aktivierung und Stärkung primärer Bindungen (Familie, Nachbarschaft), das Knüpfen neuer und Wiederaufleben lassen alter Verbindungen, Unterstützung bei der Ablösung von Verbindungen mit negativem Einfluss (aggressive Jugendgruppen, kriminelle Kreise, Drogenszene).

- **Kommunikations- und Beziehungsprobleme**

    zum Beispiel in der Ehe und Familie, Freundesgruppen u.Ä. Der Sozialarbeiter bietet Hilfestellung, um fehlangepasste Kommunikations- und Beziehungsmuster zu revidieren oder familiäre Beziehungsstrukturen zu ändern.

    Durch eine Familienberatung können gestörte Kommunikationsvorgänge bewusst werden. Festgeschriebene negative Rollen (Sündenbock-Rolle) eines Familienmitgliedes können geändert werden.

Erklären lassen sich die hier genannten Lebensprobleme mit unbewältigten und unbefriedigend verlaufenden Transaktionen der Menschen mit ihrer näheren Umwelt. Daraus ergibt sich eine doppelte Verpflichtung wie auch Zielsetzung der Sozialarbeit/Sozialpädagogik:

1. Hilfe für den Menschen, seine Probleme und Lebensaufgaben zu meistern und sein Anpassungspotential zu stärken.

Die ökologische soziale Arbeit

2. Beeinflussung und Gestaltung der Umwelt: Situationen und gesellschaftliche Bedingungen sind dahin gehend zu verändern, dass sie menschlichen Bedürfnissen angepasst sind.

Im Mittelpunkt ökologisch betriebener Sozialarbeit stehen folgende Fragen:

- Inwieweit stimmen die beim Menschen vorherrschenden Bedürfnisse und Ziele mit den Eigenschaften seiner Umwelt überein?
- Wie verlaufen die wechselseitigen Austauschbeziehungen zwischen dem Menschen und seiner Umwelt?

Ein Mann kurz vor der Pensionierung sucht Hilfe bei einem Sozialarbeiter in der Familienberatungsstelle, weil er sich depressiv fühlt. Er ist allein stehend, lebt in einer wenig ansprechenden Wohnung und hat in seinem Wohnort kaum Bekannte. Die Hilfe des Sozialarbeiters wird einmal darauf abzielen, die Entwicklungsaufgabe des Alterns und den bevorstehenden Rollen- und Statuswechsel vom Arbeitnehmer zum Rentner zu bewältigen. Zur Stärkung des Selbstbildes und Anpassung an die veränderte Situation wäre eine Unterstützung bei der Suche nach sinnvoller Freizeitgestaltung und Gesundheitsvorsorge sinnvoll. Zum anderen wäre die soziale Umwelt dahin gehend zu beeinflussen, dass der Kontakt zu Nachbarn oder Freunden ausgebaut und intensiviert wird. Die physische Umwelt, hier die Wohnung, müsste bedürfnisgerechter gestaltet werden.

 Kritisch anzumerken ist, dass der sozialpädagogische Handlungsrahmen entsprechend dem „Life Model" die gestörten Austauschprozesse zwischen Individuum, Gruppe und aktuellen Umweltbedingungen sind. Überspitzt formuliert bleibt dieser Ansatz in der Therapie sozialer Probleme und der Entwicklung entsprechender Hilfsangebote für das Individuum, für Gruppen und die Umwelt stecken. Eine Ausweitung des Handlungsrahmens auf Politik, Wirtschaft und gesamtgesellschaftliche Steuerungssysteme ist jedoch unumgänglich, wenn Sozialarbeit langfristig die Lebensbedingungen positiv beeinflussen will. Die ökologische Orientierung in der sozialen Arbeit ist wesentlich wirkungsvoller, wenn die Steuerungsebene, also das politisch-administrative System, mit berücksichtigt wird.

Die ökologische soziale Arbeit

19.1.3 Möglichkeiten und Grenzen ökologisch orientierter Sozialarbeit

Traditionelle, am Individuum orientierte sozialpädagogische Ansätze haben in ihrer bisherigen Praxis aktuelle Probleme eines Klienten relativ einseitig gesehen: Die Entstehung des Problems wurde im „Innern" der Person angesiedelt, es ist Ausdruck einer innerpsychischen Krankheit, damit in Zusammenhang stehende Defizite waren der Anlass für das sozialpädagogische Eingreifen.

Ein Klient, der wegen seiner Langzeitarbeitslosigkeit zu Depressionen neigt, wird durch Gespräche therapeutisch gestützt, durch ein Verhaltenstraining soll er lernen, die Arbeitslosigkeit gezielter zu bekämpfen.

Ist soziale Hilfe ausschließlich individuumorientiert, so wird offensichtlich der größere Bezugsrahmen sozialer, wirtschaftlicher und politischer Einflussfaktoren ausgeblendet, was die Erfassung der Problemlage in allen Dimensionen unmöglich macht. Einzelfallbezogene Konzepte nehmen zwar die Umwelt des Klienten zur Kenntnis, aber es wird nicht ausdrücklich mit ihr gearbeitet.

Eine ökologische Sichtweise eröffnet die Möglichkeit, „Krankheit" und damit zusammenhängende Symptome und Probleme nicht nur einem als unzulänglich erscheinenden Individuum zuzuschreiben. **Probleme werden vielmehr im sozialen Kontext gesehen und aus dem politischen und wirtschaftlichen Beziehungsgefüge heraus verstanden.** Adressat der Unterstützungsleistungen ist dabei nicht nur der einzelne Klient, zu berücksichtigen ist auch seine Umwelt, wie beispielsweise seine Angehörigen, Arbeitskollegen, Nachbarn oder verschiedene soziale Einrichtungen. Umwelthilfen aller Art werden für den Betroffenen erschlossen und koordiniert.

Der Arbeitslose kann seine Arbeitskraft in Form von Nachbarschaftshilfe oder Eigenarbeit und dergleichen einbringen, also alles Maßnahmen, die ihm helfen mit seiner Situation psychisch besser fertig zu werden.

Doch ökologisch orientierte Sozialarbeit hat auch ihre **Grenzen**: Werden die Schwierigkeiten eines Menschen ausschließlich in der Umwelt lokalisiert und als Problem von Sozialstrukturen gesehen, zielen die unterstützenden Maßnahmen konsequenterweise auf das Wohlergehen ganzer Personengruppen, was jedoch für den Einzelfall nicht unproblematisch ist, weil damit der Blick für die individuellen Bedürfnisse und Gefühle sowie die zwischen dem Individuum und seiner Umwelt stattfindenden Austauschprozesse leicht verloren geht.

Die ökologische soziale Arbeit

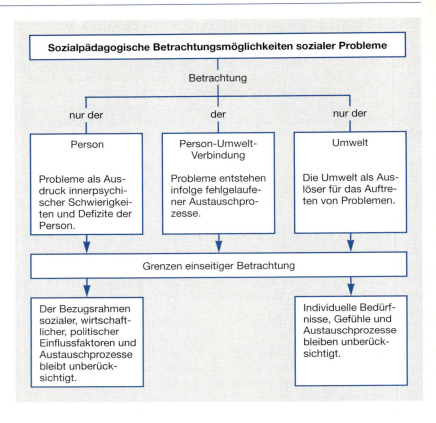

Die ökologische soziale Arbeit

19.2 Das Unterstützungsmanagement als Beispiel für ökologische Sozialarbeit

Ein Beispiel für ökologische Sozialarbeit in der Praxis ist das **Unterstützungsmanagement**, auch **Case Management** genannt *(vgl. zum Beispiel Wolf Rainer Wendt, 1997)*. Dabei geht es einmal um die *Erschließung aller möglichen Hilfsquellen,* die einer Hilfe suchenden Person in einem Gemeinwesen zur Verfügung stehen.

Solche Hilfsquellen können zum Beispiel Geld, eine Beratungsstelle, Sozialstation oder Nachbarschaftshilfe sein.

Zum anderen geht es um *die Koordination* dieser Hilfsquellen, um eine möglichst effektive Hilfe zu gewährleisten.

„Nimmt jeder besondere Dienst nur seine spezielle Aufgabe wahr, dann vernachlässigt er den Problemzusammenhang, der im individuellen und sozialen Lebenszusammenhang vorliegt [...] Ein hohes Maß an Ineffektivität, an Arbeit nebeneinander her, an Vergeudung von Kräften ist dann unvermeidlich. Sozialarbeit, die in der Situation der Leute und in einer sozialen Umgebung mit ihren Dienstleistungsangeboten abläuft, muss deren Verknüpfung zunächst organisieren und danach die Unterstützung respektive Bewältigung bewerkstelligen." (Wolf Rainer Wendt, 1990)

Diese Erschließung und Koordination bedarf – wenn die Hilfe erfolgreich sein soll – einer sorgfältigen Planung und Ablauforganisation, was wiederum ein kompetentes[1] Handeln erfordert.

> **Unterstützungsmanagement (Case Management) versteht sich als planmäßige und organisierte Erschließung und Koordination von Hilfsquellen zur Unterstützung einzelner Menschen und Gruppen mit Problemen.**

Durch die Kommunikation mit und Kenntnis über das örtlich vorhandene Netz der Dienste und Einrichtungen lässt sich der zeitliche und finanzielle Aufwand für den einzelnen Fall enorm verringern.

19.2.1 Aufgaben des Unterstützungsmanagements

Das Unterstützungsmanagement geht davon aus, dass ein Hilfsbedürftiger regelmäßig eine Mehrzahl an Schwierigkeiten zu bewältigen hat und dass es in dem Gemeinwesen, in welchem der Hilfsbedürftige lebt (persönliches

---

[1] *Kompetent: zuständig, maßgebend, befugt; in diesem Falle wird kompetent mehr im Sinne von „fachkundig" gebraucht.*

Beziehungsfeld, Wohngebiet, Stadtteil), Unterstützungsmöglichkeiten gibt. Es ist nun Aufgabe des Case Managements, dem Klienten in seiner Lage effektiv zu helfen und die ihm oft nicht bekannten oder für ihn alleine nicht erreichbaren Dienste und Einrichtungen in dem entsprechenden Gemeinwesen an dem Probleme bzw. der Situation zu beteiligen und aufeinander abzustimmen *(vgl. Wolf Rainer Wendt, 1990).*

Herr Carsten ist arbeitslos geworden. Seitdem sitzt er unzufrieden und häufig auch depressiv zu Hause. Er geht kaum mehr fort, und auch mit seinen Freunden ist er kaum noch zusammen. Seine Frau muss mit ihm sehr viel „aushalten", und auch die beiden Kinder, Johannes 7 １/₂ Jahre alt, und Klilian, 6, sagen schon, dass Vati gar nicht mehr so lieb ist.

Aufgabe des Unterstützungsmanagements ist es nun, die entsprechenden Dienste und Einrichtungen zu mobilisieren – zum Beispiel das Arbeitsamt, eine Beratungsstelle für Arbeitslose u.Ä. – und diese zu koordinieren. Zugleich kann geprüft werden, ob seine Frau eine Stelle bekommen kann oder wie mögliche Verwandte die Familie unterstützen können, damit sie einigermaßen abgesichert leben kann. Case Management hilft beispielsweise auch bei der Suche einer kleineren Wohnung, die die Familie Carsten leichter bezahlen kann.

Dabei geht es nicht darum, dass der Sozialpädagoge/-arbeiter für den Klienten die Unterstützung bewerkstelligt, der Klient wird aktiv an seiner Problemlösung beteiligt.

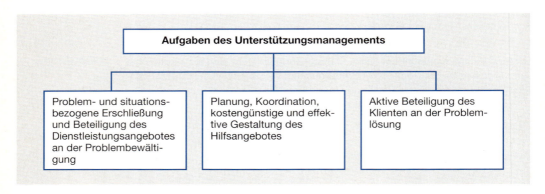

Bei der Bewältigung von Problemen und bestimmten Situationen im Sinne des Unterstützungsmanagements spielen so genannte **Ressourcen** eine wichtige Rolle.

Ressourcen ist eine allgemeine Bezeichnung für Kräfte eines Individuums, die zur Bewältigung einer bestimmten Situation zur Verfügung stehen.

Dabei unterscheidet man zwischen personalen und sozialen **Ressourcen**. Damit sind Bewältigungskräfte gemeint, die zum einen bei der Person selbst, zum anderen in ihrem sozialen Umfeld zu suchen sind.

Die ökologische soziale Arbeit

Personale Ressourcen sind zum Beispiel bestimmte Bewältigungsstrategien, die sich eine Person angeeignet hat, individuelle Fähigkeiten, Stärken oder Talente. Soziale Ressourcen können beispielsweise Ehepartner, Freunde, Sozialarbeiter oder bestimmte Institutionen beziehungsweise Dienste sein.

Es ist jedoch entscheidend, ob und inwieweit das Individuum selbst davon überzeugt ist, dass es über Kräfte zur Bewältigung von Problemen und bestimmten Situationen verfügt. Aus diesem Grund werden in der Fachliteratur mit Ressourcen gelegentlich Kräfte eines Individuums bezeichnet, über die es zur Bewältigung einer bestimmten Situation zu verfügen glaubt.

Durch Vernetzungsarbeit sind die Ressourcen in der Person und in der Umwelt zu aktivieren.

Durch das Unterstützungsmanagement wird eine erforderliche Hilfe, die unter aktiver Mitarbeit des Klienten selber zustande kommt, eingeleitet sowie effektiv gestaltet. Dieses Vorgehen weist eine bestimmte **Ablauforganisation** auf *(vgl. Wolf Rainer Wendt, 1990)*:

1. Case Management beginnt mit der **Wahrnehmung der Dringlichkeit eines Problems**.
   Solche Probleme können zum Beispiel drückende Schulden, Verlust des Arbeitsplatzes, Abbruch von Schulausbildung oder Lehre, plötzliche Erkrankung sein.
2. Aus dem Problem lässt sich ableiten und vereinbaren, **welche Hilfe notwendig und sinnvoll** ist.
3. **Gemeinsame Einschätzung der ganzen Lage** des Hilfesuchenden beziehungsweise der gesamten Familie.

„Dieses Assessment[1] gibt unter anderem Aufschluss über das bislang übliche, gewohnte persönliche bzw. familiale Bewältigungsmuster. Wird es weiterhin für passend erachtet, können nach seiner Maßgabe Ressourcen zugeführt werden. Findet man jedoch bei der Lageeinschätzung, dass die bisherige Handlungsweise von Person oder Familie in der gegebenen Problemlage nicht zu einer Lösung führt oder ihr sogar entgegensteht, müssen auch für die Neuorientierung des Verhaltens, für seine Umübung Ressourcen mobilisiert werden."
                                                                                    (Wolf Rainer Wendt, 1990)

---

[1] *Assessment: Einschätzung*

19.2.2 Die Vorgehensweise des Unterstützungsmanagements

In Anlehnung an *Wolf Rainer Wendt (1990)* lassen sich **sechs Phasen** bei der Vorgehensweise des Unterstützungsmanagements unterscheiden:

- **Finde-Phase**

    Nimmt der Klient erstmals Kontakt zu einer Beratungsstelle auf, so ist bei einem gemeinwesenorientierten Vorgehen Folgendes zu klären:
    - Ist derzeit Unterstützung nötig?
    - Welche Person beziehungsweise Familie braucht Unterstützung?
    - Wo ist diese Unterstützung zu erhalten?
    - Kann die Beratungsstelle sie eventuell leisten?
    - Ist der Klient besser an eine andere Stelle zu überweisen?
    - Liegen lokale Bedingungen für die Beeinträchtigung in der Lebensbewältigung vor?
    - Wer im Gemeinwesen ist an einer sozial akzeptablen Lebensführung gehindert?
    - Welche Art der Prävention ist nötig?

    Damit einzelne Personen, Familien eher bereit sind, sich an Helfer/innen zu wenden und ihre Unterstützungsbedürftigkeit zu artikulieren, ist lokale Öffentlichkeitsarbeit unerlässlich. Ein wesentliches inhaltliches Thema dieser Phase ist auch die vorläufige Klärung der Erwartungen aller Beteiligten.

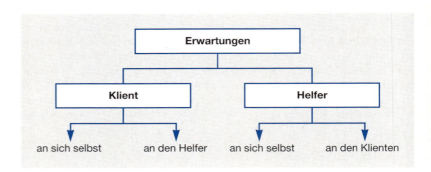

Die ökologische soziale Arbeit

• Einschätzung der Lage

Eine Erfolg versprechende Unterstützung muss zur Lebensgeschichte und zu den Lebensverhältnissen des Klienten passen. Eine sorgfältige Einschätzung seiner Lebenslage ermöglicht es, einerseits die objektiven Gegebenheiten, andererseits seine subjektive Orientierung zu berücksichtigen. Sozialarbeiter und Klient erforschen gemeinsam die in Bezug auf das Problem wirksamen körperlichen, psychischen und sozialen Bedingungen.

Einschätzung der Lebenslage

Welche objektiven und subjektiven Gegebenheiten sind für die Problemlage bedeutsam?

- **objektive Gegebenheiten**
  - Lebensgeschichte (soziale Position, Einkommen, Arbeitslosigkeit)
  - körperliche Bedingungen (Alter Gesundheit, Kompetenzen)
  - soziale Bedingungen (vorhandenes Netzwerk)

- **subjektive Gegebenheiten**
  - Zukunftserwartungen
  - Wertvorstellungen, Normen
  - Gefühle

Fragen:

- Welche Probleme, Belastungssituationen erlebt der Betroffene für sich als schwierig?
- Welche Stärken und Fähigkeiten besitzt der Klient, um die Probleme zu bewältigen?
- Welche Lösungsmöglichkeiten erscheinen am geeignetsten?
- Welche Lösungsmöglichkeiten sind mit den Wertvorstellungen, den Gefühlen und dem sozialen Hintergrund des Klienten vereinbar?
- Über welches Netzwerk verfügt der Klient?
- Welche Reaktionen und Hilfen sind von den Bezugspersonen oder Einrichtungen im Netzwerk zu erwarten?

(vgl. L.Lowy; zitiert nach Wolf Rainer Wendt, 1990)

Die ökologische soziale Arbeit

- **Planung und Ressourcenvermittlung**

Aus der Einschätzung der Problemlage leitet der Klient zusammen mit dem Sozialarbeiter entsprechende Ziele der Veränderung ab. Mittel und Wege sind zu suchen, die bei aktiver Beteiligung des Klienten zur Verbesserung seiner Lebenslage beziehungsweise Situation beitragen.

Die Unterstützung des Betroffenen besteht darin, bisher unerschlossene eigene und Ressourcen aus der Umwelt besser zu nutzen. In der Kompetenz des Sozialarbeiters liegt es, die im Gemeinwesen vorhandenen informellen Hilfen (durch Angehörige, Freunde, Nachbarn usw.) mit formellen Hilfen (durch verschiedene Einrichtungen, sozialer Dienste) planmäßig personenbezogen zu vernetzen und zu koordinieren. Das Ergebnis ist ein Unterstützungsplan, der erstellt wird in Absprache mit dem Klienten und in Abstimmung mit formellen Diensten, Behörden und informellen Unterstützern.

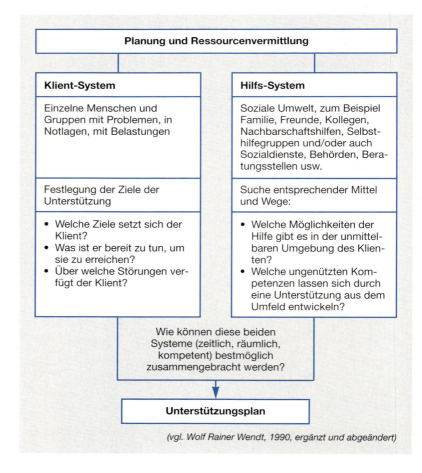

(vgl. Wolf Rainer Wendt, 1990, ergänzt und abgeändert)

- **Durchführung der Unterstützung**

Vor Beginn der Managementaufgabe wird eine verpflichtende, eventuell sogar schriftliche Vereinbarung getroffen. Es erfolgt eine Festlegung nach Art, Umfang und Dauer der Unterstützung. Bei der Durchführung der Hilfe hat der Sozialpädagoge eine begleitende, steuernde und kontrollierende Funktion. Er managt den Unterstützungsprozess unter Berücksichtigung der Zwischenergebnisse und gegebenenfalls Anpassung der Hilfsstrategie an neue Erfordernisse und eine gemeinsame Neueinschätzung der Situation, bis schließlich das Ziel erreicht ist.

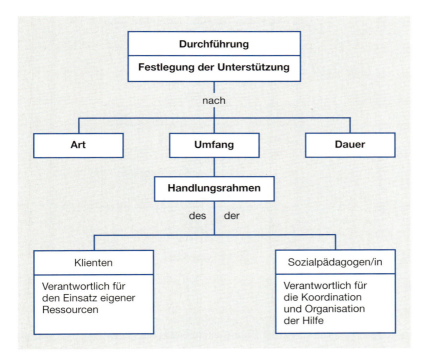

- **Bewertung**

Der Veränderungsprozess des Klienten und das Ergebnis sozialpädagogischer Bemühungen werden sorgfältig kontrolliert. Sozialarbeiter und Klient vergleichen und bewerten den Ist-Zustand der Problemlage mit dem Soll-Zustand der anzustrebenden Lebenslage. In der Praxis erfolgt diese Einschätzung mit Hilfe objektiver und subjektiver Verfahren (zum Beispiel Fragebogen, Interview) oder Selbsteinschätzung des Betroffenen. Zu bewerten sind die erzielten Fortschritte des Unterstützungsempfängers, die Erfüllung gegenseitiger Vereinbarungen und das angezeigte Ende der Unterstützung.

Die ökologische soziale Arbeit

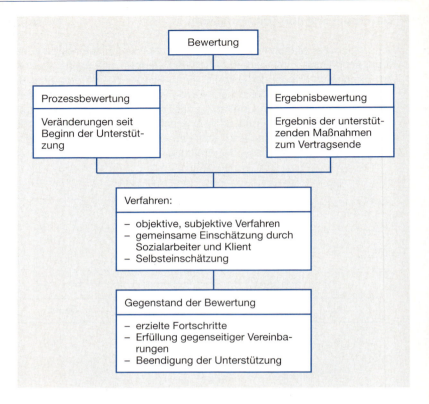

- **Beendigung**

    Die Auflösung der Beziehung zwischen Helfer und Klient ist sorgfältig vorzubereiten und Schritt für Schritt einzuleiten. Entsprechend der Forderung nach Selbstverantwortung endet die Unterstützung in Absprache mit dem Klienten, wobei die Möglichkeit besteht, eine formelle oder informelle Nachsorge zu vereinbaren (zum Beispiel Verbindung über eine Selbsthilfegruppe).

Die ökologische soziale Arbeit

Zusammenfassung

- Die ökologische Perspektive liefert eine Sicht vom Menschen, der sich in ständigem wechselseitigen Austausch mit allen Elementen seiner Umwelt befindet: Menschen verändern ihre Umwelt und werden dadurch von ihr verändert. Die Bedeutung ökologisch orientierter Sozialpädagogik/Sozialarbeit besteht darin, dass sie eine Verbindung zwischen der bisher einseitig betriebenen Problemzuschreibung („Innern" der Person) und den Umweltbedingungen herstellt. Aus ökologischer Sichtweise entstehen Probleme als Folge fehlangepasster Austauschprozesse zwischen Person und Umwelt. Bei dieser Akzentsetzung darf allerdings der Blick für das Wohlergehen des Einzelnen nicht verloren gehen. Ziel sozialpädagogischer Unterstützung ist deshalb die Stärkung der Anpassungsfähigkeit der Person und die Verbesserung der Umweltbedingungen.

- Im „Life Model" verbinden *Carel B. Germain und Alex Gitterman* die ökologische Sichtweise mit dem begrifflichen Rahmen aus einer Reihe unterschiedlicher Denkansätze und leiten daraus eine Methode für die Sozialarbeit ab. Sozialpädagogische Hilfe zielt nach diesem Modell einerseits darauf ab, die Anpassungsfähigkeit des Menschen zu stärken, andererseits die Umwelt, also gesellschaftliche Bedingungen, dahin gehend zu verändern, dass sie menschlichen Bedürfnissen angepasst sind.

- Unterstützungsmanagement (Case Management) versteht sich als planmäßige und organisierte Erschließung und Koordination von Hilfsquellen zur Unterstützung einzelner Menschen und Gruppen mit Problemen. Aufgaben des Unterstützungsmanagements sind problem- und situationsbezogene Erschließung und Beteiligung des Dienstleistungsangebotes an der Problembewältigung, Planung, Koordination, kostengünstige und effektive Gestaltung des Hilfsangebotes und aktive Beteiligung des Klienten an der Problemlösung. Dabei spielen Ressourcen – dies ist eine allgemeine Bezeichnung für Kräfte eines Individuums, die zur Bewältigung einer bestimmten Situation zur Verfügung stehen – eine wichtige Rolle. Sechs Phasen lassen sich bei der Vorgehensweise unterscheiden:
  - Finde-Phase,
  - Einschätzung der Lage,
  - Planung und Ressourcenvermittlung,
  - Durchführung der Unterstützung,
  - Bewertung und
  - Beendigung.

Materialien   Kapitel 19

1. Ökologie – ein neuer oder alter Begriff?

1 Der Begriff „Ökologie" leitet sich von griechischen Wurzeln ab. „Oikos" ist das Haus, „logos" die Lehre oder die Wissenschaft. Ökologie bedeutet daher im ursprünglichen Wortsinn so
5 etwas wie „Hauswirtschaftslehre". Im übertragenen Sinne ist es die Lehre vom Haushalt der Natur, die alle gegenseitigen Beziehungen der Organismen und zu ihrer Umwelt einschließt. Tiere, Pflanzen, Mikroorganismen und Menschen
10 gehören zu diesem Naturhaushalt; sie sind systemhaft untereinander verbundene Bestandteile des belebten Teiles im Naturhaushalt. Aber der Bereich der Ökologie geht über diesen Systemteil hinaus, denn er schließt auch die Energieflüsse und Stoffkreisläufe ein, die auf dem 15 Land, in der Luft, im Süßwasser oder im Meer ablaufen.

Quelle: Eugene Odum/Josef Reichholf, Ökologie.
Grundbegriffe, Verknüpfungen, Perspektiven. 4. Aufl.,
München 1980, S. 11

2. Fallbeispiel für eine ökologisch orientierte Analyse

1 Frau K. steht morgens um 6:15 Uhr auf, macht das Frühstück, weckt ihre beiden Kinder, Susanne und Sebastian. Susanne, 10 Jahre alt, besucht die 4. Grundschulklasse, muss um 8:00 Uhr in
5 der Schule sein. Sebastian, 5 Jahre alt, besucht den Kindergarten. 7:30 Uhr muss Frau K. mit ihren Kindern die im 6. Stock eines Hochhauses gelegene Wohnung verlassen, damit Susanne rechtzeitig den Schulbus erreicht und Sebastian
10 gegen 8:00 Uhr im Kindergarten ist. Denn von 8:00 bis 12:00 Uhr arbeitet Frau K. als Putzfrau in einer Arztpraxis.
Herr K. arbeitet derzeit in der Frühschicht eines Elektrokonzerns. Von zu Hause bis zu seinem
15 Arbeitsplatz im Industriegebiet benötigt er mit dem 5-Uhr-Bus 35 Minuten. 15:00 Uhr ist Herr K. wieder zu Hause. Seiner Frau hat er noch nicht gesagt, was ihm der Abteilungsleiter vor wenigen Tagen mitgeteilt hatte: dass seine Abteilung als
20 erste „aufgelöst" würde. Herr K. kann sich nicht so recht vorstellen, wie alles sein wird, wenn er arbeitslos ist.
Nach ihrer Arbeit holt Frau K. Sebastian vom Kindergarten ab. Daheim angekommen, bereitet sie
25 das Mittagessen zu. Sie hat am Vorabend alles vorbereitet, damit es schnell geht. 13:00 Uhr kommt Susanne von der Schule. Heute gibt es Gemüseeintopf mit Wurst, das Leibgericht von Herrn K. Frau K. möchte ihren Mann etwas auf-
30 muntern. Er war während der letzten Tage so wortkarg gewesen. Ob es im Betrieb Ärger gegeben hat? – 13:45 Uhr bringt Frau K. Sebastian zum Kindergarten. Danach füllt sie eine Waschmaschine und bügelt die Hemden vom letzten Mal. Kurz nach 15:00 Uhr kommt Herr K. von der 35 Arbeit. Er zeigt sich erfreut über das Lieblingsgericht. Er sieht so abgespannt und müde aus. Frau K. schlägt ihm vor, sich ein wenig hinzulegen und dann mit Susanne zusammen eine kleine Radtour zu machen. Susanne habe die Schulaufgaben 40 schon gemacht und Radfahren sei gut für den Kreislauf. Herr K. findet den Vorschlag gut. Er werde mit Susanne auf dem Rückweg Sebastian vom Kindergarten abholen. Der werde staunen, heute vom Herrn Papa abgeholt zu werden. In 45 der Zwischenzeit erledigt Frau K. einige Einkäufe. – Nach dem Nachtessen dürfen die Kinder noch spielen. 19:30 Uhr müssen sie im Bett sein. Denn am Morgen heißt es früh aufstehen.
Herr K. ist seit Jahren arbeitslos. Familie K. hat 50 vor 7 Monaten Zwillinge bekommen: Oliver und Sven. Frau K. hat seit 2 Monaten eine Ganztagsstelle. Dienstag- und Freitagabend putzt sie zusätzlich bei ihrer früheren Stelle. Denn der Zuschuss vom Sozialamt ist extrem gekürzt wor- 55 den. – Herr K. versorgt die Zwillinge. Seitdem er diese Aufgabe erfüllt, ist es ihm nicht mehr so langweilig. Dennoch bleibt seine Unzufriedenheit, die er hin und wieder äußert: „Heutzutage eine Großfamilie! So ein Blödsinn!" Herr K. möchte 60 umschulen und Facharbeiter werden. Doch ist er ungewiss darüber, was ihn dabei erwartet und wie es dann mit der Familie weitergehen soll. Doch eines weiß er sicher: Die Zeit drängt! Denn

*Die ökologische soziale Arbeit / **Materialien***

er wird nächstes Jahr 29. – Sebastian geht in die erste Grundschulklasse. Susanne besucht das erste Jahr die Realschule. Ihr ist es längst zu eng geworden daheim. Durch das, wie sie es nennt,

„Stereogeschrei der Zwillinge" fühlt sie sich bei den Hausaufgaben gestört. Sie zieht es neuerdings vor, die Hausaufgaben bei der Freundin zu machen.

Quelle: Hans Mogel (etwas verändert); in: D. Dörner/H. Selg, 1996[2]

3. Praktische Umsetzung von Gemeinwesenarbeit am Beispiel des Modells „Neue Wege der Arbeitsplatzbeschaffung: Gemeinwesenorientierung erschließt Potentiale"

Das Modellvorhaben zur Schaffung neuer Arbeitsplätze wurde im November 1993 gestartet, um die Situation auf dem ostdeutschen Arbeitsmarkt zu verbessern.

Durch gemeinwesenorientierte Arbeitsansätze sollten in einem regional begrenzten sozialen Raum die Beschäftigungs- und Arbeitsmöglichkeiten gefördert werden.

Da durch die Auflösung landwirtschaftlicher Produktionsgenossenschaften hauptsächlich die dort beschäftigten Frauen ihren Arbeitsplatz verloren und insbesondere Frauen in den ländlichen Räumen von Langzeitarbeitslosigkeit betroffen sind, sollen Frauen Hauptklientel des Modellvorhabens sein. Faktisch hat sich insbesondere die Lebensqualität von Frauen in ländlichen Regionen deutlich verschlechtert, was sich in Resignation und dem Rückzug aus sozialem Engagement, Verlust sozialer Beziehungen und Anstieg von Armut äußert.

Für die Initiierung und Begleitung gemeinwesenorientierter Beschäftigungs- und Arbeitsmöglichkeiten in den fünf Landkreisen (Regionen) Uckermark (Brandenburg), Teterow/Güstrow (Mecklenburg-Vorpommern), Torgau/Oschatz (Sachsen-Anhalt), Nordhausen (Thüringen), Querfurt/Merseburg (Sachsen-Anhalt) sind Vor-Ort-Teams (Frauenteams bestehend aus jeweils fünf Frauen, davon vier Beraterinnen und eine Sachbearbeiterin) verantwortlich.

Die Zielgruppe Frauen ist in den genannten Regionen überproportional von Arbeitslosigkeit betroffen. Im April 1994 lag der Anteil der arbeitslosen Frauen an der Gesamtzahl der Arbeitslosen zwischen 59,7 und 68,3 Prozent (G. Rachel/A. Sternitzky 1994).

Träger des Modellvorhabens sind die vorher genannten fünf Landkreise unter Einbeziehung des Bundesministeriums für Frauen und Jugend. Es beinhaltet Weiterbildungs- und Beratungs-

möglichkeiten und wird für die Laufzeit von drei Jahren wissenschaftlich begleitet.

Die Auswahl der Frauen für die Vor-Ort-Teams erfolgte in der Vorbereitungsphase des Modellvorhabens. Nach einer Stellenausschreibung nahmen die Landratsämter eine Vorauswahl der Bewerberinnen vor, die endgültige Entscheidung über die einzustellenden Frauen lag bei den Landräten.

Das Vorgehen

Die praktische Umsetzung der Gemeinwesenarbeit als Arbeitsprinzip ist an bestimmte Schritte gebunden: Die Zeitabläufe werden von den Bewohnern im Landkreis bestimmt. Damit ist der Verlauf der Gemeinwesenarbeit relativ „offen" und nicht im Detail planbar und steuerbar. Erst durch ein Arbeiten in kleinen Schritten ist eine Entwicklung und Veränderung des Gemeinwesens möglich.

- Problemanalyse
- Planung von Strategien
- Durchführung
- Auswertung
- Rückzug der Professionellen
- Weiterführende Initiativen durch Bewohner

Wenn von einer prozesshaften Entwicklung der verschiedenen Regionen ausgegangen wird, so wiederholen sich diese Schritte immer wieder. Auch nach Ablauf des Modellversuchs sollten die Bürger bereit sein, sich für die Belange in ihrem Gemeinwesen zu engagieren

a) Problemanalyse – Kontaktaufnahme

Während der Einführungsphase nahm das Vor-Ort-Team „Kontakte zu den regionalen und kommunalen Entscheidungsträgern sowie zu den von Arbeitslosigkeit betroffenen und bedrohten Frauen" auf.

279

*Die ökologische soziale Arbeit / **Materialien***

Um das Vorhaben vorzustellen und Kooperationsmöglichkeiten zu erkunden, wurden „Gespräche mit regionalen Entscheidungsträgern (Landräte, Bürgermeister, Sozialamt, Arbeitsamt, Wohlfahrtsförderungsämter und -gesellschaften, regionale Initiativen/Vereine, Wohlfahrtsverbände, Kirchen)" durchgeführt. Die Kontaktaufnahme mit arbeitslosen Frauen und engagierten Bürgerinnen in den Gemeinden erfolgte sowohl in Form „organisierter Gruppengespräche und Beratungstätigkeit als auch durch unkonventionelles Ansprechen von Bürgerinnen in ihrem sozialen Lebensumfeld (auf der Straße, in Kindereinrichtungen, Schulen, Freizeiteinrichtungen, u. a.)" (vgl. G. Rachel/A. Sternitzky, 1994)

Durch die zwanglosen Gespräche, Interviews und Befragungen von Betroffenen und Experten sind Probleme und Interessen betroffener Frauen sowie Ressourcen in der Region zu erkunden. Ressourcen sind Hilfsquellen zur Verbesserung der Lebensverhältnisse der betroffenen Frauen.

b) Planung von Strategien mit entsprechender Zielformulierung

Ziele des Modellvorhabens

– *Hilfe zur Selbsthilfe:*
  D. h., Frauen sollen sich selbst helfen, aus ihrer problematischen „beschäftigungspolitischen sozialen und mentalen Situation herauszukommen".

– *Aufhebung der Benachteiligung bestimmter Personengruppen:*
  Der Benachteiligung von Frauen ist entgegenzuwirken, deshalb werden die unmittelbar Betroffenen (Frauen) zu „Initiatorinnen und Beteiligten von beschäftigungswirksamen Projekten" herangezogen.

– *Schaffung von Bedingungen, die Selbstbestimmung erlauben:*
  D. h., Gemeinwesenarbeiterinnen haben lediglich eine moderierende Funktion, die eigentliche Verantwortung für die Entscheidung, Organisation und Realisierung von Projekten liegt jedoch in den Händen der Betroffenen.

– *Stärkung sozialer Netzwerke:*
  Die Gemeinwesenarbeiterinnen tragen dazu bei, die Kommunikation zwischen Bewohnerinnen, Vertretern von Politik, Verwaltung und anderen lokalen Institutionen anzuregen. Angestrebt wird zudem ressortübergreifendes Arbeiten der bislang voneinander getrennten Ressorts Wirtschaft und Soziales im Sinne einer Koordination und Kooperation.

– *Qualitative Verbesserung menschlicher Lebensräume:*
  Zunächst wird die Verbesserung der Beschäftigungs- und Arbeitsmöglichkeiten für die benachteiligten Frauen angestrebt, um deren Lebenssituation zu verändern und ihre „soziale (Re-)Integration" zu ermöglichen. Langfristig führt dies durch die Mobilisierung und den Einsatz von „Initiativen von unten" sowie lokaler, regionaler und überregionaler Ressourcen zur qualitativen Verbesserung der menschlichen Lebensbedingungen in der jeweiligen Region. Erreicht werden soll dies u. a. durch die Verbindung regionaler Wirtschaftsförderung mit gemeinwesenorientierten Arbeitsansätzen.

Die Strategien decken sich hier mit den Aufgaben der Gemeinwesenarbeit.
Folgende Strategien wurden bei diesem Modell verfolgt:

– *Ganzheitlich-ökologisch orientiertes Vorgehen:*
  Die Lebensverhältnisse und die Lebenswelt der arbeitslosen Frauen fanden bei der Analyse und Planung des Modellvorhabens Berücksichtigung.

– *Aktivierung der Menschen im Sinne aktiven Lernens und Handelns:*
  Die betroffenen Frauen sollten im Verlauf ihrer Lernprozesses befähigt werden, ihre Bedürfnisse zu artikulieren und ihre Selbsthilfefähigkeiten zu mobilisieren.

– *Vernetzung verschiedener Handlungsebenen:*
  Die Vernetzung erfolgte in verschiedene Richtungen: sowohl horizontal als auch vertikal. Auch verschiedene Ebenen (Bewohner-, Organisations-, Bearbeitungs-, Entscheidungs-, Leitungs-/Entscheidungsebene) wurden berücksichtigt (siehe Durchführung).

– *Vorbeugung sozialer Proleme:*
  Es ging hier vorrangig darum, das Problem der Frauenarbeitslosigkeit abzubauen bzw. nicht weiter anwachsen zu lassen (tertiäre Prävention).

*Die ökologische soziale Arbeit / **Materialien***

– *Konflikt- und Krisenbewältigung:*
Die im Verlauf des Modells aufgetretenen Konflikte sind aktuell zu bearbeiten.

c) Durchführung

Die Teams initiieren Gruppengespräche auf Gemeindeebene mit regionalen Vertretern, Gemeindevertretern und Frauen, z. T. werden aber auch gemeindeübergreifende Gesprächsrunden durchgeführt.
Zunächst sind so die Stärken und Schwächen der jeweiligen Region sowie Fördermittel auf allen Ebenen zu erkunden und Investoren zu gewinnen. Direkt in den Gemeinden stattfindende Einzelberatungen von Bürgerinnen sind fester Bestandteil der Arbeit der Teams, zudem werden Treffs, Gruppengespräche, „runder Tisch", Bürgerversammlungen und Workshops organisiert, um zu den betroffenen Frauen ein Vertrauensverhältnis aufzubauen.
So werden allmählich Gruppen und soziale Netzwerke gebildet, wobei die Gemeinwesenarbeiterinnen lediglich moderierende Funktion haben. Die betroffenen Frauen selbst bestimmen, welche Initiativen ergriffen und welche wirtschafts- und beschäftigungsrelevanten Projekte durchgeführt werden.
Im nächsten Schritt sind die besprochenen Aktionen und Projekte durch die Initiatorinnen und Betroffenen tatsächlich zu realisieren.
Damit selbsttragende Strukturen entstehen können, gilt es, die laufenden Initiativen und Projekte untereinander zu vernetzen, Ressourcen der jeweiligen Region zu erschließen und zusammenzuführen.
Auch weiterhin muss dafür gesorgt werden, dass das Projekt den regionalen Entscheidungsträgern bekannt und gegenwärtig ist. Die Koordination und Kooperation zwischen verschiedenen örtlichen Institutionen und den Betroffenen sind durch regelmäßige Kontakte anzustreben.

d) Auswertung

Intention des Modellvorhabens ist es, durch die Verbindung von regionaler Wirtschaftsförderung mit gemeinwesenorientierten Arbeitsansätzen Beschäftigungseffekte zu erreichen.
Für die Laufzeit des Modellvorhabens ist es einigen Frauen zunächst gelungen, eine Beschäftigung zu finden und damit ihre Lebenssituation zu verbessern. Die regionale Wirtschaftsförderung soll sich langfristig am Arbeitsprinzip Gemeinwesenarbeit orientieren. Durch das gemeinwesen-orientierte Arbeiten entwickeln die beiden Handlungsfelder „Wirtschaft und Soziales" eine grundlegende neue Orientierung ihrer Arbeitsweise.
Die wissenschaftliche Auswertung und damit die langfristige Bewertung der Resultate steht noch aus.

e) Rückzug der Professionellen

Dieser Schritt ist in der Praxis nicht zu unterschätzen, weil ein plötzlicher Ausstieg der Gemeinwesenarbeiterinnen manche Initiativen und Projekte zusammenbrechen lässt. Die Beendigung der Arbeit durch Professionelle ist deshalb langfristig vorzubereiten, damit sich die Bewohnerinnen einer Region auf die eigenständige Projektübernahme einstellen können.

4. Systemische[1] Stadtteilarbeit

Systemische Stadtteilarbeit an einer Beratungsstelle bedeutet deshalb nicht, den Stadtteil mit systemischen Methoden zu „kurieren", sondern lediglich die systemische Sichtweise und systemisches Handeln auch in der Interaktion mit den anderen Subsystemen konsequent umzusetzen.

Die erste selbstverständliche Voraussetzung für jede und so auch für die systemische Stadtteilarbeit ist deshalb, dass der Berater die Beratungsstelle verlässt und sich in den Stadtteil hineinbegibt. Das reicht vom neugierigen Bummeln durch die Straßen des Stadtteils, über den regelmäßigen Kontakt mit den verschiedenen Gruppierungen und Institutionen bis zur Teilnahme an oder Einberufung von Stadtteilkonferenzen. In diesem Rahmen kann dann eine systemische Analyse des Stadtteils stattfinden. Entsprechend den oben aufgezählten Grundannahmen stellen sich dabei z. B. die folgenden Fragen:

[1] *Systemisch: vgl. hierzu die Ausführungen in Band 1, Kapitel 1, Materialien 3.*

*Die ökologische soziale Arbeit / **Aufgaben und Anregungen***

20 – In welcher Weise sind die Elemente des Systems miteinander verbunden? Konkret: Welche Vereine, Institutionen, Gesellschaften, Glaubensgemeinschaften etc. gibt es im Gemeinwesen? Wer macht was mit wem, wie
25 oft, wie gern?

– Wer, welche Institution, welche Gruppierung hat welche Macht?

– Wer, welche Gruppierung, welche Institution ist in Koalition, im Konflikt, in Annäherung mit wem?

30 – Welche Interaktionsmuster gibt es zwischen den bestehenden Institutionen, Gruppierungen, Nachbarschaftssystemen, Familien?

– Wie sind die Grenzen zwischen den verschiedenen Subsystemen beschaffen? Durchlässig,
35 diffus, starr?

– Welche Wertvorstellungen gibt es in welchen Subsystemen?

– Gibt es Nachbarschaftsmythen, Geheimnisse?

– In welcher Weise kommunizieren die verschiedenen Subsysteme miteinander?
40

– Welche Veränderungen sind in letzter Zeit vor sich gegangen, stehen an oder werden tabuisiert?

– Wer vertritt den morphostatischen[1] Pol, wer
45 den morphogenetischen[2]? Ist diese Polarisierung selbst beweglich oder eher verbissen festgefahren?

– In welchem Verhältnis stehen Konstanz und Veränderung im Stadtteil?

50 – Welche plötzlichen Veränderungen sind in letzter Zeit vor sich gegangen und in welchem Zusammenhang?

– Welche offenen und welche verdeckten Regeln gelten im Stadtteil und für wen?

– Gibt es so etwas wie ein Grundthema des 55 Stadtteils?

– Welche Sicht des Zusammenlebens im Stadtteil haben die Bewohner, welche haben die Berater? Welche Sicht eröffnet neue Möglichkeiten?
60

– Welche Position in Bezug auf solche Fragen haben wir Berater bzw. unsere Beratungsstelle?

– Ganz wichtig: Welche besonderen Fähigkeiten haben die verschiedenen Subsysteme?

So wie in der therapeutischen Arbeit mit Familien 65 bewährt sich dabei auch in der Stadtteilarbeit das zirkuläre Befragen als Möglichkeit, gleichzeitig Informationen zu erhalten und zu erzeugen. Wir befragen die Vertreter von Subsystemen im Stadtteil zu Merkmalen von Unterscheidungen 70 (z. B. „Woran bemerken Sie, wann die Leute von der X-Straße nicht auf Sie herabsehen? Wie verhalten die sich dann anders?"), zu Rangfolgen (z. B. „Wer von den Nachbarn spricht mehr mit den Jugendlichen an der Ecke? Wer weniger?") 75 und Werten (z. B. „Welche Institution teilt am ehesten die Meinung Ihrer Nachbarn, dass Kinder zum gesunden Aufwachsen viel Freiraum für kreatives Gestalten brauchen?"), wir differenzieren, stellen ressourcenbetonende (z. B. „Bei wel- 80 cher Art von Veranstaltung im Jugendheim arbeiten die Mitglieder der verschiedenen Cliquen zusammen?") und hypothetische Fragen (z. B. „Nehmen wir mal an, es gäbe im Stadtteil keine Stadtteilarbeit, was würde sich dann ändern?") 85

Quelle: F. Lehmann/ R. Mockewitz; in: K. Hahn/ F.-W. Müller (Hg.), 1993

Aufgaben und Anregungen
Kapitel 19

Reproduktion von Informationen

1. Bestimmen Sie den Begriff „Ökologie".
   (Abschnitt 19.1)

2. Stellen Sie das „Life Model" nach *Carel B.Germain und Alex Gitterman* dar. Berücksichtigen Sie dabei zentrale Annahmen und Begriffe dieses Modells.
   (Abschnitt 19.1.1)

---

[1] *morphostatisch: unbewegt, ruhend; Vertreter, die den Status quo erhalten wollen*
[2] *morphogenetisch: gestaltbildend, Vertreter von Veränderungen, Entwicklungen in einem Stadtteil*

*Die ökologische soziale Arbeit / **Aufgaben und Anregungen***

3. Beschreiben Sie die ökologische Sichtweise der Sozialarbeit/-pädagogik.
   (Abschnitt 19.1.2)

4. Zeigen Sie Möglichkeiten und Grenzen ökologisch orientierter Sozialarbeit auf.
   (Abschnitt 19.1.3)

5. Bestimmen Sie, was mit Unterstützungsmanagement bzw. Case Management gemeint ist.
   (Abschnitt 19.2)

6. Beschreiben Sie Aufgaben des Unterstützungsmanagements.
   (Abschnitt 19.2.1)

7. Zeigen Sie die Vorgehensweise (Phasen) des Unterstützungsmanagements auf.
   (Abschnitt 19.2.2)

Anwendungsaufgaben

8. Beschreiben Sie an einem ausgewählten Beispiel grundlegende Annahmen und Begriffe eines ökologischen Modells (zum Beispiel des Life Model).
   (Abschnitt 19.1.1)

9. Erläutern Sie an der Lebenssituation hilfsbedürftiger Menschen (zum Beispiel jugendliche Arbeitslose, allein erziehende Mütter, Obdachlose) die ökologische Sichtweise der Sozialpädagogik/-arbeit.
   (Abschnitt 19.1.2)

10. Zeigen Sie an einem geeigneten Beispiel Möglichkeiten und Grenzen ökologisch orientierter Sozialpädagogik/-arbeit auf.
    (Abschnitt 19.1.3)

11. Beschreiben Sie am Beispiel der Arbeit mit Ausländern ökologisch orientierte Sozialarbeit (zum Beispiel Case Management).
    (Abschnitt 19.2)

12. Fallbeschreibung: Herr Daurer

    Herr Daurer, bis zu seinem Unfall ein sehr geselliger und kontaktfreudiger Mensch, ist zu Hause von der Leiter gestürzt und seither erwerbsunfähig. Seit-
    3 *dem sitzt er unzufrieden und häufig auch depressiv zu Hause. Er kann nicht mehr fortgehen, und wegen seines vielen Jammerns besuchen ihn kaum noch Freunde. Seine Frau muss mit ihm sehr viel „aushalten", und auch die beiden Kinder,*
    6 *Johannes 7 ¹/₂ Jahre alt, und Kilian, 6, leiden unter der Situation und sagen schon, dass Vati gar nicht mehr so lieb ist. Sie sind aus diesem Grund öfters außer Haus bei ihren Schulkameraden als früher. Seine Frau jedoch ist sehr um*
    9 *ihren Mann bemüht, doch sie muss sich um eine Arbeitsstelle bemühen, damit die Familie wenigstens einigermaßen finanziell abgesichert ist. Sie kann sich deshalb wenig um ihren pflegebedürftigen Mann kümmern. Die Familie muss sich*
    12 *wohl um eine kleinere Wohnung bemühen, da sie die jetzige nicht mehr bezahlen kann. Auch die Kinder können nicht mehr so viel Geschenke und Spielzeug erhalten, wie sie das von früher her gewohnt waren. Johannes ,spürt' diese Änderung,*
    15 *die sich bei ihm dahin gehend äußert, dass er trotziger und störrischer und auch in der Schule schlechter geworden ist. Das wiederum macht Frau und Herrn Daurer große Sorge, und sie überlegen sich, was sie tun sollten.*

    a) Bestimmen Sie den Begriff Unterstützungsmanagement.
       (Abschnitt 19.2)

*Die ökologische soziale Arbeit / **Aufgaben und Anregungen***

b) Zeigen Sie an diesem Beispiel Aufgaben des Unterstützungsmanagements auf.

(Abschnitt 19.2.1)

c) Erläutern Sie anhand der Fallbeschreibung die Vorgehensweisen des Unterstützungsmanagements.

(Abschnitt 19.2.2)

13. Fallbeschreibung: Die Stadt Schwandt [1]

Die Stadt Schwandt hat sich aufgrund der steigenden Kriminalitätsrate bei Jugendlichen und zunehmender Konflikte zwischen Jugendgruppen und Asylbe-
3 *werbern zur Anstellung einer Sozialpädagogin für Gemeinwesenarbeit durchgerungen. Nach ihrer Anstellung findet die Sozialpädagogin folgende Situation vor:*

Schwandt zerfällt in zwei sehr unterschiedliche Stadtteile: Altenschwandt und
6 *Neuenschwandt. Für den Stadtteil Altenschwandt ist eine eher kleinstädtisch dörfliche Struktur charakteristisch. Er ist durch eine breite Straße von Neuenschwandt getrennt. Der Ortskern Altenschwandt kann auf eine langjährige Geschichte und*
9 *eigene Tradition zurückblicken, mit langsam gewachsenen Beziehungsstrukturen zwischen den Bewohnern. Das neu entstandene Wohngebiet in Neuenschwandt besteht aus einfachen Hochhäusern und Wohnblocks. Es lebt dort eher die ein-*
12 *kommensschwache Bevölkerung, bevorzugt Arbeiterfamilien, Alleinerziehende mit Kindern, Spätaussiedler, Gastarbeiter und neuerdings wurde dort auch auf einem Grundstück der Stadt eine Containersiedlung für Asylanten errichtet. Die Bewoh-*
15 *ner sind darüber entrüstet, weil einige engagierte Eltern beim Stadtrat schon des Öfteren die mangelnden Spielmöglichkeiten für ihre Kinder auf den sterilen Grünflächen zwischen den Hochhäusern beklagten. Sie forderten schon seit Jahren auf*
18 *diesem Grundstück ein Spiel- und Freizeitgelände zu errichten.*

Die Unzufriedenheit über die Wohnsituation in Neuenschwandt ist groß, sie äußert sich in der Einstellung, dort nur vorübergehend zu wohnen. Die Integra-
21 *tionsbereitschaft in diesem Stadtteil ist folglich nicht besonders hoch. Dazu trägt auch ein Defizit im Sozial- und Freizeitbereich bei. Die Möglichkeiten, sich nach Feierabend zu treffen, sind stark eingeschränkt, weil es außer einem Speiselokal*
24 *und einer Eisdiele keine weiteren Treffpunkte gibt.*

Ganz anders sieht die Situation in Altenschwandt aus. Ein Teil der Bewohner lebt in dem Ortsteil bereits über Generationen. Die verwandtschaftlichen Verflech-
27 *tungen sind demnach auch entsprechend hoch. Es existieren eine große Anzahl informeller[2] Treffpunkte (Metzger, Bäcker, Friseur etc.), die als Orte der Kommunikation intensiv genutzt werden. Außer einigen Kneipen gibt es noch eine große*
30 *Anzahl von Vereinen, die von vielen Bewohnern mitgetragen werden. All diese Faktoren tragen mit dazu bei, dass das Zugehörigkeits- und Zusammengehörigkeitsgefühl sehr groß ist.*

33 *Ein reicher Geschäftsmann aus Altenschwandt möchte auf dem städtischen Grundstück mit der Containerwohnsiedlung ein Tennis- und Squashcenter errichten. Da er gute Verbindungen zum Stadtrat besitzt, erhofft er sich einen*
36 *günstigen Preis für den Kauf dieses Grundstückes. Die Stadt sucht allerdings noch nach einer anderen Unterbringungsmöglichkeit für die Asylanten. Stattdessen fordert eine der Oppositionsparteien die Errichtung eines Bürgerzen-*
39 *trums, was die Mehrheitspartei aufgrund der Finanzknappheit jedoch für nicht*

---

[1] *Weitere Fallbeschreibungen zu diesem Thema befinden sich in Kapitel 21.5.*
[2] *informell: formlos, nicht organisiert*

realisierbar hält. Die andere Oppositionspartei dagegen favorisiert angesichts der sozialen Probleme in diesem Stadtteil eher den Bau eines Jugendbegeg-
42 *nungszentrums, das von der Stadt Schwandt und der katholischen Kirche gemeinsam getragen werden sollte. Die Sozialarbeiterin steht nun vor dem Problem, wie unter diesen Bedingungen eine möglichst qualifizierte Gemeinwesen-*
45 *arbeit durchzuführen ist.*

a) Beschreiben Sie an diesem Beispiel ökologisch orientierte Sozialarbeit (zum Beispiel Gemeinwesenarbeit als Arbeitsprinzip, Case Management).
(Abschnitt 19.2)
b) Erläutern Sie anhand dieser Fallbeschreibung Möglichkeiten und Grenzen ökologisch orientierter Sozialarbeit.
(Abschnitt 19.1.3)

Anregungen

14. Auch in Ihrer Wohnsiedlung gibt es möglicherweise Defizite, welche bei den Bürgern Unzufriedenheit auslösen. Um Veränderungswünsche festzustellen, könnten Sie mit anderen Mitschüler(n)/innen eine Bewohnerbefragung durchführen.
Das Interview könnte nach folgenden Fragen ablaufen:
– Womit im Bezirk sind Sie zufrieden?
– Womit sind Sie unzufrieden?
– Was könnte Ihrer Meinung nach getan werden?
– Meinen Sie, dass Sie selbst an Veränderungen mitwirken könnten?
– Wie lange wohnen Sie schon im Bezirk?
– Welche Kontakte pflegen Sie innerhalb oder außerhalb des Wohngebiets?

15. Sammeln Sie alle möglichen Meldungen in Zeitungen, Flugblättern und anderem über Initiativgruppen, Aktionen, Nachbarschaftshilfen usw. in Ihrer Wohngegend.
a) Fertigen Sie aus dem gesammelten Material gemeinsam eine Collage an.
b) Begründen Sie, in welchen Gruppen Sie selbst gern mitarbeiten würden.

16. Fotografieren Sie für eine Wandtafel Gebäude und für Sie wichtige Eindrücke aus Ihrem Wohnbereich.
a) Beschreiben Sie die wesentlichen Merkmale Ihrer Umwelt.
b) Diskutieren Sie die Vor- und Nachteile des Lebens in der Großstadt bzw. auf dem Land.
c) Welche Bereiche Ihrer Umgebung bestimmen Ihr Verhalten?
d) Diskutieren Sie, in welchen Bereichen Sie an der Belastung der Umwelt mitwirken.
Was könnten Sie tun, um Ihr Verhalten zu ändern?

17. Zeichnen Sie den Grundriss Ihrer Wohnung, Ihres Zimmers, mit der entsprechenden Anordnung der Möbel.
a) Nehmen Sie in Absprache mit einem(r) Mitschüler(in) zweckmäßige Veränderungen vor.

*Die ökologische soziale Arbeit / **Aufgaben und Anregungen***

b) Beschreiben Sie die Auswirkungen dieser veränderten Umwelt auf Ihr Verhalten und damit auf Sie als Person.

18. Planspiel: „Wir wollen in St. Leo einen Jugendtreff"

Das Stadtviertel „St. Leo" ist vor ca. dreißig bis vierzig Jahren entstanden infolge des großen Zuzuges von Arbeitskräften in erster Linie für eine große Autofirma; es hat in den letzten zwei Jahrzehnten an Bewohnern erheblich zugenommen. In den letzten Jahren kamen noch Aussiedler und Flüchtlinge hinzu. Gemeinnützige Vereine, aber auch die Stadt Ausbruck selbst, haben hier für sozial schwächer gestellte Menschen Wohnblocks errichtet. Der Stadtteil hat einen sehr hohen Anteil von Ausländern, es wohnen hier vor allem sehr viele türkische Familien. Für die Jugendlichen gibt es dort so gut wie keine Möglichkeiten, sich zu treffen, miteinander etwas zu unternehmen. Viele Jugendliche wollen in die Stadt fahren, weil dort „etwas los ist" doch die Busverbindungen zur Stadtmitte sind vor allem abends nicht optimal.

Es ist eine Initiativgruppe entstanden, die im Leoviertel einen Jugendtreff errichten will.

Gruppe 1:   Initiativgruppe, die sich vornehmlich aus Jugendlichen, aber auch aus einigen Erwachsenen aus dem Leoviertel zusammensetzt.

Gruppe 2:   Vertreter des Stadtrates (Äußerungen zu gemachten Wahlversprechen, sonstige Planungen für St. Leo).

Gruppe 3:   Vertreter des Stadtjugendringes sowie des Jugend- und des Sozialamtes.

Gruppe 4:   Einige Jugendliche aus dem Leoviertel, die nicht der Initiativgruppe angehören. Darunter befinden sich auch viele ausländische Jugendliche.

Setzen Sie sich zunächst in ihren Gruppen zur Informations- und Meinungsbildung zusammen und besprechen Sie Fragen – beispielsweise wie Sie vorgehen wollen. Führen Sie dann dieses Planspiel durch.

Werten Sie in einem letzten Schritt in der Klasse das Planspiel aus, indem Sie den Spielverlauf rekapitulieren, das Spielergebnis interpretieren und festhalten.

19. „Lebensqualität in einem Stadtteil liegt dann vor, wenn es die Menschen in ihm nicht nur aushalten ..." *(Heinz A. Ries u. a. [Hg.], 1997)*

a) Nehmen Sie zu dieser Aussage Stellung.

b) Beschreiben Sie Ihre Vorstellungen von einem Stadtteil mit Lebensqualität.

20. Meine Familie und ich.

In jeder Familie gibt es bestimmt Rollen:

Mutter   Vater   Sohn   Tochter
Ehefrau   Ehemann   Bruder   Schwester

a) Welche Erwartungen sind in Ihrer Familie mit der jeweiligen Rolle verknüpft?

b) Zeichnen Sie nun Verbindungslinien zwischen den einzelnen Familienmitgliedern, so dass ein Familiennetz entsteht. Denken Sie bei jeder Linie, die Sie zeichnen, über die jeweilige Beziehung nach.

c) Erweitern Sie das Familiennetzwerk mit Rollen, die einzelne Familienmitglieder außerhalb der Familie übernommen haben (Schüler/-

in, Arbeiter/-in, Vereinsmitglied usw.). Denken Sie darüber nach, wie Sie oder andere Personen Ihrer Familie mit den vielfältigen Erwartungen zurechtkommen.

d) Familiensystem:

Wählen Sie so viele Mitschüler/-innen wie in Ihrer Familie Personen leben, teilen Sie jedem eine entsprechende Rolle zu. Stellen Sie sich in die Mitte. Jedes Familienmitglied soll Sie nun irgendwo anfassen (Hand, Schulter, Knie, Taille usw.). Nun zieht jede/r vorsichtig in seine eigene Richtung, bis jeder Einzelne einen leichten Zug spürt. Verharren Sie wenige Sekunden in dieser Stellung *(vgl. Virginia Satir, 1996[12]; geringfügig geändert).*

- Teilen Sie den anderen mit, wie Sie sich in der Mitte fühlen.
- Überlegen Sie gemeinsam Handlungsmöglichkeiten, die ein Familienmitglied wählen könnte, wenn es sich derart bedrängt oder zerrissen fühlt.

21. Rollenspiel: Sichtbarmachen eines familiären Beziehungsnetzes

Schneiden Sie ein Stück Wäscheleine (oder eine dicke Schnur) immer in Vier-Meter-Stücke, vier für jeden von Ihnen. Zusätzlich schneiden Sie fünf Stücke zu je einem Meter Länge.

Binden Sie den Ein-Meter-Strick jeder Person um die Taille, und befestigen Sie nun daran die vier längeren Seile, indem Sie sie am Strick festbinden. Diese vier Seile stellen nun eine Verbindungsschnur zu jedem der Familienmitglieder dar. Jetzt gibt jeder jeweils ein Seil der Person, die an das andere Ende gehört. Der Ehemann zum Beispiel gibt sein Seil der Ehefrau, sie wird ihm ihr Ehefrau-Seil geben. Wenn jeder eine andere Person am Ende jedes Seiles hat, sind Sie so weit, dass Sie mit der eigentlichen Aufgabe beginnen können. Jeder bindet nun das Seil, das er bekommen hat, an das Seil, das um seine Taille gebunden ist. Lassen Sie die Seile während der folgenden Experimente festgebunden.

- Stellen Sie nun Stühle in einem Kreis auf (nicht mehr als einen viertel Meter von der Mitte des Kreises entfernt).
- Setzen Sie sich hin und gehen Sie einer Beschäftigung nach, die im Sitzen möglich ist (lesen, reden usw.).
- Stellen Sie sich nun vor, das Telefon läutet, das älteste Kind springt auf, um zu antworten. Der Apparat steht ungefähr zehn Meter entfernt. Beobachten Sie, was mit den anderen während des Gesprächs passiert.
- Gehen Sie nun zu Ihren Stühlen zurück. Die Mutter stellt entsetzt fest, dass auf dem sechs Meter entfernten Herd die Milch überkocht. Beobachten Sie, was mit allen anderen passiert, wenn sie zum Herd läuft.
- Jetzt wird es einem Kind langweilig, es will einen Spaziergang machen. Das andere Kind ist müde, es will ins Bett gehen.
- Zwei Geschwister beginnen nun Blödsinn zu treiben, bis sie sich allmählich raufen.
- Wiederholen Sie dieses letzte „Experiment" noch einmal, aber sprechen Sie dieses Mal in dem Augenblick, wenn Sie das Zerren spüren, ihre Empfindungen aus.

20 Erziehung unter besonderen Bedingungen

Erlebnisse eines körperbehinderten Jungen:

„Joseph gewöhnte sich langsam daran, dass er zum Diskussionsgegenstand wurde. Ganz offen erörterten die Schüler seine körperlichen Defekte, und da sie sich sicher waren, dass er sie nicht verstehen konnte, nahmen sie sich eine Lautstärke heraus, als sei er gar nicht anwesend. Sie überlegten, ob der Krüppel wohl eine Windel trüge, und hätten ihn, um sich zu vergewissern, allzu gerne daraufhin untersucht. Dann debattierten sie seinen Mangel an Intelligenz. Sie wählten verschiedene Bezeichnungen, mit denen sie ihn abqualifizieren konnten. So warfen sie mit Wörtern um sich wie Psychopath, Geistesgestörter, Spasti, Gehirnamputierter, Schwachsinniger. Sie fanden, dass er in einer Schule für normale Kinder fehl am Platz sei, und machten sich darüber lustig, dass der Direktor und das Kollegium offensichtlich auf ihn hereingefallen waren. Joseph stellte sich dumm und hörte auf diese Weise, wie andere Schüler ihn beurteilten. Manchmal reagierte er, indem er den Kopf kerzengerade hielt und sie lange prüfend ansah. Aber vergebens, sie grinsten nur – belustigt, weil er so vernünftig tat." (Christopher Nolan, 1989)

Dieser Bericht eines körperbehinderten Jungen, der in der Regelschule unterrichtet wird, verweist auf folgende Fragen:

1. Was meint man, wenn man von einer „Beeinträchtigung", „Behinderung", „Störung" oder „Gefährdung" spricht?
   Worin liegt die Problematik dieser Begriffe?

2. Wann bezeichnet man einen Menschen bzw. ein Verhalten als „normal", wann als „nicht (mehr) normal"?
   Welche Probleme können sich dabei ergeben?

3. Was ist eine Verhaltensstörung?
   Wie entsteht sie? Wie lässt sich ihre Entstehung erklären?

Erziehung unter besonderen Bedingungen

20.1 Erschwerungen in der Entwicklung des Menschen

Wenn ein Kind mit einer organischen Schädigung, beispielsweise mit einer Lähmung, geboren wird, wenn die Entwicklung eines Kindes stark verzögert verläuft oder es Lernstörungen zeigt, dann sind Eltern und Erzieher oft ratlos, weil sie sehen, dass die gewohnten Erziehungsmaßnahmen versagen. In all diesen Fällen handelt es sich – wie _Heinz Bach (1989[13])_ es nennt – um Menschen, die **beeinträchtigt** sind.

20.1.1 Der Begriff Beeinträchtigung

Von einer Beeinträchtigung spricht man immer dann, wenn die _Entwicklung eines Menschen_ durch verschiedene Bedingungen **erschwert** ist.

Wenn beispielsweise ein Kind aufgrund einer spastischen Lähmung seine Gliedmaßen nicht frei und ungehindert bewegen kann, kann es manche Tätigkeiten wie etwa „ein Spielzeug festhalten" oder „auf den anderen zugehen" gar nicht bzw. nur erschwert ausführen. Es handelt sich um eine Beeinträchtigung.

Bei einer Beeinträchtigung sind dem Betroffenen manche Erfahrungsmöglichkeiten verwehrt, durch eingeschränkte Erkundungs- und Erprobungsmöglichkeiten kann ihr Selbstvertrauen und ihre Leistungsfähigkeiten gemindert werden. Dies erschwert seine persönliche Entwicklung. Durch diese Einschränkung sind sie auch in stärkerem Ausmaß als andere Kinder auf ihre Mitmenschen angewiesen.

Wenn eine Kind zum Beispiel aufgrund seiner Lähmung nur undeutlich sprechen kann oder beim Lächeln sein Gesicht verzieht, wird es oft missverstanden und seine Gefühlsäußerungen werden falsch interpretiert. Mit einer Lähmung ist auch eine intensivere medizinische Versorgung sowie ein erhöhter Pflegeaufwand verbunden, der allen Betroffenen viel Zeit und Anstrengung kostet.

Ein körperbehinderter Mann berichtet: „Bin mehr an die Gesellschaft gekettet. Weil ich auf Leute angewiesen bin. Vielleicht liegt darin auch eine Chance."
(Jürgen Hobrecht, 1981[3])

Beeinträchtigungen können in unterschiedlichen Bereichen – zum Beispiel im körperlichen, motorischen, geistigen, im emotionalen und/oder sozialen Bereich – auftreten. Ihre Formen sind vielgestaltig und unterscheiden sich auch hinsichtlich des Grades und der Intensität sowie ihrer Auswirkungen für den Betroffenen und seine Umwelt.

> **Beeinträchtigungen sind Erschwerungen verschiedenster Art und unterschiedlichster Intensität in der Entwicklung eines Menschen; sie können in verschiedenen Bereichen der Entwicklung auftreten.**

Entsprechend dem **Schweregrad**, dem **Umfang** und der **Dauer** kann eine Beeinträchtigung nach _Heinz Bach (1989[13])_ auftreten als

* **Behinderung**, wenn die Beeinträchtigung aufgrund einer Schädigung einer Funktion eine Person _umfänglich, schwer_ und _langfristig_ in ihrem

unmittelbaren Lebensvollzug und ihrer Teilhabe am gesellschaftlichen Leben einschränkt (siehe Abschnitt 20.1.2),

- **Störung**, wenn sie *teilweise, weniger schwer* und *kurzfristig* negativ auf die Entwicklung eines Menschen einwirkt (vgl. Abschnitt 20.1.3), und
- **Gefährdung**, wenn sie aufgrund bestimmter Lebensbedingungen eine Störung oder eine Behinderung zur Folge haben oder verstärken kann (vgl. Abschnitt 20.1.4).

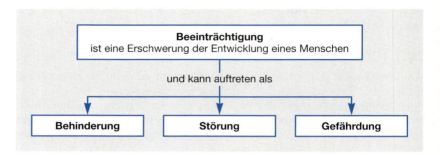

20.1.2 Behinderung als schwerste Form der Beeinträchtigung

Durch den Gebrauch des Begriffs „behindert" entsteht leicht der Eindruck, als handle es sich bei behinderten Menschen um einen homogene Gruppe. Wir begegnen jedoch nicht einer Behinderung, immer begegnen wir behinderten Menschen. Manchmal kann man leicht erkennen, ob ein Mensch behindert ist: Er sitzt im Rollstuhl, er hat ein gelbes Band mit schwarzen Punkten um den Arm gebunden. Manchmal erschließen wir die Behinderung aus dem Verhalten, zum Beispiel wenn sich ein gehörloser Mensch mit Gesten verständigt. Behinderung ist somit ein Begriff, der verschiedene **Behinderungsarten** zusammenfasst. Behinderung meint das Gemeinsame der verschiedenen Behinderungsarten und gilt als schwerste Form der Beeinträchtigung.

Von einer Behinderung spricht man immer dann, wenn

- eine nachweisbare körperliche, geistige oder seelische **Schädigung** vorliegt,
- die Folgen dieser Schädigung nicht wie bei einer Krankheit nach relativ kurzer Zeit aufgehoben bzw. geheilt werden können – sie sind **langfristig** –,

Erziehung unter besonderen Bedingungen

- die Folgen dieser Schädigung mehrere Lebensbereiche betreffen – sie sind **umfänglich** – und
- die Folgen dieser Schädigung für den gesamten Lebensvollzug der Betroffenen unzumutbare Auswirkungen haben – sie sind **schwer**.

> Eine Person gilt als behindert, wenn sie aufgrund einer Schädigung ihrer körperlichen, geistigen oder seelischen Funktionen schwer, umfänglich und langfristig in ihrem unmittelbaren Lebensvollzug und in ihrer Teilhabe am gesellschaftlichen Leben eingeschränkt ist.

20.1.3 Störungen als weniger schwere Form der Beeinträchtigung

Nicht jeder Mensch, bei dem in einem oder mehreren Teilbereichen seiner persönlichen Entwicklung Beeinträchtigungen vorliegen, ist behindert. Während bei Behinderungen oft die zwischenzeitliche oder dauerhafte Förderung in einer Sondereinrichtung (zum Beispiel in einer Sonderschule) nötig ist, können Störungen durch ambulante Behandlung oder durch Fördermaßnahmen gemildert bzw. kompensiert[1] werden. Eine Störung ist also **kurzfristig**, und man kann davon ausgehen, dass sie bei Einleitung von entsprechenden Maßnahmen innerhalb eines Zeitraums von ein bis zwei Jahren wieder verschwindet; in diesem Sinne kann auch eine länger andauernde Krankheit eine Störung sein. Eine Störung ist auch weniger umfänglich und betrifft in der Regel nur einen Persönlichkeitsbereich, sie ist **partiell**. Zudem ist sie **weniger schwer**, so dass sie durch entsprechende Maßnahmen ausgeglichen bzw. beseitigt werden kann. Solche Störungen in der Entwicklung zeigen sich oft bereits in früher Kindheit, sie können aber bis in das Erwachsenenalter auftreten.

> Von einer Störung spricht man, wenn die Entwicklung eines Menschen beeinträchtigt ist, diese Beeinträchtigung aber kurzfristig, partiell und weniger schwer ist.

Störungen können demnach sein *(vgl. Heinz Bach, 1989[13])*:

- *Längerfristige Beeinträchtigungen* eines Persönlichkeits-, Lern- oder Sinnesbereichs, die jedoch weniger umfänglich und nicht so schwer sind.
  Ein Beispiel hierfür sind Wahrnehmungsstörungen.
- *Schwere Verletzungen*, die aber weniger umfänglich sind und kürzere Zeit bestehen.
  Schwer heilende Knochenbrüche zählen hierzu.
- *Schwere Krankheiten*, die aber vorübergehen.
  Zum Beispiel Krankheiten, die einen längerfristigen Klinikaufenthalt erfordern.

---
[1] kompensieren: ausgleichen

Im allgemeinen Sprachgebrauch wird meistens nur der erstgenannte Typus als „Störung" bezeichnet. Solche Störungen können auftreten als:

- Lernstörungen
- Bewegungsstörungen
- Hörstörungen
- Sprachstörungen
- Sehstörungen
- Wahrnehmungsstörungen

 Ob eine Lernstörung in eine Lernbehinderung übergeht, eine Sehstörung in eine Sehbehinderung oder eine Hörstörung in eine Schwerhörigkeit, hängt davon ab, ob die Störung rechtzeitig erkannt wird und ob entsprechende Fördermaßnahmen eingeleitet werden können.

20.1.4 Gefährdungen

Sehr häufig sind Kinder Bedingungen ausgesetzt, die eine Behinderung oder eine Störung **erwarten** lassen.

So zum Beispiel kann es möglich sein, dass ein Säugling auf einen bestimmten Reiz nicht altersgemäß reagiert, die Eltern dies aber nicht wahrhaben wollen und sie deshalb keine entsprechenden Maßnahmen ergreifen.

Ein Kind wird von seinen Eltern abgelehnt und vernachlässigt, so dass es zu „verwahrlosen" droht.

Wenn die Entwicklung eines Menschen aufgrund von bestimmten Lebensbedingungen so weit von der Norm[1] abweicht, dass eine Behinderung oder eine Störung **droht,** wenn nicht entsprechende Maßnahmen ergriffen werden, spricht man von einer Gefährdung.

> **Von einer Gefährdung spricht man, wenn die Entwicklung eines Menschen aufgrund von bestimmten Lebensbedingungen so weit von der Norm abweicht, dass sie eine Behinderung oder Störung nach sich ziehen kann, wenn nicht unterstützende Maßnahmen ergriffen werden.**

Gefährdungen können sich je nach Bedingung in verschiedenen Bereichen zeigen, und zwar als

- **körperliche Gefährdungen,** zum Beispiel bei bestimmten Schwangerschaftserkrankungen und Geburtskomplikationen oder bei frühkindlichen sowie chronischen Erkrankungen;
- **soziale Gefährdungen,** zum Beispiel bei unzureichenden und beengten Wohnverhältnissen, aber auch bei Überbehütung oder luxuriösem Milieu (Verwöhnungsverwahrlosung), sehr langen Krankenhausaufenthalten, Heimunterbringung;
- **familiäre Gefährdungen,** zum Beispiel bei Unregelmäßigkeiten in der Familie (Alkoholismus der Eltern; zerrüttete Familien; Überlastung der Eltern durch Kinderzahl; behinderte Geschwister; schwere Erkrankungen der Eltern).

Gefährdungen können bewirken, dass Störungen auftreten oder dass sich bei vorliegender Störung eine Behinderung manifestiert.

---

[1] Norm: vgl. dazu Abschnitt 20.2

Erziehung unter besonderen Bedingungen

20.2 Beeinträchtigungen als Abweichungen von der Norm

Bei der Feststellung einer Beeinträchtigung spielt die **Normvorstellung** der Beurteilenden eine wichtige Rolle. Ob ein Verhalten, ein Aussehen oder ein Entwicklungsstand als „normal" oder als „nicht mehr normal" gilt, hängt von den Erfahrungen und von den Wertvorstellungen der Beurteilenden ab. Die Feststellung von „Normalität" und „Nicht-Normalität" eines Verhaltens oder Aussehens braucht somit immer eine **Bezugsgröße**, die hierzu genannt werden muss: eine **Norm.**

Für ein zweijähriges Kind ist es normal, wenn es ab und zu am Daumen lutscht. Für ein siebenjähriges Kind gilt diese Verhaltensweise nicht mehr als normal.

> **Normen sind Verhaltensvorschriften und -erwartungen, die das Tun und Lassen der Mitglieder einer Gesellschaft oder Gruppe regulieren.**

Eine Norm ist damit immer auch ein *Maßstab, an dem das Verhalten des Individuums gemessen wird.* Bei der Feststellung einer Beeinträchtigung wird ein Individuum also bewertet, beurteilt und verglichen. **Normalität bedeutet** hierbei **die relative Übereinstimmung mit den Normen** des Beurteilers.

20.2.1 Normales und von der Norm abweichendes Verhalten

Bei der normenbezogenen Betrachtung lassen sich drei Arten von Normen unterscheiden, die für die Einschätzung eines Verhaltens als „noch normal" oder „schon beeinträchtigt" bedeutsam sind:
- die **statistische** Norm
- die **ideale** Norm
- die **funktionale** Norm

Die statistische Norm

Normalität wird statistisch betrachtet. Als normal gilt, wie sich die meisten Menschen der Bezugsgruppe verhalten. Als Norm wird hierbei ein *statistisch errechneter Durchschnittswert* bzw. die am häufigsten vorkommende Verhaltensweise bezeichnet.

Im statistischen Durchschnitt können Kinder im 11. Lebensmonat frei stehen. Die wenigsten Kinder stehen jedoch genau nach 345 Tagen frei.

Da als Kriterium zur Bestimmung objektiv überprüfbare Fakten zugrunde gelegt werden, spricht man vom **objektiven Kriterium**. Insbesondere zum Erkennen von Entwicklungsverzögerungen ist die statistische Norm hilfreich: In welchem Alter sollte ein Kind das „S" richtig bilden oder Mehrwort-Sätze sprechen können?

293

Die ideale Norm

Normalität wird daraufhin betrachtet, was gesellschaftlich erwünscht ist.

Ein Mensch, der sich nicht wäscht und nicht auf sein Äußeres achtet, entspricht nicht den gesellschaftlichen Idealvorstellungen.

Als normal gilt ein Verhalten, das den allgemein akzeptierten gesellschaftlichen Regeln bzw. den in dieser Gesellschaft herrschenden *Idealvorstellungen* entspricht. Solche Vorstellungen sind immer im soziokulturellen Kontext zu sehen; man spricht deshalb vom **soziokulturellen Kriterium**.

Die funktionale Norm

Normalität wird danach beurteilt, inwieweit das Verhalten von den *persönlichen Vorstellungen* einer Person über sich selbst abweicht. Aus dieser subjektiven Sichtweise gilt jedes Verhalten als normal, das das körperliche, geistige, psychische und soziale Funktionieren des Individuums nicht beeinträchtigt.

Ein Mensch, der sich sehr häufig die Hände wäscht, kann sein Verhalten als „normal" erleben, obwohl er von der statistischen oder der idealen Norm abweicht.

Da zur Bestimmung von Normalität/Anormalität die subjektive Einstellung ausschlaggebend ist, spricht man vom **subjektiven Kriterium**.

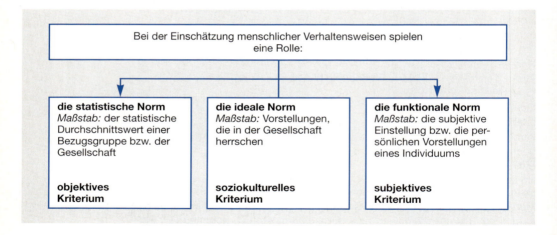

20.2.2 Die Problematik des Beeinträchtigungsbegriffs

Der Begriff „Beeinträchtigung" ist problematisch: **Normalität ist nicht objektiv messbar** und lässt sich auch nicht aufgrund objektiver Kriterien exakt bestimmen. Aus diesem Grunde kann auch kaum mit Sicherheit geklärt werden, wann eine Beeinträchtigung vorliegt und wann nicht. Gesellschaftliche und individuelle Normalität ist immer **subjektiv** und entzieht sich einer objektiven Messung.

Erziehung unter besonderen Bedingungen

Was für eine Person „normal" ist, ist für eine andere vielleicht „noch hinnehmbar", für eine dritte vielleicht schon „nicht mehr normal". Kriterien der „Nicht-Normalität" können in diesem Zusammenhang Gefühle der Unzufriedenheit, des Unglücklichseins, der Angst oder Depression des Individuums sein. Oft wird dabei übersehen, dass Verhalten immer einen Spielraum hat. So gibt es viele Personen, die sich als „zu dick" oder als „gestört" empfinden und unter diesem Zustand sogar leiden, obwohl ihre körperlichen Parameter weder von den Idealvorstellungen der Gesellschaft noch vom Durchschnittswert abweichen.

Die statistische Norm besagt lediglich, was die Mehrheit im Schnitt tut; sie entspricht aber meist nicht der Realität und trifft so gut wie nie auf den Einzelfall zu.

Dies wird deutlich an der Norm „Jeder Deutsche trinkt täglich 0,87 l alkoholische Getränke": Kaum einer trinkt genau diese Menge am Tag, er trinkt entweder mehr oder weniger – Abweichungen sind das „Normale".

Werte- und Normvorstellungen sind zudem relativ und weichen von Gruppe zu Gruppe bzw. von Gesellschaft zu Gesellschaft voneinander ab.

Ebenso können Begriffe wie „schwer – nicht schwer", „kurzfristig – langfristig", „umfänglich – partiell" usw. nicht genau und eindeutig bestimmt werden. So können auch die Begriffe „Behinderung", „Störung" oder „Gefährdung" im konkreten Fall nur schwer gegeneinander abgegrenzt werden. Die Dauer einer Beeinträchtigung kann noch am ehesten objektiv festgestellt werden. Ob eine Beeinträchtigung jedoch umfänglich oder weniger umfänglich bzw. schwer oder weniger schwer ist, ist im Einzelfall selten eindeutig zu entscheiden.

Neben der im Einzelfall schwer zu lösenden Frage der Abgrenzung der Begriffe „Behinderung", „Störung" und „Gefährdung" voneinander steckt noch ein weiteres Problem in diesen Begriffen. Die Zuschreibung des Begriffs „Behinderter" oder „Gestörter" zu einem Menschen ist fast immer mit der Festschreibung einer Normabweichung und dadurch mit einer **Stigmatisierung**[1] verbunden. Sie weist den Betroffenen automatisch einen Status außerhalb des Normbereichs zu, der sie in den Gedanken der „normalen" Menschen zu Außenseitern stempelt und ausschließt. Gerade deshalb wenden sich viele der Betroffenen dagegen, als „Behinderte" bzw. „Gestörte" bezeichnet zu werden, insbesondere in einer Zeit, da „Behinderter", oder „Gestörter" bereits als Schimpfwörter benutzt werden.

Ein körperbehinderter Mann fragt: Was ist das eigentlich für eine Gesellschaft, die beim Anblick eines an den Beinen gelähmten Menschen auf eine Lähmung seines Geistes, seiner Phantasie, seiner Sprache, seiner Sexualität, seiner gesamten Sinnesorgane schließt? *(Jürgen Hobrecht, 1981[3])*

---

[1] Stigmatisierung (gr.-lat.): Zuordnung negativ besetzter Merkmale durch die Gesellschaft

20.3 Verhaltensstörung

Gegenstand der Heil- bzw. Sonderpädagogik ist die Erziehung von Menschen, bei denen aufgrund vor erschwerenden Bedingungen die „normale" Erziehung nicht bzw. nicht mehr ausreicht und deshalb besondere pädagogische Maßnahmen erforderlich sind. Dabei handelt es sich einerseits um behinderte Personen, die aufgrund einer Schädigung einer Funktion in ihrem unmittelbaren Lebensvollzug und ihrer Teilhabe am gesellschaftlichen Leben eingeschränkt sind. Andererseits betrifft es Menschen, die ebenfalls in ihrem sinnvollen Lebensvollzug beeinträchtigt sind, diese Beeinträchtigung aber nicht auf organische Ursachen zurückzuführen ist, sondern im Laufe des Lebens erworben bzw. erlernt worden ist. In diesem Falle wird in der überwiegenden Literatur von Verhaltensstörung gesprochen *(vgl. zum Beispiel Karl Josef Klauer, 1992; Fr. Meinertz/R. Kausen/F. Klein, 1994[9])*.

20.3.1 Der Begriff Verhaltensstörung

Der Begriff Verhaltensstörung wird auch in der Alltagssprache verwendet. In der Heil- bzw. Sonderpädagogik spricht man dann von einer Verhaltensstörung,

- wenn das Verhalten bzw. Erleben einer Person insgesamt oder in einzelnen Teilbereichen so stark **von der Norm abweicht**, dass es sowohl für den Betroffenen als auch für seine Umgebung zu **Einschränkungen im sinnvollen Lebensvollzug** kommt,
- wenn die Abweichung **über einen längeren Zeitraum hinweg** auftritt,
- wenn die Abweichung **nicht auf organische Ursachen** zurückzuführen ist,
- wenn die Abweichung **besondere pädagogische bzw. psychologische Maßnahmen** erfordern, um den Betroffenen bzw. seine Umgebung zu unterstützen.

> **Verhaltensstörung bezeichnet alle Erlebens- und Verhaltensweisen, die über einen längeren Zeitraum hinweg erheblich von der Norm abweichen, so dass es für den Betroffenen und/oder seine Umwelt zu Einschränkungen im sinnvollen Lebensvollzug kommt und besondere pädagogische bzw. psychologische Maßnahmen erforderlich sind. Diese Abweichungen sind nicht organisch bedingt.**

Eine Verhaltensstörung ist immer eine **individuelle Schwierigkeit** – die Person ist unfähig, sich „normal" zu verhalten – und ein **soziales Problem**: Die Umwelt reagiert negativ bzw. leidet unter dem Problemverhalten.

Weitere Begriffe, die in diesem Zusammenhang verwendet werden, sind Erziehungsschwierigkeit, Verhaltensschwierigkeit, emotionale Störung, Persönlichkeitsstörung, Verhaltensbeeinträchtigung, soziale Fehlanpassung. Die Vielzahl der in der Fachliteratur verwendeten Begriffe zeigt auch die Schwierigkeit, den Sachverhalt angemessen zu umschreiben.

Weil bei der Bewertung von Verhalten immer die persönlichen Werte und Einstellungen der Beurteiler eine wichtige Rolle spielen, ist die Festlegung eines bestimmten Verhaltens als „Verhaltensstörung" immer problematisch. Einerseits werden viele Verhaltensweisen von Kindern, die sowohl der statistischen

Erziehung unter besonderen Bedingungen

als auch der gesellschaftlichen Norm entsprechen, wie zum Beispiel Hyperaktivität[1] oder Ablenkbarkeit, von überbesorgten Eltern vorschnell als „Verhaltensstörung" eingeschätzt und damit vorschnell „pathologisiert"[2]. Dies kann bewirken, dass das „problematische" Verhalten zu sehr in den Blickpunkt gerät und vielleicht dadurch erst verfestigt wird. Andererseits werden manche Verhaltensweisen als Ausdruck eines mangelnden Willens bzw. fehlender Kooperationsbereitschaft wahrgenommen. So wird eine bestehende Verhaltensstörung nicht rechtzeitig erkannt, es werden keine unterstützenden Maßnahmen eingeleitet, und das Problem kann sich evtl. verfestigen.

Auch der Begriff der Verhaltensstörung ist nicht unproblematisch: Bezeichnungen wie „normal", „Abweichung", „erheblich" oder „relativ dauerhaft" müssten eingehender bestimmt sein, um eine Verhaltensstörung genau zu kennzeichnen.

Verhaltensstörungen können in verschiedenen Bereichen und in verschiedenen Intensitäten auftreten. Die Bereiche dürfen jedoch nicht unabhängig voneinander betrachtet werden: So wirkt sich eine depressive Verstimmung immer auch im Sozial- und Verhaltensbereich aus.

Einen Überblick über mögliche Verhaltensstörungen gibt die folgende Übersicht:

Verhaltensstörungen können ihren Schwerpunkt haben im			
körperlichen Bereich	**psychischen Bereich**	**Verhaltensbereich**	**sozialen Bereich**
und zeigen sich dort			
als:	als:	eher **aggressiv** als:	als:
• Magenbeschwerden (Bauchschmerzen)	• Angsterscheinungen wie z. B. Schul-, Prüfungs- oder Sprechangst	• Streitsucht	• Teilnahme an Diebstählen
• Essstörungen (Gier, Verweigerung, Magersucht, Fettsucht)		• häufiges Schlagen	• Brutalität gegenüber Gleichaltrigen
• Einnässen, Einkoten	• Angst vor bestimmten Tieren (Phobien)	• Trotz	• Bandenzugehörigkeit
• motorische Funktionsstörungen (Tic, Zittern)		• Zerstören von Gegenständen	• Schulschwänzen/Streunen
• Sprachstörungen	• Zwangsvorstellungen	• Wutanfälle, Jähzorn	• Lügen
• Atemstörungen	• depressive Verstimmungen	eher **gehemmt** als:	
• Zähneknirschen		• Kontaktstörungen	
• Jaktationen (Schaukelbewegungen)		• Clownerien	
• Lutschen (Daumenlutschen)		• Überangepasstheit	
• Nägelbeißen		• Überempfindlichkeit, häufiges Weinen	
• Schlafstörungen		im **Leistungsbereich** als:	
• Haare ausreißen		• mangelnde Ausdauer und Konzentration	
• Funktionsstörungen innerhalb der Körpersphäre sowie abnorme Gewohnheiten		• Hyperaktivität	
		• erhöhte Ablenkbarkeit	
		• Verträumtheit	
		• fehlende Initiative	
		• kurze Aufmerksamkeitsspanne	
		• Schulversagen trotz angemessener Intelligenz	

---

[1] *Hyperaktivität: eine über die Maßen gesteigerte Aktivität*
[2] *pathologisch: krankhaft*

297

Erziehung unter besonderen Bedingungen

20.3.2 Ursachen von Verhaltensstörungen

Folgende Ursachen können eine Verhaltensstörung bewirken und an ihrer Entstehung beteiligt sein:

- **soziokulturelle Faktoren** wie eine ungünstige soziale Bezugsgruppe, übertriebener Leistungsdruck, übermäßiger Fernsehkonsum, Reizüberflutung durch ein Überangebot an Spielzeug und Konsumgütern;

- **ökonomische Faktoren** wie schlechte Vermögensverhältnisse der Eltern bzw. des Elternteils, mangelnder Wohnraum, Wohnraumverdichtung, fehlende Kontaktmöglichkeiten im Wohnbezirk;

- **familiäre Faktoren** wie disharmonische Familienatmosphäre, Beziehungsstörungen oder Gewalthandlungen zwischen den Eltern, ungünstige Geschwisterkonstellation wie etwa ständige Benachteiligung gegenüber den anderen Geschwistern;

- **Fehlformen in der Erziehung** wie Ablehnung, Vernachlässigung, Laisserfaire, Überbehütung und Verwöhnung; mangelnde emotionale Zuwendung oder zu starke emotionale Bindung in der Beziehung Eltern(teil) – Kind, indifferente, inkonsequente oder widersprüchliche Erziehungseinstellungen und -maßnahmen eines oder beider Elternteile, Überforderung, Übertragung unbewusster Wünsche und Einstellungen der Eltern auf das Kind;

- **individuelle Erlebnisse** wie Misshandlungen und sexueller Missbrauch, Trennung der Elternteile, Verlust eines Elternteils oder einer Bezugsperson, schicksalhafte Erlebnisse wie zum Beispiel Unfälle, Erleben vermeintlicher Minderwertigkeit wie zum Beispiel Aussehen, Körpergestalt, Geschlecht, Behinderung.

Es ist kaum möglich, dass lediglich eine dieser genannten Ursachen eine Verhaltensstörung hervorruft, erst durch das **Zusammenspiel von mehreren dieser Ursachen** kann es zu einer Verhaltensstörung kommen. Eine Verhaltensstörung kann auch ein Folgesymptom einer Behinderung sein. Wenn etwa die organischen Ursachen bestimmter Verhaltensweisen nicht erkannt werden und die Umwelt nicht angemessen reagiert, dann kann eine Verhaltensstörung als Sekundäreffekt eines organischen Defekts auftreten.

Ein Kind, das aufgrund einer Wahrnehmungsstörung unsicher und „tollpatschig" zu Hause viele Gegenstände kaputtmacht, wird als Folge der vielen Ermahnungen und Zurechtweisungen durch die Eltern unter Umständen extrem aggressiv und unfähig, berechtigte Kritik zu ertragen.

20.4 Die Erklärung der Entstehung einer Verhaltensstörung

Eine Verhaltensstörung hat Auswirkungen auf den betroffenen Menschen und seine soziale Umgebung. Wer sich nicht konzentrieren kann, ist in seinen Lernvollzügen eingeschränkt; wer sehr aggressiv ist, wird von seinen Mitmenschen abgelehnt und kann nur schwer soziale Kontakte knüpfen. Will

298

Erziehung unter besonderen Bedingungen

man einem Menschen helfen, sein Verhalten zu ändern, so ist es wichtig, die Entstehung der Verhaltensstörung zu erklären und aufgrund dieser Erklärung Maßnahmen abzuleiten. Erklären bedeutet in diesem Zusammenhang, der Frage nachzugehen, **warum bestimmte Ursachen zu bestimmten Verhaltensstörungen führen.**[1]

Warum beispielsweise zeigen Menschen depressive Verhaltensweisen, wenn sie eine geliebte Person verlieren? Warum reagiert ein Kind stärker als seine Geschwister? Warum wird eine Kind aggressiv, wenn es dauernd Frustration erfährt – sein Bruder jedoch nicht?

Auch wenn gleiche oder ähnlich Bedingungen vorliegen, entwickeln sich Menschen unterschiedlich.

Ein Kind kann zum Beispiel in einem schwierigen sozialen Milieu eine Verhaltensstörung entwickeln, während seine Geschwister keine Verhaltensauffälligkeiten zeigen.

Um zu erklären, warum sich Problemverhalten ausbildet, müssen deshalb die möglichen Ursachen und die Prozesse untersucht werden, die zu dieser Verhaltensstörung geführt haben. Häufig weiß man jedoch nicht genau, wie sich solche möglichen Ursachen im gegebenen Einzelfall auswirken. Zudem sind die Prozesse nicht direkt beobachtbar – ihre Auswirkungen müssen mit Hilfe von **Theorien** erklärt werden. Die bedeutendsten **Theorien** dabei sind:

- die **Psychoanalyse**
- die **Konditionierungstheorien**
- die **sozial-kognitive Theorie**

Die Entstehung von problematischen Verhaltensweisen kann aus der Sichtweise jeder dieser Theorien betrachtet werden. Je nach den Annahmen der gewählten Theorie wird die Erklärung der Entstehung einer Verhaltensstörung jedoch anders ausfallen und auch unterschiedliche pädagogische und therapeutische Maßnahmen nach sich ziehen. Zudem kann nicht jede Verhaltensstörung mit jeder Theorie gleich zutreffend erklärt werden.

20.4.1 Die Erklärung von Verhaltensstörungen aus psychoanalytischer Sicht[2]

Aus psychoanalytischer Sicht sind zur Erklärung eines bestimmten Ereignisses zwei Gesichtspunkte wichtig:

- Aussagen zur Struktur der Persönlichkeit:
  - Wie sieht (sah) die Dynamik der Persönlichkeit aus?
  - Besteht (bestand) ein Gleichgewicht oder ein Ungleichgewicht zwischen den einzelnen Persönlichkeitsinstanzen und der Realität zueinander?
  - Welche Ängste sind (waren) aktuell?
  - Welche Abwehrmechanismen werden (wurden) eingesetzt?

---

[1] *vgl. hierzu Band 1, Kapitel 1.3.2*
[2] *Die grundlegenden Annahmen und Begriffe der psychoanalytischen Theorie sind in Band 1, Kapitel 10 dargestellt.*

Erziehung unter besonderen Bedingungen

- Aussagen zur Entwicklung der Libido:
  - Welche Bedürfnisse herrschen (herrschten) in der jeweiligen Entwicklungsphase vor?
  - Was ist mit diesen Bedürfnissen geschehen? Werden (wurden) die Bedürfnisse ausreichend oder unzureichend bzw. über die Maßen hinaus befriedigt?

Auf diese Art und Weise können Erziehungssituationen auf der Basis der psychoanalytischen Theorie erfasst und bewertet werden.

Verhaltensstörungen entstehen aus psychoanalytischer Sicht einmal dadurch, dass **das ICH, das ES, das ÜBER-ICH und die Realität nicht im Gleichgewicht zueinander stehen**, und zum anderen durch **Konflikte und Probleme, die im Zusammenhang mit der frühkindlichen Entwicklung der Libido stehen**[1].

Verhaltensstörungen können aus psychoanalytischer Sicht **entstehen** durch

das Bestehen eines Ungleichgewichtes zwischen dem Verhältnis des ICH, des ES, des ÜBER-ICH und der Realität zueinander	**Konflikte und Probleme die im Zusammenhang mit der frühkindlichen Entwicklung der Libido stehen**
Ein Ungleichgewicht der einzelnen Persönlichkeitsinstanzen – dies ist der Fall, wenn das ES, das ÜBER-ICH oder die Realität über das ICH siegen (Ich-Schwäche) – bewirkt ein Auftreten von unangemessenen Ängsten und einen übertriebenen Einsatz von Abwehrmechanismen, die die bedrohlichen und Angst auslösenden Erlebnisinhalte abwehren, unbewusst machen sollen. Ein fortwährendes Einsetzen von Abwehrmechanismen führt zur Leugnung, Verzerrung und Verfälschung der Realität, so dass es zu einem der Realität nicht angepassten Verhalten kommt, was der Ausgangspunkt für seelische Fehlentwicklungen ist.	Werden die Wünsche und Bedürfnisse des Kindes in den jeweiligen Phasen – orale, anale, phallische Phase – nicht oder nur unzureichend befriedigt, so kommt es zu Triebfrustrationen, was das Erleben einer Enttäuschung als Folge einer fortwährenden Verhinderung der Befriedigung wichtiger Bedürfnisse meint. Eine Triebfrustration bringt es zum einen mit sich, dass das Kind auf einer bestimmten Entwicklungsphase stehen bleibt und es an entsprechenden Verhaltensweisen zur Triebbefriedigung festhält (= Fixierung). Zum anderen bedingt die Triebfrustration, dass es eine bestimmte Phase überwindet und zu einem späteren Zeitpunkt wieder auf diese zurückfällt (= Regression). Fixierung und Regression können auch eintreten, wenn die Wünsche und Bedürfnisse des Kindes über die Maßen hinaus befriedigt werden (= exzessive Befriedigung).

---

[1] vgl. Band 1, Kapitel 10.4

Erziehung unter besonderen Bedingungen

20.4.2 Die Erklärung von Verhaltensstörungen aus der Sicht der Konditionierungstheorien [1]

Aus der Sicht der Konditionierungstheorien sind zur Erklärung von Verhaltensstörungen folgende Gesichtspunkte wichtig:

* Aus der Sicht des klassischen Konditionierens:
  - Welche Reiz-Reaktions-Verbindungen bestehen?
  - Welcher Reiz löst die problematischen Verhaltensweisen aus?
  - Welche Verhaltensweisen werden (wurden) generalisiert?

* Aus der Sicht des operanten Konditionierens:
  - Was ist (war) es, das das Individuum aktiv werden lässt (ließ)?
  - Welche Verhaltensweisen kommen (kamen) dabei des Öfteren zum Erfolg, welche nicht?
  - Mit welchen Verhaltensweisen können (konnten) des Öfteren angenehme Situationen herbeigeführt bzw. aufrechterhalten und unangenehme vermieden, verringert bzw. beendet werden?
  - Welche kurz-, mittel- oder langfristigen Konsequenzen haben (hatten) diese Verhaltensweisen?
  - Welchen „Gewinn" zieht (zog) das Individuum aus den problematischen Verhaltensweisen?
  - Welche Bedingungen sind (waren) für den Erwerb und die Aufrechterhaltung des Problemverhaltens verantwortlich?
  - Welche Verhaltensweisen werden (wurden) durch Bestrafung unterdrückt?

Gegenstand und Ausgangspunkt der Analysen durch die Konditionierungstheorien ist das **beobachtbare Verhalten**. Sie gehen davon aus, dass alles Verhalten – auch Verhaltensstörungen – im Laufe der persönlichen Geschichte gelernt wurde und auch wieder verlernt werden kann.

Das klassische Konditionieren baut auf der Annahme der wiederholten Kopplung eines Reizes, der keine spezifische Reaktion auslöst (= neutraler Reiz NS), mit einem Reiz (= unbedingter Reiz UCS), der bereits eine bestimmte Reaktion auslöst (= unbedingte Reaktion UCR), auf. Dies hat zur Folge, dass der ursprünglich neutrale Reiz dann die gleiche Reaktion auslöst wie der unbedingte Reiz, und so aus dem ursprünglich neutralen Reiz ein gelernter – bedingter – Reiz (CS) wird, der eine bedingte Reaktion (CR) auslöst. Auf diese Weise können unangemessene bedingte Verhaltensreaktionen oder unangemessene bedingte emotionale Reaktionen wie zum Beispiel Angst erlernt werden[2].

Das operante Konditionieren geht davon aus, dass Verhalten durch **Verstärkungsprozesse** aufrechterhalten wird: Es werden vermehrt solche Verhaltensweisen gezeigt, durch die ein Individuum angenehme Konsequenzen herbeiführen bzw. aufrechterhalten oder unangenehme Konsequenzen

---

[1] *Die grundlegenden Aussagen der Konditionierungstheorien sind in Band 1, Kapitel 8 dargestellt.*
[2] *vgl. Band 1, Kapitel 8.1*

beseitigen, verringern oder vermeiden kann[1]. Verhaltensstörungen entstehen auf der Grundlage des operanten Konditionierens also dadurch, dass ein Mensch durch sie angenehme Konsequenzen herbeiführen bzw. aufrechterhalten oder unangenehme Konsequenzen beseitigen, verringern oder vermeiden kann.

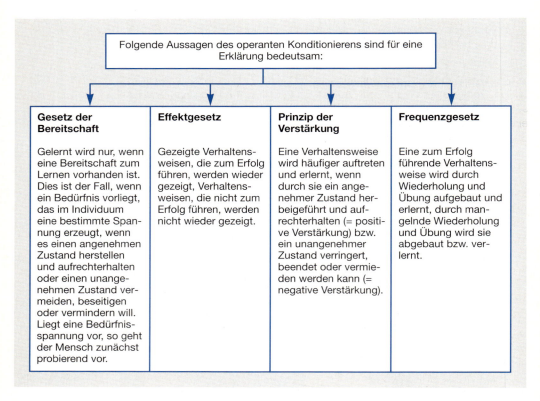

20.4.3 Die Erklärung von Verhaltensstörungen aus der Sicht der sozial-kognitiven Theorie[2]

Zur Erklärung problematischen Verhaltens sind aus der Sicht der sozial-kognitiven Lerntheorie eine Reihe von Gesichtspunkten wichtig. Sie lassen sich mit Hilfe der folgenden Fragen näher untersuchen:

- Welche Effekte hat bzw. hatte das Modelllernen?
- Welche Prozesse und Phasen laufen (liefen) beim Beobachter ab?
- Was sind die Bedingungen, von denen die Beobachtung (Aufmerksamkeit) abhängt bzw. abhing: Wie ist (war) die Beschaffenheit des Modells, wie die des Beobachters?

---

[1] vgl. Band 2, Kapitel 8.2
[2] Die grundlegenden Annahmen und Begriffe der sozial-kognitiven Theorie sind in Band 1, Kapitel 9 dargestellt.

Erziehung unter besonderen Bedingungen

- Wie gestaltet(e) sich die Beziehung zwischen Modell und Beobachter?
- Welche Situationsbedingungen sind (waren) vorherrschend?
- Welche Bekräftigungen erwartet(e) der Beobachter?
- Welche unterschiedlichen Erwartungshaltungen sind (waren) im Beobachter aktuell?

Menschen übernehmen Verhaltensstörungen durch Beobachtung anderer Personen, die ihnen als Vorbild dienen. Als Vorbilder fungieren dabei natürliche Modelle (= Menschen, die real anwesend sind) sowie symbolische Modelle, zum Beispiel Personen aus Filmen, Fernsehen, Büchern, Comics und anderen Massenkommunikationsmitteln. Der Erwerb einer Verhaltensstörung hängt einmal von deren Aufnahme mit Hilfe von kognitiven Prozessen ab (Aneignung) und zum anderen davon, ob das Individuum motiviert ist, eine bestimmte Verhaltensweise zu übernehmen und zu zeigen (Ausführung). Bezüglich der Beobachtung von Verhaltensweisen konzentriert sich der Lernende in der Regel auf diejenigen, die seine Aufmerksamkeit erregen. Die Aufmerksamkeitsprozesse entscheiden darüber, welche Verhaltensweisen überhaupt wahrgenommen und aufgenommen werden.

So zum Beispiel werden wir aggressive Modelle, die unsere Aufmerksamkeit auf sich ziehen, erfassen und aufnehmen.

Die Aufmerksamkeit hängt von einer Reihe Faktoren ab, unter anderem von den Persönlichkeitsmerkmalen des Modells und des Beobachters, von der Art der Beziehung zwischen Modell und Beobachter und von den gegebenen Situationsbedingungen. Dabei spielt die Beschaffenheit des Modells eine wichtige Rolle: Eine Verhaltensstörung wird eher übernommen, wenn das Modell soziale Macht, Prestige und hohes Ansehen besitzt, sympathisch und attraktiv erscheint, dem Lernenden gegenüber Wertschätzung und Verständnis zeigt sowie dessen Bedürfnisse befriedigt und wenn es mit seiner Verhaltensstörung erfolgreich ist.

In Filmen beispielsweise erfüllt das „Modell" sehr häufig diese Eigenschaften, so dass etwa aggressives Verhalten nachgeahmt wird.

Zum anderen ist die Beziehung des Modells zum Beobachter wichtig: Eine positive Beziehung begünstigt den Erwerb nicht angemessenen Verhaltens.

So kann ein Junge einen sehr aggressiven Freund haben, zu dem er eine sehr gute Beziehung hat.

Bevor das Verhalten jedoch gezeigt werden kann, muss es erst gespeichert werden. Der Beobachter wird eine bestimmte Verhaltensweise jedoch nur dann zeigen, wenn er dazu motiviert ist. Nur wer sich vom Beobachten und Zeigen einer Verhaltensstörung einen Erfolg bzw. Vorteil verspricht oder einen Misserfolg bzw. Nachteil abzuwenden glaubt, wird entsprechende Aktivitäten entfalten. Motivation ist daher eng mit der Aussicht auf Bekräftigung bzw. Verstärkung oder ihrem tatsächlichen Eintreten verbunden. Dabei kann es sich um unterschiedliche Arten von Konsequenzen handeln, die entweder den Beobachter oder das Modell betreffen: um die externe Bekräftigung, die stellvertretende Bekräftigung und/oder die stellvertretende Selbstbekräftigung.

So zum Beispiel kann die Beobachtung, dass man in einem bestimmten sozialen Umfeld für eine aggressive Handlung belohnt wird, bewirken, diese Handlung in der betreffenden Umgebung auszuführen. Dies kann auch der Fall sein, wenn das Modell für seine aggressive Vorgehensweise die Anerkennung seiner Freunde erfährt.

Dabei ist das Entscheidende, dass bei dem Zeigen einer Verhaltensstörung eine positive Konsequenz oder ein Vermeiden negativer Folgen erwartet wird. Aus der Sicht der sozial-kognitiven Theorie sind es letztlich die Erwartungshaltungen, die den Beobachter dazu motivieren, eine bestimmte Verhaltensweise zu zeigen oder nicht zu zeigen: Unangemessenes Verhalten wird eher gezeigt, wenn sich der Nachahmer davon angenehme Konsequenzen verspricht (= Ergebniserwartung), der Beobachter eine positive subjektive Einschätzung seiner eigenen Fähigkeiten vornimmt (= Kompetenzerwartung) und wenn er aufgrund einer günstigen Selbstbewertung Zufriedenheit, Wohlbefinden und Selbstbelohnung erwartet (= Aussicht auf Selbstbekräftigung).

Erhofft sich zum Beispiel ein Individuum vom Nachahmen aggressiven Verhaltens mehr Anerkennung in seiner Gruppe, so zeigt es sehr wahrscheinlich dieses Verhalten; nimmt er aber an, es bringe ihm Spott und Ablehnung ein, so wird dieses Verhalten unterlassen. Eine Person jedoch, die Gewalt aus tiefster Überzeugung ablehnt, wird sich durch das Beobachten eines gewalttätigen Vorbilds nicht ohne weiteres zur Übernahme eines solchen Verhaltens bewegen lassen, selbst wenn ihr eine externe Belohnung dafür in Aussicht steht.

Bei der Übernahme von Verhaltensstörungen kann es sich um den modellierenden, den enthemmenden oder auch um den auslösenden Effekt handeln.

Auf der Grundlage jeder der genannten Erklärungsansätze werden die zugrunde liegenden Ursachen einer Verhaltensstörung anders zu deuten und anders zu gewichten sein, und es werden sich andere Interventions- bzw. Therapiemöglichkeiten ableiten lassen. In der psychologischen und pädagogischen Praxis wird man deshalb nie nur eine Theorie heranziehen, sondern Aspekte aller Theorien in die Analyse des Erlebens und Verhaltens sowie in die Ableitung der Konsequenzen einbeziehen.

Erziehung unter besonderen Bedingungen

Zusammenfassung

- Beeinträchtigungen sind Erschwerungen verschiedenster Art und unterschiedlichster Intensität in der Entwicklung eines Menschen; sie können in verschiedenen Bereichen der Entwicklung auftreten. Entsprechend des Schweregrades, der Dauer und des Umfanges kann sich eine Beeinträchtigung als Behinderung, als Störung oder als Gefährdung zeigen. Der Begriff der Beeinträchtigung ist sehr problematisch, da Normalität nicht objektiv messbar ist, Werte- und Normvorstellungen relativ sind, und sie nicht genau und eindeutig bestimmt werden kann.

- Eine Behinderung liegt vor, wenn eine Person aufgrund einer Schädigung ihrer körperlichen, geistigen oder seelischen Funktionen schwer, umfänglich und langfristig in ihrem unmittelbaren Lebensvollzug und ihrer Teilhabe am gesellschaftlichen Leben eingeschränkt ist. Von einer Störung spricht man, wenn die Entwicklung eines Menschen beeinträchtigt ist, diese Beeinträchtigung aber kurzfristig, partiell oder weniger schwer ist. Eine Gefährdung ist vorhanden, wenn die Entwicklung eines Menschen aufgrund von bestimmten Lebensbedingungen so weit von der Norm abweicht, dass sie eine Behinderung oder Störung nach sich ziehen kann, wenn nicht unterstützende Maßnahmen ergriffen werden.

- Bei der Einschätzung menschlicher Verhaltensweisen spielen die statistische, die ideale und die funktionale Norm eine Rolle. Der Maßstab der statistischen Norm ist der statistische Durchschnittswert einer Gesellschaft, der der idealen Norm sind die Vorstellungen, was in einer Gesellschaft für wünschenswert gehalten wird, und der Maßstab der funktionalen Norm ist die subjektive Einstellung bzw. die ganz persönlichen Vorstellungen eines Individuums.

- Verhaltensstörung bezeichnet alle Erlebens- und Verhaltensweisen, die über einen längeren Zeitraum hinweg erheblich von der Norm abweichen, so dass es für den Betroffenen und/oder seine Umwelt zu Einschränkungen im sinnvollen Lebensvollzug kommt und besondere pädagogische bzw. psychologische Maßnahmen erforderlich sind. Diese Abweichungen sind nicht organisch bedingt.

- Selten ist es eine Ursache, die zu einer Verhaltensstörung führt; es ist immer die Verknüpfung und Wechselwirkung verschiedener Einflussfaktoren in der persönlichen Geschichte des Betroffenen. Erklären lässt sich die Entstehung einer Verhaltensstörung mit Hilfe von Theorien. Die bedeutendsten Theorien dabei sind die Psychoanalyse, die Konditionierungstheorien und die sozial-kognitive Theorie. Jede der genannten Theorien wird die zugrunde liegenden Ursachen einer Verhaltensstörung anders deuten und anders gewichten und deshalb andere Interventions- bzw. Therapiemöglichkeiten nach sich ziehen.

Materialien — Kapitel 20

1. Arten von Behinderungen

1 Behinderungen werden häufig als **Einfachbehinderungen** beschrieben, und zwar als:
- geistige Behinderung
- Lernbehinderung
- Blindheit
5 • Sehbehinderung
- Taubheit
- Schwerhörigkeit
- Körperbehinderung
- Sprachbehinderung

In einer groben Klassifizierung kann der Zusammenhang zwischen Schädigung und Einfachbehinderung folgendermaßen dargestellt werden:

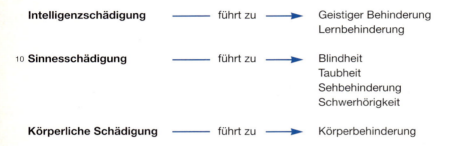

15 **Anmerkung**: Die Sprachbehinderung kann nicht eindeutig einer Sinnesschädigung oder einer körperlichen Schädigung zugeordnet werden.

Liegen bei einer Person mehrere der genannten Behinderungen vor, zum Beispiel wenn sie gleichzeitig geistig- und körperbehindert ist, so spricht man von einer **Mehrfachbehinderung**.

Weiterhin ist auch zu unterscheiden zwischen einer **Primärbehinderung** und einer **Folgebehinderung**
20 (Sekundärbehinderung). Dieser Unterscheidung liegt die Erkenntnis zugrunde, dass eine vorliegende Behinderung unvermeidbar oder vermeidbar eine weitere Behinderung nach sich zieht oder ziehen kann. Dieser Sachverhalt lässt sich schematisch so darstellten:

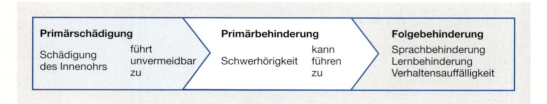

Oft wird die zugrunde liegende Schädigung nicht erkannt und erst entdeckt, wenn eine Folgebehinderung bereits aufgetreten ist. Wenn z. B. Kinder „nicht hören", wird dies oft ihrem Willen und nicht der
25 unerkannten Hörschädigung zugeschrieben. Eltern und Erzieher reagieren dann häufig auf ein vermeintliches „Nicht-hören-Wollen" und nicht auf das „Nicht-hören-Können", wodurch oft Fehlverhaltensweisen beim Kind fixiert werden.

*Erziehung unter besonderen Bedingungen / **Materialien***

Eine Beschreibung der Besonderheiten sowie Angaben zur Häufigkeit von Primärbehinderungen gibt die nachfolgende Übersicht:

Beschreibung der Primärbehinderung	Erwartete Häufigkeit in der Bundesrepublik Deutschland
Als **geistig behindert** gelten Personen, die in ihrem Lernverhalten aufgrund einer anlagebedingten, vor der Geburt (pränatal) oder durch eine Hinverletzung erworbenen, geistigen Funktionsschwäche **erheblich** in ihrer Entwicklung verzögert sind. Bei der Teilnahme am Leben der Gemeinschaft sind sie dauerhaft auf die Mithilfe weiterer Personen angewiesen.	0,6 % eines Geburtsjahrgangs (ca. 15 000 im Alter von 0 bis 3 Jahren)
Als **lernbehindert** gelten Personen, die in ihrem Lernen umfänglich und lang dauernd beeinträchtigt sind. Dies wirkt sich besonders schwerwiegend in der schulischen und in der Berufsausbildung aus. Diese Behinderung ist in der Regel an eine generalisierte Lernstörung oder an einen messbaren Intelligenzrückstand gebunden. Dieser kann sowohl durch eine organische Schädigung als auch durch soziokulturelle Benachteiligung entstanden sein.	ca. 2–3 % eines Geburtsjahrgangs (mit gravierenden Intelligenzrückständen); Lernbehinderte mit wenig verminderter Intelligenz, aber generalisierten Lernstörungen, ca. 3–4 %; zusammen ca. 5–7 %.
Als **blind** gelten Personen, die infolge einer Schädigung des Sehorgans so stark in ihrem Sehvermögen beeinträchtigt sind, dass sie sich nur mit Hilfe in einer unbekannten Umgebung orientieren können, und die optisch keine Information aufnehmen können. (Lesen ist zum Beispiel nur in Blindenschrift mit den Fingern möglich.)	ca. 0,015 % eines Geburtsjahrgangs (ca. 375); zunehmend höherer Prozentanteil nach dem 5./6. Lebensjahrzehnt)
Als **sehbehindert** gelten Personen, deren Sehvermögen infolge einer Schädigung des Sehorgans oder einer Störung der Sehfunktion so stark herabgesetzt ist, dass Informationen über das Auge nur unvollkommen oder erheblich verzerrt aufgenommen werden können.	0,1 % eines Geburtsjahrgangs (ca. 2500 im Alter von 0–3 Jahren); im Erwachsenenalter wesentlich mehr
Als **gehörlos** gelten Personen, die taub sind und deshalb die Lautsprache auf normalem Wege nicht entwickeln können oder die im Jugend- bzw. Erwachsenenalter ertauben, so dass sie einen teilweisen Verfall ihrer Lautsprache erleiden.	ca. 0,05 % eines Geburtsjahrgangs (ca. 2500 im Alter von 0–3 Jahren); im Erwachsenenalter wesentlich mehr, ca. 4–6 % eines Geburtsjahrgangs; sonderschulbedürftig ca. 0,25 % eines Geburtsjahrgangs
Als **schwerhörig** gelten Personen, die aufgrund eines Defektes des Gehörs eine verminderte Hörfähigkeit besitzen. Sie sind aber noch in der Lage, Sprache (eventuell mit Hilfsmittel) über das Ohr wahrzunehmen. Schwerhörigkeit führt in der Regel zu Sprachschädigungen, die häufig eine besondere pädagogische Betreuung erfordern.	
Als **körperbehindert** gelten Personen, deren Bewegungsfähigkeit aufgrund einer Schädigung ihres Stütz- oder Bewegungssystems (Skelett, Muskeln, zentralnervöse Versorgung) erheblich eingeschränkt ist. Weiterhin zählen hierzu Personen, deren körperliches Leistungsvermögen infolge von Erkrankung oder Schädigung innerer Organe erheblich eingeschränkt ist. Zu den häufigsten Körperbehinderungen zählen: • Cerebrale Bewegungsstörungen (vom Gehirn ausgehende Störungen); solche Bewegungsstörungen können als schlaffe oder als spastische Lähmungen auftreten. • Fehlbildungen, Erkrankungen oder Verletzungen der Wirbelsäule, des Rückenmarks oder des Knochenbaus • Fehlbildungen oder Verlust der Gliedmaßen • Muskelkrankheiten, bleibende Schäden an Muskel- und Bandapparaten • Anfallsleiden, wenn die Anfälle häufig und schwer sind oder körperliche Veränderungen bzw. Wesensveränderungen zur Folge haben, sowie chronische Krankheiten und Störungen im Bereich der inneren Organe	ca. 0,2–0,3 % eines Geburtsjahrgangs (ca. 750); die Anzahl der körperbehinderten Kinder, die im Säuglings-/Kleinkindalter oder begleitend zum Besuch einer allgemeinen Schule besondere pädagogische, medizinische und psychologische Maßnahmen benötigen, ist jedoch wesentlich höher

307

*Erziehung unter besonderen Bedingungen / **Materialien***

Als **sprachbehindert** gelten Personen, die zwar ein normales Hörvermögen besitzen, die aber trotzdem in ihrer sprachlichen Ausdrucks- und Mitteilungsfähigkeit oder in ihrem Sprachverständnis langfristig beeinträchtigt sind. Zu den häufigsten Sprachbehinderungen zählen:

- multiples Stammeln (viele Laute werden nicht normgerecht ausgesprochen) und Dysgrammatismus (der Satzbau wird beim Sprechen nicht beachtet)
- zentrale (durch Ausfälle im Gehirn bedingte) Entwicklungsstörungen der Sprache wie Hörstummheit oder akustische Agnosie (Unfähigkeit, dem Gehörten eine Bedeutung zu entnehmen)
- psychogene Stummheit, Schweigen bei intaktem Sprechvermögen (Mutismus)
- Störungen im Redefluss wie Stottern und Poltern (überhastete Sprechweise)
- Sprechstörungen (Stammeln, Näseln) und schwere Stimmstörungen

ca. 8–13 % in der Vor- und Grundschulzeit förderbedürftig; sonderschulbedürftig ca. 0,33 %; Sprachbehinderung ist bei Jungen häufiger als bei Mädchen; Verhältnis weibl. : männl. Stotterer: 1 : 3 bis 1 : 10

Quelle: Heinz Bach, 1989[13]

2. Die Reaktion von Nichtbehinderten auf Behinderte

1 Das Zusammentreffen zwischen behinderten und nichtbehinderten Menschen in alltäglichen Situationen ist oft für alle Beteiligten problematisch:

5 Ein körperbehinderter Mann berichtet:
„Die Gespräche der Männer auf den Barhockern werden gedämpfter, als wir eintreten, uns an den Tisch setzen. Ab und zu dreht einer den Kopf auf uns zu, wagt einen verstohlenen Blick auf den 10 Rollstuhl. Einer guckt etwas gelangweilt zu uns herüber für einen Moment, so als würde es ihn eigentlich nicht interessieren ... Ich kann mir vorstellen, worüber das leise Gespräch der Männer hinter uns geht. Ich kann sie kaum angucken ..."
15 *(Jürgen Hobrecht, 1981*[3]*)*

Die Begegnung mit behinderten Menschen löst bei den Nichtbehinderten häufig verschiedene Reaktionen aus. Diese Reaktionen werden jedoch von den Betroffenen oder ihren Begleitern wahr-
20 genommen. Folgende **Reaktionen** beispielsweise sind häufig:

- **Anstarren** (besonders intensives Hinschauen)
- **Missmutsäußerungen,** Abkehr (die Begegnung mit dem behinderten Menschen wird als
25 Zumutung betrachtet)
- **Unsicherheit** (Verunsicherung, ob man hinsehen/wegsehen/sich abwenden oder helfend eingreifen soll)
- **Mitleid** (zum Teil auch Fehlhandlungen, wie
30 beispielsweise Austeilen von Bonbons an erwachsene Körperbehinderte)

- Aktivierung von **Vorurteilen** („Wer so aussieht, der ist ...")

1970 untersuchte *Gerd W. Jansen* Einstellungen zu behinderten Menschen und Vorurteile über sie. 35 Er kam zu folgenden Ergebnissen:

- 90 % der Befragten wissen nicht, wie sie sich Behinderten gegenüber verhalten sollen;
- 63 % der Befragten möchten Behinderte in ein Heim verbannen; 40
- 56 % der Befragten lehnen die Hausgemeinschaft mit einem Körperbehinderten ab.

Dass die Forschungsergebnisse von Jansen nichts an Aktualität verloren haben, zeigt sich daran, dass behinderte Menschen neuerdings 45 auch wieder Ziel von Aggressionen werden.

Die Beispiele und die Forschungsergebnisse zeigen deutlich, dass „Behinderung" nicht nur ein Problem der unmittelbar betroffenen Menschen und deren Eltern ist. Auch die Nichtbehinderten 50 müssen sich bei einer Begegnung mit dem Aussehen und dem Verhalten behinderter Menschen auseinander setzen. Die Reaktion der Umwelt wird von den Betroffenen wahrgenommen und als unterstützend oder als ablehnend erlebt. Die 55 Reaktionen der Umwelt können somit erschwerend oder erleichternd auf den behinderten Menschen zurückwirken.

Quelle: Hermann Hobmair (Hg.), 1996[2]

*Erziehung unter besonderen Bedingungen / **Materialien***

3. Aggressionen gegen behinderte Menschen

1 Kommt es in letzter Zeit vermehrt zu Aggressionen gegen Behinderte? – Die Frage stellt sich nach einem Aufsehen erregenden Selbstmord in Großburgwedel bei Hannover. Der 46-jährige
5 Günter Schirmer, einbeinig und sprachgestört seit einem Verkehrsunfall 1979, war von Jugendlichen wiederholt bespuckt und angepöbelt, einmal sogar eine U-Bahn-Treppe hinuntergestoßen worden (siehe *ZEIT* Nr. 44/92).

10 „Behinderte haben in dieser Welt wohl nie mehr eine Chance", schrieb er Anfang September im Abschiedsbrief an seine Frau. „Bei Hitler hätten sie mich bestimmt vergast, vielleicht haben diese vielen jungen Menschen doch Recht."

15 Der niedersächsische Behindertenbeauftragte Karl Finke hat inzwischen begonnen, ähnliche Fälle zu dokumentieren:

- In der *Hannoverschen Presse* schilderte die spastisch gelähmte Birgit Poll Anfang Novem-
20 ber, wie sie auf offener Straße von mehreren jungen Leuten angegriffen wurde: „Sie stellten sich mir in den Weg, traten gegen den Rollstuhl, schrien, dass ich in die Gaskammer gehören würde."

25 • Zehn Jugendliche in Halle-Neustadt haben laut *Mitteldeutscher Zeitung* am 24. Juni fünf hörgeschädigte Kinder „überfallen und brutal zusammengeschlagen". Die vierzehnjährigen Schüler hatten an einer Bushaltestelle gewar-
30 tet. Drei der älteren Jugendlichen sprachen sie an, bekamen jedoch keine Antwort, da die Hörbehinderten sie nicht verstanden. Sie prügelten die Schüler noch im Bus vor Zeugen; niemand griff ein, auch der Busfahrer nicht.
35 Würgemale, Milzschäden, ein Schüler wurde schwer am Kehlkopf verletzt.

- Ein Rollstuhlfahrer, der kürzlich in Mainz vor einem Buchladen stand und sich die Auslage ansah, wurde von einem in der Nähe knut-
40 schenden Pärchen als Voyeur verdächtigt. Der Mann kam auf den Rollstuhlfahrer zu und zückte ein Klappmesser: „Wenn du weiter so

blöd zu uns rüber guckst, dann kitzele ich dich mal." Der Mann folgte dem in die Buchhandlung fliehenden Rollstuhlfahrer und sagte: „Auf 45 dich könnte ich richtig scheißen." Dann spuckte er ihm ins Gesicht.

- Ein fünfzigjähriger geistig Behinderter aus Hannover wurde nach einem Kinobesuch am 24. September von einem „zirka 20 Jahre 50 alten Mann in Lederbekleidung" verfolgt und entführt. Nach vier Tagen fand ihn die Kriminalpolizei schlafend, verwahrlost, erschöpft und verletzt in einem Wohnwagen. Er trug eine Fußfessel am linken Bein, hatte Prellun- 55 gen am ganzen Körper, sein rechter Daumen war verbrannt. Der Unbekannte hatte ihn mehrfach geschlagen und mit dem Feuerzeug traktiert.

Bislang steht Karl Finke mit seiner Sammlung 60 allein. Viele Behindertenorganisationen betrachten die Liste skeptisch: Einige Einzelfälle müssen noch kein Trend sein. Man dürfe keine Hysterie erzeugen. Dies ist freilich auch nicht das Ziel des Behindertenbeauftragten: Finke, selbst fast blind, 65 will das Augenmerk der Gesellschaft auf solche Vorkommnisse lenken, um Schlimmerem vorzubeugen. „Es kann sein, dass nach den Ausländern die Behinderten dran sind", sagt er. „Und wenn die Lawine erst mal rollt, ist es zu spät. 70 Dann kann man nur noch zählen, wie viele Übergriffe es gibt."

Finke fordert eine „Kultur des Hinschauens": Es dürfe nicht angehen, dass Stärkere Schwächere verprügelten und nichts befürchten müssten. „Da 75 muss jeder Bürger dazwischengehen."

Nun ist dies eigentlich eine Selbstverständlichkeit; und an das Selbstverständliche erinnern zu müssen ein bedenkliches Indiz für den Zustand der Gesellschaft. 80

Quelle: Die Zeit, Nr. 49, 1992

*Erziehung unter besonderen Bedingungen / **Materialien***

4. Maßnahmen zur Vorbeugung und Behandlung von Verhaltensstörungen

Bei Verhaltensbesonderheiten und Verhaltensauffälligkeiten ihrer Kinder können sich Eltern an eine Erziehungsberatungsstelle wenden. In der Zusammenarbeit mehrerer Fachleute wird festgestellt, ob tatsächlich eine Verhaltensstörung vorliegt. Dies verdeutlicht die folgende Übersicht:

Aufgabe des Mediziners	Aufgabe des Psychologen/Sonderpädagogen	Aufgabe des Sozialarbeiters
Feststellen, ob die Verhaltensstörung auf organische Befunde zurückgeführt werden kann	Daten über die Lebensgeschichte, Schullaufbahn und Intelligenzleistungen sowie gegebenenfalls über die Vorgeschichte der Störung erheben; wesentliche Persönlichkeitsmerkmale wie zum Beispiel Angst oder Aggressivität werden mit bestimmten Tests erfasst	Den familiären, ökonomischen und sozialen Hintergrund abklären

Die **Diagnose „Verhaltensstörung"** wird erst dann gestellt, wenn aus diesen Daten eindeutig hervorgeht, dass das gezeigte Verhalten

- in seiner Intensität und Häufigkeit dauerhaft in verschiedenen Situationen auftritt,
- als schwere Belastung für das betroffene Kind und seine Umwelt anzusehen ist,
- sich ohne zusätzliche Hilfestellung nichts verändern wird.

Liegt eindeutig eine Verhaltensstörung vor, dann können verschiedenen **Maßnahmen** eingeleitet werden:
- Förder- und Therapiemaßnahmen mit den betroffenen Kindern bzw. Jugendlichen
- Elternberatung und Elterntraining
- Schule für Verhaltensgestörte/Heimunterbringung

Förder- und Therapiemaßnahmen mit den betroffenen Kindern bzw. Jugendlichen

Bei schweren Verhaltensstörungen ist häufig der Einsatz pädagogisch-therapeutischer Maßnahmen notwendig. Als Einzel- oder Gruppenverfahren werden sowohl in Erziehungsberatungsstellen als auch in Sondereinrichtungen folgende Maßnahmen eingesetzt:

- **Verhaltenstherapie** und **Pädagogische Verhaltensmodifikation**. Hierbei werden über klassisches und operantes Konditionieren sowie über Modell-Lernen problematische Verhaltensweisen abgebaut und soziales Verhalten gelernt.

- **Nicht-direktives Gespräch**. Der Therapeut stellt sich völlig auf die vom Klienten angesprochenen Themen ein, steuert ihn so wenig wie möglich und enthält sich auch jeglicher Ratschläge, wertender Stellungnahmen und Interpretationen. Wichtige Prinzipien dieser Gesprächstechnik sind Wertschätzung, emotionale Wärme, Offenheit und Echtheit sowie das An- und Aussprechen der vom Klienten geäußerten emotionalen Erlebnisinhalte durch den Therapeuten.

- **Spieltherapie und psychoanalytische Therapie.** Im Gespräch, im Spiel, im Rollenspiel sowie im musischen Gestalten können die dem Verhalten zugrunde liegenden Ursachen aufgedeckt und bearbeitet werden. Im Spiel kann das Kind stellvertretend jene Bedürfnisse befriedigen, die es in der Realität unterdrücken muss. Durch das Spielen von Ängsten und Problemen können diese thematisiert und bisher nicht zugängliche Bewältigungsstrategien gefunden werden.

- **Selbstentspannung, Meditation und Hypnose.** Durch diese Verfahren können die Voraussetzungen geschaffen werden, dass das Kind Zugang zu seinen positiven Kräften findet.

- **Psychomotorische Behandlung und Mototherapie.** Weil eine enge Wechselbeziehung zwischen seelischen und körperlichen Vorgängen besteht, können durch körperliche Aktivitäten Affekte und Emotionen beeinflusst werden. Da Körperhaltung und Bewegung auch Stimmungen und Gefühle ausdrücken,

*Erziehung unter besonderen Bedingungen / **Materialien***

kann in der Einzelbehandlung und in der Gruppe das soziale Verhalten über Körperstimulation, körperliche Aktionen oder über die Reflexion des Gruppengeschehens verändert werden.

- **Wahrnehmungstraining.** Hierbei wird versucht, durch den Einsatz spezieller Materialien und Übungen zentrale (durch das zentrale Nervensystem bedingte) Wahrnehmungsstörungen als Ursachen für die Verhaltensstörung auszuschalten.

- **Elternberatung und Elterntraining**
Verhaltensstörungen bei Kindern und Jugendlichen sind häufig nur Ausdruck gestörter Familienbeziehung. Aus diesem Grund werden Eltern angeleitet, die Verhaltensweisen ihres Kindes auch als Folge ihrer bisherigen Erziehungspraxis zu verstehen und ihr eigenes Erzieherverhalten gegebenenfalls zu verändern. Eine Möglichkeit hierzu sind verschiedenen Formen des Elterntrainings. In welchen Stufen ein Elterntraining ablaufen kann, zeigt die nachfolgende Übersicht.

Eltern lernen hierbei schrittweise:
„1. Voraussetzungen für Verhaltensänderungen zu schaffen.
Ziel: Lernen, Verhalten spezifisch zu benennen und zu beobachten.
2. Problematische Erziehungssituationen im Verhaltensspiel darzustellen.
Ziel: Eltern sollen durch die Darstellung die Auswirkungen ihres eigenen Verhaltens auf das Kind selbst erleben, anstatt nur darüber zu berichten.
3. Interaktionen zu erfassen, zu protokollieren und zu bewerten.

Ziel: Erkennen, wie Verhaltens „ketten" entstehen. Bewusstwerden, dass das Verhalten aller Familienmitglieder wechselseitig voneinander abhängt.
4. Wie sich Verhalten am Erfolg orientiert.
Ziel: Vertraut werden mit den wichtigsten Prinzipien der Verhaltensmodifikation, deren Anwendung und Wirkung kennen lernen.
5. Verhaltensregeln zur Veränderung problematischer Situationen zu entwickeln.
Ziel: Das Familienleben transparenter werden lassen.
6. Alternatives Verhalten einzuüben und in der Praxis einzusetzen.
Ziel: Erweiterung des Verhaltensrepertoires der Eltern.
7. Selbstkontrolle anzuwenden.
Ziel: Lernen, wie die im Training erworbenen Methoden im Familienalltag angewandt werden können".   *(G. F. Müller/G. Moskau, 1982)*

**Schule für Verhaltensgestörte –
Heimunterbringung**

Kann die vorliegende Verhaltensstörung im familiären und sozialen Umfeld nicht abgebaut werden, so ist die Einweisung in eine Förderschule zur Erziehungshilfe oder in ein Heim angezeigt. In diesen Institutionen wird häufig im Sinne einer der genannten psychologischen Richtungen gearbeitet.
Ziel dieser Maßnahmen ist es immer, eine frühe Rückeingliederung in die gewohnte Umgebung zu ermöglichen. Häufig zeigt sich, dass mit dem Abbau von Verhaltensstörungen bei vielen Schülern auch die Lernstörungen zurückgehen und Lerndefizite ausgeglichen werden können.

Quelle: Hermann Hobmair (Hg.), 1996[2]

Aufgaben und Anregungen
Kapitel 20

Reproduktion von Informationen

1. Bestimmen Sie den Begriff „Beeinträchtigung" und beschreiben Sie verschiedene Auftretensformen der Beeinträchtigung.
   (Abschnitt 20.1.1)
2. Bestimmen Sie die Begriffe „Behinderung", „Störung" und „Gefährdung".
   (Abschnitt 20.1.2., 20.1.3 und 20.1.4)
3. Beschreiben Sie die Arten von Normen in Bezug auf die normenbezogene Betrachtung von Beeinträchtigungen.
   (Abschnitt 20.2.1)
4. Erläutern Sie die Problematik des Beeinträchtigungsbegriffs.
   (Abschnitt 20.2.2)
5. Bestimmen Sie den Begriff Verhaltensstörung.
   (Abschnitt 20.3.1)
6. Zeigen Sie mögliche Ursachen von Verhaltensstörungen auf.
   (Abschnitt 20.3.2)

Anwendungsaufgaben

7. Bestimmen Sie umfassend den Begriff Beeinträchtigung und beschreiben Sie anhand von geeigneten Beispielen Kriterien zur Einordnung von Auftretensformen von Beeinträchtigungen.
   (Abschnitt 20.1.1)

8. Bestimmen Sie die Begriffe „Behinderung", „Störung" und „Gefährdung", und zeigen Sie Gemeinsamkeiten und Unterschiede zwischen diesen Begriffen auf.
   (Abschnitt 20.1.2. 20.1.3 und 20.1.4)

9. Grenzen Sie an einem ausgewählten Beispiel die Begriffe „Behinderung", „Störung" und „Gefährdung" voneinander ab.
   (Abschnitt 20.1.2, 20.1.3 und 20.1.4)

10. Ordnen Sie folgende Beispiele der jeweiligen Auftretensform der Beeinträchtigung (Behinderung, Störung, Gefährdung) zu:

    a) *Gerd der Versager*
       Gerd besucht seit zwei Jahren die Grundschule. Seine Lehrerin macht sich Gedanken, weil Gerd im Unterricht nicht mitarbeitet und auch keine guten Noten schreibt. Seine Mutter rastet deshalb regelmäßig aus.

    b) *Gudruns Rechtschreibung*
       Gudrun verwechselt immer dieselben Buchstaben. Sie schreibt: „Liede Tante Martha, banke für das schöne Apuarium. Das hade ich mir schon immer gewünscht. Viele dunte Fische sinb schon brin. Danke, Deine Gubrun."

*Erziehung unter besonderen Bedingungen / **Aufgaben und Anregungen***

c) *Roberts Isolierung*

Roberts Vater arbeitet in einer großen Firma; er wird jetzt innerhalb von vier Jahren schon das dritte Mal in eine andere Stadt versetzt. Robert findet deshalb kaum Freunde und fühlt sich in seiner neuen Schulklasse recht isoliert.

d) *Der Mann im Ohr*

Frau Käserich erschrickt, als sie plötzlich einen Pfeifton wahrnimmt, der nicht mehr aufhört. Ihr Mann versichert ihr, dass er diesen Ton nicht vernehme. Am selben Tag noch saust sie zum HNO-Arzt und lässt sich behandeln.

e) *Herr und Frau Melter, die Sorgenvollen*

Frau und Herr Melter machen sich große Sorgen um ihren 16-jährigen Sohn. Sie haben von der Nachbarin gehört, dass er in einem Freundeskreis verkehrt, der Rauschgift nimmt.

f) *Walter, der Impotente*

Walter hat zur Zeit viel Stress in seiner Firma. Seit dieser Zeit hat er, wenn er mit seiner Frau schlafen will, Schwierigkeiten, eine Erektion zu bekommen.

(Abschnitt 20.1.2, 20.1.3 und 20.1.4)

11. Erläutern Sie am Beispiel einer Beeinträchtigung (zum Beispiel Alkoholabhängiger, übertriebene Ängstlichkeit) die Arten von Normen in Bezug auf die normenbezogenen Betrachtung von Beeinträchtigungen.
(Abschnitt 20.2.1)

12. Bestimmen Sie den Begriff Beeinträchtigung und stellen Sie die Problematik dieses Begriffes dar.
(Abschnitt 20.2.2)

13. Bestimmen Sie den Begriff Verhaltensstörung und zeigen Sie mögliche Ursachen von Verhaltensstörungen auf.
(Abschnitt 20.3.1 und 20.3.2)

14. Bestimmen Sie den Begriff Verhaltensstörung und erklären Sie die Entstehung einer Beeinträchtigung mit Hilfe

a) der psychoanalytischen Theorie,
(Abschnitt 20.4.1[1])

b) einer Konditionierungstheorie (klassisches oder operantes Konditionieren),
(Abschnitt 20.4.2[2])

c) der sozial-kognitiven Theorie.
(Abschnitt 20.4.3[3])

---

[1] *siehe auch Band 1, Kapitel 10*
[2] *siehe auch Band 1, Kapitel 8.1 oder 8.2*
[2] *siehe auch Band 1, Kapitel 9*

*Erziehung unter besonderen Bedingungen / **Aufgaben und Anregungen***

15. Fallbeschreibung „Bert"[1]

Bert, 8 Jahre, zweites von drei Kinder, fällt in der 2. Klasse der Grundschule durch folgende Verhaltensweisen auf: Er kann nicht still sitzen, läuft immer herum, zappelt, wackelt mit dem Stuhl; wenn er einen Stift oder ein Buch in der Hand hat, „fliegt" es bald irgendwohin. Gegenüber den Mitschülern verhält er sich aggressiv: Oft gibt es Streitigkeiten, nicht selten geht er brutal gegen seine Mitschüler vor (stellt ihnen ein Bein, schubst sie); es gab schon Armbrüche und Kopfverletzungen. Die Eltern der Mitschüler sind empört. In der Klasse ist er ein völliger Außenseiter, die Mitschüler beachten jede Aktion von ihm und geben sie unmittelbar an die Lehrkraft weiter. Er selbst ist jedoch sehr empfindlich: Wenn er sich von Erwachsenen unrecht behandelt fühlt, bekommt er Wut- und Tobsuchtsanfälle, brüllt und wirft Gegenstände durch den Raum. Wenn er nicht beschäftigt ist, ruckt er nervös auf seinem Stuhl umher und kaut an seinen Fingernägeln, die er schon ganz weit abgebissen hat. Gegenüber Erwachsenen tut er sehr großspurig; wenn er nett auf sie zugehen will, dann boxt und kratzt er sie erst einmal. Er trägt ein Spielzeugschwert mit sich herum und verhält sich als „Held". Wenn er angesprochen wird, dann kann er sich über seine Gefühle nicht äußern, er kann auch den Blickkontakt nicht aufrechterhalten. Nach Auskunft der Mutter träumt er viel und wacht von den Angstträumen öfter nachts auf.

Beide Eltern sind berufstätig, so dass Bert den der Schule angeschlossenen Hort besucht, in dem die gleichen Verhaltensweisen wie in der Schule zu beobachten sind. Der Vater ist Binnenschiffer und deshalb oft wochenlang nicht zu Hause. Die Mutter ist selbst sehr nervös, redet schnell und ununterbrochen und kommt nach eigener Auskunft nicht mit dem Kind zurecht. Zu Hause wird er oft in sein Zimmer eingesperrt; wenn es nicht mehr anders geht, dann schlägt sie ihn. Da sie mit ihm „nicht mehr fertig wird", möchte sie, dass er in ein Heim kommt.

a) Beschreiben Sie das problematische Verhalten von Bert und zeigen Sie auf, ob es sich bei diesem Verhalten um eine Behinderung, Störung oder Gefährdung handelt.
(Abschnitt 20.1.2 bis 20.1.4)

b) Erklären Sie das problematische Verhalten von Bert anhand einer Theorie (zum Beispiel der Psychoanalyse, einer Konditionierungstheorie, der sozial-kognitiven Theorie). Stellen Sie dabei die Annahmen und Begriffe dieser Theorie dar.

c) Zeigen Sie auf der Grundlage der in b) dargestellten Theorie Möglichkeiten auf, wie man das problematische Verhalten von Bert abbauen könnte.
(Abschnitt 20.4[2])

---

[1] *Weitere Fallbeschreibungen zu diesem Thema befinden sich in Kapitel 21.5.*
[2] *siehe auch Band 1, Kapitel 10, 8.1, 8.2 oder 9*

*Erziehung unter besonderen Bedingungen / **Aufgaben und Anregungen***

Anregungen

16. Versuchen Sie, zusammen mit einem oder mehreren Klassenkameraden mit verbundenen Augen durch Ihr Schulhaus zu gehen. Tauschen Sie dann in der Klasse Erlebnisse und Erfahrungen aus.

17. Lassen Sie sich von einem Klassenkameraden mit einem ausgeliehenen Rollstuhl durch Ihren Ort fahren (zum Beispiel Kaufhaus, Behörde, Gaststätte) und sprechen Sie die Leute an. Halten Sie die Reaktionen dieser Leute fest und tauschen Sie dann in der Klasse ihre Erlebnisse und Erfahrungen aus.

18. Klären Sie in einem Rollenspiel, ab welchem Alter Ihr Kind sauber sein muss (nachts durchschlafen muss), wie lange es mit 4 Jahren aufbleiben bzw. Fernsehen schauen darf.

19. Erläutern Sie in Kleingruppen, warum Ihr behindertes (lern- bzw. wahrnehmungsgestörtes) Kind mehr Fürsorge, mehr Geduld und mehr Nachsicht braucht.

20. Besuchen Sie eine Einrichtung der Heil- bzw. Sonderpädagogik – zum Beispiel ein Heim für behinderte oder verhaltensgestörte Kinder und Jugendliche. Erkundigen Sie sich dabei
    * nach den *Aufgaben bzw. Zielen* dieser Einrichtung,
    * nach *Formen erzieherischer Arbeit* – wie versucht die Einrichtung ihren Aufgaben gerecht zu werden bzw. ihre Ziele zu erreichen? –,
    * nach dem *Aufbau bzw. der Organisation* dieser Einrichtung sowie
    * nach *Chancen, Problemen und Grenzen der erzieherischen Arbeit* in dieser Einrichtung.

    Sichten und werten Sie die Ergebnisse in Gruppen aus. Die Ergebnisse können in einer Wandzeitung präsentiert werden. Die Reflexion und kritische Anmerkungen können im Klassenverband erfolgen.

21 Die Anfertigung von schriftlichen Prüfungsarbeiten

Die Hinweise zur Erstellung von Prüfungsarbeiten im Unterrichtsfach Pädagogik/Psychologie orientieren sich an der schriftlichen Abschlussprüfung an bayerischen Fachoberschulen und Berufsoberschulen, Ausbildungsrichtung Sozialwesen.

21.1 Der Aufbau einer Prüfungsaufgabe

Zwei Arten von Prüfungsaufgaben lassen sich unterscheiden:

- **Aufgaben zu verschiedenen Themenbereichen aus dem Fach Pädagogik/Psychologie**

  Hierzu ein Beispiel:

  1. *a) Bestimmen Sie die Begriffe Behinderung und Störung.*
     b) Erläutern Sie anhand eines Beispiels Gemeinsamkeiten und Unterschiede dieser beiden Begriffe.

  2. *Personen mit Beeinträchtigungen können sozialpädagogische Hilfe in Anspruch nehmen.*
     Stellen Sie am Beispiel einer Verhaltensstörung das Vorgehen eines Sozialpädagogen auf der Grundlage eines sozialpädagogischen Handlungskonzeptes dar.

  3. *Menschen, die eine Behinderung oder Störung aufweisen, leiden oft unter der ablehnenden Einstellung ihrer Mitmenschen.*
     Erklären Sie mit Hilfe einer geeigneten Theorie, wie eine solche ablehnende Einstellung entstehen kann.
     Stellen Sie dabei die grundlegenden Annahmen und Begriffe dieser Theorie dar.

  Die Aufgaben bestehen aus **drei Teilfragen bzw. -aufgaben**, die zu beantworten bzw. zu lösen sind. Diese können zur besseren Übersicht noch einmal unterteilt sein (siehe Teilaufgabe 1.). Gelegentlich werden einzelne Teilaufgaben auch mit einem „Hinweis" eingeleitet (siehe Teilaufgabe 2. und 3.).

- **Aufgaben zu einer Fallbeschreibung:**

  Es wird ein Fall beschrieben, zu dem drei Teilfragen bzw. -aufgaben gestellt werden. Beispiele hierfür finden sich in Abschnitt 21.5, ab Aufgabe 19, und in einigen Kapiteln im Aufgabenteil „Anwendungsaufgaben".

Die Anfertigung von schriftlichen Prüfungsarbeiten

Die Schule legt den Schülern drei Aufgaben zur Auswahl vor: Zwei Aufgaben zu verschiedenen Themenbereichen aus dem Fach Pädagogik/Psychologie und eine Aufgabe zu einer Fallbeschreibung. Der Schüler muss **eine** der vorgegebenen Aufgaben in der Zeit von 180 Minuten bearbeiten.

21.2   Leistungsbereiche einer Prüfungsarbeit

In Prüfungsarbeiten werden grundsätzlich drei verschiedene Leistungsbereiche verlangt: eine **Beschreibung**, eine **Erklärung** und/oder eine **Anwendung**[1].

21.2.1 Die Beschreibung

Der Leistungsbereich „Beschreibung" wird durch eine Anweisung wie *„Beschreiben Sie ...", „Zeigen Sie (auf) ...", „Stellen Sie dar ...", „Erläutern Sie ...", „Bestimmen Sie ...", „Klären Sie ...", „Definieren Sie ..."* eingeleitet.

Bei der Teilaufgabe beispielsweise *„Beschreiben Sie wesentliche Aufgaben einer sozialpädagogischen Einrichtung und stellen Sie Probleme und Grenzen der erzieherischen Arbeit in dieser Einrichtung dar"* handelt es sich um eine Beschreibung der Aufgaben einer sozialpädagogischen Institution (zum Beispiel des Kindergartens, einer Beratungsstelle, einer Einrichtung der Jugendhilfe), ihrer Probleme und Grenzen der erzieherischen Arbeit:

1. Kurze Darstellung einer sozialpädagogischen Einrichtung (zum Beispiel des Kindergartens, der Erziehungsberatungsstelle, des Jugendzentrums, des Heims)
2. Beschreibung der Aufgaben dieser gewählten sozialpädagogischen Einrichtung
3. Aufzeigen möglicher Probleme und Grenzen der gewählten sozialpädagogischen Einrichtung

Die Beantwortung der Frage *„Stellen Sie wesentliche Merkmale der Erziehung dar und beschreiben Sie an einem geeigneten Beispiel Erziehung als soziale Interaktion und Kommunikation"* ist ebenfalls eine Beschreibung einerseits der Merkmale von Erziehung und andererseits der Erziehung als soziale Interaktion und Kommunikation, aufgezeigt an einem Beispiel.

Auch eine **Begriffsbestimmung** bzw. **-klärung** stellt eine Beschreibung dar.

„Bestimmen Sie die Begriffe ‚soziale Kommunikation' und ‚soziale Interaktion' " ist ein Beispiel hierfür.

Häufig wird in einer Teilaufgabe nach einer **Beschreibung an einem Beispiel** gefragt, das entweder – wie bei der Fallbeschreibung – vorgegeben ist oder selbst gefunden und formuliert werden muss.

Die Teilaufgabe *„Beschreiben Sie an einem Beispiel wesentliche Merkmale von Erziehung"* oder *„Stellen Sie am Beispiel einer typischen Erziehungssituation eine Kommunikationsstörung dar"* verlangen eine Beispielsbeschreibung.

---

[1] *Diese Ausführungen lehnen sich zum Teil an Felix Novak (1981) an.*

Dabei kann folgendermaßen vorgegangen werden:

1. **Allgemeine Beschreibung der geforderten Erkenntnisse**
2. **Darstellung eines Beispiel (wenn es nicht schon vorgegeben ist)**
3. **Aufzeigen der beschriebenen Erkenntnisse an dem dargestellten Beispiel**

Die Beantwortung oben genannter Teilaufgaben *„Beschreiben Sie an einem Beispiel wesentliche Merkmale von Erziehung"* kann demnach so aufgebaut werden:

1. Allgemeine Beschreibung der Merkmale von Erziehung
2. Darstellung eines Beispiels
3. Erläuterung der Merkmale von Erziehung an diesem Beispiel

Die Teilaufgabe *„Stellen Sie am Beispiel einer typischen Erziehungssituation eine Kommunikationsstörung dar"* könnte folgendermaßen gegliedert werden:
1. Bestimmung, was Kommunikationsstörung bedeutet
2. Darstellung einer typischen Erziehungssituation
3. Beschreibung einer Kommunikationsstörung an dieser Situation

21.2.2. Die Erklärung

Die Pädagogik und die Psychologie verwenden den Begriff ‚Erklären' nicht wie im Alltagssprachgebrauch etwa im Sinne von Offenlegen, wie dies beispielsweise bei der Zollerklärung oder bei der Liebeserklärung der Fall ist, oder im Sinne von Dar- oder Auslegen, wie etwa bei einer Texterklärung oder der Funktionsweise eines bestimmten Gerätes *(vgl. H. Seiffert/G. Radnitzky, 1989)*. Erklären bedeutet **das Herstellen von Beziehungen zwischen beschriebenen Merkmalen**. Dabei handelt es sich um *Ursache-Wirkungs-Zusammenhänge*. Erklärt werden kann mit Hilfe von **Gesetzmäßigkeiten** und/oder mit Hilfe einer **Theorie**[1].

Eine Erklärung wird durch die Anweisung *„Erklären Sie ..."* eingeleitet. Diese Aufforderung gibt dem Schüler immer den Hinweis, dass er jetzt einen bestimmten Sachverhalt erklären muss.

Um eine Beziehung zwischen Merkmalen – zwischen Ursache-Wirkungs-Zusammenhängen – herstellen zu können, muss man sich erst einmal das zu erklärende Ereignis vergegenwärtigen.

Bei der Teilaufgabe *„Erklären Sie die Entstehung einer negativen Einstellung gegenüber Randgruppen (zum Beispiel Ausländern, Asylbewerbern, Homosexuellen)"* ist das zu erklärende Ereignis die Entstehung einer negativen Einstellung gegenüber einer bestimmten Randgruppe.

---

[1] *vgl. hierzu Band 1, Kapitel 1.3.2*

Die Anfertigung von schriftlichen Prüfungsarbeiten

Zum anderen sind die **(möglichen) Ursachen**, die zu dem zu erklärenden Ereignis geführt haben (könnten), bedeutsam.

Aus der Fragestellung bzw. aus der Wahl der Theorie, mit der der geforderte Sachverhalt erklärt wird, geht hervor, ob es sich um Situationsbedingungen oder um mögliche Ursachen handelt.

Eine lerntheoretische Erklärung zum Beispiel erfordert das Auffinden möglicher Situationsbedingungen, eine psychoanalytische Erklärung dagegen verlangt die Darstellung möglicher Ursachen, die beispielsweise in der frühen Kindheit liegen können.

Oft sind die Ursachen konkret gegeben, wie dies bei der Fallbeschreibung üblich ist, es kann aber auch möglich sein, dass diese entsprechend der Fragestellung selbst erkannt werden müssen.

Es kann aus systematischen Gründen sinnvoll sein, in einer Aufgabe, in der eine Erklärung gefordert ist, zunächst das zu erklärende Ereignis sowie die (möglichen) Ursachen genau zu beschreiben. Man hat dann die Ursache(n) und die Wirkung, deren Zusammenhang ja hergestellt werden soll, vor Augen.

Um den gegebenen Sachverhalt nun erklären zu können, sind zwei Schritte erforderlich:

1. **Darstellung der relevanten Aussagen und Begriffe einer Theorie**, mit deren Hilfe erklärt werden kann. Aus der Frage- bzw. Aufgabenstellung geht in der Regel eindeutig hervor, mit welcher Theorie erklärt werden soll.

   Solche Theorien sind die Konditionierungstheorien (klassisches und operantes Konditionieren), die sozial-kognitive Theorie, die psychoanalytische Theorie, die Theorie der kognitiven Entwicklung von *Jean Piaget,* die Dissonanztheorie von *Leonhard Festinger* u. a.

   Oft ist dem Schüler freigestellt, mit welcher Theorie er den gegebenen Sachverhalt erklären will, oft ist die Theorie vorgegeben.

   Bei der Beantwortung der Teilaufgabe *„Erklären Sie mit Hilfe einer Theorie die Entstehung einer Verhaltensstörung"* kann der Schüler die Theorie, mit der er erklären will, selbst wählen (zum Beispiel eine Konditionierungstheorie, die sozial-kognitive Theorie, die Psychoanalyse); bei der Frage *„Erklären Sie die Entstehung einer bestimmten Einstellung mit Hilfe der sozial-kognitiven Theorie von Albert Bandura u.a."* ist die Theorie vorgegeben.

2. **Herstellung des Zusammenhanges** zwischen dem zu erklärenden Ereignis und den möglichen Ursachen, die zu diesem Ereignis geführt haben (könnten) mit Hilfe der vorher dargestellten Aussagen und Begriffe einer Theorie. *In diesem Schritt geschieht die eigentliche Erklärung.*

Die Anfertigung von schriftlichen Prüfungsarbeiten

Die Beantwortung der Teilaufgabe „*Bestimmen Sie den Begriff Verhaltensstörung und erklären Sie die Entstehung einer Verhaltensstörung mit Hilfe einer geeigneten Theorie*" könnte folgendermaßen aufgebaut werden:

1. Klärung des Begriffes ‚Verhaltensstörung'
2. Darstellung einer Verhaltensstörung (zum Beispiel übertriebenen Ängstlichkeit, Aggression, Depression)
3. Darstellung der Begriffe und Aussagen einer Theorie (zum Beispiel einer Konditionierungstheorie, der sozial-kognitiven Theorie, der Psychoanalyse)
4. Herstellen des Zusammenhangs mit Hilfe der in 3. beschriebenen Theorie

Die Vorgehensweise bei einer Erklärung:

1. *Darstellung der relevanten[1] Annahmen und Begriffe einer Theorie.*
2. *Herstellung des Zusammenhanges zwischen dem zu erklärenden Ereignis und den (möglichen) Ursachen mit Hilfe der in 1. dargestellten Annahmen und Begriffe einer Theorie.*

Gesichtspunkte, die zur Erklärung eines Ereignisses oder zur Analyse einer Fallbeschreibung mit Hilfe von Theorien wichtig sind, finden sich in Kapitel 20.4.

21.2.3 Die Anwendung

Bei diesem Leistungsbereich geht es um die **Anwendung von wissenschaftlichen Erkenntnissen in konkreten Situationen** zum Zwecke der Lösung „praktischer Probleme".

Aufgabenbeispiele:

„Erstellen Sie Maßnahmen, wie Erzieher das Erziehungsziel der pädagogischen Mündigkeit in einem Lebensbereich (zu Beispiel in der Familie, im Kindergarten) verwirklichen können."

„Erarbeiten Sie ein Konzept zur Änderung einer ablehnenden Einstellung gegenüber Behinderten."

„Stellen Sie im Rahmen einer ihnen bekannten Kommunikationstheorie Möglichkeiten erfolgreicher Kommunikation zwischen Erzieher und Kind dar."

Eine Anwendung erfordert einmal die Vergegenwärtigung dessen, **was erreicht und geändert werden soll**. Dies kann sich auf eine (oder auch mehrere) bestimmte Erlebens-, Verhaltens- oder Handlungsweise(n), auf eine

---

[1] *Relevant bedeutet hier, dass nur diejenigen Annahmen und Begriffe einer Theorie dargestellt werden müssen, die für die Erklärung selbst erforderlich sind. Wird zum Beispiel bei einer Erklärung auf der Grundlage der Psychoanalyse nur das Instanzenmodell nach Sigmund Freud benötigt, so muss vor der eigentlichen Erklärung lediglich nur dieses Modell dargestellt werden. Ein anderes Beispiel: Lassen sich in einer Fallbeschreibung Kommunikationsstörungen mit Hilfe der ersten drei Axiome von P. Watzlawick verdeutlichen, so brauchen nur diese drei Axiome beschrieben werden.*

Die Anfertigung von schriftlichen Prüfungsarbeiten

Einstellung, auf ein Erziehungsziel o. Ä. beziehen, aber auch auf bestimmte Situationsbedingungen, die diese Erlebens-, Verhaltens- oder Handlungsweise(n) hervorrufen bzw. für ihre Aufrechterhaltung sorgen.

Geht es beispielsweise in einer Teilaufgabe um den Abbau von Angst (= Das Ziel, das erreicht, und die Verhaltensweise, die geändert werden soll), so sind auch die Situationsbedingungen, die in diesem Fall Angst hervorrufen bzw. für ihre Aufrechterhaltung sorgen, zu berücksichtigen.

Sodann können Maßnahmen, Möglichkeiten, ein Konzept[1] oder ein Erzieherverhalten (je nach Frage bzw. Aufgabe) dargelegt werden. In Prüfungsaufgaben ist eine **Begründung** dieser *mit Hilfe von wissenschaftlichen Erkenntnissen,* wie beispielsweise Ergebnisse empirischer Untersuchungen, statistischer Wahrscheinlichkeiten bzw. bekannter Gesetzmäßigkeiten, *oder mit Hilfe theoretischer Aussagen* erforderlich. An der Frage- bzw. Aufgabenstellung ist in der Regel zu erkennen, womit begründet werden soll; sie muss sich jedenfalls auf **wissenschaftliche Erkenntnisse oder Theorien** stützen und darf nicht auf persönlichen Meinungen, Anschauungen oder auf naiv-psychologischem und zirkulärem Denken gründen. Aus diesem Grunde ist es zweckmäßig, die wissenschaftlichen Erkenntnisse bzw. Aussagen einer Theorie, die zur Erstellung eines Konzeptes, zur Erarbeitung von Maßnahmen, Möglichkeiten oder Vorschlägen und dergleichen notwendig sind, erst einmal darzustellen.

Die Teilaufgabe *„Entwickeln Sie Vorschläge für die Änderung der negativen Einstellung gegenüber einer Einrichtung der Jugendhilfe auf der Grundlage einer Einstellungstheorie"* erfordert die Kenntnis einer Einstellungstheorie (zum Beispiel der Theorie der kognitiven Dissonanz oder einer anderen Theorie), auf deren Grundlage Vorschläge für die Änderung der negativen Einstellung gleichsam „abgeleitet" werden. Bei der Frage *„Stellen Sie Möglichkeiten erfolgreichen Kommunizierens zwischen dem Sozialarbeiter und dem Klienten dar"* sind entsprechende wissenschaftliche Erkenntnisse über Kommunikation (zum Beispiel Axiome von *Paul Watzlawick* u. a., das Kommunikationsmodell von *Friedemann Schulz von Thun*) erforderlich.

Folgendes Vorgehen bei einer Anwendung hat sich bewährt:

1. *Darstellung der wissenschaftlichen Erkenntnisse bzw. Aussagen einer Theorie, die zur Erstellung eines Konzeptes, zur Erarbeitung von Maßnahmen, Möglichkeiten oder Vorschlägen und dergleichen notwendig sind.*

2. *Entsprechend der Aufgabe wird ein Konzept oder Erzieherverhalten erstellt, Maßnahmen oder Vorschläge erarbeitet und – je nach Frage- bzw. Aufgabenstellung – mit Hilfe der in 1. dargestellten wissenschaftlichen Erkenntnisse bzw. Theorie eine Begründung (nicht Erklärung) geben. In diesem Schritt geschieht die eigentliche Anwendung.*

---

[1] *Ein Konzept meint ein Modell, in welchem Ziele, Methoden und Verfahrensweisen in einen sinnhaften Zusammenhang gebracht sind.*

Die Teilaufgabe „*Entwickeln Sie Vorschläge für die Änderung der negativen Einstellung gegenüber einer Einrichtung der Sozialpädagogik/-arbeit auf der Grundlage einer Einstellungstheorie*" könnte folgendermaßen gegliedert werden:

1. Kurze Darstellung einer Einrichtung der Sozialpädagogik/-arbeit
2. Beschreibung einer Einstellungstheorie (zum Beispiel die Theorie der kognitiven Dissonanz)
3. „Ableitung" von Vorschlägen zur Änderung der negativen Einstellung gegenüber der gewählten Einrichtung der Sozialpädagogik/-arbeit auf der Grundlage der beschriebenen Einstellungstheorie

Die Vorgehensweise bei den einzelnen Leistungsbereichen (Beschreibung, Erklärung, Anwendung) treffen in der Regel auch auf mündliche Prüfungen zu.

21.3 Leistungskriterien einer Prüfungsarbeit – „Worauf es ankommt"

Folgende Leistungskriterien haben sich in der Praxis bewährt und werden zur Bewertung der Prüfungsarbeiten herangezogen:

- **Art der Darstellung**

    Hier geht es um Anforderungen formaler Art:
    - Erfassen der Fragestellung und des damit verbundenen Themabezuges
    - sinnvolle Gliederung, logischer Aufbau
    - sinnvolle Gewichtung
    - klare, prägnante, genaue und eindeutige, aber auch nüchterne und sachliche sprachliche Gestaltung

- **Reproduktion der Kenntnisse**

    Dieses Kriterium meint eine *korrekte Wiedergabe von Kenntnissen,* wie richtige, eindeutige und genaue Begriffsbestimmungen, richtige, klare und genaue sowie nicht verkürzte Wiedergabe von Lehrmeinungen, wissenschaftlichen Erkenntnissen, Gesetzmäßigkeiten und/oder Theorien.

- **Anwendung der Kenntnisse**

    Wissenschaftliche Erkenntnisse sollen nicht nur reproduziert, sondern auch richtig angewendet werden. Das umfasst folgende Fähigkeiten:
    - richtige und sinnvolle An- und Verwendung von Fachtermini
    - richtige Anwendung von Kenntnissen zum Zwecke der Beschreibung, Erklärung, Begründung, der Problemlösung und/oder der Verhaltensänderung
    - richtige und korrekte ‚Übertragung' von Kenntnissen, z. B. Beispielsbeschreibungen
    - Unterscheidung zwischen Beschreiben, Erklären und Begründen

- Erklärung von Sachverhalten mit Hilfe von relevanten theoretischen Aussagen; Art und Vorgehensweise
- Konzepte-Denken: richtige und stimmige Erstellung eines Konzeptes bzw. von Maßnahmen und Vorschlägen zum Zwecke der Verhaltensänderung; Art und Vorgehensweise bei der Anwendung
- Begründung von Sachverhalten mit Hilfe von wissenschaftlichen Erkenntnissen
- korrekte Schlussfolgerungen, (un)zulässige Verallgemeinerungen
- falls es sich um eine Fallbeschreibung handelt: Bezug zum Fall, richtige Anwendung der Kenntnisse bei der Analyse von Fallbeschreibungen

- **Relative Vollständigkeit**
  Von Bedeutung ist hier, wie differenziert und vollständig die Ausführungen sind, gemessen an den im Unterricht behandelten Lerninhalten.

Wenn auch an den verschiedenen Schulen unterschiedliche Bewertungsbögen verwendet werden, so bleiben die Bewertungskriterien im Großen und Ganzen dieselben wie oben dargestellt. Die Schulen können jedoch bei den einzelnen Fragen bzw. den einzelnen Bewertungskriterien unterschiedlich gewichten. Diese Kriterien treffen in der Regel auch auf mündliche Prüfungen zu.

21.4 Anfertigung einer Prüfungsarbeit

Der Aufbau von Prüfungsarbeiten soll gegliedert und strukturiert sein. Eine sinnvolle Gliederung hilft beim Schreiben, weil die Konzentration sich auf die einzelnen Gliederungspunkte richten kann.

21.4.1 Ausführungen

Zur Ordnung und Systematisierung der eigenen Gedanken und zur übersichtlichen Gestaltung der Arbeit ist es sinnvoll, die Beantwortungen entsprechend der Frage **in Abschnitte zu gliedern und durch Überschriften mitzuteilen, was im jeweiligen Abschnitt ausgeführt wird**.

Die Beantwortung der Frage „*Bestimmen Sie den Begriff ‚Verhaltensstörung' und erklären Sie die Entstehung einer Verhaltensstörung anhand einer Theorie*" könnte sich beispielsweise in vier Abschnitte gliedern mit folgenden Überschriften:
1. Begriffsbestimmung von ‚Verhaltensstörung'
2. Beschreibung einer übertriebenen Ängstlichkeit (oder einer anderen Verhaltensstörung)
3. Darstellung der Annahmen und Begriffe der sozial-kognitiven Lerntheorie (oder einer anderen Theorie)
4. Erklärung des Zusammenhanges mit Hilfe der dargestellten Theorie

Darlegung einer möglichen Gliederung der Prüfungsarbeit, die in Abschnitt 21.1 abgedruckt ist:

Einleitungsgedanke
.... [Ausführungen] ....

1. Themafrage:
1.1 Begriffsbestimmung „Behinderung" und „Störung"
.... [Ausführungen] ....

1.2 Darstellung eines Beispiels
.... [Ausführungen] ....

1.3 Erläuterung von Gemeinsamkeiten der beiden Begriffe Behinderung und Störung am Beispiel
.... [Ausführungen] ....

1.4 Erläuterung der Unterschiede zwischen Behinderung und Störung am Beispiel
.... [Ausführungen] ....

2. Themafrage:
2.1 Begriffsbestimmung „Verhaltensstörung"
.... [Ausführungen] ....

2.2 Kurze Beschreibung einer Verhaltensstörung *(zum Beispiel übertriebene Ängstlichkeit, hohe Aggressivität, starke Depressionen)*
.... [Ausführungen] ....

2.3 Kurze Darstellung des verhaltensorientierten Konzeptes *(oder eines anderen Konzeptes – erforderlich sind hier wissenschaftliche Grundlage, die Grundannahme und die Zielsetzung des jeweiligen Konzeptes)*
.... [Ausführungen] ....

2.4 Allgemeine Beschreibung der Schritte des Vorgehens *(bei dem verhaltensorientierten Konzept: Durchführung der Verhaltensanalyse; Planung: Interpretation der Daten und Erklärung des Sachverhaltes, Entwurf eines Vorgehensplanes; Handlung: Durchführung der Verhaltensmodifikation, dessen Möglichkeiten allgemein aus der Sicht einer Lerntheorie dargestellt werden müssen; Bewertung: Verlaufs- und Erfolgskontrolle, Nachkontrolle)*
.... [Ausführungen] .....

2.5 Erläuterung des Vorgehens am Beispiel der gewählten Verhaltensstörung

3. Themafrage:
3.1 Darstellung der Aussagen und Begriffe der sozial-kognitiven Theorie *(oder einer anderen Lerntheorie)*
.... [Ausführungen] ....

> 3.2 Erklärung der Entstehung einer ablehnenden Einstellung gegenüber
> behinderten Menschen *(oder Menschen mit einer Störung)* mit Hilfe
> der sozial-kognitiven Theorie *(bzw. der gewählten Theorie)*
> .... [Ausführungen] ....
>
> Schlussgedanke
> .... [Ausführungen] ....
>
> *Dies ist eine Möglichkeit, wie eine Prüfungsaufgabe aufgebaut sein kann, es gibt jedoch auch andere sinnvolle Möglichkeiten der Gliederung.*

Die Ausführungen einschließlich aller Begriffe, die verwendet werden, sollen **klar, prägnant, genau und eindeutig**, die Sprache soll nüchtern und sachlich gehalten sein. Durch den Gebrauch von Fachbegriffen, die geklärt werden müssen, wird eine größtmögliche Exaktheit erreicht. Persönliche Wertung und Stellungnahme widersprechen wissenschaftlichem Charakter, sie sollten deshalb nur in der Einleitung oder im Schlussgedanken einfließen. Entsprechend der Aufgabenstellung sollte das Wissen **gezielt eingesetzt sowie richtig geordnet und gewichtet** werden.

Versuchen Sie, nicht möglichst viel Wissen auf das Papier zu bringen, sondern das Wissen gezielt der Frage- bzw. Aufgabenstellung einzusetzen!

Schilderungen von unwichtigen Details gehen meist auf Kosten von wichtigen Ausführungen. Die Ausführlichkeit der Darstellungen richtet sich immer nach der Frage- bzw. Aufgabenstellung.

21.4.2 Einleitung und Schlussgedanke

An manchen Schulen ist es üblich, eine Einleitung und einen Schlussgedanken zu bringen. Einige Bemerkungen über die Aussage in der Prüfungsaufgabe, über die Bedeutung des Themenkreises innerhalb der Wissenschaft bzw. für die Praxis oder ein Problem eignen sich beispielsweise für eine Einleitung. Sie soll zum Thema führen und keine Beantwortung der Fragen vorwegnehmen. Durch einen kurzen Schlussgedanken kann die Arbeit abgerundet werden. Es kann sich dabei beispielsweise um eine Zusammenfassung, eine Wertung oder Stellungnahme zum Thema, um einen Ausblick, einen Wunsch, eine Anregung oder auch um eine Kritik handeln.

21.4.3 „Checkliste"

Folgende Fragen können bei der Überarbeitung des Ausgeführten in einer Prüfungsarbeit hilfreich sein:

- *Habe ich die Fragestellung richtig erfasst?*
  Ist der Themabezug eindeutig?
  Ist der Bezug zum Fall gegeben?
- *Sind Aufbau und Gliederung logisch und sinnvoll?*
- *Habe ich alles Wesentliche berücksichtigt?*
  Habe ich richtig gewichtet?
- *Stimmen die Überschriften?*
  Habe ich auch tatsächlich das geschrieben, was die Überschrift erfordert?
- *Habe ich alle Fachtermini, mit denen ich gearbeitet habe, (richtig) geklärt?*
  Habe ich sie richtig angewendet?
- *Sind meine Ausführungen klar, genau und eindeutig?*
- *Sind die Vorgehensweisen bei den verlangten Leistungsbereichen (Beschreibung, Erklärung, Anwendung) sinnvoll?*
- *Ist die Darstellung eines Konzeptes bzw. Erzieherverhaltens, von Maßnahmen und Vorschlägen richtig und stimmig?*
- *Sind die Schlussfolgerungen korrekt?*
- *Ist wissenschaftliches Denken gegeben?*
- *Sind meine Ausführungen vollständig oder fehlt Wesentliches?*

21.5 Prüfungsaufgaben

Die folgenden Aufgaben sind als Übungsthemen zur Vorbereitung auf die schriftliche und mündliche Abschlussprüfung gedacht. Gleichzeitig decken die Aufgaben die prüfungsrelevanten Lerninhalte im Unterrichtsfach Pädagogik/Psychologie ab.

Die Anfertigung von schriftlichen Prüfungsarbeiten

1. Aufgabe

1. Stellen Sie die Wesenszüge einer wissenschaftlichen Pädagogik und Psychologie im Unterschied zum alltäglichen Verständnis dar.

2. Zeigen Sie an einem geeigneten Beispiel Ziele der wissenschaftlichen Pädagogik und Psychologie auf.

3. a) Bestimmen Sie die Begriffe Lernen und Erziehung.
   b) Beschreiben Sie an zwei geeigneten Beispielen die Umweltgebundenheit der Erziehung.

2. Aufgabe

1. a) Zeigen Sie an einem selbst gewählten Beispiel den Prozess der Wahrnehmung auf.
   b) Beschreiben Sie an oben gewähltem Beispiel den Einfluss individueller und sozialer Faktoren auf die Wahrnehmung.

2. Stellen Sie Grundlagen einer systematischen Verhaltensbeobachtung dar.

3. Erläutern Sie an einem geeigneten Beispiel eine Ihnen bekannte Form des Denkens (zum Beispiel schlussfolgerndes, problemlösendes, schöpferisches Denken).

3. Aufgabe

1. a) Bestimmen Sie den Begriff Kognition.
   b) Beschreiben Sie anhand eines geeigneten Beispiels grundlegende Annahmen eines Gedächtnismodells.

2. Zeigen Sie anhand verschiedener Beispiele Ihnen bekannte Gedächtnishemmungen auf.

3. Beschreiben und begründen Sie mit Hilfe von psychologischen Erkenntnissen Strategien effektiven Lernens (z. B. Bedeutung und Gestaltung von Pausen, Selbstmotivierung).

4. Aufgabe

1. Erläutern Sie an Beispielen Merkmale von Emotion und Motivation.

2. Beschreiben Sie anhand des Erlebens von Stress das Zusammenwirken von Kognition, Emotion und Motivation.

3. Stellen Sie umfassend eine Möglichkeit zur Bewältigung von Stress und Angst dar.

5. Aufgabe

1. a) Beschreiben Sie am Beispiel einer Erziehungssituation in einer pädagogischen Einrichtung (zum Beispiel Familie, Kindergarten, Heim) wesentliche Merkmale von Erziehung.
   b) Zeigen Sie die Bedeutung einer positiven emotionalen Beziehung in der Erziehung auf.

2. Beschreiben und begründen Sie ein übergreifendes Erziehungsziel (zum Beispiel pädagogische Mündigkeit).

Die Anfertigung von schriftlichen Prüfungsarbeiten

3. Stellen Sie dar, wie Erzieher das in Teilaufgabe 2. beschriebene Erziehungsziel in der in Teilaufgabe 1. gewählten Einrichtung verwirklichen können.

6. Aufgabe

1. Beschreiben Sie anhand eines umfassenden Beispiels die wichtigsten Annahmen und Fachbegriffe einer Konditionierungstheorie (klassisches oder operantes Konditionieren).

2. a) Stellen Sie die grundlegenden Annahmen und Begriffe der sozial-kognitiven Theorie dar.
   b) Zeigen Sie in einem ausgewählten Lebensbereich (zum Beispiel Familie, Kindergarten, Schule) die Bedeutung der sozial-kognitiven Theorie für die Erziehung auf.

3. Setzen Sie sich kritisch mit den in den beiden Teilaufgaben 1. und 2. dargestellten Lerntheorien auseinander. Verdeutlichen Sie dabei vor allem den unterschiedlichen Erklärungswert dieser Lerntheorien.

7. Aufgabe

1. Stellen Sie die sozial-kognitive Theorie dar. Berücksichtigen Sie dabei das Menschenbild sowie die zentralen Annahmen und Begriffe dieser Theorie.

2. Erklären Sie einen Lernvorgang (zum Beispiel Erwerb einer Gewohnheit oder Vorliebe) in einer sozialpädagogischen Einrichtung oder in der Familie mit Hilfe der sozial-kognitive Theorie.

3. Zeigen Sie an je zwei Beispielen die Anwendung dieser Lernform in der Erziehung auf.

8. Aufgabe

1. a) Stellen Sie die Annahmen und Fachbegriffe der psychoanalytischen Theorie dar (Triebtheorie, Triebentwicklung, Instanzenmodell der Persönlichkeit und Abwehrmechanismen).
   b) Unterziehen Sie die Psychoanalyse einer kritischen Stellungnahme.

2. Erklären Sie die Entstehung eines Persönlichkeitsmerkmales (zum Beispiel Ängstlichkeit, Aggressivität) mit Hilfe der psychoanalytischen Theorie.

3. Zeigen Sie aus der Sicht der psychoanalytischen Theorie an einem Beispiel die Bedeutung der ersten Lebensjahre für die Entwicklung des Kindes auf.

9. Aufgabe

1. Stellen Sie die psychoanalytische Theorie dar, indem Sie die Basisannahmen, die Triebtheorie und die Phasen (Stadien) der Triebentwicklung beschreiben.

2. Erläutern Sie aus der Sicht der Psychoanalyse wichtige erzieherische Aufgaben in den ersten Lebensjahren. Beziehen Sie sich in Ihren Ausführungen auf einen bestimmten Lebensbereich (zum Beispiel Familie, Kindergarten, Schule).

Die Anfertigung von schriftlichen Prüfungsarbeiten

3. Stellen Sie aus der Sicht der psychoanalytischen Theorie an zwei Beispielen mögliche Auswirkungen bestimmter Erziehungsfehler dar (zum Beispiel Vernachlässigung des Kindes, Unterdrückung der Triebwünsche, Verwöhnung).

10. Aufgabe

1. a) Bestimmen Sie die Begriffe soziale Interaktion und soziale Kommunikation.
   b) Stellen Sie am Beispiel einer typischen Erziehungssituation eine Kommunikationsstörung dar.

2. Verdeutlichen Sie die in Teilaufgabe 1.b) dargestellte Kommunikationsstörung mit Hilfe einer Kommunikationstheorie (zum Beispiel der Axiome von *Paul Watzlawick*[1], dem Kommunikationsmodell nach *Friedemann Schulz von Thun*). Stellen Sie dabei die grundlegenden Aussagen dieser Theorie dar.

3. Erfolgreiche Erziehung ist unter anderem durch eine gelungene Kommunikation zwischen Erzieher und zu Erziehendem gekennzeichnet.
   Zeigen Sie im Rahmen der in Teilaufgabe 2. dargestellten Kommunikationstheorie Möglichkeiten erfolgreicher Kommunikation zwischen Erzieher und zu Erziehendem auf.

11. Aufgabe

1. a) Beschreiben Sie am Beispiel einer negativen Einstellung gegenüber Randgruppen (zum Beispiel Behinderten, Obdachlosen, Asylbewerber) Merkmale und Struktur (Komponenten) von Einstellungen.
   b) Erläutern Sie am Beispiel der in Teilaufgabe 1.a) gewählten ablehnenden Einstellung die Funktionen von sozialen Einstellungen.

2. Erklären Sie mit Hilfe einer Theorie (zum Beispiel eine Konditionierungstheorie, sozial-kognitive Theorie) den Erwerb der in Teilaufgabe 1. genannten Einstellung. Stellen Sie dabei auch die zentralen Begriffe und grundlegenden Annahmen dieser Theorie dar.

3. Beschreiben Sie auf der Grundlage einer Einstellungstheorie (zum Beispiel Modell von *R. E. Petty und J. T. Cacioppo*, Dissonanztheorie von *Leonhard Festinger*) Möglichkeiten zur Änderung der in Aufgabe 1. genannten ablehnenden Einstellung.

12. Aufgabe

1. a) Bestimmen Sie den Begriff Persönlichkeit.
   b) Stellen Sie eine Persönlichkeitstheorie dar (zum Beispiel eine tiefenpsychologische Theorie, eine humanistische Theorie). Berücksichtigen Sie dabei Menschenbild sowie zentrale Annahmen und Begriffe dieser Theorie.

2. Zeigen Sie die Bedeutung der in Teilaufgabe 1. dargestellten Persönlichkeitstheorie für die Erziehung eines Menschen in einem bestimmten Lebensbereich auf (zum Beispiel Familie, Kindergarten).

---

[1] *Berücksichtigen Sie bei der Kommunikationstheorie von Paul Watzlawick u.a. alle Axiome der Kommunikation.*

Die Anfertigung von schriftlichen Prüfungsarbeiten

3. Stellen Sie die Bedeutung des Selbstkonzeptes als zentrales Persönlichkeitsmerkmal im Alltag (z. B. Familie, Schule) dar.

13. Aufgabe

1. a) Bestimmen Sie die Begriffe Sozialpädagogik und Sozialarbeit.
   b) Stellen Sie die klassischen Ansätze sozialpädagogischen Arbeitens dar (soziale Einzelfallhilfe, Gruppenarbeit und Gemeinwesenarbeit).

2. In sozialpädagogischen Einrichtungen bemühen sich professionelle Helfer um eine angemessene Verwirklichung ihrer pädagogischen Aufgaben.
   a) Beschreiben Sie wesentliche Ziele und Aufgaben einer sozialpädagogischen Einrichtung (zum Beispiel Kindergarten, Jugendzentrum, Beratungsstelle, Heim).
   b) Stellen Sie Chancen, Probleme und Grenzen dar, die sich bei der pädagogischen Arbeit in der oben beschriebenen Einrichtung ergeben können.

3. Die Arbeitsweise der Sozialarbeit ist in der heutigen Zeit häufig ökologisch orientiert.
   Zeigen Sie anhand eines Beispiels ökologisch orientierte Sozialarbeit auf (zum Beispiel Unterstützungsmanagement).

14. Aufgabe

1. Sozialpädagogen sind oft angewiesen, einzelnen Menschen in persönlichen Problemsituationen zu helfen.
   Stellen Sie an einem geeigneten Beispiel ein konkretes Handlungskonzept der Sozialpädagogik im Sinne der Einzelfallhilfe dar (zum Beispiel klientenorientiertes, verhaltensorientiertes Konzept).

2. Sie arbeiten als Sozialpädagoge/in nach dem ökologischen Ansatz der Sozialpädagogik/-arbeit.
   a) Beschreiben Sie die Lebenssituation eines ihrer Klienten (zum Beispiel jugendliche Arbeitslose, Drogenabhängige) unter Verwendung grundlegender Annahmen und Begriffe eines ökologischen Modells (z. B. Life Model nach *Germain/Gitterman,* Ansatz nach *Wendt*).
   b) Erläutern Sie an dem in Teilaufgabe 2. gewählten Beispiel Möglichkeiten und Grenzen ökologisch orientierter Sozialpädagogik/-arbeit.

3. Oft besteht gegenüber sozialpädagogischen Einrichtungen eine ablehnende Einstellung.
   Zeigen Sie auf der Grundlage einer Einstellungstheorie (zum Beispiel Modell von *R. E. Petty und J. T. Cacioppo*, Theorie der kognitiven Dissonanz) Möglichkeiten auf, wie ein Sozialarbeiter eine ablehnende Einstellung gegenüber einer sozialpädagogischen Einrichtung (zum Beispiel Heim, Jugendzentrum) ändern kann.

15. Aufgabe

1. a) Bestimmen Sie die beiden Begriffe Behinderung und Störung.
   b) Erläutern Sie anhand eines Beispiels Gemeinsamkeiten und Unterschiede dieser beiden Begriffe.

Die Anfertigung von schriftlichen Prüfungsarbeiten

2. Stellen Sie <u>eine</u> Verhaltensstörung dar und erklären Sie mit Hilfe einer Theorie (zum Beispiel Psychoanalyse, sozial-kognitive Theorie, eine Konditionierungstheorie) die Entstehung dieser Verhaltensstörung. Berücksichtigen Sie dabei die wesentlichen Aussagen und Grundbegriffe der Theorie.

3. Personen mit Beeinträchtigungen können sozialpädagogische Hilfe in Anspruch nehmen.
   Stellen Sie am Beispiel der in Teilaufgabe 2. gewählten Verhaltensstörung das Vorgehen eines Sozialpädagogen auf der Grundlage eines sozialpädagogischen Handlungskonzeptes dar.

16. Aufgabe

1. a) Bestimmen Sie umfassend den Begriff Beeinträchtigung.
   b) Zeigen Sie die Problematik dieses Begriffes auf.

2. Problematische Gefühle wie zum Beispiel Angsterscheinungen (Schulangst, Prüfungsangst, Sprechangst) können den Menschen in seiner Entfaltung erheblich beeinträchtigen.
   Erklären Sie die Entstehung einer Verhaltensstörung (zum Beispiel erhebliche Angsterscheinungen) mit Hilfe einer Theorie. Stellen Sie dabei die zentralen Annahmen und Begriffe dieser Theorie dar.

3. Menschen, die eine Behinderung oder Störung aufweisen, leiden oft unter der ablehnenden Einstellung ihrer Mitmenschen.
   Erstellen Sie auf der Grundlage einer Einstellungstheorie (zum Beispiel Modell von *R. E. Petty und J. T. Cacioppo*, Dissonanztheorie von *Leonhard Festinger*) ein Konzept, um eine ablehnende Einstellung gegenüber Menschen mit einer Behinderung oder Störung zu ändern.

17. Aufgabe [1]

Fallbeschreibung „Marco"

Vor einem Jahr musste Herr D. berufsbedingt mit seiner Familie aus einer norddeutschen Großstadt in eine mittlere Kleinstadt im Süden Deutschlands umziehen. Sein
3 *16-jähriger Sohn Marco besucht derzeit die 10. Klasse der dortigen Realschule. Vor dem Umzug war Marco ein ruhiger, eher unauffälliger Schüler, der versuchte, mit durchschnittlichem Einsatz den Schulabschluss zu schaffen. In seiner neuen Umge-*
6 *bung fiel es ihm nicht so leicht, in der Klasse wieder Freunde zu finden. Er hatte immer das Gefühl, nicht so richtig aufgenommen zu werden und dazuzugehören.*

Seit einigen Wochen hat er durch einen Jungen aus seiner Nachbarschaft Kontakt zu
9 *einer Gruppe Jugendlicher, die sich regelmäßig abends an einer Straßenecke treffen. Die meisten von ihnen stehen schon im Berufsleben, einige sind arbeitslos. Der Wortführer ist der 21-jährige Alex, der vor allem durch flotte Sprüche und teure Kleidung*
12 *auffällt. In der Nähe seiner Eltern, die eine kleine Kneipe betreiben, plant die Gruppe meistens auch ihre nächtlichen Streifzüge. Dazu gehören Kinobesuche ebenso wie zum Beispiel Sachbeschädigungen oder „Wandmalereien" an öffentlichen Gebäuden.*
15 *Alle sind sich darin einig, dass die Schule fürs wirkliche Leben ja doch nichts bringt; in der Schule sitzen die Langweiler und Streber, mit denen man sowieso nichts anfangen kann. Je eher man aussteigt, umso besser.*

---

[1] *Fallbeschreibungen zur Vorbereitung auf die Abschlussprüfung befinden sich auch in den jeweiligen Kapiteln im Aufgabenteil „Anwendungsaufgaben".*

Die Anfertigung von schriftlichen Prüfungsarbeiten

18 *Marco ist zunächst skeptisch gegenüber seinen neuen Freunden. Aber weil es immer hoch hergeht, eine tolle Atmosphäre herrscht und man mit ihnen etwas erleben kann, verändert sich allmählich seine Einstellung. Ihm imponiert das Verhalten der anderen,*
21 *vor allem Alex bewundert er sehr. Er ist stolz darauf, in dieser Clique zu sein, obwohl er einige Jahre jünger ist als die anderen. Da er nun abends oft spät heimkommt, verschläft er morgens und kommt nicht mehr rechtzeitig zum Unterrichtsbeginn in die*
24 *Schule. Die Verspätungen häufen sich, deshalb wird er zunächst ermahnt, dann hagelt es Verweise. Wenn der Klassenlehrer ihn auf sein Verhalten anspricht, reagiert er entweder trotzig oder argumentiert wie seine neuen Freunde. Seine Mitschüler tituliert er*
27 *als Feiglinge und „Schleimer", weil sie sich diesem Schulsystem widerspruchslos anpassen. Im Unterricht ist er unaufmerksam, stört durch unangemessene Zwischenrufe oder schwätzt mit Mitschülern. Hausaufgaben macht er keine mehr. Das hat*
30 *natürlich auch Auswirkungen auf seine Noten. Im Februar werden seine Eltern darüber benachrichtigt, dass Marcos Abschluss gefährdet ist.*

1. Erziehung geschieht nicht in einem isolierten Raum, sondern ist eingebettet in eine bestimmte Umwelt.
   a) Beschreiben Sie wesentliche Merkmale von Erziehung.
   b) Verdeutlichen Sie an obigem Beispiel die Umweltgebundenheit der Erziehung.

2. Der Erwerb und die Änderung von Einstellungen sind aus lerntheoretischer Sicht das Ergebnis von Lernprozessen.
   Erklären Sie mit Hilfe einer Lerntheorie (zum Beispiel der sozial-kognitiven Theorie), wie Marco die negative Einstellung zur Schule erworben haben könnte. Stellen Sie dabei die grundlegenden Annahmen und Begriffe dieser Theorie dar.

3. Zeigen Sie auf der Grundlage einer Einstellungstheorie (zum Beispiel Modell von *R. E. Petty und J. T. Cacioppo*, Dissonanztheorie von *Leonhard Festinger*) auf, wie Marcos Einstellung zur Schule wieder verändert werden könnte.

18. Aufgabe

Fallbeschreibung „Rainer"

Rainer, 19 Jahre alt, besucht die 12. Klasse der Fachoberschule, Ausbildungsrichtung Technik.
3 *Die Erlaubnis zum Vorrücken aus der 11. in die 12. Klasse bekam Rainer, nachdem sowohl der Englischlehrer als auch der Physiklehrer sich für die „bessere" Note entschieden hatten. In beiden Fächern hätten die Lehrer auch die schlechtere Note, näm-*
6 *lich in Englisch die Note 6 und in Physik die Note 5, erteilen können. Rainers Leistungen in der 12. Klasse, vor allem in den genannten Fächern, deuten darauf hin, dass er die Abschlussprüfung nicht bestehen wird.*
9 *Rainers sehr ehrgeizige Mutter hat den Schulleiter mehrmals aufgesucht, um sich über die ihrer Meinung nach zu strenge Bewertung der Leistungsnachweise ihres Sohnes zu beschweren. Schließlich wurde der Beratungslehrer hinzugezogen. Folgendes stellte*
12 *sich dabei heraus:*
Das Fach Englisch war für Rainer schon immer ein großes Problem. Obwohl er seit Jahren Nachhilfe erhält, konnte er nur mit Mühe und etwas Glück die Note 6 vermei-
15 *den.*

Die Anfertigung von schriftlichen Prüfungsarbeiten

Nach Ansicht der Mutter sind Rainers Leistungen im Nachhilfeunterricht zufrieden stellend. Im Englischunterricht dagegen würden seine Leistungen stets schlecht beurteilt.

18 Rainer meint dazu: Englisch möge er nicht, er wolle im Unterricht nicht Englisch sprechen. In den Ferien sollte er nach England, um seine Sprachfähigkeit zu verbessern. Dies habe er abgelehnt, da er nicht wisse, was er dort solle.

21 Für die schlechte Note im Fach Englisch macht er den Lehrer verantwortlich. Der Lehrer lehne ihn ab, daher habe er auch kaum eine Chance, eine bessere Note zu erhalten. Er beteilige sich am Englischunterricht inzwischen nicht mehr; wenn er nichts sage,

24 könne er nicht mehr kritisiert werden.

Auf die Frage des Beratungslehrer, wie seine Unterrichtsvorbereitungen aussähen, erzählt Rainer:

27 Nach dem Essen gehe er auf sein Zimmer und höre Musik. Oft schlafe er ein wenig, dann setze er sich an seinen Schreibtisch, versuche ihn aufzuräumen, oder er sehe fern, spiele mit seinem Computer, kurz, er könne sich nicht aufraffen, mit dem Lernen

30 anzufangen. Schließlich fahre er ziellos mit dem Zweitwagen der Familie in der Stadt umher. Am Abend komme er müde nach Hause und sei dann nicht mehr imstande, gründlich zu lernen. In aller Eile bereite er sich für den Unterricht am nächsten Tag vor,

33 um nicht die Spätfilme im Fernsehen zu versäumen.

Er selbst meine, er könne schon mehr für die Schule tun, aber es reiche ja. Falls er wirklich die Abschlussprüfung nicht bestehen sollte, könne er ja immer noch die 12.

36 Jahrgangsstufe wiederholen. Im Grunde sei die Schule nicht so wichtig. Manchmal möchte er alles hinschmeißen. Freunde habe er nicht. Für Mädchen interessiere er sich nicht, zur Mutter habe er eine sehr gute Beziehung. Es sei schon in Ordnung, dass

39 die Mutter zum Schulleiter gehe und sich über die Lehrer beschwere. Ihn beruhige, dass durch das Vermögen der Eltern seine Zukunft gesichert sei.

1. Zeigen Sie mit Hilfe von Erkenntnissen über effektives Lernen und Arbeiten, warum Rainer mit seinem häuslichen und schulischen Lernen wenig Erfolg hat.

2. Beschreiben Sie am Beispiel von Rainer die Wechselwirkung zwischen kognitiven Prozessen, Emotion und Motivation.

3. Die Vorgehensweise des Beratungslehrers lässt sich mit Hilfe eines sozialpädagogischen Handlungskonzeptes beschreiben.
   Stellen Sie ein Handlungskonzept dar, an welchem die Hilfe des Beratungslehrers für Rainer sichtbar wird.

19. Aufgabe

Fallbeschreibung „Die Stadt Imlau"

Die Stadt Imlau liegt beiderseits eines Flusses. Die beiden Stadtteile werden durch eine Straßenbrücke miteinander verbunden. Der neue, kleinere Stadtteil wurde erst

3 Ende der 80er Jahre errichtet. Es wurden in verdichteter Hochbauweise mehrere Wohnblöcke gebaut, um Aussiedlern günstige Mietwohnungen zur Verfügung zu stellen. Da das städtische Altersheim auf Jahre ausgelastet ist, zogen in die fertig gestell-

6 ten Wohnungen auch viele Pensionisten ein, was nach Aussage des Sozialamtes immer wieder zu Spannungen führt. Schon bei der Projektierung des neuen Stadtteils hatte es viele Probleme gegeben. Der Bürgermeister der Stadt, der auch unpopuläre

9 Maßnahmen nicht scheut, setzte sich mit seiner Fraktion durch, obwohl man mit dem

333

Die Anfertigung von schriftlichen Prüfungsarbeiten

ausschließlichen Bau von Sozialwohnungen eine Ghettobildung befürchtete. In diesem Stadtteil kam es schon zu häufigen Polizeieinsätzen, den letzten löste der Hausmeister
12 eines Wohnblockes aus, der sich von Jugendlichen angegriffen fühlte. Dem hinzugezogenen Sozialarbeiter war es zu verdanken, dass vorerst keine rechtlichen Schritte unternommen wurden. In seinem anschließenden Protokoll fasste er u. a. das Problem
15 aus der Perspektive beider Konfliktparteien wie folgt zusammen:

Aus der Sicht des Hausmeisters: „Um ca. 14:00 Uhr am Nachmittag kam eine Horde von acht Jugendlichen, rammte, ohne zu fragen, vier Stecken in die Grünfläche vor
18 dem von mir betreuten Wohnblock und fing an Fußball zu spielen. Ich lief sofort hinunter und stellte sie zur Rede. Plötzlich scharten sich die Jugendlichen um mich, attackierten und beschimpften mich. Mir blieb nichts anderes übrig, als die Polizei zu
21 rufen. Im Übrigen sind es immer dieselben Banden, die durch die Straßen ziehen und viel Lärm machen. Außerdem ist deutlich gekennzeichnet, dass der Rasen nicht betreten werden darf."

24 Aus der Sicht der Jugendlichen: „Wir wurden angeschrien, dass wir hier verschwinden sollten, da motzten wir zurück. Von Angreifen kann keine Rede sein. Wir wollten einfach Fußball spielen, deshalb gingen wir auf den Rasen. Es ist auch egal, ob wir von
27 der Straße oder vom Rasen vertrieben werden. Es ist doch öde in diesem Wohnviertel. Wir haben aber keine andere Wahl. Überall im Viertel sind alte Leute, die wir stören. Die von der Stadt geplante Spielfläche wird von einer Baufirma als Lagerstätte
30 benutzt."

Über das mit dem Bürgermeister bezüglich dieses Vorfalls geführte Gespräch erstellte der Sozialarbeiter folgenden Aktenvermerk: „Der Bürgermeister ist über die Vorkomm-
33 nisse im neuen Stadtteil gut informiert. Dieser Stadtteil bereitet seiner Auffassung nach von Anfang an Probleme, was auch zu erwarten war. Aussiedler und deren Kinder seien eben aggressiv. Sie wollten immer alles gleich haben, ohne Beiträge dafür geleistet zu
36 haben. Der Bürgermeister gibt zu, Aussiedler nicht besonders zu mögen, doch müsse man auch seine Ängste und Sorgen verstehen und nicht nur immer die der anderen. Er wisse, dass er sich mit dieser Meinung bei den Sozialpädagogen nicht beliebt mache.
39 Diese versuchten mit dem Anführen von Forschungsergebnissen seine Meinung zu revidieren. Man müsse aber den Tatsachen ins Auge sehen, so wie er als Realpolitiker das auch tue. Nur weil Sozialpädagogen und Oppositionspolitiker gegenteilige Beweise
42 vorzulegen versuchten, müssten diese noch lange nicht stimmen. Als Beweis für die Richtigkeit seiner Einstellung führt er ein einschneidendes Erlebnis aus seiner Schulzeit an, das er bildhaft vor sich hat und an das er oft denken muss. Er berichtet, dass er ein-
45 mal auf dem Schulweg von zwei Aussiedlerkindern plötzlich geschubst und beschimpft worden sei. Erst durch das Eingreifen eines älteren Mannes hätten die anderen beiden von ihm abgelassen. Da dieser Mann täglich den gleichen Bus nahm, entwickelte sich
48 eine recht vertrauensvolle Beziehung. Er suchte immer wieder die Nähe dieses Mannes, der für ihn eine Art Beschützerrolle ausübte. So verwies dieser etwa die beiden anderen Kinder im Bus des Öfteren in den hinteren Teil des Wagens, so dass sie nichts anstellen
51 konnten. Sein Beschützer begründete sein Verhalten damit, dass man sich vorsehen müsse, auch wenn damit unpopuläre Maßnahmen verbunden seien. Dieser Auffassung schließt sich der Bürgermeister voll an. Im Laufe des Gesprächs betont der Bürgermeis-
54 ter immer wieder, dass viele Stadtbewohner sein Handeln für gut erachten und ihm jetzt schon ihre Stimme für die nächste Wahl versichern."
Der Sozialarbeiter vermerkte noch, dass das Gespräch ohne konkrete Ergebnisse
57 abgebrochen wurde.

Die Anfertigung von schriftlichen Prüfungsarbeiten

1. Der Bürgermeister hat gegenüber Aussiedlern eine negative Einstellung. Erläutern Sie Merkmale und Komponenten dieser negativen Einstellung des Bürgermeisters gegenüber Aussiedlern.

2. Die sozial-kognitive Theorie nach *Albert Bandura* stellt für das Verstehen menschlichen Denkens und Handeln eine große Bereicherung dar. Erklären Sie die Entstehung des Denkens und Handelns des Bürgermeisters auf der Grundlage der sozial-kognitiven Theorie. Stellen Sie dabei zentrale Annahmen und Begriffe dieser Theorie dar.

3. Ökologisches Denken gewinnt in der Sozialpädagogik zunehmend an Bedeutung.
   a) Stellen Sie grundlegende Annahmen und Begriffe ökologischer Sozialarbeit auf der Basis eines Modells dar (zum Beispiel Life Model nach *C. B. Germain/A. Gitterman*, Ansatz nach *W. R. Wendt*).
   b) Beschreiben Sie auf der Grundlage ökologischer Sozialarbeit Aufgaben eines Sozialarbeiters, die sinnvoll erscheinen, um die Lebensverhältnisse der Bewohner des neuen Stadtteils zu verbessern.

20. Aufgabe

Fallbeschreibung „Ilse"

Ilse, 19 Jahre, befürchtet, dass sie das Abitur nicht bestehen wird. Dem Schulpsychologen schildert sie ihre Schwierigkeiten. Auszüge aus diesem Gespräch:

3 *„... In meiner Familie fühle ich mich nicht anerkannt, nicht verstanden. Alle versuchen mir zu helfen, geben mir gute Ratschläge. Vor allem meinen Mutter drängt mich ständig zu lernen. Das macht mich bald verrückt, denn gerade dadurch schaffe ich noch*
6 *weniger. Ich weiß ja auch, was ich falsch mache. Aber ich kann nicht anders.*
Mein Problem ist, dass ich alles irgendwie schwarz sehe und ich Angst habe, dass ich das alles nicht mehr schaffen werde. Ich stelle mir immer die Frage, ob es richtig ist,
9 *was ich tue. Ich kann mit den Hausaufgaben nicht beginnen, schiebe sie auf, so lange wie nur möglich.*
Manchmal fühle ich mich total niedergeschlagen und kraftlos. Dann kann ich nicht auf-
12 *stehen.*
In letzter Zeit habe ich immer öfter Kopfweh und Magenbeschwerden. Dann ist die Mama nett zu mir, und ich muss auch nicht in die Schule.
15 *Wenn ich die Schule schwänze, dann kann ich tun, was mir gefällt. Ich kann lesen und brauche mir keine Bemerkungen der Lehrer anzuhören, meine Leistungen seien zu schlecht. Ich kann z. B. Musik hören oder im Bett liegen bleiben. Ich kann aber nicht*
18 *sagen, dass ich mich dann wohl fühle. Vielmehr habe ich eher Angst oder Schuldgefühle.*
Mit meiner Mutter komme ich nicht klar. Einerseits hasse ich sie, ihre schlimmen
21 *Bemerkungen über meine Figur und weil ich alles falsch mache. Sie nörgelt laufend an mir herum.*
Dann muss ich einfach die Wut an meinem Freund auslassen, was mir nachher wieder
24 *Leid tut.*
Meine Mutter sagt häufig, sich mache sich Sorgen um mich, sie habe mich immer sehr geliebt und möchte, dass ich das Abitur schaffe. Dann fühle ich mich sehr abhängig
27 *von ihr, auf sie angewiesen. Wenn wir streiten, sagt sie auch, es sei ihr egal, ob ich die Schule packe oder nicht, aber wie sie mich dabei anschaut! Wir können uns miteinan-*

Die Anfertigung von schriftlichen Prüfungsarbeiten

der nicht mehr sachlich auseinander setzen. Bei jeder Kleinigkeit kommt es zum Streit.
30 *Den Ansichten meiner Mutter kann ich nicht zustimmen. Ich gehe dann immer."*
Nach ihrer Kindheit befragt, erzählt sie: „Die Mutter hat sehr auf Ordnung und Pünkt-
lichkeit geachtet. Sie sagte, ich hätte genau nach der Uhr meine Mahlzeiten gekriegt,
33 *und nachts habe sie mich auch schreien lassen, damit ich durchschliefe. Nach etwa*
einem halben Jahr hätte ich dann auch immer durchgeschlafen. Mit 10 Monaten hätte
ich schon laufen können, und mit 18 Monaten sei ich Tag und Nacht sauber gewesen.
36 *Sie verstehe nicht, woher es komme, dass ich mich jetzt so gehen ließe. Nur mit der*
Sprachentwicklung habe es nicht so gut geklappt. Ich hätte sehr lange die so genann-
te Babysprache beibehalten. Und beim Einschlafen hätte ich zwanghaft meinen Teddy-
39 *bären festgehalten. Wehe, wenn er einmal nicht zu finden war! Na ja, den habe ich*
immer noch ..."

1. Ilse zeigt eine Reihe problematischer Verhaltensweisen.
   a) Belegen Sie mit Hilfe entsprechender Textstellen die problematischen Verhaltensweisen von Ilse.
   b) Erklären Sie mit Hilfe der psychoanalytischen Theorie diese problematischen Verhaltensweisen. Stellen Sie dabei die grundlegenden Begriffe und Annahmen dieser Theorie dar.

2. a) Zeigen Sie anhand von drei Beispielen die gestörte Kommunikation zwischen Ilse und ihrer Mutter auf.
   b) Verdeutlichen Sie mit Hilfe kommunikationspsychologischer Erkenntnisse (zum Beispiel Axiome von *Paul Watzlawick* u. a., Kommunikationsmodell von *Friedemann Schulz von Thun*), dass es sich bei diesen Beispielen um gestörte Kommunikation handelt.

3. Der Schulpsychologe will Ilse helfen, das Abitur zu bestehen. Als erster Schritt wird regelmäßiger Schulbesuch angestrebt.
   Stellen Sie im Rahmen eines sozialpädagogischen Handlungskonzeptes dar, wie der Schulpsychologe vorgehen kann, damit Ilse regelmäßig zur Schule geht.

21. Aufgabe

Fallbeschreibung „Frau Monsen"

Frau Monsen, 38 Jahre alt, sucht wegen des Scheiterns zweier Ehen eine psychologi-
sche Beratungsstelle auf. Sie stammt aus einer wohlhabenden Familie. Ihre Mutter
3 *schildert sie als eine selbstsüchtige Frau, die sie als sehr dominant erlebte; sie schuf*
nach ihren Aussagen im Hause eine sehr gespannte, formelle Atmosphäre, und ihre
Erziehung war sehr streng. Sie kann sich noch erinnern – so erzählt sie der Psycholo-
6 *gin –, dass sie ihr bis in die Einzelheiten hinein alles vorschrieb und entsprechend ihren*
Vorstellungen auf sie einwirkte. Jeder einzelne Schritt von ihr wurde überwacht und
kontrolliert.
9 *Auf Fragen der Psychologin bezüglich ihrer Beziehungen zum anderen Geschlecht*
sagte sie, dass sie sehr prüde erzogen worden sei, und ihr sei immer wieder gesagt
worden, Sexualität sei etwas „Schlechtes" und „Schlimmes". Jeden Kontakt mit Jun-
12 *gen beobachtete die Mutter sehr argwöhnisch, und sie warnte ständig, dass sie auf-*
passen und sich nicht mit Jungen „einlassen" solle. Sie könne sich noch gut entsinnen,
dass die Mutter dauernd sagte, Jungen wollen immer nur „das eine", was es zu ver-
15 *meiden gelte.*

Die Anfertigung von schriftlichen Prüfungsarbeiten

Nach ihrer ersten Ehe befragt, erzählt Frau Monsen, dass sie einerseits schon bei jedem geringsten Liebesbeweis überglücklich war; bei jeder kleinsten Verstimmung
18 *oder Kritik dagegen war sie überzeugt: „Er liebt mich nicht!", „Er mag mich nicht!". Diese ‚Bedenken' konnte sie aus Angst davor, dass ihr Mann böse werden und sie verlassen könnte, nicht ansprechen. Sie hätte sich so sehr nach Wärme und Geborgen-*
21 *heit gesehnt, doch bei jeder kleinsten Berührung von ihrem Mann wurde sie unruhig und wollte am liebsten aufhören und sich zurückziehen oder gar gehen. Dadurch entstanden so viele Spannungen, dass die Ehe in die Brüche ging. Mit der zweiten Ehe lief*
24 *es genauso. Dabei wollte sie aber nichts anderes als eine glückliche Gemeinschaft mit einem Mann bzw. eine eigene Familie. Aus Angst vor weiteren unglücklichen Ehen habe sie sich nun mehr und mehr von der Welt zurückgezogen und sie ginge auch*
27 *nicht mehr aus. Doch jetzt halte sie das nicht mehr aus und beschloss deshalb, Hilfe in einer Beratungsstelle zu holen.*

1. Frau Monsen zeigt viele problematische Verhaltensweisen, die auf eine *Ich-Schwäche* schließen lassen.
   a) Beschreiben Sie, was die Psychoanalyse unter Ich-Schwäche versteht.
   b) Stellen Sie mit Hilfe entsprechender Textstellen die problematischen Verhaltensweisen von Frau Monsen und deren Ursachen dar.

2. Eine problematische Verhaltensweise von Frau Monsen ist, dass sie bei jeder kleinsten Berührung unruhig wird und am liebsten aufhören und sich zurückziehen oder gar gehen will.
   Erklären Sie auf der Grundlage der psychoanalytischen Theorie dieses problematische Verhalten von Frau Monsen. Stellen Sie dabei die relevanten Aussagen und Fachbegriffe dieser Theorie auf.

3. Zeigen Sie auf der Grundlage der psychoanalytischen Theorie Möglichkeiten der Erziehung auf, die eine gesunde Entwicklung von Frau Monsen gewährleistet hätten.

22. Aufgabe

Fallbeschreibung „Martin"

Martin hat das Abitur nicht bestanden und besucht zum zweiten Mal die 13. Jahrgangsstufe eines Gymnasiums. Er befürchtet, nun das Abitur erneut nicht zu beste-
3 *hen. Martin sieht seinen Lebensplan (Studium, Übernahme des väterlichen Geschäftes etc.) gefährdet und wendet sich deshalb auf Anraten eines Lehrers an eine Beratungsstelle.*

6 *Beim Erstgespräch erhält der beratende Psychologie von Martins Werdegang folgendes Bild:*

Der junge Mann ist 20 Jahre und 4 Monate alt. Seine Mutter ist Hausfrau, sein Vater als
9 *Eigentümer eines Geschäftes, das er selbst gegründet hat, sehr erfolgreich und angesehen.*

Martins Leistungen in der Grundschule waren gut, die Lehrer bescheinigten ihm über-
12 *durchschnittliche Intelligenz, bemängelten aber sein zeitweiliges Desinteresse während des Unterrichts. Nach dem Übertritt von der Grundschule ins Gymnasium wurden die schulischen Leistungen Martins zunehmend schwächer. Es gelang Martin*
15 *jedoch immer wieder, trotz geringen Arbeitseinsatzes in die jeweils nächsthöhere Klasse versetzt zu werden.*

337

Die Anfertigung von schriftlichen Prüfungsarbeiten

Viel intensiver widmete sich Martin seinen zahlreichen Freizeitinteressen. So wendete
18 *er z. B. sehr viel Zeit für Aktivitäten in einem Segelclub auf. Als sich in der 11. Jahr-*
gangsstufe Martins Noten derart verschlechterten, dass ein Vorrücken in die 12. Jahr-
gangsstufe gefährdet war, schickten ihn seine Eltern in ein Internat in ländlicher Umge-
21 *bung. Nach wenigen Monaten ließ die dortige Schulleitung die Eltern wissen, dass ihr*
Sohn aus disziplinarischen Gründen an dieser Schule nicht mehr erwünscht sei; ihm
drohe der Schulausschluss. An einem heimischen Privatgymnasium wiederholte Mar-
24 *tin die 11. Jahrgangsstufe und bestand diese wie auch die 12. Jahrgangsstufe, wenn*
auch mit schlechten Noten.

Im nächsten Beratungsgespräch berichtet Martin Folgendes:

27 *Sein Vater hat sich verstärkt um ihn gekümmert, wenn er die Zeugnisse sah; so gab er*
z. B. seinem Sohn viel Geld für die gerade noch bestandenen Jahrgangsstufen im
Gymnasium. Während des Schuljahres drohte der Vater oftmals, Martin wegen seiner
30 *schlechten schulischen Leistungen die finanzielle Unterstützung zu entziehen. Diese*
Drohung wurde jedoch nicht wahr gemacht, im Gegenteil, Martins Vater schenkte ihm
einen eigenen Wagen, finanzierte modische Kleidung und seine Ausgaben im
33 *Segelclub.*

Martin sieht sich als einen, der viel umworben wird, gerade auch im „Club". Hier
bekommt er aufgrund seines Einsatzes immer wieder Anerkennung; nach seinen Aus-
36 *sagen gibt es dort „nur nette Leute". Hier habe er auch seinen Freund Peter gefunden,*
der im 2. Semester Wirtschaftswissenschaften studiert. Peter sei ein ausgezeichneter
Segler und bereite ihn gut auf die Segelprüfung vor.

39 *Befragt nach seinen derzeit sehnlichsten Wünschen antwortet Martin: „Ich will den*
Segelschein und das Abitur in der Tasche haben, denn letztlich braucht man solche
Nachweise, um im Leben voranzukommen und anerkannt zu werden."

42 *Der Gedanke an Schule erzeuge bei ihm Unwohlsein, wenn man es vornehm aus-*
drücken wolle, meint Martin.

1. Aus der Fallbeschreibung geht hervor, dass Martin bestimmte Einstellungen besitzt.
   a) Beschreiben Sie mit Hilfe geeigneter Textstellen Merkmale und Komponenten von Martins Einstellung zur Schule und zum Segelclub.
   b) Erläutern Sie die Funktionen, die die Einstellung Martins zum Segelclub erfüllen.

2. Erklären Sie den Einstellungserwerb entweder gegenüber der Schule oder gegenüber dem Segelclub mit Hilfe einer Ihnen bekannten Theorie. Stellen Sie dabei Begriffe und Aussagen dieser Theorie dar.

3. Zeigen Sie auf der Grundlage einer Einstellungstheorie Möglichkeiten eines Wandels von Martins Einstellung zur Schule auf.

23. Aufgaben

Fallbeschreibung „Axel"

(Axel: 14 Jahre, 8. Klasse Realschule, Einzelkind, Mutter geschieden)

Axels Verhalten in der Schule bereitet seiner Klassenlehrerin Frau Baldrum große Sor-
3 *gen. Seine Hausaufgaben erledigt er nur selten; Hefte, Bücher und Schreibmaterial*
bringt er unregelmäßig mit zum Unterricht. Als besonders schwierig erlebt Frau Bald-
rum folgende Situationen:

Die Anfertigung von schriftlichen Prüfungsarbeiten

6 Sie beobachtet öfter, dass Axel seine Mitschüler unter Druck setzt, ihn abschreiben zu lassen oder ihm Geld zu leihen. Da Axel größer und stärker ist als seine Mitschüler, kann er seine Forderungen nachhaltig stellen: er teilt Rippenstöße und Ohrfeigen aus.
9 Seine Mitschüler haben daher Angst vor ihm. Eine kleinere Gruppe Schülerinnen seiner Klasse findet sein Verhalten hingegen eher belustigend.

Bei den häufigen körperlichen Attacken Axels gegen seine Mitschüler sieht sich Frau
12 Baldrum nicht in der Lage, wirksam einzugreifen. Darüber hinaus ist es für sie ein Problem, wenn Axel seine Mitschüler dazu bringt, von ihm mitgebrachte Comic-Hefte zu lesen. Der Unterricht wird dadurch empfindlich gestört.

15 In einem Einzelgespräch mit Axel erwähnt Frau Baldrum sein auffälliges Verhalten, worauf er ihr gegenüber recht ungehalten reagiert. Auf seine familiäre Situation zu Hause angesprochen, bricht er Frau Baldrum gegenüber in Tränen aus.

18 Im weiteren Verlauf des Gesprächs äußert Axel, dass er schon einsehe, dass sein Verhalten nicht immer richtig sei, aber etwas Spaß müsse man in der Schule doch haben. Für sein Weiterkommen in der Realschule sehe er aufgrund seines Zwischenzeugnis-
21 ses schwarz. Aber es wäre ganz schön, wenn er die Realschule abschließen könnte.

Mit Axels Einverständnis wendet sich Frau Baldrum an eine Sozialpädagogin der zuständigen Beratungsstelle. Die Sozialpädagogin lädt Axel und seine Mutter zu einem
24 Gespräch ein und erfährt dabei Folgendes:

Axels Mutter hat sich vor zwei Jahren scheiden lassen, da der Ehemann sich ihr gegenüber öfters gewalttätig verhalten hat. Seit dieser Zeit ist sie auch wieder berufs-
27 tätig. Das Verhältnis Axels zu seinem Vater, fand sie, sei damals ganz gut gewesen; seit der Trennung von ihr kümmere er sich jedoch nur selten um seinen Sohn.

Die Mutter berichtet weiter über Axel: „Als Fünfjähriger war er im Kindergarten manch-
30 mal etwas schwierig; so zerstörte er grundlos die Spielsachen anderer Kinder; seine Spielkameraden ärgerte er bei sich zu Hause gern und schlug sie auch hin und wieder. Wenn er etwas erreichen wollte, schrie er seine Kameraden an, dies brachte ihm dann
33 auch den gewünschten Erfolg. Mit Bekannten habe ich mich damals über Axels Verhalten unterhalten; diese meinten dazu, Axel sei eben ein richtiger Junge. Ich war auch der Meinung, dass sich Axels aggressives Verhalten von selbst lege, wenn er einmal in
36 der beruflichen Ausbildung stehen werde. Warum soll ich also jetzt darüber so viel Aufhebens machen."

1. a) Belegen Sie mit entsprechenden Stellen im Text das aggressive Verhalten von Axel.
   b) Bestimmen Sie den Begriff „Verhaltensstörung" und begründen Sie, dass es sich bei Axels aggressivem Verhalten um eine Verhaltensstörung handelt.

2. Erklären Sie die Entstehung des aggressiven Verhaltens bei Axel mit Hilfe grundlegender Aussagen einer Theorie.

3. Wie könnte die Sozialpädagogin mit Hilfe von Erkenntnissen über soziale Interaktion und Kommunikation das Verhalten von Axel möglicherweise ändern?
   Stellen Sie im Rahmen einer Ihnen bekannten Kommunikationstheorie (zum Beispiel von *Paul. Watzlawick* u. a., *Friedemann Schulz von Thun*) Möglichkeiten effektiver Kommunikation zwischen der Sozialpädagogin und Axel dar.

Die Anfertigung von schriftlichen Prüfungsarbeiten

24. Aufgabe

Fallbeschreibung „Sandra"

Sandra, 18 Jahre alt, besucht die 12. Klasse der Thomas-Gordon-Schule und will dort im Sommer ihre Fachhochschulreifeprüfung ablegen. Doch sie hat erhebliche Proble-
3 *me, deshalb spricht sie in einer psychologischen Praxis vor:*
Der Psychologin erzählt sie: Seit etwa einem $^3/_4$ Jahr werde sie ständig von Gedanken und Vorstellungen geplagt, die ihr lästig und unangenehm seien. Immer wieder zweifle
6 *sie, ob sie die Abschlussprüfung schaffe, derweil habe sie aber gute Noten. Obwohl realistisch gesehen kein Grund bestehe, grüble sie mittlerweile schon in jeder Situation über das „Nicht-Bestehen" der Schule nach; sie könne sich deshalb kaum mehr auf*
9 *anderes konzentrieren, und auch in der Schule sei sie gedanklich oft abwesend. Sie versuche zwar, diese Gedanken zu ignorieren, zu unterdrücken oder sie mit Hilfe von anderen Gedanken oder Handlungen auszuschalten, doch dann komme es verstärkt zu*
12 *einem unangenehmen Gefühl der inneren Spannung, die sie nur sehr schwer aushalten könne.*
Auf die Frage der Psychologin, wie denn ihre Eltern darauf reagieren würden, erzählt
15 *sie, dass sie sie nur sehr schwer verstehen würden. Besonders schlimm sei für sie, dass sie ihr Freund, dem diese Situation sehr zu schaffen mache, und den sie sehr gerne mag, deshalb vor kurzer Zeit verlassen habe. Auf Nachfrage erzählt Sandra über*
18 *ihren Freund: „Als das mit diesen unangenehmen Gedanken begann, bot mir Kurt seine Hilfe an. Aber er gab mir nur wertlose Ratschläge, mit denen ich nichts anfangen konnte. Das machte mich nervös, und oft wünschte ich mir, dass er nur mit dem*
21 *Gequatsche aufhören würde! Aber er merkte es nicht. Und je mehr er auf mich einredete, desto schlimmer wurde das Ganze für mich, und ich konnte ihm dann gar nicht mehr zuhören. Das war dann wie ein Teufelskreis.*
24 *Doch er war trotzdem immer sehr freundlich zu mir, er lachte mich an, ja, er streichelte mich, nahm mich oft in den Arm und küsste mich. Umso mehr war ich außer mir, als er plötzlich vor 14 Tagen ankam und sagte, dass es Schluss sei mit der Freundschaft. In*
27 *dem sich anschließenden weniger schönen Gespräch äußerte Kurt dann, dass er mit diesem Gedanken, die Freundschaft zu beenden, schon länger gespielt habe, weil er das nicht mehr ausgehalten habe. Doch, um mir aber nicht weh zu tun, hätte er sich*
30 *nichts anmerken lassen und machte – wie er es formulierte – ‚gute Miene zum bösen Spiel'."*

1. a) Bestimmen Sie umfassend den Begriff Beeinträchtigung.
   b) Zeigen Sie, um welche Art von Beeinträchtigung (Behinderung, Störung, Verhaltensstörung, Gefährdung) es sich bei Sandra handelt.

2. Das Auseinandergehen der Freundschaft ist eine Folge einer Kommunikationsstörung zwischen Sandra und ihrem Freund Kurt.
   Verdeutlichen Sie mit Hilfe von kommunikationstheoretischen Erkenntnissen (zum Beispiel Axiome von *Paul Watzlawick* u. a., Kommunikationsmodell von *Friedemann Schulz von Thun*) die gestörte Kommunikation zwischen Sandra und Kurt. Formulieren und erläutern Sie dabei die gewählten Axiome.

3. Ein sinnvolles Gespräch zwischen Sandra und Kurt könnte möglicherweise die Freundschaft wieder aufleben lassen.
   Beschreiben Sie die Möglichkeiten erfolgreicher Kommunikation, die Sandra und Kurt helfen könnten, ihre Freundschaft wieder herzustellen.

Die Anfertigung von schriftlichen Prüfungsarbeiten

25. Aufgabe

Fallbeschreibung „Matthias"

Der 15-jährige Matthias wurde wegen eines Mopeddiebstahls zur mündlichen Ver-
handlung vor das Jugendgericht geladen. Nach dem Verlesen der Anklage durch die
3 *Staatsanwaltschaft erteilt der vorsitzende Jugendrichter dem Jugendgerichtshelfer das*
Wort. Im Folgenden ist seine Stellungnahme auszugsweise wiedergegeben:

Nach dem frühen Tod des Vaters wurde Matthias, der gerade 2 Jahre alt war, von sei-
6 *ner Mutter allein erzogen. Ihre ganze Liebe konzentrierte sich auf Matthias. Er wurde*
dadurch sehr verwöhnt und bekam viele Unannehmlichkeiten aus dem Weg geräumt.
So nahm ihn beispielsweise die Mutter vorzeitig aus dem Kindergarten, weil sich Mat-
9 *thias ständig beklagte, wie schlecht es ihm dort gehe.*

Bis zu seiner Einschulung wurde Matthias ausschließlich von seiner Mutter betreut. In
dieser Zeit häuften sich die Erziehungsprobleme, wobei es für die Mutter immer
12 *schwieriger wurde, sich gegenüber den Ansprüchen ihres Kindes durchsetzen zu*
können. Kam Matthias beispielsweise erst spät abends vom Spielen nach Hause
oder trieb er sich in den Kaufhäusern der Stadt herum, so drohte die Mutter mit über-
15 *zogenen, kaum zu kontrollierenden Konsequenzen (z. B. mehrtägiges Fernsehverbot,*
mehrwöchiger Taschengeldentzug). Bestrafte die Mutter den Jungen mit Hausarrest,
entwich Matthias durchs Fenster. Diesem Verhalten stand die Mutter hilflos gegen-
18 *über.*

Mit Schulbeginn wurden erneut Anforderungen an Matthias gestellt, denen er sich sehr
früh durch häufiges Fernbleiben vom Unterricht entzog. Wieder gelang es der Mutter
21 *nicht, angemessen darauf zu reagieren und das Kind zu einem regelmäßigen Schulbe-*
such anzuhalten. Für die großen Leistungsrückstände ihres Kindes machte die Mutter
die Lehrer verantwortlich. Wegen der zahlreichen Unterrichtsversäumnisse und der
24 *Uneinsichtigkeit der Mutter in dieser Situation informierte die Schule den örtlichen*
sozialen Beratungsdienst. Dieser nahm Kontakt mit dem Jugendamt auf.

Da sich die Mutter mit der Erziehung zunehmend überfordert fühlte, stimmte sie nach
27 *mehreren Gesprächen mit Schule und Jugendamt einem Heimaufenthalt ihres Sohnes*
zu. Bereits nach wenigen Wochen entwich Matthias aus dem Heim; sein Verhalten
rechtfertigte er vor der Mutter mit ,unmöglichen Zuständen' im Heim. Aus Mitleid und
30 *von Schuldgefühlen bewegt, zog die Mutter ihr Einverständnis zum Heimaufenthalt*
zurück; sie musste aber bereits nach wenigen Monaten aufgrund der zunehmenden
Schwierigkeiten mit ihrem Jungen einer neuerlichen Heimunterbringung zustimmen.
33 *Dieser Vorgang wiederholte sich mehrfach.*

Schließlich wurde Matthias einer sozialpädagogischen Jugendwohngruppe zugewie-
sen, wo er seit einem Jahr betreut wird.

36 *Gegenüber dem Gericht erklärt der zuständige Sozialarbeiter der Jugendwohngruppe,*
dass sich Matthias jetzt deutlich stabilisiere. So zeige er eine größere Leistungsbereit-
schaft in der Schule, verhalte sich sowohl gegenüber den Erziehern als auch gegen-
39 *über den anderen Jugendlichen der Einrichtung kooperativ und sei deshalb gut in die*
Gruppe integriert. Insbesondere sei festzustellen, dass Matthias über persönliche Pro-
bleme rede, offener Gefühle zeige und auch um Rat frage. Auf Nachfrage des Richters
42 *meinte der Sozialpädagoge, dass es sich bei dem Mopeddiebstahl wohl um eine ein-*
malige Tat gehandelt habe. Insgesamt könne eine günstige Sozialprognose für Mat-
thias gestellt werden.

Die Anfertigung von schriftlichen Prüfungsarbeiten

1. a) Bestimmen Sie den Begriff Verhaltensstörung.
   b) Zeigen Sie auf, ob es sich bei Matthias um eine Verhaltensstörung handelt.

2. Ein charakteristisches Merkmal des Verhaltens von Matthias ist sein Ausweichen vor unangenehmen Situationen.
   Erklären Sie die Entstehung dieses Verhaltens mit Hilfe grundlegender Annahmen und Erkenntnisse einer Lerntheorie (zum Beispiel operantes Konditionieren). Stellen Sie dabei die Aussagen und Fachbegriffe dieser Theorie dar.

3. Beschreiben Sie Möglichkeiten erfolgreicher Kommunikation zwischen Matthias und dem Sozialpädagogen der Wohngruppe, die dazu beigetragen haben könnten, dass sich bei Matthias ein günstiges Sozialverhalten entwickelt hat.

26. Aufgabe

Fallbeschreibung „Bodo"

Der 19-jährige Bodo, Fachoberschüler, wendet sich an einen Schulpsychologen, da er aufgrund seines unregelmäßigen Schulbesuches und ständigen Zuspätkommens
3 *Probleme mit den Lehrern und der Schulleitung bekommen hat.*

Im Laufe des Gesprächs stellt sich heraus, dass Bodo Schwierigkeiten hat, aus dem Bett zu kommen, da er abends meist sehr viel Alkohol trinkt, häufig in Kombination
6 *mit Tabletten und weichen Drogen. Bodo berichtet, dass er bis vor zwei Jahren kein Interesse an Alkohol oder anderen Drogen gehabt habe. Seine Eltern, beide Lehrer, seien in dieser Hinsicht sehr streng gewesen. Um ihm die Gefährlichkeit von Drogen*
9 *vor Augen zu führen, hätten sie ihn häufig dazu gezwungen, Filme anzuschauen, die den Drogenkonsum von Jugendlichen und seine Folgen sehr anschaulich darstellten.*

Er sei früher eigentlich in jeder Hinsicht ein „Musterkind" gewesen, das weder Eltern
12 *noch Lehrern Schwierigkeiten bereitet habe. In der Klasse sei er allerdings als „Streber" angesehen worden und habe keinen Anschluss gefunden. Mit der Zeit habe er darunter immer mehr gelitten, vor allem, da sich auch das Verhältnis zu seinen*
15 *Eltern, die ihn immer noch wie ein Kind behandelt hätten, sehr verschlechtert habe.*

Während seines Praktikums habe er dann Kontakt zu einem Klassenkameraden gefunden, den er schon immer sehr bewundert habe, weil er sich von niemandem
18 *etwas gefallen lasse und bei Mädchen gut ankomme. Im Laufe des Praktikums sei die Freundschaft trotz ihrer Verschiedenheit sehr eng geworden. Er habe dann auch erfahren, dass sein Freund häufig Drogen nehme. Aufgrund von dessen positiven*
21 *Schilderungen habe er den Wunsch verspürt, dies auch einmal auszuprobieren. Auf einem Fest, zu dem ihn sein Freund mitnahm, sei im Laufe des Abends sehr viel getrunken worden und um die Wirkung zu verstärken, seien zusätzlich Tabletten und*
24 *Haschisch konsumiert worden. Er habe zwar anfangs etwas Bedenken gehabt, ob er das durchhalte, sein Freund habe ihm aber „gut" zugeredet. Auch habe er sich nicht blamieren wollen und deshalb mitgemacht. Inzwischen vertrage er mehr, da er fast*
27 *jeden Abend mit seinen neuen Freunden so verbringe. Mit seinen Eltern habe er zwar sehr viel Ärger, aber es erfülle ihn auch mit Stolz, dass er sich jetzt endlich ihnen gegenüber durchsetze. Das Einzige, was ihm wirklich Sorgen mache, seien*
30 *seine Schulprobleme, da er unbedingt die Fachhochschulreife erreichen wolle.*

Die Anfertigung von schriftlichen Prüfungsarbeiten

1. Bestimmen Sie den Begriff Verhaltensstörung und weisen Sie diese an obiger Fallbeschreibung nach.

2. Erklären Sie die Entstehung der Verhaltensstörung von Bodo mit Hilfe der sozial-kognitiven Theorie. Stellen Sie dabei die Annahmen und Begriffe dieser Theorie dar.

3. Wie könnte der Schulpsychologe Bodo helfen? Zeigen Sie auf der Grundlage eines Handlungskonzeptes der Sozialpädagogik, wie der Schulpsychologe das problematische Verhalten von Bodo ändern könnte.

27. Aufgabe

Fallbeschreibung „Michael"

Frau E., Michaels Mutter, wurde vom Hausarzt an die integrierte Beratungsstelle einer Kinder- und Jugendpsychiatrie überwiesen. Bei dem ersten anamnestischen Gespräch
3 *stellte sich die Situation nach den Ausführungen der Mutter folgendermaßen dar:*

Ihren Sohn Michael gebar sie nach sieben Monaten einer Risikoschwangerschaft. Damals wussten die Ärzte noch nichts von einer Behinderung. Da Herz und Lunge
6 *nicht arbeiteten, war man zunächst froh, dass das Kind überlebte und drei Monate später anscheinend gesund aus der Klinik entlassen wurde.*

Erste Beobachtungen von Auffälligkeiten machte die Mutter einige Wochen später. Sie
9 *stellte fest, dass Michael zwar auf Geräusche und Ansprache reagierte, nicht aber auf ein Lächeln von ihr. Auch wenn sie die Rassel vor ihm hin und her bewegte, so folgte er ihr nicht mit den Augen. Dies versetzte sie und ihren Mann in große Unruhe. Weitere*
12 *ärztliche Untersuchungen bestätigten dann die heimliche Furcht der Eltern, dass Michael blind sei. Frau E. erinnert sich noch genau an den Schock an diesem Tag und an die Belastungen der nachfolgenden Zeit. Ihre Gefühle wechselten zwischen Hoffnung*
15 *und Verzweiflung; manchmal konnte oder wollte sie die neue Diagnose nicht wahrhaben. Sie befragte andere Experten, aber ohne die erhoffte Beruhigung zu erhalten, die sie in dieser Zeit so benötigte.*

18 *Sie wusste nicht mehr, wie sie mit dem Kind umgehen sollte. Ebenso wie sie war auch ihr Mann mit dem Problem überfordert. Sie traute sich lange Zeit nicht, ihrer eigenen Mutter von der Behinderung des Kindes zu erzählen. Zu deutlich hatte sie noch deren*
21 *abwertende Bemerkungen über ein stotterndes Kind aus der Nachbarschaft im Ohr.*

Zu diesen belastenden Gefühlen und Einstellungen kamen zunehmend Erschwernisse in der Betreuung Michaels. Der Junge schrie oft so laut, dass es die Nachbarn hörten.
24 *Allmählich gab es kaum eine Nacht, in der sie richtig durchschlafen konnte. Michael ließ sich beruhigen, wenn sie ihn streichelte oder ihm etwas vorlas. Oft musste sie so lange vorlesen, bis der Junge einschlief – und das konnte sehr lange dauern. Danach*
27 *war sie selbst so müde, dass sie nicht mehr in der Lage war, ihren Haushalt in Ordnung zu bringen und für sich selbst etwas zu tun.*

Michaels allgemeine Entwicklungsfortschritte waren gering, verglichen mit denen
30 *anderer Kinder aus dem Bekanntenkreis.*

Allmählich befand sie sich am Rande eines seelischen und körperlichen Zusammenbruchs. Sie fühlte sich allein gelassen, im Innersten verunsichert und überfordert; ihr
33 *Mann war tagsüber auf der Arbeit, so dass sie mit ihm die drängenden Probleme nicht besprechen konnte. In diesem Zustand begann sie, das Kind immer wieder für lange Zeit sich selbst zu überlassen.*

Die Anfertigung von schriftlichen Prüfungsarbeiten

36 *Zu den bisherigen Auffälligkeiten in der Entwicklung des Jungen kam hinzu, dass der*
Junge begann, sich mit der Hand an den Kopf zu schlagen. Die Mutter lief immer
sofort zu ihm und versuchte ihn mit einem Spiel abzulenken, damit er davon ablasse.
39 *Doch sobald sie sich entfernte, begann er kurze Zeit danach, sich wieder an den Kopf*
zu schlagen. Als der Junge schließlich laufen konnte, stieß er sich in unbeaufsichtigten
Augenblicken häufig an Möbelkanten, oder er stolperte über irgendwelche Gegenstän-
42 *de, die im Zimmer umherlagen, dabei erschrak er jedesmal sehr. Manchmal verletzte er*
sich. Nach einiger Zeit wurde er auffallend ängstlich und traute sich nicht mehr zu,
allein in der Wohnung umherzugehen, sondern wollte nur noch von der Mutter geführt
45 *werden.*

1. a) Bestimmen Sie die Begriffe Beeinträchtigung, Behinderung und Verhaltensstörung.
   b) Zeigen Sie auf, dass bei Michael eine Behinderung und eine Verhaltensstörung vorliegt.

2. Erklären Sie mit Hilfe einer Theorie (zum Beispiel Psychoanalyse, soziale
   kognitive Theorie) die Entstehung einer Verhaltensstörung von Michael.
   Berücksichtigen Sie dabei grundlegende Annahmen und Begriffe dieser
   Theorie.

3. Erstellen Sie auf der Grundlage einer Theorie Möglichkeiten, mit dessen
   Hilfe die Lebenssituation der Mutter (zum Beispiel Abbau ihres Gefühls des Alleingelassenseins, der Verunsicherung) verbessert werden
   kann.

Wo Sie hinkämen, wenn Sie verschiedene Psychologen fragen:

„Wo geht's denn hier zum Bahnhof?"

Es antwortet

der Gesprächstherapeut:	*„Sie möchten wissen, wo der Bahnhof ist?"*
	„Wie fühlen Sie sich, wenn Sie diese Frage stellen?
der Psychoanalytiker:	*„Spielen Ihre Träume öfters in einer so dunklen Höhle?"*
	„Was assoziieren Sie mit Bahnhof?"
der Verhaltenstherapeut:	*„Heben Sie den rechten Fuß. – Prima! – Schieben sie ihn nach vorne.*
	Hervorragend! – Setzen Sie ihn auf. – Sehr gut, hier haben Sie ein Bonbon."
der Gestalttherapeut:	*„Du, lass es voll zu, dass du zum Bahnhof willst!"*
der Esoteriker:	*„Schließen Sie die Augen. Entspannen Sie sich. Fragen Sie ihr Unbewusstsein, ob es Ihnen bei der Suche behilflich sein will."*
der Provokativ-Therapeut:	*„Ich wette, darauf werden Sie nie kommen."*
der Familientherapeut:	*„Was ist dein sekundärer Gewinn, wenn du mich nach dem Bahnhof fragst? Möchtest du meine Bekanntschaft machen?"*

Der Telefonseelsorger:	„Weiß ich nicht, aber wir können gerne darüber sprechen."
Der Sozialarbeiter:	„Keine Ahnung, aber ich fahr dich schnell hin."
Der Psychiater:	„Seit wann bedrängt Sie diese Frage?"
Der Sozialmanager:	„Welche Lösungswege haben Sie schon angedacht? Schreiben Sie alles hier auf dieses Kärtchen!"
	„Wenn ich Ihnen die Lösung vorkaue, wird das Ihr Problem nicht dauerhaft beseitigen."

„Alles klar?"

Verwendete Literatur

Allport, G. W.: Die Natur des Vorurteils. Köln 1971

Argyle, M.: Soziale Interaktion. Köln 1972

Bach, H.: Sonderpädagogik im Grundriss. Berlin 1989[13]

Bachmair, S., u. a.: Beraten will gelernt sein. München/Weinheim 1994[5]

Badry, E., u. a. (Hg.): Pädagogik-Grundlagen und Arbeitsfelder. Neuwied 1994[2]

Bandura, A.: Sozial-kognitive Lerntheorie. Stuttgart 1979

Bastine, R. (Hg.): Klinische Psychologie. 2 Bände. Stuttgart 1990[2] und 1992

Bateson, G., u. a.: Schizophrenie und Familie. Frankfurt a. M. 1969

Biermann-Ratjen, E.-M., u. a.: Gesprächspsychotherapie. Stuttgart/Berlin/Köln 1997[8]

Bitzan, M./ Klöck, T. (Hg.): Jahrbuch Gemeinwesenarbeit 5. Politikstrategien – Wendungen und Perspektiven. München 1994

Bleidick, U.: Theorie der Behindertenpädagogik. Berlin 1985

Bohle, A./Themel, J.D.: Jugendhilfe – Jugendrecht. Köln 1992[2]

Bornewasser, M., u.a.: Einführung in die Sozialpsychologie. Heidelberg 1986[3]

Böseke, H. (Hg.): Wer ist denn hier im Abseits? Weinheim/Basel 1981

Boulet, J./Krauss, E.-J./Oelschlägel, D.: Gemeinwesenarbeit – eine Grundlegung. Bielefeld 1980

Branden, N.: Die sechs Säulen der Selbstachtung. In: Psychologie Heute 11/1994

Brezinka, W.: Grundbegriffe der Erziehungswissenschaft. München/Basel 1990[5]

Brocher, T.: Gruppendynamik und Erwachsenenbildung. Braunschweig 1980[15]

Bundeszentrale für gesundheitliche Aufklärung: Entwicklungskalender. Köln 1996[4]

Cohn, R.: Von der Psychoanalyse zur themenzentrierten Interaktion. Stuttgart 1988

Dörner, D./Selg, H. (Hg.): Psychologie. Stuttgart 1996[2]

Ebbe, K./Friese, P. (Hg.): Milieuarbeit. Grundlagen präventiver Sozialarbeit im lokalen Gemeinwesen. Stuttgart 1989

Eyferth, H./Otto, H./Thiersch, H. (Hg.): Handbuch zur Sozialarbeit/Sozialpädagogik. Neuwied/Darmstadt 1987

Festinger, L.: Theorie der kognitiven Dissonanz. Bern/Stuttgart/Wien 1978

Fisseni, H.-J.: Persönlichkeitspsychologie. Göttingen 1998[4]

Flammer, A.: Entwicklungstheorien. Bern/Stuttgart/Toronto 1996[2]

Forgas, J. P.: Soziale Interaktion und Kommunikation. München/Weinheim 1994[2]

Verwendete Literatur

Frey, D./Greif, S. (Hg.): Sozialpsychologie – Ein Handbuch in Schlüsselbegriffen. München 1983

Frey, D./Irle, M.: Theorien der Sozialpsychologie. Band I: Kognitive Theorien. Bern/Göttingen 1993[2]

Fuchs, W., u. a. (Hg.): Lexikon zur Soziologie. Opladen 1994[3]

Gage, N.L./Berliner, D.C.: Pädagogische Psychologie. Weinheim 1986[4]

Geißler, K.A./Hege, M.: Konzepte sozialpädagogischen Handelns. Weinheim/Basel 1997[8]

Germain, C. B./Gitterman, A.: Praktische Sozialarbeit – das „Life Model" der sozialen Arbeit. Stuttgart 1988[2]

Gernert, W.: Jugendhilfe. München/Basel 1993[4]

Giesecke, H.: Einführung in die Pädagogik. München 1991[2]

Gordon, Th.: Familienkonferenz. München 1997

Grossmann, W.: Kindergarten. Weinheim/Basel 1987

Hahn, K./Müller, F.-W. (Hg.): Systemische Erziehungs- und Familienberatung. Mainz 1993

Hampden-Tumer, Ch.: Modelle des Menschen. Weinheim 1996[4]

Haug-Schnabel, G./Schmid, B.: ABC des Kindergartenalltags. Freiburg i. B. 1992[2]

Herkner, W.: Einführung in die Sozialpsychologie. Stuttgart 1991[5]

Herkner, W.: Psychologie. Wien/New York 1992[2]

Hetzer, H., u. a. (Hg).: Angewandte Entwicklungspsychologie des Kindes- und Jugendalters. Heidelberg 1995[3]

Hierdeis, H.: Erziehungsinstitutionen. Donauwörth 1983[5]

Hinte, W./Karas, F. (Hg.): Studienbuch Gruppen- und Gemeinwesenarbeit. Neuwied/Frankfurt a. M. 1989

Hobmair, H. (Hg.): Pädagogik. Köln/München 1996[2]

Hobmair, H. (Hg.): Psychologie. Köln/München 1997[2]

Hobmair, H./Treffer, G.: Individualpsychologie, Erziehung und Gesellschaft. München/Basel 1979

Hobrecht, J.: Du kannst mir nicht in die Augen sehen. Berlin 1981[3]

Hoffmann, N.: Verhaltenstherapie und Kognitive Verfahren. Mannheim 1990

Horton, P.: Die andere Saite. Würzburg 1979[2]

Hundsalz, A.: Die Erziehungsberatung. Weinheim/München 1995

Hurrelmann, K.: Warteschleifen. Keine Berufs- und Zukunftschancen für Jugendliche? Weinheim 1988

Irle, M.: Lehrbuch der Sozialpsychologie. Göttingen 1975

Izard, C.E.: Die Emotionen des Menschen. München 1994[2]

Jansen, W.: Sozialwissenschaftliche Aspekte der Rehabilitation. Rheinstetten 1970

Junge, H./Lendermann, H. B.: Das Kinder- und Jugendhilfegesetz (KJHG). Freiburg i. B. 1990

Kausen, R.: Bemerkungen zur wissenschaftlichen Fachsprache. In: Zeitschrift für Individualpsychologie, 2. Jahrgang. München/Basel 1977

Keller, J.A./Novak, F.: Kleines pädagogisches Wörterbuch. Freiburg i. B. 1997[5]

Kirschner, J.: Manipulieren – aber richtig. München/Zürich 1974

Klauer, K. J.: Grundriss der Sonderpädagogik. Berlin 1992

Kleber, E. W.: Abriss der Entwicklungspsychologie. Weinheim/Basel 1978[2]

Verwendete Literatur

Kraiker, Chr./Peter, B. (Hg.): Psychotherapieführer. München 1994[4]

Kreft, D./Mielenz, I. (Hg.): Wörterbuch Soziale Arbeit. Weinheim/Basel 1988[3]

Kubli, F.: Erkenntnis und Didaktik. Piaget und die Schule. München/Basel 1983

Legewie, H./Ehlers, W.: Knaurs moderne Psychologie. München/Zürich 1994

Liebel, H. J.: Einführung in die Verhaltensmodifikation. Weinheim 1992

Maas, U. (Hg.): Sozialarbeit und Sozialverwaltung. Weinheim/Basel 1985

Mann, L.: Sozialpsychologie. München 1997[11]

Meinertz, F./Kausen, R./Klein, F.: Heilpädagogik. Bad Heilbrunn 1994[9]

Merkens, L.: Aggressivität im Kindes- und Jugendalter. München/Basel 1993[2]

Mertens, W.: Einführung in die psychoanalytische Therapie, 3 Bände. Stuttgart/Berlin/Köln 1990

Michel, Ch./Novak, F.: Kleines psychologisches Wörterbuch. Freiburg i. B. 1997[6]

Mietzel, G.: Wege in die Entwicklungspsychologie. Weinheim 1997[3]

Mohl, A.: Der Zauberlehrling, das NLP Lern- und Übungsbuch. Paderborn 1994

Mönks, F. J./Knoers, A. M.: Lehrbuch der Entwicklungspsychologie. München/Basel 1996

Mucchielli, R.: Einstellungen und Manipulation. Salzburg 1976

Mueller, E. F./Thomas, A.: Einführung in die Sozialpsychologie. Göttingen 1976[2]

Mühlfeld, C., u. a. (Hg.): Brennpunkte Sozialer Arbeit. Ökologische Konzepte für Sozialarbeit. Frankfurt a. M. 1986

Müller, E.: Du spürst unter deinen Füßen das Gras. Frankfurt a. M. 1996

Müller, G.F./Moskau, G.: Familienleben als Lernprozess. Frankfurt 1982

Nolan, Ch.: Unter dem Auge der Uhr. Köln 1989

Novak, F.: Psychologieunterricht in der Sekundarstufe II. Würzburg 1981

Oerter, R./Montada, L. (Hg).: Entwicklungspsychologie. Weinheim 1998[4]

Oerter, R.: Moderne Entwicklungspsychologie. Donauwörth 1987[21]

Perrez, M., u. a.: Was Eltern wissen sollten. Salzburg 1985

Pervin, L.A.: Persönlichkeitstheorien. München/Basel 1993[3]

Petermann, U.: Kinder und Jugendliche besser verstehen. München 1991[3]

Piaget, J.: Das Erwachen der Intelligenz beim Kinde. München 1992

Rachel, G./Sternitzky, A. (Hg.): Modellversuch: „Neue Wege der Arbeitsbeschaffung: Gemeinwesenorientierung erschließt Potentiale". Berlin 1994

Reinecker, H.S./Schmelzer, D. (Hg.): Verhaltenstherapie, Selbstregulation, Selbstmanagement. Göttingen 1996

Reinecker, H. S.: Grundlagen der Verhaltenstherapie. München/Weinheim 1993[5]

Rogers, C.: Die klientenzentrierte Gesprächspsychotherapie. Frankfurt a. M. 1996

Rogers, C.: Die nicht-direktive Beratung. Frankfurt a. M. 1997

Rogers, C.: Eine Theorie der Psychotherapie, der Persönlichkeit und der zwischenmenschlichen Beziehungen. Köln 1989[2]

Rogers, C.: Entwicklung der Persönlichkeit. Stuttgart 1992[9]

Rohner, P.: Anregungen für Gruppengespräche. München o.J.

Verwendete Literatur

Ross, A. O./Petermann, F.: Verhaltenstherapie mit Kindern und Jugendlichen. Stuttgart 1987

Roth, E.: Sämtliche Menschen. München/Wien 1986[5]

Sader, M./Weber, H.: Psychologie der Persönlichkeit. München 1996

Satir, V.: Selbstwert und Kommunikation, Familientherapie für Berater und Selbsthilfe. München 1996[12]

Schenk-Danzinger, L.: Entwicklungspsychologie. Wien 1996[24]

Schraml, W. J.: Einführung in die moderne Entwicklungspsychologie. Stuttgart 1992[8]

Schulz von Thun, F.: Miteinander reden, 2 Bände. Reinbek 1992

Schwäbisch, L./Siems, M.: Anleitung zum sozialen Lernen für Paare, Gruppen und Erzieher. Reinbek 1974

Seiffert, H./Radnitzky, G. (Hg.): Handlexikon zur Wissenschaftstheorie. München 1989

Spada, H. (Hg.): Lehrbuch Allgemeine Psychologie. Bern/Stuttgart/Toronto 1998[2]

Speck, O.: System Heilpädagogik. München/Basel 1996[3]

Spittler, H.-D./Specht, F.: Basistexte und Materialien zur Erziehungs- und Familienberatung. Göttingen 1986

Stern, D.: Die Entdeckung des Selbst. In: Der Spiegel Nr. 13 vom 28.03.1994

Stroebe, W., u. a. (Hg.): Sozialpsychologie. Berlin/Heidelberg 1992[2]

Tausch, R./Tausch, A.: Erziehungspsychologie. Göttingen/Toronto/Zürich 1998[11]

Tausch, R.: Lebensschritte. Umgang mit belastenden Gefühlen. Reinbek 1989

Textor, M. R. (Hg.): Praxis der Kinder- und Jugendhilfe. Weinheim/Basel 1992

Thomä, H./Kächele, H.: Lehrbuch der psychoanalytischen Therapie, Band 1. Berlin/Heidelberg/New York, 1986

Trautner, H.-M.: Lehrbuch der Entwicklungspsychologie. Band 1: Grundlagen und Methoden. Göttingen 1992[2]

Trotter, R. J.: Die zehn Gefühle, die die Welt bedeuten. In: Psychologie Heute 10/1984

Ulich, D.: Einführung in die Psychologie. Stuttgart 1992[2]

Walter, H./Oerter, R. (Hg.): Ökologie und Entwicklung. Donauwörth 1979

Watzlawick, P., u. a.: Lösungen. Bern/Stuttgart/Toronto 1997[5]

Watzlawick, P./Beavin, J. H./Jackson D. D.: Menschliche Kommunikation. Bern/Stuttgart/Toronto 1996[9]

Watzlawick, P./Weakland, J. H. (Hg.): Interaktion. München/Zürich 1990

Watzlawick, P.: Anleitung zum Unglücklichsein. München 1983

Wendt, D.: Entwicklungspsychologie. Stuttgart 1997

Wendt, W. R.: Case Management im Sozial- und Gesundheitswesen. Freiburg i. B. 1997

Wendt, W. R.: Ökosozial denken und handeln: Grundlagen und Anwendung in der Sozialarbeit. Freiburg i. B. 1990

Sachwortverzeichnis

A

Abwehrfunktion *132 f.*
Adaption *19*
Akkomodation *21 ff., 30*
Angsthierachie *246*
Anlage *14 f., 28 f.*
Anpassung *260 f.*
Anpassungsfunktion *132*
Appell *103, 108, 111, 114 f.*
Assimilation *21 ff., 30*
Aversionstherapie *232*
Axiome der Kommunikation *92-101*

B

Beeinträchtigung
- als Abweichung von der Norm *293 ff.*
- Begriffserklärung *289*
- Formen der *289 f.*
- Problematik *294 f.*
Behinderung
- Arten von *306 ff.*
- Begriffsklärung *289, 290 f.*
- Reaktionen auf *308 f.*
Beratung *216 f.* → Erziehungsberatung
Beschreibung *317 f.*
Bewertungsprozess, organismischer *166*
Beziehung als Seite einer Nachricht *103, 108, 110 f., 113 f.*
Beziehungsaspekt *93 ff.*
Beziehungsform
- komplementäre *99 f.*
- symmetrische *99 f.*
Botschaften → Nachricht
- Du-Botschaften *69, 79 f., 81 f.*
- Ich-Botschaften *69, 76, 80 f.*
- indirekte *68 f.*
- Lösungsbotschaften *70, 79*
- versteckte *68, 79 f.*

C

Case Management → Unterstützungsmanagement

Codierung *64*
Coping *263 f.*

D

Decodierung *64*
Denken
- anschauliches *44 f.*
- Begriffsklärung *41*
- egozentrisches prälogisches *54 ff.*
- Entwicklung des *41-48*
- formales *45 f.*
- konkretes *45*
- Stufen des *42-46*
- symbolisches *43 f.*
- vorbegriffliches *43 f.*
Desensibilisierung, systematische *230*
Differenzierung *27*
- Begriffsklärung *13*
- und Denken *46 f.*
- und Emotionen *50 f.*
- und Motorik *39 f.*
Doppelbindung *117 f.*

E

Echtheit *186, 240*
Einstellung, soziale
- Änderung von *140-147, 150 ff.*
- Bedeutsamkeit von *130 f.*
- Begriffsklärung *127 f.*
– Entstehung von *135-140*
- Erwerb von *135-140*
- Funktionen von *131 ff.*
- Komponenten der *128 f.*
- Merkmale der *127-131*
- Struktur von *128 f.*
- Systemcharakter von *129 f.*
- und Kommunikation *140-147*
Einstellungstheorie, funktionale *131 ff.*
Einzelhilfe, soziale *221 f.*
Elaboration und Einstellungsänderung *141*
Elaboration-Likelihood-Model of Persuasion *140-147*
Emotion
- Begriffsklärung *48*
- Entwicklung der *48-52*

Empathie *186, 241*
endogen *15*
Entscheidungsverhalten und Einstellung *155 f.*
Entwicklung
- Bedingungen der *14 ff.*
- Begriffsklärung *12 f.*
- der Emotionen *48-52*
- der Motorik *35-41*
- des Denkens *41-48*
- Merkmale der *13 f.*
Erklärung *318 ff.*
Erziehungsberatung
- Arbeitsweise der *208 f.*
- Aufgaben der *209 f.*
- Begriffsklärung *205 ff.*
- Chancen der *210 f.*
- Elemente der *216 f.*
- Probleme der *210 f.*
- Ziele der *206*
Erziehungshilfe *197*
Eskalation, symmetrische *100*
exogen *15*

F

Familienhilfe *197*
Finde-Phase *272*
flooding *231*

G

Gefährdung *290, 292*
Gefühl → Emotion
Gegenkonditionierung *229 f.*
Gemeinwesenarbeit, soziale *224 f., 279 ff.*
Genetik *14*
Genetische Faktoren → Anlage
Gesprächspsychotherapie *186 f.*
Gesundheitshilfe *196*
Greifen, Entwicklung des *54*
Gruppenarbeit, soziale *222 ff.*

H

Habitat *262 f.*
Handlungskonzepte der Sozialpädagogik
- klientenorientiertes *236-244*

350

Sachwortverzeichnis

- verhaltensorientiertes 226-236

I

Ich-Verteidigungsfunktion 132 f.
Idealselbst 167 f.
Implosion 231
Inhaltsaspekt 93 ff.
Inkongruenz 170 f., 237
Integration 27 f.
- Begriffsklärung 13 f.
- und Denken 47 f.
- und Emotionen 52
- und Motorik 40 f.
Intelligenz, sensumotorische 42 f.
Interaktion, soziale → Kommunikation, soziale
- Begriffsklärung 62
- und Kommunikation 63 f.
Interpunktion 96

J

Jugendarbeit 196
Jugendhilfe
- Begriffsklärung 196
- Bereiche der 196 f.
Jugendschutz 197
Jugendsozialarbeit 197
Jugendzentrum 215

K

Killerphrasen 70
Kindergarten
- Aufgaben des 198 ff.
- Begriffsklärung 197 f.
- Chancen des 202-205
- Organisation des 200 ff.
- Probleme des 202-205
Klientenorientiertes Handlungskonzept 236-244
Kognitive Dissonanz
- Schaffung einer 151 f.
- Theorie der 147-150
Kognitives Schema 19 f.
Kommunikation
- intrapersonale 63
- Massenkommunikation 63
Kommunikation, soziale
- als Regelkreis 64 f., 95 ff.
- als System 64 f., 95 ff.
- Axiome der 92-101
- Bedeutung der 65 f.
- Begriffsklärung 63
- erfolgreiche 66, 107
- gestörte 67, 107
- Möglichkeiten erfolgreicher 72-77
- Störungen in der 66 ff.
- Theorien der 91-115
- und Einstellungsänderung 140-147

- und Interaktion 63 f.
Kommunikationsmittel 64
Konditionieren
- klassisches 135 f., 229-232, 301
- operantes 136 f., 301 f.
Konditionierungstheorien
- und Einstellungserwerb 135 ff.
- und Entstehung von Verhaltensstörungen 301 f.
- und verhaltensorientiertes Handlungskonzept 229-233
Kongruenz 170, 240

L

Lebensstress 263 f.
Leistungsmotivation, Entwicklung der 58
Life Model 258-264

M

Massenkommunikation 63
Medium der Kommunikation 64
Metakommunikation 71, 73, 119 ff.
Modalität, analoge und digitale 97 ff.
Modellierung, teilnehmende 235
Motivation und Einstellungsänderung 141 ff.
Motorik
- Begriffsklärung 35
- Entwicklung der 35-41

N

Nachricht
- Interpretation einer 105 ff.
- Seiten der 102-105, 119
Nische 262
Normen, soziale
- Begriffsklärung 293
- funktionale 294
- ideale 294
- statistische 293
- und abweichendes Verhalten 293 f.
Nützlichkeitsfunktion 132

O

Ökologie 258, 278
Organisation, Tendenz zur 19
Orientierungsfunktion 132

P

Paradoxie 117
Persönlichkeit
- Begriffsklärung 163
- Merkmale der 162 f.

- Theorien der 163 f.
Phantasien 106 f.
Prophezeiungen, selbsterfüllende 97
Psychoanalyse
- und Entstehung von Verhaltensstörungen 299 ff.
Psychologisieren 110

R

Realselbst 167 f.
Reflex 35, 42
Reizüberfutung 230 f.
Ressourcen 270, 274

S

Sachinhalt 103, 108, 109 f., 111 f.
Selbstaktualisierung 165 f.
Selbstexploration 187, 243
Selbstkonzept
- Bedeutung des 173 ff.
- Begriffsklärung 167
- Entstehung des 113, 169
- Messung des 184
- negatives 169, 171 f., 173 f., 237
- positives 169, 170, 173 f.
- Säulen des 184 f.
Selbstoffenbarung 103, 108, 110, 112 f.
Selbstverwirklichungsfunktion 132
self-fullfiling-prophecy → Prophezeiungen, selbsterfüllende
Sensomotorik 35
shaping 233
SOS-Kinderdorf 214
Sozialarbeit → Sozialpädagogik
Selbststeuerung 16, 29 f.
- Begriffsklärung 194
Soziale Arbeit → Sozialpädagogik
- Begriffklärung 194
- Methoden der 221-225
Sozialhilfe 195
Sozial-kognitive Theorie
- und Einstellungserwerb 138 ff.
- und Entstehung von Verhaltensstörungen 302 ff.
- und verhaltensorientiertes Handlungskonzept 234 ff.
Sozialpädagogik
- Begriffklärung 194
- Handlungskonzepte der 225-244
- ökologische Sichtweise der 264 ff.
- ökologischer Ansatz der 258-264

351

- systemische *281 f.*
- und Jugendhilfe →
  Jugendhilfe
- Wesen der *194 ff.*
Störung *290, 291 f.*
- seelische und Inkongruenz
  172
Strafe, therapeutischer
  Einsatz von *233*
Struktur *20*
System
- und Einstellungen *129 f.*
- und Kommunikation *65,
  95 ff.*

T
Theorie
- der kognitiven Dissonanz
  147-150
- der kognitiven
  Entwicklung *18-23*
- der psychosozialen
  Persönlichkeitsentwick-
  lung *180-183*
- Konditionierungstheorien
  → Konditionierungstheo-
  rien
- personenzentrierte *164-
  175*

-sozial-kognitive → sozial-
  kognitive
Transaktion
-anpassungsfeindliche
  260 f.
- anpassungsfördernde
  260 f.
- Begriffsklärung *259 f.*

U
Umwelt
- als Bedingung der Ent-
  wicklung *15 f.*
- Begriffsklärung *15*
Unterstützungsmanage-
  ment
- Aufgaben des *269 f.*
- Begriffsklärung *269*
- Vorgehensweise *271-276*

V
Verbalisieren *187, 243*
Vererbung *14*
Verhaltensanalyse *226 ff.,
  248 f.*
Verhaltensformung → sha-
  ping
Verhaltensmodifikation
  229-236, 249

Verhaltensstörung
- Begriffsklärung *296*
- Behandlung von *310 f.*
- Bereiche der *297*
- Entstehung der *298-304*
- Vorbeugung *310 f.*
- Ursachen einer *298*
Verleugnung *171*
Verstehen, einfühlendes →
  Empathie
Verzerrung *171*
Vorbegriffe *44*
Vorurteil *133 f., 154*

W
Werkzeugdenken *43*
Wertschätzung *169, 175-
  179, 186, 240*
- bedingungslose *176 f.*
Wissensfunktion *132*

Z
Zentralität *130 f.*
Zuhören, aktives *74 f.*
Zuwendung, emotionale
  56 ff.

Bildquellenverzeichnis

Bavaria-Bildagentur, Gauting bei München
Beltz-Verlag, Weinheim, S. 102, S. 121
Hans Biedermann, Eberbach
dtv-Atlas zur Psychologie, München: Deutscher Taschenbuch Verlag, 1987
Droemer-Knaur Verlag, München
S. Fischer Verlag, Frankfurt/Main
Friedrich-Ebert-Stiftung, Archiv der sozialen Demokratie, Bonn
Hans Huber GmbH, Stuttgart
Interfoto Pressebild-Agentur, München
Leif Skoogforo/Woodin Camp & Assoc.
Lexikographisches Institut, Mannheim
Iris Neuziel, Köln, S. 34
Nienhuis Montessori B.V., Zelheim, Holland
Österreichischer Bundesverlag, Wien
M. Perrez/B. Minsel/H. Wimmer: Was Eltern wissen sollten. Salzburg: Otto Müller Verlag 1985
R. Piper & CO. KG, München 1983
Psychologie heute, Weinheim
Rowohlt Verlag, Reinbek
Michael Seifert, Köln, S. 161
Springer Verlag, Heidelberg
Ullstein Bilderdienst, Berlin, S. 19, S. 92
Kurt Wirsing: Psychologisches Grundwissen für Altenpflegeberufe, München, Weinheim
Psychologische Verlags Union 1986